デリバティブの基礎理論

金融市場への数学的アプローチ

塚田弘志 著

名古屋大学出版会

derivative

はじめに

本書はデリバティブの価格決定についての基礎的な理論を解説するものである．デリバティブとは何か，また代表的なデリバティブにどのようなものがあるか，といった点にも触れるが議論の中心はその価格がどのように決まるかという点に置く．また最後の3つの章では，より進んだ理論を展開するための足掛りとして，不確実性が存在する状況の下での効用最大化問題を考察する．

デリバティブの売買というものは他に例のない全く新しい種類の取引のように見える．しかしながら，適当な条件の下では，デリバティブの売買は，金融市場で取引されている既存の証券の売買の組合せに還元できることが分かる．従ってデリバティブの価格もこれらの基礎的な証券の価格の組合せに還元されるのである．これは，一定の条件の下では，財の価格がその生産費によって決まるのと同じである．

本書では以上のような考え方に基づくデリバティブの価格決定の理論を述べる．従って金融市場で取引される基礎的な証券の価格は所与のものとする．即ちこれらの基礎的な証券の価格がどのように決まるのかという問題は取上げない．この問題についてはかなり抽象的な結果しか得られていないのが実情である．

デリバティブについて正確に議論しようとすればある程度の数学が必要になる．従って理論の見かけが複雑になることは避けられない．例えばブラック・ショールズの公式をはじめとする具体的な計算結果を得るためには確率積分や偏微分方程式が必要になる．しかしながらこうした複雑さは単なる見かけである．本書程度の内容であれば，デリバティブの理論と言っても論理の構造は簡単でありその経済学的な意味は明らかである．

こうした点をできるだけ明らかにするために本書では次の2つの点に留意した．

- デリバティブの価格決定についての理論を統一的な観点から整理すること．
- 数学的な見かけを取除けば，理論の構造がきわめて簡単であることを示すこと．

第1の点については次のとおりである．

ブラックとショールズは偏微分方程式を用いてオプションの価格を表わす公式を導いた．このように偏微分方程式を用いてデリバティブの価格を導くのが1つの有力な方法であることは間違いない．

しかしながらこの方法は連続的取引時間の仮定の下でしか用いることができず，当然のことながら，離散的取引時間の仮定の下では役に立たない．また他の方法の下では必要のない種々の仮定が必要になり論理的に必ずしも厳密でない．

これに対し，マルチンゲール測度と呼ばれる特別な確率測度を用いてデリバティブの価格を求める方法を用いると，離散的取引時間と連続的取引時間のいずれの仮定の下でも，同じ原理に従ってデリバティブの価格が決まることが分かる．また仮定が最少限で済み論理的な厳密さを保つことができる．さらにデリバティブの価格を求めるのに偏微分方程式を用いることができる理由も明らかになる．

以上の理由から，本書ではマルチンゲール測度を用いてデリバティブの価格を求めることとし，理論を統一的に理解するように努めた．

第2の点については次のとおりである．

本書では，離散的取引時間と連続的取引時間のそれぞれの仮定の下でのデリバティブの価格決定の問題を扱う．後者の仮定の下では種々の具体的結果が得られるため応用上はこちらの方が重要である．ただしこの仮定の下では数学的な見かけが複雑になるため理論の意味が必ずしもはっきりしなくなる．

ところが2つの仮定の下での理論の構造は基本的には同じである．しかも前者の仮定の下では理論の構造とその意味が明瞭になる．例えばデリバティブの価格の決定は簡単な線型経済学の問題であることが分かる．またマルチンゲール測度を用いてデリバティブの価格を求めることが生産費の計算と同じであることも分かる．さらにマルチンゲール測度と証券価格との関係も明らかになる．

従って離散的取引時間の仮定の下で理論を構成してその意味を把握しておけば，連続的取引時間の仮定の下での理論の理解が容易になるのである．

こうした事情は最後の3つの章で取上げる不確実性下の効用最大化問題についても同様である．

これらの効用最大化問題は連続的取引時間の仮定の下で定式化されているためかなり複雑になる．

ところが第 11 章の効用最大化問題は，初歩的な経済学に登場する不確実性が存在しない場合の有限次元の効用最大化問題と全く同じ構造を持っている．従ってラグランジュ乗数を用いれば簡単に解けるのである．

また第 13 章の効用最大化問題は，第 12 章で構成する不確実性が存在しない有限次元の効用最大化問題と同じ構造を持っている．従って第 12 章の問題の解法を理解しておけば，一見すると難解な第 13 章の問題の解法も容易に理解できるのである．

以上の理由から本書では離散的取引時間の仮定の下での理論に基づいて連続的取引時間の仮定の下での理論を理解することに努めた．

以上の他に本書では取上げるそれぞれの事項についてできるだけその性質に相応しい説明を行うことに努めた．例えば次のとおりである．

- 先物取引の仕組みについては詳しく説明した．
- 最適停止問題の解法，アメリカ型プット・オプションが満たす偏微分方程式，確率測度の変換の手法を用いたオプション価格の計算などについてはできるだけ分かり易い証明をつけた．

しかしながら，例えば第 6 章の前半のように，それ以上の改良の余地がない場合には，既存の文献の議論の進め方に従った．参考にした文献等は巻末に掲げてあるので必要に応じて参照されたい．

世界的に見れば，デリバティブの取引は急速に拡大しており，複雑な新種の金融商品の開発が続いている．

その過程で金融業は大きな変革を遂げた．また企業や金融機関は，少ない取引費用でリスクに対して従来より効果的に対処できるようになった．

現在では，数学的訓練を受けた多数の専門家がデリバティブの取引に従事している．また，その理論の研究には多大なエネルギーが費されている．

しかしながら，わが国ではこうした事情は必ずしも十分に理解されてはいないようである．デリバティブについての関心が高まり始めたのも比較的最近のことに過ぎない．

その理由の一つとして，わが国では金融自由化が緩やかに進んだことがあるだろう．また，わが国の大学教育では文科系と理科系の間に大きな隔りがあるため，デリバティブのように両者についての理解を必要とする分野では人材が育ち難いということもあるだろう．

　このような事情があるにせよ，わが国でも今後デリバティブの重要性が増大していくことは間違いない．

　本書がデリバティブの世界についての手引として少しでも役立つことができれば幸いである．

　2001 年 5 月

著　　者

目　次

第II部　連続的取引時間を持つモデル

第III部　消費・投資の最適化問題

序 章

デリバティブとその価格

デリバティブの価格決定についての基礎的な理論を述べるのが本書の中心的な目的である．

この章ではデリバティブとはどのようなものか，その価格はどのようにして求めるかを説明し，その後本書の第 I 部から第III部の概要を述べることとする．

1　条件付請求権

デリバティブは条件付請求権の一種である．そこで，この節では条件付請求権とはどのようなもので，その取引はどのような機能を果たすのかを説明し，次の節でデリバティブの定義を与えることとする．

なお実際上の観点からはデリバティブ≒条件付請求権と考えて差支えない．後に述べる理由により，実際に売買される条件付請求権の大部分はデリバティブだからである．

時刻が 0 と 1 の 2 つからなる状況を前提にする．現在の時刻は 0 で時刻 1 のことは不確実にしか分からないとする．これは次のことを意味する．

・時刻 1 には K 個の状態 $\omega_1, \cdots, \omega_K$ のどれか一つが実現することは分かっているが，その中のどれが実現するかは正確には分からない．

・$\omega_1, \cdots, \omega_K$ の実現の確率 $p_1, \cdots, p_K$ は分かる（$p_i \geq 0 \quad \sum_{i=1}^{K} p_i = 1$ である）．

時刻 0 に成立する次の内容の権利を考える．

・時刻 1 に状態 ω_i が実現したら金額 X_i を受取る．

この権利は X_i を並べた縦ベクトル $(X_1, \cdots, X_K)'$ と同一視することができる.

ベクトル $(X_1, \cdots, X_K)'$ と同一視されるこの権利を条件付請求権と呼ぶ.

時刻 0 に条件付請求権 $(X_1, \cdots, X_K)'$ を取得すると，時刻 1 が到来して状態 ω_i が実現した場合に金額 X_i を受取ることができる. 時刻 0 にはどの ω_i が実現するか分からないから，どの X_i を受取ることになるかは分からないが，X_i を受取る確率が p_i であることは分かる. 従ってこの条件付請求権 $(X_1, X_2, \cdots, X_K)'$ は $\omega_1, \cdots, \omega_K$ のそれぞれに $X_1, \cdots, X_K$ を対応させる確率変数と見なすこともできる.

このような条件付請求権が売買されるようになると，その売買は次の 2 つの機能を果たす.

第 1 に条件付請求権を購入することにより経済活動に伴って生じるリスクを軽減することができる. これをリスクヘッジ機能と呼ぶことにしよう.

第 2 に条件付請求権の売買は投機の機会を拡大する. なお，投機とは将来の不確実性を引受けることによって利益を挙げようとする行為を指す. 投機が好ましい，あるいは好ましくないとの判断を含まない用語である.

第 1 の機能については次のとおりである.

経済活動を行う際に将来を完全に見通すことはできない. 従って予想外の損失を蒙るリスクが常に存在する.

特定の経済主体Aが時刻 1 に損失を蒙る可能性があるとしよう. Aが蒙る損失額は $\omega_1, \cdots, \omega_K$ のそれぞれに応じて $X_1, \cdots, X_K$ であるとする（X_i の中の幾つかが 0 であってもよい).

この場合，Aが条件付請求権 $(X_1, \cdots, X_K)'$ を購入すれば，Aは時刻 1 に発生する損失を条件付請求権からの収入で埋合せることができる（ただし条件付請求権を買うには対価を支払わなければならない. 従って実際にどの範囲の損失をどこまでカバーするかは，条件付請求権の価格とリスクに対するAの態度に依存する).

第 2 の機能は投機の機会の拡大である.

条件付請求権 $(X_1, \cdots, X_K)'$ が価格 p で売買されているとしよう.

この条件付請求権を買って時刻 1 に金額 X_i を受取れば，$X_i > p$ である限り利益が生じる.

またこの条件付請求権を売って時刻 1 に金額 X_i を支払えば，$X_i < p$ である限りは利益が生じる．

従って，$\omega_1, \cdots, \omega_K$ が生じる確率 $p_1, \cdots, p_K$ の分布に応じてこの条件付請求権 $(X_1, \cdots, X_K)'$ は投機の対象になる．

$X_i > p$ となる確率が高いと考える取引主体は $(X_1, \cdots, X_K)'$ を買い，$X_i < p$ となる確率が高いと考える取引主体は $(X_1, \cdots, X_K)'$ を売るだろう．

次に視点を変えて，条件付請求権の取引と金融取引の関係に触れておこう．

金融取引，即ち資金の調達・運用というものは，条件付請求権の取引の一種である．

時刻 0 に証券 S が売買されているとしよう．時刻 1 に $\omega_1, \cdots, \omega_K$ が実現すると，S の所有者は利子または配当と時刻 1 における証券 S の価格の合計額 $S_1, \cdots, S_K$ を得るとする．この場合には証券 S は条件付請求権 $(S_1, \cdots, S_K)'$ と見なしてよい．

時刻 0 に行われる資金の貸借を考える．元本は金額 1 で利子率は r とする．貸手は時刻 1 になると $\omega_1, \omega_2, \cdots, \omega_K$ のどれが実現してもつねに金額 $(1+r)$ を受取る．従って，この貸手は特別な形の条件付請求権 $(1+r, 1+r, \cdots, 1+r)'$ を取得すると見なしてよい．同様に借手は条件付請求権 $(1+r, \cdots, 1+r)'$ を売ったことになる．

このように資金の調達・運用というものは条件付請求権の取引の一種なのであるが，そこで取引される条件付請求権の範囲は狭い．

例えば前記の証券 S の購入者が，ω_K が実現する場合には $2S_K$ の金額を受取りたいと思っても，そのような証券は存在しない．ところが条件付請求権 $(0, \cdots, 0, S_K)'$ が売買されていれば，そのようなニーズに応じることができる．前記の資金の貸借についても同様の例を考えるのは容易である．

従って，種々の条件付請求権が売買されるようになると，それを利用して従来は行えなかった柔軟な資金運用や資金調達が可能になってくる．金融取引の観念それ自身が大きく変化すると言ってもよいであろう．

デリバティブの登場によって金融取引が大きく変化するというのは，およそこのようなことを意味するのである．

2 デリバティブ

次に条件付請求権の一種である派生証券（derivative security）とはどのようなものであるかを説明しよう．派生証券はデリバティブとも呼ばれる．

ある基礎的な経済指標，例えば証券 S の価格が，時刻 1 に ω_i が実現すると S_i になるものとしよう．従って時刻 1 での S の価格をベクトル $(S_1, S_2, \cdots, S_K)'$ で表わすことができる．

この時条件付請求権 $(X_1, \cdots, X_K)'$ が（S の）派生証券であるとは，それぞれの X_i が S_i の函数として $X_i = f(S_i)$ となっていることを言う．即ち $(X_1, \cdots, X_K)'$ が $(f(S_1), f(S_2), \cdots, f(S_K))'$ に等しいことを言う．

このように派生証券の「派生」とは，当該派生証券の内容がその基礎となる他の経済指標から派生することを表わしている．

デリバティブの基礎となる経済指標の例としては証券取引所に上場されている株式や国債の価格，外国為替市場で取引される外国通貨の価格などがあるが，その他に砂糖，アルミニウム，原油のような個別の商品価格や各種の経済指標が用いられることもある．

理論的には，デリバティブは条件付請求権の一部に過ぎないが，実際にはデリバティブの売買は条件付請求権の売買の大部分を占めている．

これは，一般の条件付請求権の売買では当事者が取引内容について合意するのが難しいが，デリバティブの売買では当事者が取引内容について合意するのがやさしいからである．

例えば企業Aが時刻 1 に蒙るおそれのある損失の $\frac{1}{2}$ を条件付請求権で埋合せることを望んでおり，銀行Bからそのような条件付請求権を購入しようとしているとしよう．

Aが蒙る損失額は $\omega_1, \cdots, \omega_K$ のそれぞれに応じて $X_1, \cdots, X_K$ であるとする．Aは条件付請求権 $\left(\frac{X_1}{2}, \cdots, \frac{X_K}{2}\right)'$ を購入すればよい．

理論の世界でこのような取引を想定することには何の差支えもない．しかしながら実際にはAとBは，例えば次の点について合意しなくてはならない．

・時刻 1 に $\omega_1, \cdots, \omega_K$ それぞれの状態の下でAに生じた損失の額を決めるのはAかBか．

・時刻 0 から 1 の間の A の活動をどのように記録するか．その記録に偽りがないことをどう保証するか．
・A が条件付請求権を購入すると，A は自動的に損失を保証される．従って A は予防できる損失を防ぐ努力を怠るかもしれない．このような事態をどうやって避けるか．

このように実際に条件付請求権を売買するのはかなり難しいのである．

しかしながらデリバティブの売買については事情が異なる．デリバティブの基礎となる経済指標が取引所に上場されている資産や商品の価格や公式の統計数値であれば，その値について疑義が生じることはない．またデリバティブの計算式がはっきりしていれば，当事者双方にとって取引の内容は明確に定まる．

およそ以上のような理由から，デリバティブの売買が実際に行われる条件付請求権の売買の大部分を占めることになる[注1]．

デリバティブの基礎となる経済指標が株式・国債・外国通貨などの金融資産である場合，またはこれらの価格から形成される経済指標である場合，これを金融デリバティブ（financial derivatives）と呼ぶ．金融デリバティブの取引が近年急激に拡大していることは周知のとおりである．

デリバティブには，基礎となる経済指標の如何によらない，いくつかの代表的な例がある．先渡し，オプション，スワップおよび先物がそれに該当する．これらの取引の仕組みについては第 3 章で解説する．

3　デリバティブの価格

デリバティブの価格がどのように定まるかを明らかにし，その結果を用いて，代表的なデリバティブである先渡し，オプション，スワップ，および先物の価格を求めることが本書の第 I 部と第 II 部の課題である．

この節ではデリバティブを含む一般の条件付請求権の価格を求める際の基本的な考え方を説明する．結果をまとめた命題 (0-7) は第 I 部と第 II 部で繰返し確認され，デリバティブの価格の計算の基礎となる．

次の仮定を置く．

(0-1)

(1) 時刻は 0 と 1 の 2 つであり，時刻 1 に起こり得る状態は $\omega_1, \omega_2, \cdots, \omega_K$ の K 種類でそれぞれが起こる確率は $p_1, p_2, \cdots, p_K$ である．

(2) 時刻 0 に $S_1, \cdots, S_n$ と呼ばれる n 種の証券が売買されている．

証券 S_i の価格は α_i である．

時刻 1 に $\omega_1, \omega_2, \cdots, \omega_K$ のそれぞれが実現すると証券 S_i 一単位の保有者はそれぞれ金額 $S_{1i}, S_{2i}, \cdots, S_{Ki}$ を得る（これは利子または配当と時刻 1 における証券 S_i の価格の合計額である）．

即ち，各証券 S_i は条件付請求権 $(S_{1i}, S_{2i}, \cdots, S_{Ki})'$ と同一視することができる．

(3) 時刻 0 には，B と呼ばれる証券が価格 1 で売買される．証券 B は条件付請求権 $(1+r, \cdots, 1+r)'$ と同一視することができる．ここで r は正の実数である．

これは B が利子 r を生む確定利付証券であることを意味する．

以上の前提の下で条件付請求権 $(X_1, \cdots, X_K)'$ の価格を求めてみよう．考え方は次のとおりである．

(0-2) $S_1, \cdots, S_n$ および B の売買を組合せて条件付請求権 $(X_1, \cdots, X_K)'$ を買ったのと同じ結果を実現できれば，$(X_1, \cdots, X_K)'$ の価格はこれを複製するために行われる $S_1, \cdots, S_n$ および B の取引の費用と一致しなくてはならない．

ベクトル $(X_1, \cdots, X_K)'$ がベクトル $(S_{1i}, S_{2i}, \cdots, S_{Ki})'$ $(1 \leq i \leq n)$ および $(1+r, \cdots, 1+r)'$ と実数 $Y_1, \cdots, Y_n, Z$ を用いて次のように表わされる時，$(X_1, \cdots, X_K)'$ は $S_1, \cdots, S_n$ および B によって複製可能であると言うことにしよう．

(0-3)
$$\begin{pmatrix} X_1 \\ X_2 \\ \vdots \\ X_K \end{pmatrix} = Y_1 \begin{pmatrix} S_{11} \\ S_{21} \\ \vdots \\ S_{K1} \end{pmatrix} + Y_2 \begin{pmatrix} S_{12} \\ \vdots \\ \vdots \\ S_{K2} \end{pmatrix} + \cdots + Y_n \begin{pmatrix} S_{1n} \\ \vdots \\ \vdots \\ S_{Kn} \end{pmatrix} + Z \begin{pmatrix} 1+r \\ 1+r \\ \vdots \\ 1+r \end{pmatrix}$$

(0-3) が成立てば $S_1, \cdots, S_n, B$ の売買を次のように組合せると $(X_1, \cdots, X_K)'$ を買ったのと全く同じ結果となる．即ち $(X_1, \cdots, X_K)'$ を複製できる．

・ Y_i が正ならば S_i を Y_i 単位買う．Y_i が負ならば S_i を $|Y_i|$ 単位空売りする．

・Z が正ならばBを Z 単位買う．Z が負ならばBを $|Z|$ 単位空売りする．

$(X_1, \cdots, X_K)'$ が $S_1, \cdots, S_n$ およびBによって複製可能であるとき，その価格はこの取引に必要な費用である $Y_1\alpha_1+\cdots+Y_n\alpha_n+Z$ に決まらなくてはならないというのが (0-2) の考え方である．

何故なら，市場で同じ物に 2 つの価格がつけばその価格差を利用して何の費用も負担せずに利益を挙げる取引（裁定取引）が可能になり市場が均衡しなくなるからである．

厳密に言えば，このような方法で条件付請求権の価格を定めることができるためには，次の条件が必要である．

(0-4)　前記の $Y_1\alpha_1+\cdots+Y_n\alpha_n+Z$ は常に一定である．即ち，もし $Y_1, \cdots, Y_n, Z$ と $\tilde{Y}_1, \tilde{Y}_2, \cdots, \tilde{Y}_n, \tilde{Z}$ について (0-3) が成り立てば，$Y_1\alpha_1+Y_2\alpha_2+\cdots+Y_n\alpha_n+Z=\tilde{Y}_1\alpha_1+\cdots+\tilde{Y}_n\alpha_n+\tilde{Z}$ である．

どのような前提があればこの条件が成り立つかは第 I 部で検討するが，ここでは一応この条件が成り立つとして，(0-2) が意味するところについてさらに考えてみよう．

簡単のために次の仮定を置くが，この仮定は以下の結論に不可欠ではない（このことは第 2 章で示す）．

(0-5)　すべての条件付請求権 $(X_1, \cdots, X_K)'$ が $S_1, \cdots, S_n$ および B によって複製可能である．

さて，時刻 1 に ω_i が発生したら金額 1 を受け取るが，ω_i 以外の ω_j（$j\neq i$）が発生したら全く何も受取ることができない条件付請求権を考えよう．この条件付請求権は第 i 要素が 1 でその他の要素がゼロである K 次元ベクトル $\boldsymbol{e}_i=(0, \cdots, 0, 1, 0, \cdots, 0)'$ と同一視される．

仮定により (0-4) (0-5) が成り立つから (0-2) に従って各条件付請求権 $\boldsymbol{e}_i$ の価格 q_i が定まる．$q_i>0$ である．

この q_i（$1\leq i\leq K$）を用いると，一般の条件付請求権 $(X_1, X_2, \cdots, X_K)'$ の価格は $\sum_{i=1}^{K} X_i q_i$ と表わされる．

また証券Bの価格が 1 であるという仮定は $\sum_{i=1}^{K}(1+r)q_i=1$ と表わされる．

ここで $(1+r)q_i=\tilde{q}_i$ と置いて，以上の 3 点を書直すと次のとおりである．

(0-6)

(1)　$\tilde{q}_i>0$（$1\leq i\leq K$）である．

(2) $\sum_{i=1}^{K}\tilde{q}_i=1$ である．

(3) $(X_1, \cdots, X_K)'$ の価格は $\sum_{i=1}^{K}\frac{X_i}{1+r}\tilde{q}_i$ である．

(1)(2)を見ると $\tilde{q}_1, \tilde{q}_2, \cdots, \tilde{q}_K$ は $\omega_1, \cdots, \omega_K$ に対して与えられたある種の確率であると考えてよい．

もちろん (0-1)(1)で $\omega_1, \cdots, \omega_K$ が実現する確率は $p_1, \cdots, p_K$ であると仮定しているから，これらの $\tilde{q}_1, \cdots, \tilde{q}_K$ は通常の意味の確率 $p_1, \cdots, p_K$ とは異なるが数学的には $\tilde{q}_1, \cdots, \tilde{q}_K$ を $\omega_1, \cdots, \omega_K$ 上の確率の一つと考えてよいのである．

そこで $\tilde{q}_1, \cdots, \tilde{q}_K$ を $\omega_1, \cdots, \omega_K$ に対して与えられた確率と見なす．この確率を用いて，$\omega_1, \cdots, \omega_K$ に $\frac{X_1}{1+r}, \frac{X_2}{1+r}, \cdots, \frac{X_K}{1+r}$ を対応させる確率変数 $\left(\frac{X_1}{1+r}, \frac{X_2}{1+r}, \cdots, \frac{X_K}{1+r}\right)'$ の期待値を求めてみよう．

この期待値は，$\sum_{i=1}^{K}\frac{X_i}{1+r}\tilde{q}_i$，即ち(3)である．

また r が利子率であるから，$\left(\frac{X_1}{1+r}, \cdots, \frac{X_K}{1+r}\right)'$ は，確率変数と見なした $(X_1, \cdots, X_K)'$ の割引現在価値を表わす確率変数である．

従って，(0-6) は次のように言い換えることができる．

(0-7) $\omega_1, \cdots, \omega_K$ に対応するある確率 $\tilde{q}_1, \cdots, \tilde{q}_K$ が存在して次の条件を満たす．

- すべての条件付請求権 $(X_1, \cdots, X_K)'$ の価格は，その割引現在価値を表わす確率変数 $\left(\frac{X_1}{1+r}, \frac{X_2}{1+r}, \cdots, \frac{X_K}{1+r}\right)'$ の，$\tilde{q}_1, \cdots, \tilde{q}_K$ に関する期待値である $\sum_{i=1}^{K}\frac{X_i}{1+r}\tilde{q}_i$ に等しい．

こうして条件付請求権の価格を求めることは，確率 $\tilde{q}_1, \cdots, \tilde{q}_K$ を求めることに帰着する．これが (0-7) の意味するところであり，第 I 部，第 II 部の議論の基礎である．

なお，ここまで説明の便宜のために (0-5) を仮定したが，第 I 部ではこの条件は仮定しない．

これに対し，第 II 部では (0-5) を仮定して (0-7) に相当する結果を示す．

最後に (0-7) の意味について確認しておこう．

- (0-7) によって定まる条件付請求権の価格は，当該条件付請求権を $S_1, \cdots, S_n$ と B の売買によって複製するための費用である．
- 一般に将来のキャッシュフローはその割引現在価値で評価するが，(0-7) はこうした一般的な評価の方法を確率 $\tilde{q}_1, \cdots, \tilde{q}_K$ を用いて条件付請求権に拡張したものである．

4　第I部と第II部の構成

第I部と第II部では命題 (0-7) に相当する結果を正確な条件の下で証明し，それを用いて代表的なデリバティブである先渡し，オプション，スワップおよび先物の価格について調べる．

第I部では，時刻 $0, 1, 2, \cdots, T-1, T$ に取引が行われる証券市場のモデルに基づいて議論を進める．

これに対し第II部では，時刻 0 から T まで連続的に取引が行われる証券市場のモデルに基づいて議論を進める．

第I部では，簡単な構造のモデルを用いるので (0-7) に相当する結果が成立するための条件が明確になる．従って，第I部はデリバティブの価格決定の原理を明らかにするのに役立つ．

これに対し，第II部ではモデルが複雑になるため種々の制約が加わって，(0-7) に相当する結果の証明は第I部ほどは見通しがよくない．

その代わり第II部では，モデルの設定と分析に確率積分の理論を用いることができるので，種々の計算を具体的に行うことができる．

5　第I部（基礎理論と先渡し，スワップおよび先物の価格）

第I部の第2章では適当な条件の下で (0-7) に相当する命題が成立することを示す．

その条件は次のようなものである．

・証券 $S_1, \cdots, S_n$ およびBの取引をどのように組合わせても，資金ゼロから出発して正の利益を生むことはできない．

この条件は証券 $S_1, \cdots, S_n$ およびBの取引についての無裁定の条件と呼ばれる．

無裁定の条件は $S_1, \cdots, S_n$ およびBの取引についてのきわめて自然な要請である．従ってこの条件が満たされると考えてよい．

なお第 2 章では，(0-5) に相当する事実は仮定しない．そのため以上とは別に，(0-5) に相当する事実が成立する条件，即ちすべての条件付請求権が $S_1, \cdots, S_n$ と B の取引によって複製できるための条件を検討する．結果は第 2 章第 6 節にまとめられている．

次に以上の結果を用いて第 3 章で先渡し，オプション，スワップおよび先物の価格がどのように決まるかを調べる．

その結果，先渡しとスワップについては価格の決定の仕組みがほぼ明らかになる．

また，先物取引についても，取引そのものについての説明が長くはなるものの，価格の形成の仕組みはほぼ明らかになる．

しかしながら，オプションについては，第 2 章の結果のみでは，その価格がどのようなものになるのか十分には分からない．モデルの構造が一般的過ぎて具体的な計算ができないのである．

従って，オプションの価格を求めることが残された課題となる．

6　第II部（基礎理論とオプションの価格）

第II部の第 6 章では，適当な条件の下で (0-7) に相当する命題が成立することを示す．

ただし，第II部では (0-7) に相当する命題について第 I 部の第 2 章で証明したことの一部しか証明することができない．これは，用いられる証券市場のモデルが複雑になったため，証明の過程に種々の制約が加わるからである．

このような相違が生じる理由については第 6 章第 4 節で解説する．

次に以上の結果を用いて第 7 章でオプションの価格を計算する．これによりオプションの価格を表わすブラック・ショールズの公式を得る．

第 I 部では，モデルの構造が簡単過ぎてオプションの価格を計算することができなかった．これに対し第II部では，確率積分の理論を援用できるので，オプションの基礎となっている証券の価格の変動の様子が詳しく分かり，オプション価格を計算することができるのである．

オプションの価格を求めるという第I部で残された課題は，このブラック・ショールズの公式によって一応の答が与えられたことになる．

なお，確率積分の性質を利用してデリバティブの価格を計算する方法は，主として2つある．

第1は，関連する確率微分方程式が定数係数の簡単な形をしている場合に解を直接求めその解を用いて計算を行う方法である．

第2は，関連する確率微分方程式が簡単な形をしていない場合に，計算を適当な偏微分方程式の解を求めることに帰着させる方法である．

第7章では，ブラック・ショールズの公式を第1の方法に従って導く．しかしながら，一般にはこの公式を偏微分方程式を用いて導くことが多いようである．そこで第7章第3節ではこの公式が偏微分方程式を用いても導けることを示す．

7　第II部（割引債とそのオプション）

ブラック・ショールズの公式は，B と S と呼ばれる2つの証券が取引される市場での S のオプションの価格を与える．ここで B は確定利回りを持つ資産であり，S は株式である．

このようにブラック・ショールズの公式は，株式のオプションの価格を表わすから，株式以外の金融資産のオプションの価格も求めなくてはならない．

そこで第9章，第10章では各種の割引債が売買される市場での割引債のオプションの価格を求める．

各種の割引債が売買される市場では，各種の金利が成立しそれが変動する．割引債のオプションは，このような市場で金利の変動から生じる損失を回避するのに用いることができる．

金利が自由化されて以来金融市場では各種の金利が成立しており，しかもそれらが刻々変動するから，このようなオプションを用いて金利変動のリスクをヘッジしようとする需要は根強い．

なお，第9章と第10章では割引債のオプションに注意を集中する．割引債の先渡し，スワップ，先物については第I部第3章に従えばよいからである．

第9章では，最初に，各種の割引債の価格を用いると金利の体系を統一的に記述できることを説明する．

次に，各種の割引債が売買される市場でも，適当な条件があれば (0-7) に相当する事実が成立することを確認する．

最後に，割引債の価格が簡単な確率微分方程式によって記述されると仮定してその方程式を解き，さらに確率測度の変換と呼ばれる方法を用いて，割引債のオプションの価格を求める．

ここでは，確率測度の変換の手法は用いるものの，ブラック・ショールズの公式を導いたのとほぼ同様の論理が成り立つ．従って得られる結果はブラック・ショールズの公式のある種の拡張となっている．

ただし，この結果を導くのには前記の仮定が必要だから，この結果はすべての場合に成立するものではないことに注意する必要がある．

第 9 章は，割引債の市場についての一般的な結論を述べたものである．

第 10 章では，割引債の市場の個別のモデルに則して第 9 章の結果を利用して議論を進める．

これは割引債の価格をどのように記述したらよいかについての一致がなく，種々のモデルが用いられているためである．

第 10 章では頻繁に引用される 3 つのモデルを紹介し，それぞれの下で割引債の価格と割引債のオプションの価格を計算するが，ここでも具体的な計算について 2 つのパターンが現われる．

第 1 は，関連する確率微分方程式が定数係数の簡単な形をしている場合に解を直接求め，その解を用いて計算を行う方法である．

第 2 は，関連する確率微分方程式が簡単な形をしていない場合に，計算を適当な偏微分方程式の解を求めることに帰着させる方法である．

8　アメリカ型オプション

第 I 部，第 II 部では，通常の条件付請求権の価格に加えて，アメリカ型オプションと呼ばれる特別な種類の条件付請求権の価格も求める．

通常の条件付請求権では，権利の行使時期は特定している．即ち，権利者は，予め定められた特定の時点にその時点で実現している状態に応じた特定の金額を受取る．

これに対しアメリカ型オプションでは，権利の行使時期を選ぶことができる．即ち，権利者は，予め定められた期間内であればいつでもその時点で実現している状態に応じた特定の金額を受取る権利があり，権利の行使時点を自ら選ぶことができる．

アメリカ型オプションの権利者の立場は，保有する株式を最も有利な時点で売却しようとしている株主の立場と同じである．

両者に共通する状況は次のように定式化できる．

・将来に関して不確実性が存在する．

・現在の時刻 0 から将来の時刻 T までの間の $0, 1, \cdots, T-1, T$ の中から任意の時刻 τ を選ぶと，時刻 τ での状況に応じて金額 $Y(\tau)$ が得られる．

・時刻 τ になると，τ での状況が確定し $Y(\tau)$ が定まる．

　これに対し，時刻 τ には，将来の τ' $(\tau<\tau')$ での $Y(\tau')$ の値は分からない．これは不確実性が存在するため τ' にどのような状況が実現するかが確実には分からないからである．

　従って，時刻 τ には，直ちに $Y(\tau)$ を得るのが有利か，τ' まで待って $Y(\tau')$ を得るのが有利か，は確実には分からない．

・以上の前提の下で，最も有利になるように時刻 τ を選ばなくてはならない．

なお，このような τ を選ぶ問題は最適停止問題と呼ばれる．

アメリカ型オプションの権利者は，適当な条件の組合せ $A_0, A_1, \cdots, A_{T-1}$ を設定して，これらの条件を用いて次のようなルールに従って τ を選ぶだろう．

・時刻 0 に条件 A_0 が実現したら時刻 0 を選ぶ．A_0 が実現しなければ次に進む．

$$\vdots$$

　時刻 i に条件 A_i が実現したら時刻 i を選ぶ．A_i が実現しなければ次に進む．

$$\vdots$$

　時刻 $(T-1)$ に条件 A_{T-1} が実現したら時刻 $(T-1)$ を選ぶ．A_{T-1} が実現しなければ次に進む．

　時刻 T に到達したら時刻 T を選ぶ．

このようなルールは $A_0, \cdots, A_{T-1}$ の組合せに応じて多数あるが，アメリカ型オプションの権利者がその中の一つを選べば，そのルールに従って得られる利得の価格を計算することができる．

何故なら，前記のルールに従って得られる利得の組合せは，次のような $(T+1)$ 個の条件付請求権の組合せに等しいからである．

- 時刻 i に条件 A_i が実現したら金額 $Y(i)$ を得る．また条件 A_i が実現しなかったら金額 0 を得る（ただし $0 \leq i \leq T-1$ である）．
- 時刻 T に，条件 $A_0, \cdots, A_{T-1}$ のいずれもが実現していなければ金額 $Y(T)$ を得る．その他の場合には金額 0 を得る．

従って，これらの $(T+1)$ 個の条件付請求権の価格を (0-7) に相当する方法によって計算し，その結果を合計すればよいのである．

以上から次の 2 つの事実が成り立つと予想される．

(0-8)　アメリカ型オプションの買手は，前記のルールの中から，得られる利得の価格が最大になるルールを選ぶ．

(0-9)　この特定のルールによって達成される利得の価格の最大値がアメリカ型オプションの売買価格となる．

第 I 部の第 4 章と第 II 部の第 8 章では，それぞれ適当な条件の下で，この 2 つの事実が確かに成立することを証明する．

前記の証明のためには最適停止問題を解いておかなくてはならない．

最適停止問題は，次の自明な事実を正確に定式化することによって解ける．

(0-10)　最適停止時刻を選ぶためには，次の時刻以降に選んでいく方が有利なら進み，それ以上進んでも有利にならない時刻が来たらそこで止まればよい．

第 4 章では，まず，停止時刻とマルチンゲールの関係に関する基礎的な事実を証明し，次にこの結果を用いて前記の事実を正確に表現して最適停止問題を解く．

第 8 章では連続的取引時間の仮定の下でも第 4 章と全く同様にして最適停止問題が解けることを示す（証明は技術的に複雑なため省略する）．

以上によって，アメリカ型オプションの価格の決まり方が明らかになる．

(0-10) に基づいて最適停止問題の解を一般的な形で求めておくと，アメリカ型オプションの価格の具体的計算にも役立つ．

第4章の離散的取引時間の仮定の下では，最適停止問題の解の構造と命題(4-20)を用いてアメリカ型オプションの価格が計算できる．

第8章の連続的取引時間の仮定の下では，最適停止問題の解の構造と若干の仮定とを利用すると，アメリカ型オプションの価格が満たす偏微分方程式を導くことができる．このことはアメリカ型プットオプションについて第8章第7節で示してある．

9　第III部の構成

第III部では次の2つの問題を取上げる．

(0-11)　不確実性が存在する状況の下で，予算制約式に従って消費と資産運用を行いながら，効用を最大化するにはどうしたらよいか．

(0-12)　前記の問題で，資産運用にさらに一層の制約を加えた場合に，効用を最大化するにはどうしたらよいか．

第I部と第II部では，(0-7)で示された考え方に基づいて条件付請求権の価格を求めた．そこでは条件付請求権の価格は専ら複製費用によって定まり，買手と売手のリスクに対する態度は，価格に全く影響しない．

これは次の2つを仮定したからである．

(0-13)　条件付請求権を複製するのに用いられる証券 $S_1, \cdots, S_n$ およびBの価格は所与である．

(0-14)　市場参加者は，所与の価格で，これらの基礎的証券を好きなだけ購入し，また空売りすることができる．

通常の財の場合でも，仮にその財が一定の生産費でいくらでも生産されるのであれば，その価格は生産費で決まり消費者の効用函数には左右されない．

しかしながら，このように財の価格が消費者の効用函数とは無関係である，あるいは，条件付請求権の価格が取引当事者のリスクに対する態度と無関係であるというのは，理論としては十分ではない．

従って，次の2つが必要である．

- (0-13)で所与とされている基礎的な証券の価格がどのように決まるかを調べること．

・(0-14) の仮定を改め，市場参加者の取引に制限を加えること．

(0-13) の仮定を緩めて基礎的な証券の価格の決まり方を調べるには，一般均衡理論の考え方に従って次のようにすればよい．

・個々の取引主体は自らの効用を最大化すると仮定して，所与の証券価格の下でのこれらの取引主体の行動を調べる．

・その結果を集計して市場全体としての証券の需給を求め，需給を均衡させる証券価格の存在を示し，その性質を調べる．

この課題の前半が問題 (0-11) である．なお本書では触れないが，その結果を用いて証券市場の一般均衡モデルを構成することができる．

次に，(0-14) の仮定を改めて，市場参加者は証券の取引に際して空売りや資金の借入の面で種々の制約を受けるものとしてみる．するとそうした制約の下で，個々の取引主体がどのように振舞うかを明らかにするため，問題 (0-12) を解く必要が生じるのである．

第 11 章では問題 (0-11) を解く．

鍵となるのは命題 (11-17) (11-18) である．

不確実性が存在しない場合に，予算制約式に従って消費と資産運用を行うと，次の等式が成立する．

・特定期間内の消費の総額＋この期間の最終時点での資産残高＝この期間の初期時点での資産残高＋特定期間内の所得総額（ただし両辺とも割引現在価値で計るものとする）．

不確実性が存在する場合に予算制約式に従って消費と資産運用を行っても同様の結果が得られるというのが，命題 (11-17) (11-18) の意味である．

その結果を用いると，第 11 章の問題 (0-11) は，次の問題と全く同じ構造を持つことが分かる．

(0-15)　制約式 $\sum_{i=1}^{n} p_i x_i = c$，$x_i \geq 0$ $(1 \leq i \leq n)$ の下で函数 $\sum_{i=1}^{n} \alpha_i U_i(x_i)$ を最大にする（ここで p_i $(1 \leq i \leq n)$，c，α_i $(1 \leq i \leq n)$ はいずれも正の実数で，函数 $U_i(x)$ $(1 \leq i \leq n)$ は $U_i(0)=0$　$U_i'(x)>0$，$U_i''(x)<0$ を満たすとする）．

(0-15) はラグランジュ乗数法によって容易に解けるから，(0-11) についても同様である．結果は第 11 章第 5 節に示してある．

このように，(0-11) は確率論の道具によって定式化されているため見かけは複雑であるが，実は有限次元の簡単な最大化問題と同じ構造を持つのである．

第13章では，問題(0-12)を解く．

この問題の制約式は次の2つである．

・予算制約式

・市場参加者に課せられた取引上の制約を表わす式

一般に複雑な制約式を持つ最適化問題を解くために次のような方法を利用することがある．いわゆる双対性の理論である．

(0-16)

- 解きたい問題をAとする．
- 適当なパラメーターの集合 D を作る．
- すべての $\mu\in D$ に対して，μ によって定まる最適化問題 A_μ を作る．問題 A_μ は問題 A より簡単な制約式を持ち，容易に解けるようにする．
- それぞれの問題 A_μ によって達成される目的函数の最大値を φ_μ と書き，φ_μ が最小値をとる $\mu_0\in D$ を求める．
  即ちすべての $\mu\in D$ に対して $\varphi_\mu\geq\varphi_{\mu_0}$ となる $\mu_0\in D$ を求める．
- 問題 A_{μ_0} の解が問題 A の解であることを示す．
- 逆に問題 A の解が問題 A_{μ_0} の解であれば，すべての $\mu\in D$ に対し $\varphi_\mu\geq\varphi_{\mu_0}$ であることを示す．

第13章では，問題(0-12)についてこの方法を適用する．結果は(13-60)と(13-61)に示されている．

ただし(13-60)の証明の意味は一見したところ明らかではない．

そこで次のようにして(13-60)と(13-61)の証明の原理を明らかにする．

まず第12章で，確率論の用語を用いずに，第13章の(0-12)とできるだけ同じ構造を持つ有限次元の効用最大化問題を設定する．

次に(0-16)の方法に従って，この有限次元の効用最大化問題を解く．解法の鍵は命題(12-1)である．

そのうえで第13章の問題(0-12)は，基本的には第12章の有限次元の効用最大化問題と同様にして解けることを示す．

10　各章の関係

以上で第Ｉ部から第III部までの構成について説明した．各章の間の論理的な関係は次のとおりである．

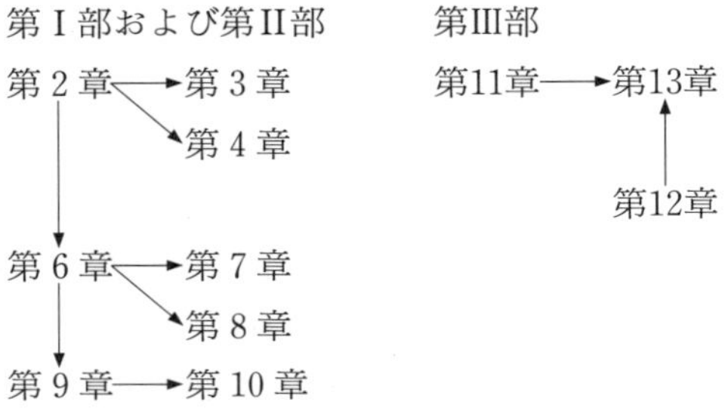

・第１章と第５章は上の図から省いてあるが，第１章は第２章〜第４章の予備知識であり，第５章は第６章〜第10章の予備知識である．

・第２章と第３，第４章の関係は第６章と第７，第８章の関係にほぼ等しい．

・第２章と第３章，および，第６章と第７章の関係は，第９章と第10章の関係にほぼ等しい．

・第12章は第13章を理解するための補助の役割を果たす．

11　基礎となる考え方の重要性

デリバティブについて正確に述べるためにはある程度の数学の知識が必要である．一般にデリバティブが難解なものとされるのはこのためであろう．

しかしながら数学的表現を離れて考え方そのものに注目すれば，デリバティブの理論は，少なくとも本書のような基礎的なレベルでは決して難解なものではない．

例えば，第Ｉ部，第II部を通じてデリバティブの価格を決定する基礎となるのは命題(0-2)であるが，その意味は明らかである．(0-7)はその言い換えに過ぎない．

アメリカ型オプションの価格を決定するための(0-8)と(0-9)も直観的に明ら

かであろう．最適停止問題の解を求める原理である(0-10)は，正確に表現するには種々の数学的道具は必要だが，そのものとしては自明である．

また，本書で述べる基礎的な理論の範囲であれば，一見すると複雑な問題も，見かけ上の複雑さを取除けば，簡単な原理によって解けることが分かる．

例えば第II部では，確率積分を用いて構成したモデルに基づいてデリバティブの価格を決定するから，一見すると問題が複雑に見える．しかしながら，第I部も第II部も，(0-7)に相当する命題を用いてデリバティブの価格を決定するから，基本的な議論の構造は同じである．このため第I部の結果を第II部で用いることができる．

また条件付請求権の価格を決めるために用いる数式は，第I部，第II部を通じてすべて線型である．即ち本質的には一次式に過ぎない．

第III部では，問題(0-11)と(0-12)が確率論の用語で表現されているために見かけ上の複雑さが生じているが，こうした見かけを離れて問題の構造そのものを見れば，経済学ではおなじみの有限次元の効用最大化問題が現われる．

第11章の問題(0-11)は，簡単な有限次元の効用最大化問題である(0-15)と同じ構造をしているため，ラグランジュ乗数法で解ける．

第13章の問題(0-12)は，第12章で設定する有限次元の効用最大化問題とほぼ同じ構造をしているため，基本的には第12章の問題と同じ原理で解ける．その解法の鍵は命題(12-1)であるが，経済学を学ぶ者にとってこれはenvelope theoremとして周知の事実である．

本書では具体的な計算の際に確率論と偏微分方程式の間の関係を利用して偏微分方程式を利用する所がある．この部分は必ずしも簡単ではないかも知れないが，これらの偏微分方程式はきわめて簡単な拡散過程の生成作用素から導かれる．

このように本書で述べるデリバティブの基礎理論は，いくつかの基礎的な考え方と簡単な数学的原理に帰着する．

デリバティブが難しいものであるかのように述べるのは，理論を表現する数学的形式のみに捕らわれた誤解である．

数学的な表現そのものではなく，こうした基礎的な考え方や簡単な数学的原理を理解することの重要性を強調しておきたい．

第Ⅰ部

離散的取引時間を持つモデル

第Ⅰ部では，条件付請求権の価格がどのように決まるかについての基礎理論を述べる．いわゆる無裁定（no arbitrage）の条件に基づく価格決定の理論である．

第Ⅰ部を通じて，証券市場での取引は離散的取引時間に従って行われること，また，将来起こり得る状況は有限個しかないこと，を仮定する．これらの簡単化の仮定を置くことにより理論の見通しが良くなり，条件付請求権の価格決定についての基礎的な結果が簡潔に表現できるようになる．

第Ⅰ部での議論をそれ自身で完結したものとするため第1章では後に必要となる初歩的な数学的事実をまとめて述べる．

第2章は第Ⅰ部の中心である．第2章では証券価格と証券市場の動きを記述するための簡単なモデルを導入する．次にこのような証券価格と証券市場がいわゆる無裁定の条件を満たすことを仮定する．そのうえで，この無裁定の条件が，マルチンゲール測度と呼ばれる特別な確率測度の存在と同値であることを示す．この事実を述べた命題(2-17)とそれから導かれる命題(2-23)が第2章の主要な結果である．これにより，条件付請求権の価格がマルチンゲール測度を用いて計算できることが明らかとなる．

第3章と第4章は第2章で得た結果の応用である．

第3章では，代表的なデリバティブ取引である先渡し，オプション，スワップ，および先物について，それらの取引の仕組みを述べ，また第2章の結果を用いてそれらの価格の決まり方を調べる．その過程で，先渡し，スワップおよび先物については価格の決まり方が明らかになるが，オプションについてはさらに検討が必要であることが分かる（この課題は第Ⅱ部第7章で解決される）．

なお，先渡しと先物は基本的には同一の経済的役割を果たす．また特定の条件があれば両者の価格は一致する．しかしながら論理的にはこれらの2つの取引はまったく異なる．このことを明らかにするために先物取引の仕組みについてやや詳細に解説する．

第4章では最適停止問題の解についての一般的な結果を用いてアメリカ型オプションの価格の決まり方を調べる．得られる結果は第2章のそれの自然な拡張となっている．そのため，まず最適停止問題の解を求めるのに必要な限りでマルチンゲールと停止時刻について解説する．次にそれを利用して最適停止問題を解き，アメリカ型オプションの価格を求める．

第 1 章

確率と情報
——第I部のための数学的準備——

1　不確実性とその取扱い

将来について不確実性が存在しているとの前提の下に議論を進めることにしよう．

例えば1年後の日本経済の状態を知りたいがそれがどのようなものか確実には分からない状況を想定してみよう．1年後の日本経済の状況はN次元ベクトル $(x_1, x_2, \cdots, x_N)'$ で表わされ，実際に実現するのは K 個のベクトル $(x_1^{(1)}, x_2^{(1)}, \cdots, x_N^{(1)})'(x_1^{(2)}\ x_2^{(2)}, \cdots, x_N^{(2)})' \cdots (x_1^{(K)}x_2^{(K)}, \cdots, x_N^{(K)})'$ のどれかであるとする．この場合将来が不確実であるとは，1年後にはこれらの K 個のベクトルのいずれか一つが実現することは分かっているが，それが正確にはどのベクトルであるかは分からず，個々のベクトルについてはそれが実現する確率しか分からないことを意味するものとする．

なお，ここで確率とは何かは定義されないが，われわれにはその意味は十分分かっているものとする．

この事例はわれわれが不確実性に直面する場合を表わしているといってよいだろう．確かにあり得べき世界の状態が有限個，ここでは K 個と仮定するのには多少の無理があるかもしれないが，それでも K を十分大きく取れば近似の精度は十分であると考えてよい．

以下では，こうした状況を簡単な数学的道具で表現しよう．

2　確率空間と確率変数

議論の基礎となる有限集合 Ω を設定する．Ω は要素 $\omega_1, \omega_2, \cdots, \omega_K$ で構成されるとする．即ち $\Omega=\{\omega_1, \omega_2, \cdots, \omega_K\}$ である．それぞれの ω_i は世界の状態を表わすパラメーターであり，世界の真の状態を表わすパラメーター ω^* は Ω に含まれていることは分かっているが ω^* が ω_i のどれに等しいのかは分からないとする．

Ω の部分集合の族を $\mathfrak{F}$ とする．即ち $\mathfrak{F}$ はすべての Ω の部分集合からなる集合である．

(1-1)　$\mathfrak{F}$ は次の性質を持つ．

(1)　$\Omega\in\mathfrak{F}$

(2)　$A\in\mathfrak{F}$，$B\in\mathfrak{F}$ ならば $A\cup B\in\mathfrak{F}$

(3)　$A\in\mathfrak{F}$ ならば $A^c\in\mathfrak{F}$

(1-2)　Ω と $\mathfrak{F}$ は既に定めたとおりとする．P が次の条件を満たす時 P は $(\Omega, \mathfrak{F})$ 上の確率測度であると言う．

(1)　P は $\mathfrak{F}$ の各要素 $A\in\mathfrak{F}$ に 0 と 1 の間の実数 $P(A)$ を対応させる函数である．

(2)　$P(\phi)=0$　$P(\Omega)=1$

(3)　$A, B\in\mathfrak{F}$　$A\cap B=\phi$ ならば $P(A\cup B)=P(A)+P(B)$

この $P(A)$ は世界の真の状態を表わすパラメーター ω^* が A に属している確率を表わすために導入されている．

(1-3)　Ω，$\mathfrak{F}$ は既に定めたとおりとする．P が $(\Omega, \mathfrak{F})$ 上の確率測度である時 $(\Omega, \mathfrak{F}, P)$ を確率空間と言う．

$(\Omega, \mathfrak{F}, P)$ が確率空間である時，$A\in\mathfrak{F}$ となる集合を $(\Omega, \mathfrak{F}, P)$ 上の事象 A と言う．単に事象 A と言うこともある．

$\omega\in\Omega$ に関する条件 Q を満たす ω の集合を $\{\omega : Q(\omega)\}$ で表わす．この集合を単に $\{Q(\omega)\}$ と書くこともある．

(1-4)　$(\Omega, \mathfrak{F}, P)$ が確率空間である時 Ω 上で定義された実数値函数 $f(\omega)(\omega\in\Omega)$ を確率変数と言う．

(1-5)　$f(\omega)$ は確率空間 $(\Omega, \mathfrak{F}, P)$ 上の確率変数であり，$A\in\mathfrak{F}$ は事象であると

する．

この時 $\mathrm{E}[f, A]=\sum_{\omega\in A} f(\omega)P(\{\omega\})$ と定め，$\mathrm{E}[f, A]$ を A 上の f の期待値と言う．

また $\mathrm{E}[f, \Omega]$ を $\mathrm{E}[f]$ と書き f の期待値と言う．

なお $\mathrm{E}[f, \phi]=0$ とする．

(1-6)　$f(\omega)$，$g(\omega)$ は確率空間 $(\Omega, \mathfrak{F}, P)$ 上の確率変数で，$A, B\in\mathfrak{F}$ は事象であり，$A\cap B=\phi$ とする．この時次の等式が成り立つ．

(1)　$\mathrm{E}[f+g, A]=\mathrm{E}[f, A]+\mathrm{E}[g, A]$

(2)　$\mathrm{E}[f, A\cup B]=\mathrm{E}[f, A]+\mathrm{E}[f, B]$

(3)　$\mathrm{E}[cf, A]=c\mathrm{E}[f, A]$．ただし c は任意の実数である．

3　分割と加法族

以下では確率空間 $(\Omega, \mathfrak{F}, P)$ を一つ固定し，それに基づいて議論を進める．

また確率測度 P は，すべての $\omega\in\Omega$ について $P(\{\omega\})>0$ となっているものとする．

(1-7)　Ω の部分集合の族 $\mathfrak{B}=\{B_1, B_2, \cdots, B_n\}$ が Ω の分割であるとは次の条件が成立することを言う．

(1)　$B_i\in\mathfrak{F}$，$B_i\neq\phi$　$(1\leq i\leq n)$

(2)　$i\neq j$ ならば $B_i\cap B_j=\phi$

(3)　$\bigcup_{1\leq i\leq n} B_i=\Omega$

(1-8)　Ω の部分集合の族 $\mathfrak{H}$ が加法族であるとは $\mathfrak{H}$ が次の条件を満たすことを言う．

(1)　$\Omega\in\mathfrak{H}$

(2)　$A, B\in\mathfrak{H}$ ならば $A\cup B\in\mathfrak{H}$

(3)　$A\in\mathfrak{H}$ ならば $A^c\in\mathfrak{H}$

次の命題は容易に証明される．

(1-9)　$\mathfrak{H}$ が加法族であるとする．

(1)　$A_i\in\mathfrak{H}$　$(1\leq i\leq n)$　ならば，$\bigcup_{1\leq i\leq n} A_i\in\mathfrak{H}$

(2)　$A_i\in\mathfrak{H}$　$(1\leq i\leq n)$　ならば，$\bigcap_{1\leq i\leq n} A_i\in\mathfrak{H}$

Ω の分割が与えられるとその分割から加法族を作ることができる．

(1-10)　$\mathfrak{B}=\{B_1, B_2, \cdots, B_n\}$ が Ω の分割であるとする．次の条件のいずれかを満たす集合 H の族 $\mathfrak{H}$ は加法族である．

・H は有限個の B_i の和集合である．

・H は空集合 ϕ である．

加法族が与えられるとその加法族から Ω の分割を作ることもできる．

(1-11)　$\mathfrak{H}$ は加法族であるとする．$A \in \mathfrak{H}$ が次の条件を満たす時，A は加法族 $\mathfrak{H}$の原子であると言う．

(1)　$A \neq \phi$

(2)　$B \in \mathfrak{H}$，$B \subset A$，$B \neq \phi$ ならば $B=A$

(1-12)　$\mathfrak{H}$ は加法族であるとする．

(1)　$A \in \mathfrak{H}$，$A \neq \phi$ ならば A に含まれる $\mathfrak{H}$ の原子が存在する．

(2)　$\mathfrak{H}$ の原子が $B_1, B_2, \cdots, B_n$ であれば $\mathfrak{B}=\{B_1, B_2, \cdots, B_n\}$ は Ω の分割である．

【証明】

(1)　$A \in \mathfrak{H}$，$A \neq \phi$ だから $B \in \mathfrak{H}$，$B \subset A$，$B \neq \phi$ となる B が存在する．このような B は有限個しかないから，その中で $P(B)$ が最小値をとるものを $\tilde{B}$ とする．

この $\tilde{B}$ が$\mathfrak{H}$の原子であることを示そう．まず $\tilde{B} \neq \phi$ は明らか．従って $\tilde{B}$ は(1-11)(1)を満たす．

次にもし $B \in \mathfrak{H}$，$B \subset \tilde{B}$，$B \neq \phi$ ならば，$B \in \mathfrak{H}$，$B \subset A$，$B \neq \phi$ となるから，$\tilde{B}$ の定め方より $P(\tilde{B}) \leq P(B)$ となる．

この $P(\tilde{B}) \leq P(B)$ と，$B \subset \tilde{B}$，およびすべての $\omega \in \Omega$ に対して $P(\{\omega\})>0$ となることより $B=\tilde{B}$ を得る．即ち $\tilde{B}$ は(1-11)(2)も満たす．従って $\tilde{B}$ は $\mathfrak{H}$ の原子である．

(2)　$\mathfrak{H}$ の原子が $B_1, B_2, \cdots, B_n$ であるとする．$B_i \in \mathfrak{F}$ は当然である．また原子の定義より $B_i \neq \phi$ である．

次に $i \neq j$ とする．また $B_i \cap B_j \neq \phi$ と仮定する．$i \neq j$ より $B_i \neq B_j$ である．また B_i, B_j はそれぞれが $\mathfrak{H}$ の原子だから $B_i \subset B_j$ も $B_j \subset B_i$ もあり得ない．従って $B_i \cap B_j \neq \phi$ は B_i と B_j それぞれの真部分集合である．

しかも $B_i \cap B_j \in \mathfrak{H}$ である．

これは B_i と B_j が $\mathfrak{H}$ の原子であることと矛盾する．

従って $i \neq j$ ならば $B_i \cap B_j \neq \phi$ ではあり得ない．

最後に $\bigcup_{1 \leq i \leq n} B_i = \Omega$ を示す．そのために $\bigcup_{1 \leq i \leq n} B_i \neq \Omega$ と仮定してみる．

この時には $\left(\bigcup_{1 \leq i \leq n} B_i\right)^C \neq \phi$　かつ $\left(\bigcup_{1 \leq i \leq n} B_i\right)^C \in \mathfrak{H}$ であるから(1)より $\left(\bigcup_{1 \leq i \leq n} B_i\right)^C$ に含まれる $\mathfrak{H}$ の原子 B が存在する．この B は $B_1, B_2, \cdots, B_n$ のいずれとも一致しえないから，$B_1, B_2, \cdots, B_n$ 以外に $\mathfrak{H}$ の原子が存在することになり矛盾を生じる．

従って $\bigcup_{1 \leq i \leq n} B_i = \Omega$ である．

以上より $\mathfrak{B} = \{B_1, B_2, \cdots, B_n\}$ は Ω の分割である．■

分割 $\mathfrak{B}$ に対して (1-10) によって $\mathfrak{B}$ から生成される加法族 $\mathfrak{H}$ を対応させる写像を F で表わそう．

また加法族 $\mathfrak{H}$ に対して (1−12) (2)によって生成される分割 $\mathfrak{B}$ を対応させる写像を G で表わそう．

加法族 $\mathfrak{H}$ に対して $F \cdot G(\mathfrak{H}) = \mathfrak{H}$ となることは明らかである．従って F と G は分割 $\mathfrak{B}$ の集合と加法族 $\mathfrak{H}$ の集合を 1 対 1 に対応させ，互いに他の逆写像となっている．

(1-13)　F と G を分割 $\mathfrak{B}$ の集合と加法族 $\mathfrak{H}$ の集合の間の自然な対応と呼ぶ．

$F(\mathfrak{B})$ を $\mathfrak{B}$ に自然に対応する加法族，G$(\mathfrak{H})$ を $\mathfrak{H}$ に自然に対応する分割と呼ぶ．

4　条件付確率

(1-14)　確率空間 $(\Omega, \mathfrak{F}, P)$ 上に 2 つの事象 $A, B \in \mathfrak{F}$ が与えられ $P(B) \neq 0$ とする．この時条件付確率 $P(A|B)$ を $P(A|B) = \dfrac{P(A \cap B)}{P(B)}$ によって定める．

確率空間 $(\Omega, \mathfrak{F}, P)$ を設定した段階では，世界の真の状態を表わすパラメーター ω^* が A に含まれる確率は $P(A)$ である．

ここで何らかの情報に基づいて $\omega^* \in B$ であることが分かったとすると，$\omega^* \in A$ である確率は $P(A|B)$ となる．

(1-15)　Ω の分割 $\mathfrak{B} = \{B_1, B_2, \cdots, B_n\}$ と事象 $A \in \mathfrak{F}$ に対して確率変数 $P(A|\mathfrak{B})(\omega)$ を次のように定める．

・$\omega \in B_i$ ならば $P(A|\mathfrak{B})(\omega)=P(A|B_i)$

即ち $P(A|\mathfrak{B})(\omega)$ は各 B_i 上で一定値 $P(A|B_i)$ をとる確率変数である．$P(A|\mathfrak{B})(\omega)$ を $\mathrm{P}(A|\mathfrak{B})$ とも書く．

(1-16)　$\mathfrak{H}$ は加法族であり $\mathfrak{B}=\{B_1, B_2, \cdots, B_n\}$ は $\mathfrak{H}$ に自然に対応する分割とする．

$\mathfrak{H}$ と事象 $A\in\mathfrak{H}$ に対し確率変数 $P(A|\mathfrak{H})(\omega)$ を $P(A|\mathfrak{H})(\omega)=P(A|\mathfrak{B})(\omega)$ によって定める．

$P(A|\mathfrak{H})(\omega)$ を $\mathfrak{H}$ が与えられた時の A の条件付確率と言う．

$P(A|\mathfrak{H})(\omega)$ は各 B_i 上で一定値 $P(A|B_i)$ をとる確率変数である．$P(A|\mathfrak{H})(\omega)$ を $P(A|\mathfrak{H})$ とも書く．

(1-17)　$\mathfrak{H}$ は加法族とする．$(\Omega, \mathfrak{F}, P)$ 上の確率変数 $f(\omega)$ が $\mathfrak{H}$ 可測であるとは，すべての実数 x に対して $\{\omega : f(\omega)=x\}$ が $\mathfrak{H}$ に属することを言う．

(1-18)　$\mathfrak{H}$ は加法族であり $A\in\mathfrak{F}$ は事象であるとする．

(1)　$P(A|\mathfrak{H})(\omega)$ は $\mathfrak{H}$ 可測である．

(2)　$K\in\mathfrak{H}$ であれば $\mathrm{E}[P(A|\mathfrak{H}), K]=P(A\cap K)$

(3)　$f(\omega)$ が(1)，(2)を満たす確率変数であれば $f(\omega)=P(A|\mathfrak{H})(\omega)$ である．

【証明】

(1)　$\mathfrak{H}$ に自然に対応する分割を $\mathfrak{B}=\{B_1, B_2, \cdots, B_n\}$ とする．$P(A|\mathfrak{H})(\omega)$ は各 B_i 上で一定値 $P(A|B_i)$ をとる．また $B_i\in\mathfrak{H}$ である．

以上から $P(A|\mathfrak{H})(\omega)$ は $\mathfrak{H}$ 可測である．

(2)　$\mathfrak{B}=\{B_1, B_2, \cdots, B_n\}$ に属する B_i に対しては $\mathrm{E}[P(A|\mathfrak{H}), B_i]=P(A|B_i)P(B_i)=P(A\cap B_i)$ である．

さて $K\in\mathfrak{H}$ であれば，K は有限個の B_i の和集合になる．$K=\bigcup_{1\leq p\leq r} B_{i_p}$ としよう．$i\neq j$ ならば $B_i\cap B_j=\phi$ となることに注意すると $\mathrm{E}[P(A|\mathfrak{H}), K]=\sum_{p=1}^{r}\mathrm{E}[P(A|\mathfrak{H}), B_{i_p}]=\sum_{p=1}^{r}P(A\cap B_{i_p})=P(A\cap K)$ である．

(3)　$f(\omega)$ について(1)(2)が成立するとする．$f(\omega)$ の値域が $a_1, \cdots, a_l$ であるとすると $\{\omega : f(\omega)=a_j\}$ は $\mathfrak{H}$ に属し，有限個の B_i の和集合となる．

従って $f(\omega)$ は各 B_i 上で一定値をとるから，その値を b_i と書く．

すると $\mathrm{E}[f, B_i]=b_iP(B_i)$ である．

他方仮定より f について(2)が成立するから，$\mathrm{E}[f, B_i]=P(A\cap B_i)$ である．

従って $b_i=\dfrac{P(A\cap B_i)}{P(B_i)}=P(A|B_i)$．これは $f(\omega)$ が各 B_i 上で一定値 $P(A|B_i)$

をとることを意味する．従って $f(\omega)=P(A|\mathfrak{H})$ である．■

5　条件付期待値

(1-19)　確率空間 $(\Omega, \mathfrak{F}, P)$ 上の確率変数 $X(\omega)$ と Ω の分割 $\mathfrak{B}=\{B_1, B_2, \cdots, B_n\}$ に対して確率変数 $\mathrm{E}[X|\mathfrak{B}](\omega)$ を次のように定める．

・$\omega\in B_i$ ならば $\mathrm{E}[X|\mathfrak{B}](\omega)=\dfrac{\mathrm{E}[X, B_i]}{P(B_i)}$

確率空間 $(\Omega, \mathfrak{F}, P)$ を設定した段階では $X(\omega)$ の期待値は $\mathrm{E}[X]=\sum_{\omega\in\Omega}X(\omega)P(\omega)$ である．

ここで何らかの情報に基づいて，世界の真の状態を表すパラメーター ω^* が B_i に属することが分かったとしよう．

この場合 $X(\omega)$ の期待値は $\sum_{\omega\in B_i}X(\omega)\dfrac{P(\omega)}{P(B_i)}=\dfrac{\mathrm{E}[X, B_i]}{P(B_i)}$ に変化する．

(1-20)　$\mathfrak{H}$ は加法族であり $\mathfrak{B}=\{B_1, B_2, \cdots, B_n\}$ は $\mathfrak{H}$ に自然に対応する分割とする．

$\mathfrak{H}$ と確率変数 $X(\omega)$ に対し，確率変数 $\mathrm{E}[X|\mathfrak{H}](\omega)$ を $\mathrm{E}[X|\mathfrak{H}](\omega)=\mathrm{E}[X|\mathfrak{B}](\omega)$ によって定める．

$\mathrm{E}[X|\mathfrak{H}](\omega)$ を $\mathfrak{H}$ が与えられた時の $X(\omega)$ の条件付期待値と言う．$\mathrm{E}[X|\mathfrak{H}](\omega)$ を $\mathrm{E}[X|\mathfrak{H}]$ とも書く．

(1-18) と同様にして次の命題が成り立つ．

(1-21)　$\mathfrak{H}$ は加法族であり $X(\omega)$ は確率変数であるとする．

(1)　$\mathrm{E}[X|\mathfrak{H}](\omega)$ は $\mathfrak{H}$ 可測である．

(2)　$K\in\mathfrak{H}$ であれば $\mathrm{E}[\mathrm{E}[X|\mathfrak{H}], K]=\mathrm{E}[X, K]$

(3)　$f(\omega)$ が(1)(2)を満たす確率変数であれば $f(\omega)=\mathrm{E}[X|\mathfrak{H}](\omega)$ である．

(1-22)　$\mathrm{E}[X|\mathfrak{H}]$ は次の性質をもつ．

(1)　a を任意の実数とする．Ω 上で定義され常に a に等しい確率変数も a で表わすこととすると $\mathrm{E}[a|\mathfrak{H}]=a$

(2)　$X(\omega)\geq 0$ ならば $\mathrm{E}[X|\mathfrak{H}]\geq 0$

(3)　実数 a，b と確率変数 $X(\omega)$, $Y(\omega)$ に対して $\mathrm{E}[aX+bY|\mathfrak{H}]=a\mathrm{E}[X|\mathfrak{H}]+b\mathrm{E}[Y|\mathfrak{H}]$

(4)　$\mathrm{E}[\mathrm{E}[X|\mathfrak{H}]]=\mathrm{E}[X]$

(5)　$X(\omega)$, $Y(\omega)$ が確率変数で $X(\omega)$ が $\mathfrak{H}$ 可測ならば，$\mathrm{E}[XY|\mathfrak{H}]=X\mathrm{E}[Y|\mathfrak{H}]$．特に $X(\omega)$ について $\mathrm{E}[X|\mathfrak{H}]=X$

(6)　$\mathfrak{H}$ と $\mathfrak{G}$ が加法族で $\mathfrak{H}\subset\mathfrak{G}$ ならば，$\mathrm{E}[\mathrm{E}[X|\mathfrak{G}]|\mathfrak{H}]=\mathrm{E}[X|\mathfrak{H}]$

【証明】

(1)(2)(3)は明らかである．

(4)　(1-21)(2)で $K=\Omega$ と置いて得られる式．$\mathrm{E}[\mathrm{E}[X|\mathfrak{H}],\Omega]=\mathrm{E}[X,\Omega]$ の書直しである．

(5)　$\mathfrak{H}$ に自然に対応する分割を $\mathfrak{B}=\{B_1, B_2, \cdots, B_n\}$ とする．定義により B_i 上では $\mathrm{E}[XY|\mathfrak{H}]=\dfrac{\mathrm{E}[XY, B_i]}{P(B_i)}$，$X\mathrm{E}[Y|\mathfrak{H}]=X\dfrac{\mathrm{E}[Y, B_i]}{P(B_i)}$ である．

仮定より $X(\omega)$ は $\mathfrak{H}$ 可測だから $X(\omega)$ は B_i 上で一定値をとる．その値を X_i と書こう．

すると B_i 上では $\dfrac{\mathrm{E}[XY, B_i]}{P(B_i)}=X_i\dfrac{\mathrm{E}[Y, B_i]}{P(B_i)}$ と，$X\dfrac{\mathrm{E}[Y, B_i]}{P(B_i)}=X_i\dfrac{\mathrm{E}[Y, B_i]}{P(B_i)}$ が成り立つ．

以上から B_i 上で $\mathrm{E}[XY|\mathfrak{H}]=X\mathrm{E}[Y|\mathfrak{H}]$ となることが分かる．B_i は任意だから，これは，$\mathrm{E}[XY|\mathfrak{H}]=X\mathrm{E}[Y|\mathfrak{H}]$ であることを意味する．

(6)　$\mathfrak{H}$ に自然に対応する分割を $\mathfrak{B}=\{B_1, B_2, \cdots, B_n\}$ とする．定義により B_i 上では $\mathrm{E}[\mathrm{E}[X|\mathfrak{G}]|\mathfrak{H}]=\dfrac{\mathrm{E}[\mathrm{E}[X|\mathfrak{G}], B_i]}{P(B_i)}$，$\mathrm{E}[X|\mathfrak{H}]=\dfrac{\mathrm{E}[X, B_i]}{P(B_i)}$ である．

仮定より $\mathfrak{H}\subset\mathfrak{G}$ であり $B_i\in\mathfrak{H}$ だから，$B_i\in\mathfrak{G}$ である．従って(1-21)(2)より $\mathrm{E}[\mathrm{E}[X|\mathfrak{G}], B_i]=\mathrm{E}[X, B_i]$．

以上より B_i 上では $\mathrm{E}[\mathrm{E}[X|\mathfrak{G}]|\mathfrak{H}]=\mathrm{E}[X|\mathfrak{H}]$ である．従って $\mathrm{E}[\mathrm{E}[X|\mathfrak{G}]|\mathfrak{H}]=\mathrm{E}[X|\mathfrak{H}]$．■

6　情報の蓄積とその表現

不確実性が存在する状況の下で情報を得るあるいは情報を蓄積するとはどのようなことなのかを考えてみよう．

確率空間 $(\Omega, \mathfrak{F}, P)$ が与えられた状況の下では，世界の真の状態を表わすパラメーター ω^* は Ω に属することは分かっているが，ω^* がどの ω_i に等しいかは確率しか分からない．このような場合 ω^* について情報を得るには何らかの観測を行うのが通常である．

具体例で考えてみよう．

$\omega \in \Omega$ は現状をも含め今後10年間の日本経済の状況を表わすパラメーターであるとする．今後10年が経過した時までに実際に実現することになる ω^* がどの ω_i に等しいかは確率しか分からない．このような状況の下で，現在観測できるいくつかの経済データ X_i $(1 \leq i \leq k)$ の組合せ $(X_1, X_2, \cdots, X_k)$ を利用して，ω^* がどのようなものであるか判断することになったとしよう．

現在得られる経済データ X_i $(1 \leq i \leq k)$ は ω に応じて定まるから，ω の函数即ち確率変数である．また観測で得られるのは ω^* に対応する $(X_1(\omega^*), X_2(\omega^*), \cdots, X_k(\omega^*))$ である．

従ってここで行おうとしていることは，$(X_1(\omega^*), X_2(\omega^*), \cdots, X_k(\omega^*))$ を観測してその結果から ω^* がどのようなものか判断することである．その際必要なことは次の2つである．

(1)　観測する経済データ $X_1(\omega), \cdots, X_k(\omega)$ の数と種類を所与として $(X_1(\omega^*), \cdots, X_k(\omega^*))$ を観測すること．

(2)　観測する経済データの数と種類を決定すること．

(1)は特定の情報を得ることであり，(2)はどのような情報を得ることが望ましいかを決定することである．

この例からみると，情報というのは特定の確率変数の組合せであり，情報を得るというのはこれらの確率変数の実現値を観測することである．また情報の種類を選ぶというのは観測すべき確率変数の組合せを決めることである．

$(X_1(\omega), \cdots, X_k(\omega))$ を特定の確率変数の組合せとし $\omega \in \Omega$ を動かした時に $(X_1(\omega), \cdots, X_k(\omega))$ がとる値の集合が k 次元ベクトル $\boldsymbol{x}_1, \boldsymbol{x}_2, \cdots, \boldsymbol{x}_n$ からなるとしよう．この場合集合 $B_i = \{\omega : (X_1(\omega), \cdots, X_k(\omega)) = \boldsymbol{x}_i\}$ $(1 \leq i \leq n)$ からなる $\mathfrak{B} = \{B_1, B_2, \cdots, B_n\}$ は Ω の分割となる．また $(X_1(\omega^*), \cdots, X_k(\omega^*))$ を観測することは，ω^* が B_i のいずれに含まれるかを決定することである．

ここまでの説明を前提に次のように定める．

(1-23)　$\mathfrak{B} = \{B_1, B_2, \cdots, B_n\}$ は Ω の分割であるとする．$\mathfrak{B}$ が時刻 t における情報であるとは，時刻 t における適当な観測によって，世界の状態を表わす真のパラメーター ω^* が B_i のどれに属するかを決定できることを言う．

$\mathfrak{B}$ が時刻 t における情報であるとき，情報 $\mathfrak{B}$ を得るとは，時刻 t での観測により ω^* がどの B_i に属するかを決定することを言う．

分割を用いて情報を定義したのは，確率変数の組合せ $(X_1(\omega), \cdots, X_k(\omega))$ を用

いると k が変化した場合の記述が煩雑になるからである．

また情報の定義に時刻を用いたのは，時間に従って情報が蓄積される場合を取扱うためである．

(1-24)　分割 $\mathfrak{B}_1=\{B_1^{(1)}, B_2^{(1)}, \cdots, B_{n_1}^{(1)}\}$，$\mathfrak{B}_2=\{B_1^{(2)}, B_2^{(2)}, \cdots, B_{n_2}^{(2)}\}$ に対し，$\mathfrak{B}_1\leq\mathfrak{B}_2$ であるとは，すべての $B_i^{(1)}$ がいくつかの $B_j^{(2)}$ の和集合になることを言う．

分割 $\mathfrak{B}_1=\{B_1^{(1)}, B_2^{(1)}, \cdots, B_{n_1}^{(1)}\}$，$\mathfrak{B}_2=\{B_1^{(2)}, B_2^{(2)}, \cdots, B_{n_2}^{(2)}\}$ がいずれも時刻 t における情報であり $\mathfrak{B}_1\leq\mathfrak{B}_2$ であるとする．この場合情報 $\mathfrak{B}_1$ を得て $\omega^*\in B_i^{(1)}$ であることが分かり，情報 $\mathfrak{B}_2$ を得て $\omega^*\in B_j^{(2)}$ であることが分かれば $B_i^{(1)}\supset B_j^{(2)}$ である．従って $\mathfrak{B}_2$ が与える情報は $\mathfrak{B}_1$ が与える情報より詳しいと言ってよい．

この場合 $\mathfrak{B}_1$ が時刻 t_1 における情報であり，$\mathfrak{B}_2$ が時刻 t_2 における情報であって $t_1<t_2$ としよう．時刻 t_1 に情報 $\mathfrak{B}_1$ を得て $\omega^*\in B_i^{(1)}$ であることが分かり，時刻 t_2 に情報 $\mathfrak{B}_2$ を得て $\omega^*\in B_j^{(2)}$ であることが分かれば $B_i^{(1)}\supset B_j^{(2)}$ である．従って，この場合には時間の経過に伴って情報が蓄積されていくことになる．

(1-25)　$\mathfrak{B}_1, \cdots, \mathfrak{B}_n$ が増大する分割の列であるとは $\mathfrak{B}_i$ がすべて分割であって $\mathfrak{B}_1\leq\mathfrak{B}_2\leq\cdots\leq\mathfrak{B}_n$ が成り立つことを言う．

$\mathfrak{B}_1, \mathfrak{B}_2, \cdots, \mathfrak{B}_n$ が増大する分割の列で $\mathfrak{B}_i=\{B_1^{(i)}, \cdots, B_{n_i}^{(i)}\}$ であるとしよう．

$\mathfrak{B}_1, \mathfrak{B}_2, \cdots, \mathfrak{B}_n$ がいずれも時刻 t における情報であり，時刻 t に情報 $\mathfrak{B}_i$ を得て $\omega^*\in B_{p_i}^{(i)}$ であることが分かると $B_{p_1}^{(1)}\supset B_{p_2}^{(2)}\cdots\supset B_{p_n}^{(n)}$ である．従って，$\mathfrak{B}_1, \mathfrak{B}_2, \cdots, \mathfrak{B}_n$ の順に詳しい情報が得られることになる．

また $\mathfrak{B}_1$ が時刻 t_1 の，$\mathfrak{B}_2$ が時刻 t_2 の，……$\mathfrak{B}_n$ が時刻 t_n の情報であり，$t_1<t_2<\cdots<t_n$ であるとしよう．時刻 t_i に情報 $\mathfrak{B}_i$ を得て $\omega^*\in B_{p_i}^{(i)}$ であることが分かると $B_{p_1}^{(1)}\supset B_{p_2}^{(2)}\cdots\supset B_{p_n}^{(n)}$ である．従って時間の経過に従って，$\mathfrak{B}_1, \mathfrak{B}_2, \cdots, \mathfrak{B}_n$ の順に詳しい情報が得られ情報が蓄積されることになる．

確率空間 $(\Omega, \mathfrak{F}, P)$ が与えられると Ω の分割 $\mathfrak{B}$ と加法族 $\mathfrak{H}$ は自然な形で対応する．この対応を利用すると加法族 $\mathfrak{H}$ を情報と考えることができる．

(1-26)　$\mathfrak{H}$ は加法族であり，$\mathfrak{B}=\{B_1, B_2, \cdots, B_n\}$ は $\mathfrak{H}$ に自然に対応する分割であるとする．

この時 $\mathfrak{H}$ が時刻 t における情報であるとは，$\mathfrak{B}$ が時刻 t における情報であることを言う．

$\mathfrak{B}=\{B_1, B_2, \cdots, B_n\}$ が $\mathfrak{H}$ に自然に対応する分割であれば，$B_1, B_2, \cdots, B_n$ は

$\mathfrak{H}$ のすべての原子である．

従って次の 2 つは同値である．

(1)　ω^* がどの B_i に属するかが分かる．

(2)　すべての $A \in \mathfrak{H}$ について $\omega^* \in A$ または $\omega^* \notin A$ のいずれが成り立つかが分かる．

従って，$\mathfrak{H}$ が時刻 t における情報であるとは，時刻 t における適当な観測によって，すべての $A \in \mathfrak{H}$ について，$\omega^* \in A$ または $\omega^* \notin A$ のいずれが成り立つかを決定できることである．

(1-27)　$\mathfrak{H}_1$ と $\mathfrak{H}_2$ が加法族であり，$\mathfrak{B}_1$ が $\mathfrak{H}_1$ に自然に対応する分割，$\mathfrak{B}_2$ が $\mathfrak{H}_2$ に自然に対応する分割であるとする．

この時 $\mathfrak{H}_1 \subset \mathfrak{H}_2$ と $\mathfrak{B}_1 \leq \mathfrak{B}_2$ は同値である．

(1-28)　$\mathfrak{H}_1, \mathfrak{H}_2, \cdots, \mathfrak{H}_n$ はすべて加法族であり，すべての i $(1 \leq i \leq n)$ について $\mathfrak{B}_i$ は $\mathfrak{H}_i$ に自然に対応する分割であるとする．

この時 $\mathfrak{H}_1 \subset \mathfrak{H}_2 \cdots \subset \mathfrak{H}_n$ と $\mathfrak{B}_1 \leq \mathfrak{B}_2 \cdots \leq \mathfrak{B}_n$ は同値である．

(1-29)　$(\mathfrak{H}_t)_{1 \leq t \leq n}$ がフィルトレーションであるとは，各 $\mathfrak{H}_i$ が加法族で $\mathfrak{H}_1 \subset \mathfrak{H}_2 \subset \cdots \subset \mathfrak{H}_n$ となることを言う．

$(\mathfrak{H}_t)_{1 \leq t \leq n}$ がフィルトレーションで，すべての $\mathfrak{H}_t$ が時刻 u における情報であれば，これらの情報 $\mathfrak{H}_t$ は $\mathfrak{H}_1, \mathfrak{H}_2, \cdots \mathfrak{H}_n$ の順に詳しくなる．

$(\mathfrak{H}_t)_{1 \leq t \leq n}$ がフィルトレーションであり，すべての $\mathfrak{H}_t$ が時刻 u_t における情報であって，$u_1 < u_2 < \cdots < u_n$ であるとする．この場合各時刻 u_t に情報 $\mathfrak{H}_t$ を得ると時間の経過に従って $\mathfrak{H}_1, \mathfrak{H}_2, \cdots, \mathfrak{H}_n$ の順に詳しい情報が得られ情報が蓄積されることになる．

7　情報が決定する確率変数

(1-30)　Ω の分割 $\mathfrak{B} = \{B_1, B_2, \cdots, B_n\}$ が確率変数 $X(\omega)$ を決定するとは，$X(\omega)$ が各 B_i 上で一定値をとることを言う．

分割 $\mathfrak{B} = \{B_1, B_2, \cdots, B_n\}$ が確率変数 $X(\omega)$ を決定し，分割 $\mathfrak{B}$ が時刻 t における情報であるとしよう．

時刻 t に情報 $\mathfrak{B}$ を得て ω^* が B_i に属することが分かったとしよう．この場合 $\omega^* \in B_i$ であることは分かるが ω^* が B_i の要素である $\omega_{i_1}, \cdots, \omega_{i_p}$ のどれである

かまでは分からない．一般的にいえば $X(\omega_{i_1}), X(\omega_{i_2}), \cdots, X(\omega_{i_p})$ の中には異なったものがあるから，$\omega^* \in B_i$ だけから $X(\omega^*)$ の値を知ることはできない．

しかしながら，ここでは $\mathfrak{B}$ が $X(\omega)$ を決定すると仮定しているから B_i 上では $X(\omega_{i_1}) = X(\omega_{i_2}) \cdots = X(\omega_{i_p})$ が成り立つ．従って $\omega^* \in B_i$ であることだけから，ω^* が $\omega_{i_1}, \cdots, \omega_{i_p}$ のどれに等しいかが分からなくても，$X(\omega^*)$ の値を知ることができるのである．

言い換えれば，分割 $\mathfrak{B}$ が確率変数 $X(\omega)$ を決定するのであれば，情報 $\mathfrak{B}$ を得ることによって $X(\omega^*)$ の値を知ることができるのである．

次の命題は容易に証明できる．

(1-31)　$\mathfrak{H}$ は加法族であり，$\mathfrak{B} = \{B_1, B_2, \cdots, B_n\}$ は $\mathfrak{H}$ に自然に対応する分割とする．

確率変数 $X(\omega)$ が $\mathfrak{H}$ 可測であることと分割 $\mathfrak{B}$ が $X(\omega)$ を決定することは同値である．

加法族 $\mathfrak{H}$ が時刻 t における情報であり，確率変数 $X(\omega)$ が $\mathfrak{H}$ 可測であるとしよう．(1-31) によれば時刻 t に情報 $\mathfrak{H}$ を得れば $X(\omega)$ の値を知ることができるのである．

8　確率過程

(1-32)　確率空間 $(\Omega, \mathfrak{F}, P)$ 上の確率過程とは，$(\Omega, \mathfrak{F}, P)$ 上の確率変数 $X_t (t \in K)$ の集合 $X = \{X_t : t \in K\}$ のことである．

基礎となる確率空間 $(\Omega, \mathfrak{F}, P)$ が明らかな時は X を単に確率過程と言う．

集合 K を確率過程 X の定義域と言う．

K が 1 から n までの正の整数の集合であるとき，$X = \{X_t : 1 \leq t \leq n\}$ を 1 から n の間で定義された確率過程と言う．

$X = \{X_t : 1 \leq t \leq n\}$ を $(X_t)_{1 \leq t \leq n}$ とも書く．即ち $X = \{X_t : 1 \leq t \leq n\} = (X_t)_{1 \leq t \leq n}$ である．

(1-33)　確率空間 $(\Omega, \mathfrak{F}, P)$ 上の k 個の確率変数 $X_1, \cdots, X_k$ の順序づけられた組合せ $(X_1, \cdots, X_k)'$ を $(\Omega, \mathfrak{F}, P)$ 上の k 次元の確率変数と言う．

(1-34)　確率空間 $(\Omega, \mathfrak{F}, P)$ 上の k 次元の確率過程とは $(\Omega, \mathfrak{F}, P)$ 上の k 次元

の確率変数 $X_t=(X_1^{(t)}, X_2^{(t)}, \cdots, X_k^{(t)})'$ $(t \in K)$ の集合 $X=\{X_t : t \in K\}=\{(X_1^{(t)}, X_2^{(t)}, \cdots, X_k^{(t)})' : t \in K\}$ のことである．

基礎となる確率空間 $(\Omega, \mathfrak{F}, P)$ が明らかな時は X を単に k 次元の確率過程と言う．

集合 K を k 次元の確率過程 X の定義域と言う．

K が1から n までの正の整数の集合であるとき，$X=\{X_t : 1 \leq t \leq n\}=\{(X_1^{(t)}, X_2^{(t)}, \cdots, X_k^{(t)})' : 1 \leq t \leq n\}$ を1から n の間で定義された k 次元の確率過程と言う．

$X=\{X_t : 1 \leq t \leq n\}=\{(X_1^{(t)}, \cdots, X_k^{(t)})' : (1 \leq t \leq n)\}$ を $(X_t)_{1 \leq t \leq n}$ あるいは $((X_1^{(t)}, \cdots, X_k^{(t)})')_{1 \leq t \leq n}$ とも書く．即ち $X=\{X_t : 1 \leq t \leq n\}=\{(X_1^{(t)}, \cdots, X_k^{(t)})' : 1 \leq t \leq n\}=(X_t)_{1 \leq t \leq n}=((X_1^{(t)}, \cdots, X_k^{(t)})')_{1 \leq t \leq n}$ である．

確率過程，または k 次元の確率過程を定めるには，それらを構成する要素を特定する必要がある．これを簡単に行うために次のように約束しておく．

- 構成要素を定めずに，1から n の間で定義される確率過程 X と書いた場合には，X は確率変数 $X_1, \cdots, X_n$ で構成され $X=(X_t)_{1 \leq t \leq n}$ であるとする．
- 構成要素を定めずに，1から n の間で定義される k 次元の確率過程 X と書いた場合には，X は k 次元の確率変数 $X_t=(X_1^{(t)}, \cdots, X_k^{(t)})'$ $(1 \leq t \leq n)$ で構成され $X=(X_t)_{1 \leq t \leq n}=((X_1^{(t)}, \cdots, X_k^{(t)})')_{1 \leq t \leq n}$ であるとする．

次にフィルトレーションに適合的な確率過程というものを定義しよう．

(1-35)　確率過程 $X=(X_t)_{1 \leq t \leq n}$ がフィルトレーション $H=(\mathfrak{H}_t)_{1 \leq t \leq n}$ に適合的であるとは，すべての X_t が $\mathfrak{H}_t$ 可測なことである．

(1-36)　$X=(X_1, \cdots, X_k)'$ は k 次元の確率変数，$\mathfrak{H}$ は加法族とする．

X が $\mathfrak{H}$ 可測であるとは，すべての X_i が $\mathfrak{H}$ 可測なことである．

(1-37)　k 次元の確率過程 $X=(X_t)_{1 \leq t \leq n}=((X_1^{(t)}, \cdots, X_k^{(t)})')_{1 \leq t \leq n}$ がフィルトレーション $\mathrm{H}=(\mathfrak{H}_t)_{1 \leq t \leq n}$ に適合的であるとは，すべての $X_t=(X_1^{(t)}, \cdots, X_k^{(t)})'$ が $\mathfrak{H}_t$ 可測なことである．

確率過程 $X=(X_t)_{1 \leq t \leq n}$ がフィルトレーション $H=(\mathfrak{H}_t)_{1 \leq t \leq n}$ に適合的であり，すべての $\mathfrak{H}_t$ が時刻 t における情報であるとしよう．

この場合には，時刻 t に情報 $\mathfrak{H}_t$ を得るとその情報によって X_t の値は完全に定まる．

即ち，今考えている状況の下では，時間の経過に従って $\mathfrak{H}_1, \mathfrak{H}_2, \cdots, \mathfrak{H}_n$ の順に

次々と詳しい情報が得られ，各時刻 t ではその時点での情報によって X_t の値が定まるのである．

k 次元の確率過程 X がフィルトレーション $H=(\mathfrak{H}_t)_{1\leq t\leq n}$ に適合的である場合についても全く同様である．

9　マルチンゲール

(1-38)　確率過程 $X=(X_t)_{1\leq t\leq n}$ がフィルトレーション $H=(\mathfrak{H}_t)_{1\leq t\leq n}$ に関するマルチンゲールであるとは次の条件が成り立つことを言う．

(1)　X は H に適合的である．即ちすべての X_t は $\mathfrak{H}_t$ 可測である．

(2)　$s\leq t$ ならば $\mathrm{E}[X_t|\mathfrak{H}_s]=X_s$

$H=(\mathfrak{H}_t)_{1\leq t\leq n}$ がどのフィルトレーションであるか明らかな場合は，単に $X=(X_t)_{1\leq t\leq n}$ はマルチンゲールであると言う[注1]．

(1-39)　確率過程 $X=(X_t)_{1\leq t\leq n}$ がフィルトレーション $H=(\mathfrak{H}_t)_{1\leq t\leq n}$ に関するマルチンゲールである条件は，すべての t（$1\leq t\leq n-1$）に対して $\mathrm{E}[X_{t+1}|\mathfrak{H}_t]=X_t$ となることである．

【証明】

すべての t（$1\leq t\leq n-1$）に対して $\mathrm{E}[X_{t+1}|\mathfrak{H}_t]=X_t$ であるとする．

$\mathrm{E}[X_{t+2}|\mathfrak{H}_{t+1}]=X_{t+1}$ より $\mathrm{E}[\mathrm{E}[X_{t+2}|\mathfrak{H}_{t+1}]|\mathfrak{H}_t]=\mathrm{E}[X_{t+1}|\mathfrak{H}_t]$ である．右辺は仮定より X_t に等しい．また左辺は，$\mathfrak{H}_t\subset\mathfrak{H}_{t+1}$ と (1-22)(6)より $\mathrm{E}[X_{t+2}|\mathfrak{H}_t]$ に等しい．

従って，$\mathrm{E}[X_{t+2}|\mathfrak{H}_t]=X_t$ である．

これを繰り返せば $s<t$ ならば $\mathrm{E}[X_t|\mathfrak{H}_s]=X_s$ を得る．

逆は明らかである．■

10　確率測度の変換

これまでと同様に基礎となる確率空間 $(\Omega,\mathfrak{F},P)$ を一つ固定し，それに基づいて議論を進める．確率測度 P は，すべての $\omega\in\Omega$ について $P(\{\omega\})>0$ となっているものとする．

P は $(\Omega, \mathfrak{F})$ 上の確率測度であるが，$(\Omega, \mathfrak{F})$ 上の確率測度はこの P に限られるものではない．

$\Omega=\{\omega_1, \omega_2, \cdots, \omega_K\}$ であり，$\mathfrak{F}$ は Ω のすべての部分集合から成る族だから，$(\Omega, \mathfrak{F})$ 上の確率測度と次の条件を満たす K 次元ベクトル $\boldsymbol{p}=(p_1, p_2, \cdots, p_K)'$ は 1 対 1 に対応する．

- $p_i \geq 0 \ (1 \leq i \leq K)$
- $\sum_{i=1}^{K} p_i = 1$

P, Q が $(\Omega, \mathfrak{F})$ 上の 2 つの異なった確率測度であれば，$(\Omega, \mathfrak{F}, P)$ と $(\Omega, \mathfrak{F}, Q)$ は 2 つの異なる確率空間である．

ただし $(\Omega, \mathfrak{F}, P)$ 上の確率変数は $(\Omega, \mathfrak{F}, Q)$ 上の確率変数であり，その逆も成り立つ．確率変数の定義には Ω しか用いないからである．

同様に $(\Omega, \mathfrak{F}, P)$ の加法族の範囲と，$(\Omega, \mathfrak{F}, Q)$ の加法族の範囲は一致する．

$f(\omega)$ が $(\Omega, \mathfrak{F}, P)$ と $(\Omega, \mathfrak{F}, Q)$ の共通の確率変数であるとしよう．

$f(\omega)$ の $(\Omega, \mathfrak{F}, P)$ 上の確率変数としての期待値は $\sum_{\omega \in \Omega} f(\omega)P(\omega)$ であり，$(\Omega, \mathfrak{F}, Q)$ 上の確率変数としての期待値は $\sum_{\omega \in \Omega} f(\omega)Q(\omega)$ である．

計算の基礎となる確率が変化すると，条件付確率や条件付期待値も同じように変化する．

そこでどの確率空間に基づいて期待値や条件付確率をとっているのかはっきりさせる必要がある場合には，計算の基礎となる確率測度を添えて，$\mathrm{E}_P[X]$，$\mathrm{E}_Q[X]$，$\mathrm{E}_P[X|\mathfrak{H}]$，$\mathrm{E}_Q[X|\mathfrak{H}]$ などと書く．

(1-40)　$(\Omega, \mathfrak{F})$ 上の 2 つの確率測度 P，Q は次の条件を満たす時同値であると言う．

- $A \in \mathfrak{F}$ に対して，$P(A)=0$ ならば $Q(A)=0$ であり，$Q(A)=0$ ならば $P(A)=0$ である．

(1-41)　$(\Omega, \mathfrak{F}, P)$ は基礎となる確率空間とする．$\mathfrak{F}$ は Ω のすべての部分集合からなる族である．また P については，すべての $\omega \in \Omega$ に対して $P(\{\omega\}) > 0$ となるものとする．

Q は $(\Omega, \mathfrak{F})$ 上の確率測度であり，Q と P は同値であるとする．

(1)　すべての $\omega \in \Omega$ に対して $Q(\{\omega\}) > 0$ である．

(2) 確率変数 $f(\omega)$ を $f(\omega)=\dfrac{Q(\{\omega\})}{P(\{\omega\})}$ によって定めるとすべての $A\in\mathfrak{F}$ に対して $Q(A)=\mathrm{E}_P[f, A]$ である．

またすべての確率変数 X と $A\in\mathfrak{F}$ に対して $\mathrm{E}_Q[X, A]=\mathrm{E}_P[fX, A]$ である．

(3) 加法族 $\mathfrak{H}$ と確率変数 X に対して $\mathrm{E}_Q[X\,|\,\mathfrak{H}]=\dfrac{\mathrm{E}_P[fX\,|\,\mathfrak{H}]}{\mathrm{E}_P[f\,|\,\mathfrak{H}]}$ である．

【証明】

(1) $Q(\{\omega\})=0$ となる $\omega\in\Omega$ があれば，$Q(\{\omega\})=0$ かつ $P(\{\omega\})>0$ となって Q と P が同値であることに反する．

(2) $A\in\mathfrak{F}$ とする．$Q(A)=\sum_{\omega\in A}Q(\{\omega\})=\sum_{\omega\in A}f(\omega)P(\{\omega\})=\mathrm{E}_P[f, A]$ である．

また $\mathrm{E}_Q[X, A]=\sum_{\omega\in A}X(\omega)Q(\{\omega\})=\sum_{\omega\in A}f(\omega)X(\omega)P(\{\omega\})=\mathrm{E}_P[fX, A]$ である．

(3) $\mathfrak{B}=\{B_1, B_2, \cdots, B_n\}$ は $\mathfrak{H}$ に自然に対応する分割であるとする．

証明すべき式の左右両辺を B_i 上で比較する．

右辺については，定義により B_i 上で $\mathrm{E}_P[fX\,|\,\mathfrak{H}]=\dfrac{\mathrm{E}_P[fX, B_i]}{P(B_i)}$，$\mathrm{E}_P[f\,|\,\mathfrak{H}]=\dfrac{\mathrm{E}_P[f, B_i]}{P(B_i)}$ である．

同時に(2)より $\mathrm{E}_P[fX, B_i]=\mathrm{E}_Q[X, B_i]$，$\mathrm{E}_P[f, B_i]=Q(B_i)$ である．

従って B_i 上では $\dfrac{\mathrm{E}_P[fX\,|\,\mathfrak{H}]}{\mathrm{E}_P[f\,|\,\mathfrak{H}]}=\dfrac{\mathrm{E}_Q[X, B_i]}{Q(B_i)}$

左辺については，定義により B_i 上で $\mathrm{E}_Q[X\,|\,\mathfrak{H}]=\dfrac{\mathrm{E}_Q[X, B_i]}{Q(B_i)}$ である．

従って B_i 上で $\mathrm{E}_Q[X\,|\,\mathfrak{H}]=\dfrac{\mathrm{E}_P[fX\,|\,\mathfrak{H}]}{\mathrm{E}_P[f\,|\,\mathfrak{H}]}$．これは $\mathrm{E}_Q[X\,|\,\mathfrak{H}]=\dfrac{\mathrm{E}_P[fX\,|\,\mathfrak{H}]}{\mathrm{E}_P[f\,|\,\mathfrak{H}]}$ を意味する．■

複数の確率測度を取扱う場合の表記の方法についてもう一つ注意しておこう．

(1-38) によれば $(\Omega, \mathfrak{F}, P)$ 上の確率過程 $X=(X_t)_{1\leq t\leq n}$ がフィルトレーション $H=(\mathfrak{H}_t)_{1\leq t\leq n}$ に関するマルチンゲールであるとは次の条件が成立することである．

・X は H に適合的である．

・$s\leq t$ ならば $\mathrm{E}[X_t|\mathfrak{H}_s]=X_s$ である．

この条件のうち X が H に適合的であることは，$(\Omega, \mathfrak{F}, P)$ の構成要素である確率測度 P に依存しない．

しかしながら2番目の条件は，確率測度 P を前提にしている．既に述べた約束に従えば，2番目の条件は次のように書くことになる．

・$s\leq t$ ならば $\mathrm{E}_P[X_t|\mathfrak{H}_s]=X_s$ である．

従って $X=(X_t)_{1\leq t\leq n}$ が $(\Omega, \mathfrak{F}, P)$ 上の確率過程としてフィルトレーション

$H=(\mathfrak{H}_t)_{1\leq t\leq n}$ に関するマルチンゲールであっても，X を他の確率空間 $(\Omega, \mathfrak{F}, Q)$ 上の確率過程として見ると，X が H に関するマルチンゲールになるとは限らない．X が H に関するマルチンゲールになるかどうかはどの確率測度を用いるかに依存するのである．

そこで複数の確率測度を取扱っている場合に，確率過程 $X=(X_t)_{1\leq t\leq n}$ がそれらの中の特定の確率測度 Q を用いた確率空間 $(\Omega, \mathfrak{F}, Q)$ 上の確率過程としてフィルトレーション $H=(\mathfrak{H}_t)_{1\leq t\leq n}$ に関するマルチンゲールになることをはっきりさせる必要があれば，X は確率測度 Q とフィルトレーション H に関するマルチンゲールであると言うこととする．

第 2 章
条件付請求権の価格

1 証券市場のモデル

T を正の整数とする．それぞれ $B, S_1, \cdots, S_N$ と名づけられた $(N+1)$ 個の証券が時刻 $0, 1, 2, \cdots, T$ に取引されるような証券市場を考えてみよう．時刻 t における $B, S_1, \cdots, S_N$ の価格は，それぞれ確率変数 $B(t), S_1(t), S_2(t), \cdots, S_N(t)$ によって表わされるとする．

証券 S_i $(1 \leq i \leq N)$ を時刻 t に価格 $S_i(t)$ で一単位購入し時刻 $(t+1)$ まで保有すると，時刻 $(t+1)$ に確率変数 $\delta_i(t+1)$ で表わされる配当を受取ることができるものとする．また $(t+1)$ における S_i の価格である $S_i(t+1)$ は，この配当が支払われた後の価格であるとする．言い換えれば，時刻 t に金額 $S_i(t)$ によって S_i 一単位を購入すると，時刻 $(t+1)$ に配当 $\delta_i(t+1)$ を受取り，その後 S_i を価格 $S_i(t+1)$ で売却できるのである．

このように証券 S_i には配当支払の可能性を認めるけれども，これは $\delta_i(t+1)=0$ $(0 \leq t \leq T-1)$ となる場合を排除するものではない．

証券 B については配当支払はないものとする．即ち証券 B を t から $(t+1)$ まで保有すると，キャピタルゲイン（あるいはキャピタルロス）$B(t+1)-B(t)$ が生じるが，配当は支払われないものとする．

もし $r(t) \geq 0$ $(1 \leq t \leq T)$ となる適当な確率変数 $r(1), r(2), \cdots, r(T)$ が存在して $B(0), B(1), \cdots, B(T)$ が $B(0)=1$，$B(t)=[1+r(1)][1+r(2)], \cdots, [1+r(t)]$ $(1 \leq t \leq T)$ と表わされるとすれば，証券 B を時刻 t に一単位購入して $(t+1)$ まで保有すれば，$B(t+1)-B(t)=r(t+1)B(t)$ だけのキャピタルゲインが得ら

れる．従って $r(t+1)=\dfrac{B(t+1)-B(t)}{B(t)}$ は時刻 t から $(t+1)$ の間の利子率を表わすことになる．

通常 B の価格 $B(0), B(1), \cdots, B(T)$ として想定されるのはこのようなケースであるが，以下の議論では $(B(t))_{0\leq t\leq T}$ についてそこまで特定する必要はない．

なお，0から始まって T に至るまでの間に時間の経過に伴って次々に情報が蓄積されてゆき，各時刻 t には $B(t), S_1(t), \cdots, S_N(t), \delta_1(t), \cdots, \delta_N(t)$ はその時点での情報によって完全に定まるものとする．

ここまで説明したことを正確に定義しておこう．

(2-1)　証券価格のモデルとは次の条件を満たす要素の組合せ $((\Omega, \mathfrak{F}, P), T, (\mathfrak{F}_t)_{0\leq t\leq T}, (B(t))_{0\leq t\leq T}, (S_1(t))_{0\leq t\leq T}, (S_2(t))_{0\leq t\leq T}, \cdots, (S_N(t))_{0\leq t\leq T}, (\delta_1(t))_{1\leq t\leq T}, \cdots, (\delta_N(t))_{1\leq t\leq T})$ のことを言う．

(1)　$(\Omega, \mathfrak{F}, P)$ は基礎となる確率空間である．Ω は有限集合 $\{\omega_1, \omega_2, \cdots, \omega_K\}$ であり，$\mathfrak{F}$ は Ω のすべての部分集合からなる族である．すべての $\omega\in\Omega$ について $P(\{\omega\})>0$ とする．

(2)　T は正の整数である．

(3)　$(\mathfrak{F}_t)_{0\leq t\leq T}$ はフィルトレーションである．$\mathfrak{F}_t$ $(0\leq t\leq T)$ は時刻 t における情報であるとする．$\mathfrak{F}_0$ は空集合 ϕ と Ω からなる加法族 $\{\phi, \Omega\}$ であり，$\mathfrak{F}_T$ は $\mathfrak{F}$ に等しいとする．

(4)　$(B(t))_{0\leq t\leq T}$ は $(\mathfrak{F}_t)_{0\leq t\leq T}$ に適合的な確率過程であるとする．確率変数 $B(t)$ は変数 $\omega\in\Omega$ を表示して正確に書けば $B(t, \omega)$ である．$B(0, \omega)=1$，$B(t, \omega)>0$ $(1\leq t\leq T)$ とする．

(5)　すべての i $(1\leq i\leq N)$ について $(S_i(t))_{0\leq t\leq T}$ は $(\mathfrak{F}_t)_{0\leq t\leq T}$ に適合的な確率過程であるとする．

またすべての i $(1\leq i\leq N)$ について $S_i(t, \omega)\geq 0$ $(0\leq t\leq T)$ であるとする．

(6)　すべての i $(1\leq i\leq N)$ について $(\delta_i(t))_{1\leq t\leq T}$ は $(\mathfrak{F}_t)_{1\leq t\leq T}$ に適合的な確率過程であるとする．

$\mathfrak{F}_0=\{\phi, \Omega\}$ であるということは時刻 $t=0$ には実際には何の情報もないことを意味する．

$S_i(t, \omega)\geq 0$ は仮定するが，$S_1(t, \omega)>0$ を仮定していないことに注意しよう．

後に先物取引の所で見るように価格がゼロの証券というものを考えることもできる．

$\delta_i(t)$ については $\delta_i(t,\omega)\geq 0$ も仮定していないことにも注意しよう．負の配当を持つ証券が存在してもよい．

(2-2)　$N=((\Omega,\mathfrak{F},P),T,(\mathfrak{F}_t)_{0\leq t\leq T},(B(t))_{0\leq t\leq T},(S_1(t))_{0\leq t\leq T},\cdots,(S_N(t))_{0\leq t\leq T},(\delta_1(t))_{1\leq t\leq T},\cdots,(\delta_N(t))_{1\leq t\leq T})$ が証券価格のモデルであるとき，証券市場 $[N]$ とは次の条件を満たす市場を言う．

(1)　$[N]$ では，それぞれ $B,S_1,\cdots,S_N$ と名づけられた $(N+1)$ 個の証券が時刻 $0,1,\cdots,T$ に取引される．

(2)　$B,S_1,\cdots,S_N$ の価格は，それぞれ確率過程 $(B(t))_{0\leq t\leq T},(S_1(t))_{0\leq t\leq T},\cdots,(S_N(t))_{0\leq t\leq T}$ で表わされる．

(3)　証券 S_i（$1\leq i\leq N$）を時刻 t（$0\leq t\leq T-1$）に価格 $S_i(t)$ で一単位購入し $(t+1)$ まで保有すると $(t+1)$ に配当 $\delta_i(t+1)$ が支払われる．この配当支払後の S_i の価格は $S_i(t+1)$ である．

時刻 $t=0$ には各証券 S_i（$1\leq i\leq N$）への配当支払はない．

2　証券の取引

証券価格のモデル N と証券市場 $[N]$ を一つ固定し，それらを前提に議論を進める．

証券市場 $[N]$ での $B,S_1,\cdots,S_N$ の取引について次の仮定を置く．

- 証券 $B,S_1,\cdots,S_N$ はどのような単位にも分割して売買することができる．
- 各市場参加者は，証券を購入または空売りしようとする際に，数量の制限を受けない．即ち希望する数量の購入または空売りを行うことができる．
- 各市場参加者の取引は証券の市場価格に影響を与えない．
- 証券の売買に際して価格以外の経済的負担，例えば税，取引手数料などは存在しない．

証券の取引を表わすのに次のとおり約束する．

- 証券の売買は購入量で表示する．即ち証券の購入量をプラスで表わし，空売りはマイナスの購入と見なす．

・資産残高，借入残高は，資産残高で表わす．即ち資産残高をプラスで表わし，借入残高はマイナスの資産残高と見なす．

市場 $[N]$ で時刻 0 から T までの間の証券 $B, S_1, \cdots, S_N$ の取引の方針を立てるにはどうしたらよいだろうか．

時刻 $t=0$ の時点では，証券市場 $[N]$ での将来の証券価格の動きは確実には分からない．時刻 t での $B, S_1, \cdots, S_N$ の価格が確率変数 $B(t), S_1(t), \cdots, S_N(t)$ で表わされることは分かっていても，実際にどの値が実現されるかは時刻 t での情報 $\mathfrak{F}_t$ に依存するからである．

従って，$t=0$ の時点で将来の時刻 t での $B, S_1, \cdots, S_N$ の保有量を予め一義的に決めておくことは適切な対応ではない．情報 $\mathfrak{F}_t$ の結果は複数であり，そのどれが実現するか不明なのだから，これらの複数の結果のそれぞれが実現した場合に $B, S_1, \cdots, S_N$ をどれだけ保有するかを定めておいて，情報 $\mathfrak{F}_t$ の結果に対応する必要がある．このように情報 $\mathfrak{F}_t$ の結果に応じた $B, S_1, \cdots, S_N$ の保有量を定めれば，それらの保有量は $\mathfrak{F}_t$ 可測な確率変数となる．

この場合には，$B, S_1, \cdots, S_N$ それぞれの 0 から T までの保有量の推移を表わす確率過程はすべて $(\mathfrak{F}_t)_{0\leq t\leq T}$ に適合的である．

以上から市場 $[N]$ で時刻 0 から T までの間の証券 $B, S_1, \cdots, S_N$ の取引の方針を立てるということは，$B, S_1, \cdots, S_N$ それぞれの時刻 0 から T までの間の保有量を表わす $(N+1)$ 個の $(\mathfrak{F}_t)_{0\leq t\leq T}$ に適合的な確率過程を定めることである．

またこの方針を実行するとは，各時刻 t に情報 $\mathfrak{F}_t$ を得て，これら $(N+1)$ 個の確率過程と情報 $\mathfrak{F}_t$ から $B, S_1, \cdots, S_N$ それぞれの保有量を決定しそれを取得することである．

確率過程 $X=(X(t))_{0\leq t\leq T}$ と N 次元の確率過程 $\boldsymbol{\phi}=(\boldsymbol{\phi}(t))_{0\leq t\leq T}=((\phi_1(t), \phi_2(t), \cdots, \phi_N(t))')_{0\leq t\leq T}$ は，いずれも $(\mathfrak{F}_t)_{0\leq t\leq T}$ に適合的であるとしよう．

この X と $\boldsymbol{\phi}$ を用いた次のような市場 $[N]$ での取引の方針を考える．

・時刻 t での B の保有量は $\dfrac{X(t)-\sum_{i=1}^{N} S_i(t)\phi_i(t)}{B(t)}$ である．

・時刻 t での S_i $(1\leq i\leq N)$ の保有量は $\phi_i(t)$ である．

市場 $[N]$ では時刻 t に B の価格は $B(t)$，S_i $(1\leq i\leq N)$ の価格は $S_i(t)$ だから，この取引の方針に従うと時刻 t での資産残高は $X(t)$ である．

即ちこの場合には，次のような資産運用取引を行うことになる．

(1)　時刻0に資産額 $X(0)$ から出発する.

(2)　時刻 t ($0 \leq t \leq T$) に資産額 $X(t)$ を保有する.

(3)　時刻 t ($0 \leq t \leq T$) に $S_1, S_2, \cdots, S_N$ をそれぞれ数量 $\phi_1(t), \phi_2(t), \cdots, \phi_N(t)$ ずつ保有する $\left(\text{従って } B \text{ を数量 } \dfrac{X(t)-\sum_{i=1}^{N} S_i(t)\phi_i(t)}{B(t)} \text{ 保有する}\right)$.

この取引の方針に従った場合，各期にどれだけの資金支払が必要になるか見てみよう.

時刻 $t=0$ での資金支払額は $X(0)$ である. $t=0$ における情報 $\mathfrak{F}_0$ について $\mathfrak{F}_0=\{\phi, \Omega\}$ であると仮定しており，$X(0)$ は $\mathfrak{F}_0$ に適合的な確率変数だから $X(0)$ は定数である.

時刻 t ($1 \leq t \leq T$) には $X(t)$ の支払が必要であるが，他方で $(t-1)$ に購入した $B, S_1, \cdots, S_N$ からの売却収入と配当がある. これらの合計は

$$B(t)\frac{X(t-1)-\sum_{i=1}^{N} S_i(t-1)\phi_i(t-1)}{B(t-1)}+\sum_{i=1}^{N}[S_i(t)+\delta_i(t)]\phi_i(t-1) \text{ である.}$$

従って時刻 t に必要な支払額は両者の差である

$$X(t)-\frac{B(t)}{B(t-1)}X(t-1)-\sum_{i=1}^{N}\left[S_i(t)+\delta_i(t)-\frac{B(t)}{B(t-1)}S_i(t-1)\right]\phi_i(t-1)$$

に等しい.

ここで次の式が成り立つとしてみよう.

(2-3)　$X(t)-\dfrac{B(t)}{B(t-1)}X(t-1)$

$$=\sum_{i=1}^{N}\left[S_i(t)+\delta_i(t)-\frac{B(t)}{B(t-1)}S_i(t-1)\right]\phi_i(t-1) \quad (1 \leq t \leq T)$$

この場合には市場 $[N]$ で X, ϕ に従った取引を行うと，時刻 $t=0$ に $X(0)$ を支出することによって時刻 $t=T$ に資産残高 $X(T)$ を得ることができ，しかも $t=1$ から $t=T$ までの間に追加的な支出の必要がない.

即ち市場 $[N]$ で X, ϕ に従って取引することにより，時刻 $t=0$ の資産残高 $X(0)$ を時刻 $t=T$ の資産残高 $X(T)$ に変換できるのである. 投入産出分析に倣って言えば $X(0)$ はインプットで $X(T)$ はアウトプットである.

(2-3) が成り立つ時 (X, ϕ) は自己資金調達的であると言うことにしよう.

ここまでの説明をまとめて以下のように定義する.

(2-4)　確率過程 $X=(X(t))_{0 \leq t \leq T}$ が資産変動過程であるとは，X が $(\mathfrak{F}_t)_{0 \leq t \leq T}$ に適合的なことである.

N 次元の確率過程 $\phi=(\phi(t))_{0\le t\le T}=((\phi_1(t),\phi_2(t),\cdots,\phi_N(t))')_{0\le t\le T}$ が投資戦略であるとは，ϕ が $(\mathfrak{F}_t)_{0\le t\le T}$ に適合的なことである．

(2-5)　$X=(X(t))_{0\le t\le T}$ は資産変動過程であり，$\phi=(\phi(t))_{0\le t\le T}=((\phi_1(t),\cdots,\phi_N(t))')_{0\le t\le T}$ は投資戦略であるとする．

この時 (X,ϕ) が自己資金調達的であるとは X と ϕ について (2-3) が成立することを言う．

(X,ϕ) が自己資金調達的であることを $(X,\phi)\in SF$ で表わす．

次の命題は (2-3) より自明である．

(2-6)　$(X,\phi)\in SF$ であることは，次の式が成り立つことと同値である．

(2-7)　$$\frac{X(t)}{B(t)}-\frac{X(t-1)}{B(t-1)}=\sum_{i=1}^{N}\left[\frac{S_i(t)+\delta_i(t)}{B(t)}-\frac{S_i(t-1)}{B(t-1)}\right]\phi_i(t-1)\quad(1\le t\le T)$$

(2-8)　確率変数 $\Delta^*S_i(t)$ を $\Delta^*S_i(t)=\dfrac{S_i(t+1)+\delta_i(t+1)}{B(t+1)}-\dfrac{S_i(t)}{B(t)}$ によって定める．

$\Delta^*S_i(t)$ は $1\le i\le N,\ 0\le t\le T-1$ に対して定義される．0 から $(T-1)$ の間で定義された N 次元の確率過程 Δ^*S を $\Delta^*S=(\Delta^*S(t))_{0\le t\le T-1}=((\Delta^*S_1(t),\Delta^*S_2(t),\cdots,\Delta^*S_N(t))')_{0\le t\le T-1}$ によって定める．

$\Delta^*S_i(t)$ は $\mathfrak{F}_{t+1}$ 可測である．

また $\Delta^*S(t)$ は $\mathfrak{F}_{t+1}$ 可測である．

この記号を用いると (2-7) は

$\dfrac{X(t)}{B(t)}-\dfrac{X(t-1)}{B(t-1)}=\langle\Delta^*S(t-1),\phi(t-1)\rangle\ (1\le t\le T)$ と書くことができる[注1)]．

(2-9)　Y を確率変数，c を実数とする．

次の 2 つの条件は同値である．

(1)　$(X,\phi)\in SF$ となる資産変動過程 $X=(X(t))_{0\le t\le T}$ と投資戦略 $\phi=(\phi(t))_{0\le t\le T}=((\phi_1(t),\phi_2(t),\cdots,\phi_N(t))')_{0\le t\le T}$ が存在して $X(T)=Y$, $X(0)=c$ となる．

(2)　0 から $(T-1)$ の間で定義され $(\mathfrak{F}_t)_{0\le t\le T-1}$ に適合的な N 次元の確率過程 $\Psi=(\Psi(t))_{0\le t\le T-1}=((\Psi_1(t),\Psi_2(t),\cdots,\Psi_N(t))')_{0\le t\le T-1}$ が存在して $\dfrac{Y}{B(T)}=c+\displaystyle\sum_{u=0}^{T-1}\langle\Delta^*S(u),\Psi(u)\rangle$ となる．

【証明】

(1)→(2)を示す．$(X,\phi)\in SF$ で $X(T)=Y$, $X(0)=c$ であるとする．

(2-7) により $\dfrac{X(t)}{B(t)}-\dfrac{X(t-1)}{B(t-1)}=\langle\Delta^*S(t-1),\phi(t-1)\rangle\ (1\le t\le T)$ である．

これらの式をすべて加えて $X(T)=Y$, $X(0)=c$ を用いると
$\dfrac{Y}{B(T)}=c+\sum_{u=0}^{T-1}\langle \Delta^* S(u), \boldsymbol{\phi}(u)\rangle$ である．

(2)→(1)を示す．$\Psi=(\Psi(t))_{0\leq t\leq T-1}=((\Psi_1(t), \Psi_2(t), \cdots, \Psi_N(t))')_{0\leq t\leq T-1}$ について $\dfrac{Y}{B(T)}=c+\sum_{u=0}^{T-1}\langle \Delta^* S(u), \Psi(u)\rangle$ が成り立つとする．

$X=(X(t))_{0\leq t\leq T}$ と $\boldsymbol{\phi}=(\boldsymbol{\phi}(t))_{0\leq t\leq T}=((\boldsymbol{\phi}_1(t), \cdots, \boldsymbol{\phi}_N(t))')_{0\leq t\leq T}$ を次のように定める．

$$X(0)=c,\ X(t)=B(t)\{c+\sum_{u=0}^{t-1}\langle \Delta S^*(u), \Psi(u)\rangle\}\ (1\leq t\leq T)$$
$$(\boldsymbol{\phi}_1(t),\ \boldsymbol{\phi}_2(t), \cdots,\ \boldsymbol{\phi}_N(t))'=(\Psi_1(t), \Psi_2(t), \cdots, \Psi_N(t))'\ (0\leq t\leq T-1)$$
$$(\boldsymbol{\phi}_1(T),\ \boldsymbol{\phi}_2(T), \cdots,\ \boldsymbol{\phi}_N(T))'=(\alpha_1,\ \alpha_2,\ \cdots,\ \alpha_N)'$$

ただし $\alpha_1, \alpha_2, \cdots, \alpha_N$ はすべて $\mathfrak{F}_T$ 可測な任意の確率変数である．

$\Delta^* S(u)$ が $\mathfrak{F}_{u+1}$ 可測で，$\Psi(u)$ が $\mathfrak{F}_u$ 可測だから $X(t)$ はすべて $\mathfrak{F}_t$ 可測である．即ち $X=(X(t))_{0\leq t\leq T}$ は $(\mathfrak{F}_t)_{0\leq t\leq T}$ に適合的であるから，X は資産変動過程である．

また $(\boldsymbol{\phi}_1(t), \cdots, \boldsymbol{\phi}_N(t))'$ が $\mathfrak{F}_t$ 可測なことは明らかだから $\boldsymbol{\phi}=(\boldsymbol{\phi}(t))_{0\leq t\leq T}=((\boldsymbol{\phi}_1(t), \cdots, \boldsymbol{\phi}_N(t))')_{0\leq t\leq T}$ は $(\mathfrak{F}_t)_{0\leq t\leq T}$ に適合的となる．即ち $\boldsymbol{\phi}$ は投資戦略である．

$X, \boldsymbol{\phi}$ の作り方から $\dfrac{X(t)}{B(t)}-\dfrac{X(t-1)}{B(t-1)}=\langle \Delta^* S(t-1), \boldsymbol{\phi}(t-1)\rangle$ $(1\leq t\leq T)$ だから $(X, \boldsymbol{\phi})\in SF$ である．また $X(T)=Y$, $X(0)=c$ である．■

3　無裁定の条件

前節では証券価格のモデル N と証券市場 $[N]$ を前提に資産変動過程，投資戦略を定義し，それらの組合せが自己資金調達的であるとはどのようなことであるかを定めた．

その際，証券価格のモデル N については何の制限も加えることをしなかった．しかしながらすべての証券価格のモデルの集合は考察の対象としては広過ぎる．その中には不合理なものも含まれるのである．

例えば証券市場 $[N]$ では B, S_1, S_2 の 3 つの証券が取引され，S_1, S_2 の価格 $(S_1(t))_{0\leq t\leq T}$，$(S_2(t))_{0\leq t\leq T}$ と配当 $(\delta_1(t))_{1\leq t\leq T}$, $(\delta_2(t))_{1\leq t\leq T}$ の間に $S_1(t)=S_2(t)$ $(0\leq t\leq T)$ $\delta_1(t)>\delta_2(t)$ $(1\leq t\leq T)$ が成立すると仮定するのは不合理である．

この節では証券価格のモデルの範囲を限定する基準を定める．

(2-10)　N を証券価格のモデルとする．

資産変動過程 $X=(X(t))_{0\leq t\leq T}$ と投資戦略 $\boldsymbol{\phi}=(\boldsymbol{\phi}(t))_{0\leq t\leq T}=((\boldsymbol{\phi}_1(t),\cdots,\boldsymbol{\phi}_N(t))')_{0\leq t\leq T}$ が次の条件を満たすとき $(X,\boldsymbol{\phi})$ を N の裁定取引と言う．

(1)　$(X,\boldsymbol{\phi})\in SF$

(2)　$X(0)=0\quad X(T,\omega)\geq 0\quad P(\{\omega:X(T,\omega)>0\})>0$

$X(T,\omega)$ は，確率変数 $X(T)$ を変数 $\omega\in\Omega$ を用いて正確に表示したものである．

資産変動過程 X と投資戦略の定義 (2-4) は証券価格のモデル N に依存しないが，$(X,\boldsymbol{\phi})\in SF$ であることは (2-3) が成立することだから証券価格のモデル N によって定まる．従って裁定取引は，証券価格のモデル N に依存して定まる概念である．

(2-11)　N を証券価格のモデルとする．

N が無裁定の条件を満たすとは，N の裁定取引が存在しないことを言う．

証券価格のモデル N に裁定取引が存在すれば，時刻 $t=0$ に資金ゼロから出発して，時刻 $t=T$ に，何らの損失を蒙ることなく，しかも正の確率で利益をあげることができる．従って，すべての市場参加者がこうした取引を行おうとして市場は均衡しなくなると考えられる．

考察の対象とする証券価格のモデルが無裁定の条件を満たすと仮定することは，自然な要請である．

なお冒頭に例示した証券価格のモデルは無裁定の条件を満たさない．何故なら $S_1(t)=S_2(t)$，$\delta_1(t)>\delta_2(t)$ から以下のような裁定取引が存在するからである．

・時刻 $t=0$ に S_2 一単位を空売して資金 $S_2(0)$ を得てこの資金 $S_2(0)=S_1(0)$ で S_1 一単位を購入する．

・時刻 $t=1$ に S_1 の配当と売却代金 $S_1(1)+\delta_1(1)$ で空売りした S_2 を返済する．返済に必要な資金は $S_2(1)+\delta_2(1)$ だから，$\delta_1(1)-\delta_2(1)>0$ の資金が残る．

・この $\delta_1(1)-\delta_2(1)$ で第 1 期に B を購入し，第 2 期以降は得られた資金で常に B を購入する．

この証券価格のモデルは無裁定の条件を満たさないから，考察の対象から除外されるのである．

(2-12)　N は証券価格のモデルであるとする．次の 2 つは同値である．

(1)　N は無裁定の条件を満たす．

(2)　次の２つの条件を満たす確率変数 Y は恒等的に０に等しい．即ち $Y(\omega)=0$ である．

(i)　$Y(\omega)\geq 0$

(ii)　$(X,\phi)\in SF$　$X(0)=0$　$X(T)=Y$ となる X，ϕ が存在する．

【証明】

(2)が成立すれば N に裁定取引が存在しないことは明らかである．従って(1)→(2)のみを示せばよい．

(1)→(2)を示すため N が無裁定の条件を満たし Y について(2)(i)(ii)が成り立つと仮定する．

この場合 X と ϕ については(2)(ii)と(i)が成立するが，(X,ϕ) は裁定取引ではあり得ないから $P(\{\omega:Y(\omega)>0\})=0$ でなくてはならない．

ところで $(\Omega,\mathfrak{F},P)$ に関する仮定(2-1)(1)よりすべての $\omega\in\Omega$ に対して $P(\{\omega\})>0$ である．従って $Y(\omega)\geq 0$ と $P(\{\omega:Y(\omega)>0\})=0$ より $Y(\omega)=0$ である．

以上より(1)→(2)である．■

(2-13)　N は証券価格のモデルであるとする．次の２つは同値である．

(1)　N は無裁定の条件を満たす．

(2)　次の２つの条件を満たす確率変数 Z は恒等的に０に等しい．即ち $Z(\omega)=0$ である．

(i)　$Z(\omega)\geq 0$

(ii)　０から $(T-1)$ の間で定義され，$(\mathfrak{F}_t)_{0\leq t\leq T-1}$ に適合的な N 次元の確率過程 $\Psi=(\Psi(t))_{0\leq t\leq T-1}=((\Psi_1(t),\cdots,\Psi_N(t))')_{0\leq t\leq T-1}$ が存在して，$Z=\sum_{u=0}^{T-1}\langle\varDelta^*S(u),\ \Psi(u)\rangle$ となる．

【証明】

(1)は(2-12)(2)と同値だから(2-12)(2)と(2)が同値であることを示せばよい．

(2-12)(2)→(2)を示すため，(2-12)(2)が成り立ち，かつ，Z が(2)(i)(ii)を満たすと仮定する．

確率変数 Y を $Y=B(T)Z$ により定めると(2)(ii)と(2-9)より，$(X,\phi)\in SF$　$X(0)=0$　$X(T)=Y$ となる X，ϕ が存在する．しかも $Y(\omega)\geq 0$ である．

従って(2-12)(2)より $Y(\omega)=0$．これより $Z(\omega)=0$ を得る．

以上より(2-12)(2)ならば(2)が成り立つ．

(2)→(2-12) (2)も同様にして示すことができる．■

4　マルチンゲール測度の存在

証券価格のモデル N と証券市場 $[N]$ を一つ固定しそれらを前提に議論を進める．

この節では証券価格のモデル N が無裁定の条件を満たすことと，$(\Omega, \mathfrak{F})$ 上にある種の確率測度 P^* が存在することが同値であることを示す．この事実は命題(2-13) (2)の内容をベクトル空間の言葉で表現することによって証明される．そのためにいくつかの記号の意味を定めよう．

次の条件を満たす確率変数 Z の集合を L で表すこととしよう．

・Z は，0 から $(T-1)$ の間で定義され，$(\mathfrak{F}_t)_{0\leq t\leq T-1}$ に適合的な N 次元の確率過程 $\Psi=(\Psi(t))_{0\leq t\leq T-1}=((\Psi_1(t), \cdots, \Psi_N(t))')_{0\leq t\leq T-1}$ によって，$Z=\sum_{u=0}^{T-1}\langle \varDelta^* S(u), \Psi(u)\rangle$ と表わされる．

L は (2-13) (2) (ii)の条件を満たす確率変数 Z の集合であると言ってもよい．

$Z_1, Z_2\in L$ ならば $Z_1+Z_2\in L$ であり，$Z\in L$ ならば任意の実数 c に対して $cZ\in L$ である．

さて $\Omega=\{\omega_1, \omega_2, \cdots, \omega_K\}$ であるから，$(\Omega, \mathfrak{F}, P)$ 上の確率変数 $X(\omega)$ は K 次元ベクトル $(X(\omega_1), \cdots, X(\omega_K))'$ と同一視することができる．

前記の確率変数の集合 L の個々の要素である $Z(\omega)$ は，この同一視により K 次元ベクトル $(Z(\omega_1), \cdots, Z(\omega_K))'$ と見なされる．L の要素となっている確率変数 $Z(\omega)$ と同一視されるベクトル $(Z(\omega_1), \cdots, Z(\omega_K))'$ 全体の集合を $\tilde{L}$ で表わすこととする．

L の性質から $\tilde{L}$ が $\boldsymbol{R}^K$ の部分空間であることが分かる．

また $\boldsymbol{R}^K$ の部分集合 I を $I=\{(x_1, x_2, \cdots, x_K)' : x_i\geq 0\ \ (1\leq i\leq K)\}$ によって定める．

$L, \tilde{L}, I$ を用いて (2-13) (2)を言い換えてみよう．まず (2-13) (2)は次のように言い換えることができる．

・$Z(\omega)\geq 0$，$Z(\omega)\in L$ ならば $Z(\omega)=0$ である．

これは次の命題に等しい．

・$I \cap \tilde{L} = \{\mathbf{0}\}$

従って，(2-13) によれば証券価格のモデル N が無裁定の条件を満たすことは，$I \cap \tilde{L} = \{\mathbf{0}\}$ と同値である．これより次の命題を得る．

(2-14)　N は証券価格のモデルであるとする．次の2つは同値である．

(1)　N は無裁定の条件を満たす．

(2)　$(\Omega, \mathfrak{F})$ 上の確率測度 P^* で次の条件を満たすものが存在する．

(i)　P^* は P と同値な確率測度である．

(ii)　すべての $Z \in L$ に対して $\mathrm{E}_{P^*}[Z]=0$ である．

【証明】

(1)は $I \cap \tilde{L} = \{\mathbf{0}\}$ と同値である．

$\tilde{L}$ は $\boldsymbol{R}^K$ の部分空間であり，空ではないから補論 (2-30) により $I \cap \tilde{L} = \{\mathbf{0}\}$ は次の条件を満たすベクトル $\boldsymbol{p}=(p_1, p_2, \cdots, p_K)'$ が存在することと同値である．

(i)′　すべての $\boldsymbol{z} \in \tilde{L}$ に対して $\langle \boldsymbol{p}, \boldsymbol{z} \rangle = 0$

(ii)′　$p_i > 0$ $(1 \leq i \leq K)$

(iii)′　$\sum_{i=1}^{K} p_i = 1$

さて一般に $p_i \geq 0$ $(1 \leq i \leq K)$，$\sum_{i=1}^{K} p_i = 1$ となるベクトル $\boldsymbol{p}=(p_1, p_2, \cdots, p_K)'$ に，$(\Omega, \mathfrak{F})$ 上の確率測度 P^* で $P^*(\{\omega_i\}) = p_i$ となるものを対応させることができる．

この対応を用いると(i)′〜(iii)′ を満たすベクトルが存在することは，$(\Omega, \mathfrak{F})$ 上の確率測度 P^* で次の条件を満たすものが存在することと同値である．

(i)″　すべての $Z \in L$ に対し $\mathrm{E}_{P^*}[Z]=0$

(ii)″　P^* は P と同値な確率測度である．

以上から(1)と(2)は同値である．■

(2-15)　$(\Omega, \mathfrak{F})$ 上の確率測度 Q が次の条件を満たす時，Q は証券価格のモデル N のマルチンゲール測度であると言う．

(1)　Q は P と同値な確率測度である．

(2)　$1 \leq i \leq N$，$0 \leq t \leq T-1$ であれば

$$\mathrm{E}_Q\left[\frac{S_i(t+1)+\delta_i(t+1)}{B(t+1)} \middle| \mathfrak{F}_t\right] = \frac{S_i(t)}{B(t)} \text{ である．}$$

$\Delta^* S_i(t) = \dfrac{S_i(t+1)+\delta_i(t+1)}{B(t+1)} - \dfrac{S_i(t)}{B(t)}$ で $\dfrac{S_i(t)}{B(t)}$ は $\mathfrak{F}_t$ 可測だからこの式は $\mathrm{E}_Q[\Delta^* S_i(t) | \mathfrak{F}_t]=0$ と書くこともできる．

(2-16)　P^* は $(\Omega, \mathfrak{F})$ 上の確率測度であるとする．次の2つは同値である．

(1)　P^* は次の条件を満たす．

(i)　P^* は P と同値な確率測度である．

(ii)　すべての $Z \in L$ に対して $\mathrm{E}_{P^*}[Z]=0$ である．

(2)　P^* は証券価格のモデル N のマルチンゲール測度である．

【証明】

(1)→(2)を示すため(1)を仮定する．

(1)が成り立つから $\Psi=(\Psi(t))_{0\le t\le T-1}=((\Psi_1(t),\cdots,\Psi_N(t))')_{0\le t\le T-1}$ が 0 から $(T-1)$ の間で定義された $(\mathfrak{F}_t)_{0\le t\le T-1}$ に適合的な N 次元の確率過程であれば，$\mathrm{E}_{P^*}\left[\sum_{u=0}^{T-1}\langle \varDelta^*S(u), \Psi(u)\rangle\right]=0$ である．

$1\le i_0\le N$，$0\le t_0\le T-1$ となるような任意の i_0，t_0 を選ぶ．$\Psi_{i_0}(t_0)$ を $\mathfrak{F}_{t_0}$ 可測な任意の確率変数として $\Psi=(\Psi(t))_{0\le t\le T-1}=((\Psi_1(t),\cdots,\Psi_N(t))')_{0\le t\le T-1}$ を $\Psi_{i_0}(t_0)$ 以外の $\Psi_i(t)$ はすべてがゼロであるように定める．すると $\mathrm{E}_{P^*}\left[\sum_{u=0}^{T-1}\langle \varDelta^*S(u), \Psi(u)\rangle\right]=\mathrm{E}_{P^*}[\varDelta^*S_{i_0}(t_0)\Psi_{i_0}(t_0)]=0$ である．

従って

$$
\begin{aligned}
0&=\mathrm{E}_{P^*}[\Psi_{i_0}(t_0)\varDelta^*S_{i_0}(t_0)]=\mathrm{E}_{P^*}[\mathrm{E}_{P^*}[\Psi_{i_0}(t_0)\varDelta^*S_{i_0}(t_0)\,|\,\mathfrak{F}_{t_0}]]\\
&=\mathrm{E}_{P^*}[\Psi_{i_0}(t_0)\mathrm{E}_{P^*}[\varDelta^*S_{i_0}(t_0)\,|\,\mathfrak{F}_{t_0}]]
\end{aligned}
$$

ここで 2 番目の等式は (1-22) (4)による．また 3 番目の等式は $\Psi_{i_0}(t_0)$ が $\mathfrak{F}_{t_0}$ 可測であることと (1-22) (5)による．

$\Psi_{i_0}(t_0)$ は任意の $\mathfrak{F}_{t_0}$ 可測な確率変数であったから最後の式で特に $\Psi_{i_0}(t_0)=\mathrm{E}_{P^*}[\varDelta^*S_{i_0}(t_0)\,|\,\mathfrak{F}_{t_0}]$ と置くと $\mathrm{E}_{P^*}[\Psi_{i_0}(t_0)^2]=0$ である．

(1)が成り立つと仮定しているから P^* は P と同値な確率測度であり，すべての $\omega\in\Omega$ に対して $P^*(\{\omega\})>0$ であることに注意しよう．この事実と $\mathrm{E}_{P^*}[\Psi_{i_0}(t_0)^2]=0$ より，$\Psi_{i_0}(t_0)$ は恒等的にゼロに等しいことが分かる．即ち $\mathrm{E}_{P^*}[\varDelta^*S_{i_0}(t_0)\,|\,\mathfrak{F}_{t_0}]=0$ である．

i_0, t_0 は任意だったから，P^* は (2-15) (2)を満たす．同時に P^* は P に同値な確率測度だから P^* は (2-15) (1)も満たす．従って P^* は，証券価格のモデル N のマルチンゲール測度である．

以上より(1)→(2)であることが分かる．

(2)→(1)を示すために，(2)を仮定し，また $\Psi=(\Psi(t))_{0\le t\le T-1}=((\Psi_1(t),\cdots,\Psi_N(t))')_{0\le t\le T-1}$ は 0 から $(T-1)$ の間で定義された $(\mathfrak{F}_t)_{0\le t\le T-1}$ に適合的な N 次元の確率過程であると仮定する．

以下に示すようにこの仮定の下では，$\mathrm{E}_{P^*}\left[\sum_{u=0}^{T-1}\langle \varDelta^*S(\mathrm{u}), \Psi(u)\rangle\right]=0$ となる．従って(2)→(1)が成り立つ．

前記の仮定の下で $\mathrm{E}_{P*}\left[\sum_{u=0}^{T-1}\langle \Delta^* S(\mathrm{u}), \Psi(u)\rangle\right]=0$ となる理由は次のとおりである．

(i)　$\sum_{u=0}^{T-1}\langle \Delta^* S(\mathrm{u}), \Psi(u)\rangle=\sum_{u=0}^{T-1}\sum_{i=1}^{N}\Delta^* S_i(u)\Psi_i(u)$

(ii)　$1\leq i\leq N,\ 0\leq u\leq T-1$ について $E_{P*}[\Delta^* S_i(u)\Psi_i(u)]=\mathrm{E}_{P*}[\mathrm{E}_{P*}[\Delta^* S_i(u)\Psi_i(u)\,|\,\mathfrak{F}_u]]=\mathrm{E}_{P*}[\Psi_i(u)\mathrm{E}_{P*}[\Delta^* S_i(u)\,|\,\mathfrak{F}_u]]=0$

最初の等式は (1-22) (4)による．2番目の等式は $\Psi_i(u)$ が $\mathfrak{F}_u$ 可測であることと (1-22) (5)による．最後の等式は，P^* が証券価格のモデル N のマルチンゲール測度であるとの仮定(2)から，$\mathrm{E}_{P*}[\Delta^* S_i(u)\,|\,\mathfrak{F}_u]=0$ となっていることによる．■

(2-14) と (2-16) から次の命題を得る．

(2-17)　N は証券価格のモデルであるとする．次の2つは同値である．

(1)　N は無裁定の条件を満たす．

(2)　N のマルチンゲール測度が存在する．

次の命題は次の節で用いる．

(2-18)　P^* は証券価格のモデル N のマルチンゲール測定であるとする．

この時，資産変動過程 $X=(X(t))_{0\leq t\leq T}$ と投資戦略 $\boldsymbol{\phi}=(\boldsymbol{\phi}(t))_{0\leq t\leq T}=((\boldsymbol{\phi}_1(t),\cdots,\boldsymbol{\phi}_N(t))')_{0\leq t\leq T}$ について $(X,\boldsymbol{\phi})\in SF$ であれば $\left(\dfrac{X(t)}{B(t)}\right)_{0\leq t\leq T}$ は P^* と $(\mathfrak{F}_t)_{0\leq t\leq T}$ に関するマルチンゲールである．

即ち $\mathrm{E}_{P*}\left[\dfrac{X(t+1)}{B(t+1)}\middle|\mathfrak{F}_t\right]=\dfrac{X(t)}{B(t)}$ $(0\leq t\leq T-1)$ が成り立つ．

【証明】

$(X,\boldsymbol{\phi})\in SF$ であるとする．

(2-7) より $\dfrac{X(t+1)}{B(t+1)}-\dfrac{X(t)}{B(t)}=\langle \Delta^* S(t),\boldsymbol{\phi}(t)\rangle$ $(0\leq t\leq T-1)$ が成り立つから

$$\mathrm{E}_{P*}\left[\frac{X(t+1)}{B(t+1)}-\frac{X(t)}{B(t)}\middle|\mathfrak{F}_t\right]=\mathrm{E}_{P*}[\langle \Delta^* S(t),\boldsymbol{\phi}(t)\rangle\,|\,\mathfrak{F}_t]$$

$$=\sum_{i=1}^{N}\mathrm{E}_{P*}[\Delta^* S_i(t)\boldsymbol{\phi}_i(t)\,|\,\mathfrak{F}_t]=\sum_{i=1}^{N}\boldsymbol{\phi}_i(t)\mathrm{E}_{P*}[\Delta^* S_i(t)\,|\,\mathfrak{F}_t]=0\quad(0\leq t\leq T-1)$$

これより，$\dfrac{X(t)}{B(t)}$ が $\mathfrak{F}_t$ 可測なことに注意して，$\mathrm{E}_{P*}\left[\dfrac{X(t+1)}{B(t+1)}\middle|\mathfrak{F}_t\right]=\dfrac{X(t)}{B(t)}$ $(0\leq t\leq T-1)$ を得る．■

この節の中心となるのは命題 (2-17) である．これは次の2つが同値であることを述べている．

・証券価格のモデル N は無裁定の条件を満たす．

・N のマルチンゲール測度が存在する．

(2-17) が意味するところについて説明しておこう．

簡単のために，利子率を表わす確率変数である $r(t)\geq 0$ $(1\leq t\leq T)$ が存在し

て $B(0)=1$，$B(t)=[1+r(1)][1+r(2)]\cdots[1+r(t)]$（$1\leq t\leq T$）となっているものとしよう．この場合には，確率変数 Y が時刻 t における金額を表わせば，$\dfrac{Y}{B(t)}$ は，時刻 0 における Y の割引現在価値を表わすことになる．

さて N が無裁定の条件を満たすことは，証券市場 $[N]$ では資金 0 から出発する取引によっては正の利得は得られないことを意味している．このことは計測の単位を割引現在価値に変えても同じである．N が無裁定の条件を満たすことは，証券市場 $[N]$ では資金 0 から出発する取引によっては，割引現在価値で計って正の利得は得られないことを意味している．

他方，P^* が N のマルチンゲール測度であって $\mathrm{E}_{P^*}\left[\dfrac{S_i(t+1)+\delta_i(t+1)}{B(t+1)}\middle|\mathfrak{F}_t\right]=\dfrac{S_i(t)}{B(t)}$（$1\leq i\leq N$，$0\leq t\leq T-1$）が成り立つことは，各時刻 t に $S_i(t)$ を支払って S_i 一単位を購入し $(t+1)$ に配当 $\delta_i(t+1)$ と売却収入 $S_i(t+1)$ を得る行為が，P^* に基づく期待値を用いると，割引現在価値で計れば等価交換になっていることを意味している．支出の割引現在価値である $\dfrac{S_i(t)}{B(t)}$ と，収入の割引現在価値の期待値である $\mathrm{E}_{P^*}\left[\dfrac{S_i(t+1)+\delta_i(t+1)}{B(t+1)}\middle|\mathfrak{F}_t\right]$ が等しいからである．

従って (2-17) は次の 2 つが同値であるとの主張である．

- 証券市場 $[N]$ では，資金 0 から出発する取引によっては，割引現在価値で計って正の利得は生じない．
- 証券市場 $[N]$ での取引は，割引現在価値で計るとすべての取引が等価交換である．

これは「等価交換を繰り返しても正の利益は生じない」と言うことに等しく，いわば当然の主張である．

もちろん (2-17) をこのように理解することは等価交換という言葉の定義によっているのではあるけれども，こうした整理の方法が理解を助けることになるのは否定できないであろう．

なお，こうした理解からすれば (2-18) は当然である．等価交換を繰り返して得られる $(X(t))_{0\leq t\leq T}$ の割引現在価値について $\mathrm{E}_{P^*}\left[\dfrac{\mathrm{X}(t+1)}{B(t+1)}\middle|\mathfrak{F}_t\right]=\dfrac{X(t)}{B(t)}$ が成立するのは当然だからである．

5　条件付請求権とその価格

証券市場のモデル N と証券市場 $[N]$ を一つ固定し，それらを前提に議論を進める．

(2-19)　$Y(\omega)$ は $\mathfrak{F}_T$ 可測な確率変数で $Y(\omega)\geq 0$ であるとする．この時条件付請求権 $Y(\omega)$ とは，時刻 T に金額 $Y(\omega)$ を受取る権利を言う．

証券価格のモデル N の構成要素である $(\mathfrak{F}_t)_{0\leq t\leq T}$ については，(2-1)(3)によって各 $\mathfrak{F}_t$ が時刻 t における情報となっているから，時刻 T には情報 $\mathfrak{F}_T$ を得ることができる．$Y(\omega)$ は $\mathfrak{F}_T$ 可測だからその値は情報 $\mathfrak{F}_T$ によって一義的に定まる．従って時刻 T になれば，条件付請求権の内容が確定するのである．

条件付請求権 $Y(\omega)$ は売買することができる．$Y(\omega)$ の売買では，売手は将来の時刻 T に買手に金額 $Y(\omega)$ を支払うことを約束し，買手は契約時点で売手に代金を支払う．

条件付請求権の価格を求めることがこの章の課題であり，前節まではその準備である．

条件付請求権 $Y(\omega)$ の価格を求める一つの方法は，$Y(\omega)$ を証券市場 $[N]$ での取引によって複製しその複製費用を求めることであろう．言い換えれば，$(X, \boldsymbol{\phi})\in SF$　$X(T)=Y$ となる $(X, \boldsymbol{\phi})$ を探し出して $X(0)$ を条件付請求権 $Y(\omega)$ の価格とすることであろう．

45ページで述べたようにこの場合の $X(0)$ をインプット，$X(T)=Y$ をアウトプットと見なすならば，これは生産物である $X(T)=Y$ の価格をその生産費である $X(0)$ とすることである．

ただしこうした価格設定が可能であるためには，複製費用は一義的に確定しなくてはならない．言い換えれば，$(X, \boldsymbol{\phi})\in SF$，$(X', \boldsymbol{\phi}')\in SF$　$X(T)=X'(T)=Y$，$X(0)\neq X'(0)$ となるような $(X, \boldsymbol{\phi})$，$(X', \boldsymbol{\phi}')$ が存在してはならない．

こうして次の定義に達する．

(2-20)　$Y(\omega)$ を $\mathfrak{F}_T$ 可測な確率変数とする．$Y(\omega)$ が複製可能であるとは $(X, \boldsymbol{\phi})\in SF$　$X(T)=Y$ となるような資産変動過程 $X=(X(t))_{0\leq t\leq T}$ と投資戦略 $\boldsymbol{\phi}=(\boldsymbol{\phi}(t))_{0\leq t\leq T}=((\phi_1(t), \cdots, \phi_N(t))')_{0\leq t\leq T}$ が存在することである．

(2-21)　$Y(\omega)$ を $\mathfrak{F}_T$ 可測な確率変数とする．$Y(\omega)$ が唯一通りに複製可能で

あるとは，次の条件が成立することを言う．

・ $Y(\omega)$ は複製可能である．

・ $(X, \phi)\in SF \quad X(T)=Y$，$(X', \phi')\in SF \quad X'(T)=Y$ ならば $X(t)=X'(t)$ $(0\leq t\leq T)$ である．

(2-22) 証券価格のモデル N は無裁定の条件を満たすとし，N のマルチンゲール測度の一つを P^* とする．

$Y(\omega)$ は $\mathfrak{F}_T$ 可測な確率変数で複製可能であるとする．

(1) $Y(\omega)$ は唯一通りに複製可能である．

(2) $(X, \phi)\in SF \quad X(T)=Y$ ならば $X(t)=B(t)\mathrm{E}_{P^*}\left[\frac{Y}{B(T)}\middle|\mathfrak{F}_t\right]$ $(0\leq t\leq T)$ である．

【証明】

(2)を示せば十分である．

$(X, \phi)\in SF \quad X(T)=Y$ とする．

P^* は N のマルチンゲール測度で $(X, \phi)\in SF$ だから (2-18) により $\left(\frac{X(t)}{B(t)}\right)_{0\leq t\leq T}$ は，P^* と $(\mathfrak{F}_t)_{0\leq t\leq T}$ に関するマルチンゲールである．

従って $\mathrm{E}_{P^*}\left[\frac{Y}{B(T)}\middle|\mathfrak{F}_t\right]=\mathrm{E}_{P^*}\left[\frac{X(T)}{B(T)}\middle|\mathfrak{F}_t\right]=\frac{X(t)}{B(t)}$ $(0\leq t\leq T-1)$ である．

これより $X(t)=B(t)\mathrm{E}_{P^*}\left[\frac{Y}{B(T)}\middle|\mathfrak{F}_t\right]$ $(0\leq t\leq T)$ である．■

証券価格のモデル N は無裁定の条件を満たすとし，N のマルチンゲール測度の一つを P^* としよう．

$Y(\omega)$ は $\mathfrak{F}_T$ 可測な確率変数で $Y(\omega)\geq 0$ であり，複製可能であるとする．

$Y(\omega)$ が複製可能だから $(X, \phi)\in SF \quad X(T)=Y$ となる (X, ϕ) がある．(2-22) より，このような (X, ϕ) については，常に $X(0)=\mathrm{E}_{P^*}\left[\frac{Y}{B(T)}\middle|\mathfrak{F}_0\right]=\mathrm{E}_{P^*}\left[\frac{Y}{B(T)}\right]$ である．従ってどの市場参加者も時刻 $t=0$ に $\mathrm{E}_{P^*}\left[\frac{Y}{B(T)}\right]$ だけの資金を支出すれば，その資金を市場 $[N]$ で繰り返し運用することによって，時刻 $t=T$ に金額 $Y(\omega)$ を入手することができる．

さて証券市場 $[N]$ で時刻 $t=0$ に条件付請求権 $Y(\omega)$ が売買されており，その価格が p であるとしよう．この場合には $p=\mathrm{E}_{P^*}\left[\frac{Y}{B(T)}\right]$ でなければならない．$p\neq\mathrm{E}_{P^*}\left[\frac{Y}{B(T)}\right]$ であり得ないことは，次のようにして分かる．

(1) $p>\mathrm{E}_{P^*}\left[\frac{Y}{B(T)}\right]$ であれば次の取引の組合せによって，時刻 $t=0$ に何のリ

スクも蒙ることなしに $p-\mathrm{E}_{P^*}\left[\frac{Y}{B(T)}\right]$ の利益を得ることができる．

・条件付請求権 $Y(\omega)$ を価格 p で売り代金 p を受取る．

・このpの中から $\mathrm{E}_{P^*}\left[\frac{Y}{B(T)}\right]$ を支出して市場 $[N]$ で $(X, \phi)\in SF$ $X(T)=Y$ となる取引を行い，時刻 $t=T$ に $Y(\omega)$ を得て条件付請求権の支払に充当する．

(2)　$p<\mathrm{E}_{P^*}\left[\frac{Y}{B(T)}\right]$ であれば次の取引の組合せによって，時刻 $t=0$ に何のリスクも蒙ることなく，$\mathrm{E}_{P^*}\left[\frac{Y}{B(T)}\right]-p$ の利益を得ることができる．

・時刻 $t=0$ に $\mathrm{E}_{P^*}\left[\frac{Y}{B(T)}\right]$ の資金を借入れ，その中から p を支払って条件付請求権 $Y(\omega)$ を買う．

・借入れで生じた資産残高 $-\mathrm{E}_{P^*}\left[\frac{Y}{B(T)}\right]$ は，市場 $[N]$ での借換によって時刻 $t=T$ に $-Y(\omega)$ にする．

・時刻 $t=T$ に購入した条件付請求権 $Y(\omega)$ からの受取りで負債を支払う．

(1)(2)いずれの場合にも証券市場 $[N]$ が均衡し得なくなることは明らかである．

以上で時刻 $t=0$ における条件付請求権 $Y(\omega)$ の価格が $\mathrm{E}_{P^*}\left[\frac{Y}{B(T)}\right]$ でなくてはならないことが分かった．全く同様にして時刻 t（$0\leq t<T$）における条件付請求権 $Y(\omega)$ の価格が $B(t)\mathrm{E}_{P^*}\left[\frac{Y}{B(T)}\middle|\mathfrak{F}_t\right]$ でなければならないことが分かる．そのためには以下の点に注意して前記の(1)(2)と同様に考えればよい．

・$\mathfrak{F}_t$ に自然に対応する Ω の分割 $\mathfrak{B}_t=\{B_1^{(t)}, B_2^{(t)}, \cdots, B_{n_t}^{(t)}\}$ が存在する．

・(2-22) より $(X, \phi)\in SF$　$X(T)=Y$ ならば $X(t)=B(t)\mathrm{E}_{P^*}\left[\frac{Y}{B(T)}\middle|\mathfrak{F}_t\right]$ である．これは $X(t)$ がすべての $B_i^{(t)}$ 上で定数値をとり，その値が $B_i^{(t)}$ 上での定数値 $B(t)\mathrm{E}_{P^*}\left[\frac{Y}{B(T)}\middle|\mathfrak{F}_t\right]$ に等しいことを意味する．

ここまでの議論を次のようにまとめることができる．

(2-23)　証券価格のモデル N は無裁定の条件を満たし，P^* は N のマルチンゲール測度の一つであるとする．

$Y(\omega)$ は $\mathfrak{F}_T$ 可測な確率変数で $Y(\omega)\geq 0$ であり，複製可能とする．

この時条件付請求権 $Y(\omega)$ の時刻 t（$0\leq t<T$）における価格は $B(t)\mathrm{E}_{P^*}\left[\frac{Y}{B(T)}\middle|\mathfrak{F}_t\right]$ でなくてはならない．

(2-23) は (2-17) とともに本章の最も重要な命題である．

(2-23) によって $Y(\omega)$ が複製可能でかつ $Y(\omega)\geq 0$ であれば，条件付請求権 $Y(\omega)$ の価格を $B(t)\mathrm{E}_{P^*}\left[\frac{Y}{B(T)}\middle|\mathfrak{F}_t\right]$ として求めることができる．

(2-23) が意味するところについていくつか解説しておこう．

(1)　(2-23) では証券市場のモデル N が無裁定の条件を満たし，N のマルチンゲール測度 P^* が存在するとしている．前節の最後で述べたところに従えば，この場合には市場 $[N]$ での取引は，P^* に基づく期待値を用いると，割引現在価値で計ればすべて等価交換である．従って $t=0$ の資金量 p_0 から出発して $t=T$ に $Y(\omega)$ を得たとすれば，p_0 と $Y(\omega)$ の割引現在価値の間に $p_0=\mathrm{E}_{P^*}\left[\frac{Y}{B(T)}\right]$ が成立する．p_0 が $t=0$ に条件付請求権の価格となるのは自然である．同様にして時刻 t における条件付請求権 $Y(\omega)$ の価格は $B(t)$ $\mathrm{E}_{P^*}\left[\frac{Y}{B(T)}\middle|\mathfrak{F}_t\right]$ となる．

(2-23) はおよそこのようなことを意味している．

(2)　条件付請求権 $Y(\omega)$ が売買されれば，売手は将来の時刻 T に $Y(\omega)$ を支払うことになり，不確実性を伴う債務を負う．同様に買手は将来の時刻 T に $Y(\omega)$ を受取ることになり，不確実性を伴う資産を手に入れる．一般的に言えば，売手と買手のリスクに対する態度が条件付請求権 $Y(\omega)$ の価格に影響するだろう．

しかしながら (2-23) の条件の下では，条件付請求権の価格はその複製費用によって定まり売手と買手の効用函数の形状には影響されないのである．

(3)　(2-23) の議論が成立するのは，第 2 節の冒頭で述べた市場 $[N]$ での取引に関する仮定があるからである．即ちすべての市場参加者は，市場 $[N]$ で成立する価格で，好きなだけ $B, S_1, \cdots, S_N$ の取引を行うことができるからである．この意味で，(2-23) で定まる条件付請求権の価格は，市場 $[N]$ で定まる $B, S_1, \cdots, S_N$ の価格を所与としている．$B, S_1, \cdots, S_N$ の価格が，どのように決まるかについては何も述べられてはいない．あくまで市場 $[N]$ で成立する $B, S_1, \cdots, S_N$ の価格を所与とし，その下での条件付請求権の価格を考察しているのである．

(4)　ここまでの議論では，証券価格のモデル N が無裁定の条件を満たし N のマルチンゲール測度が存在する場合にいくつのマルチンゲール測度が存在するかについては，何も仮定していない．N に複数のマルチンゲール測度が存在しても差支えないのである．もし P_1^* と P_2^* が N のマルチンゲール

測度であれば，この節までの議論が P_1^* にも P_2^* にも当てはまるから，すべての複製可能な $Y(\omega)$ について $B(t)\mathrm{E}_{P_1^*}\left[\frac{Y}{B(T)}\middle|\mathfrak{F}_t\right]=B(t)\mathrm{E}_{P_2^*}\left[\frac{Y}{B(T)}\middle|\mathfrak{F}_t\right]$ が成立し，条件付請求権 $Y(\omega)$ の価格は，いずれのマルチンゲール測度に基づいて求めても同じものになる．

最後に (2-23) を一般化しておこう．

k は $1\leq k\leq T$ となる整数とし，$Y(\omega)$ は $\mathfrak{F}_k$ 可測で $Y(\omega)\geq 0$ である確率変数とする．この時 k を請求時刻とする条件付請求権 $Y(\omega)$ とは，時刻 k に金額 $Y(\omega)$ を受取る権利を意味するものとする．

$\mathfrak{F}_k$ 可測な確率変数 $Y(\omega)$ についても，$Y(\omega)$ が複製可能であること，および $Y(\omega)$ が唯一通りに複製可能であることを定義することができる．

例えば $\mathfrak{F}_k$ 可測な $Y(\omega)$ が複製可能であるとは，次の条件を満たす $X=(X(t))_{0\leq t\leq k}$，$\boldsymbol{\phi}=(\boldsymbol{\phi}(t))_{0\leq t\leq k}=((\boldsymbol{\phi}_1(t),\cdots,\boldsymbol{\phi}_N(t))')_{0\leq t\leq k}$ が存在することである．

- $\frac{X(t)}{B(t)}-\frac{X(t-1)}{B(t-1)}=\langle\varDelta^*S(t-1),\boldsymbol{\phi}(t-1)\rangle$　$(1\leq t\leq k)$
- $X(k)=Y$
- X と $\boldsymbol{\phi}$ は $(\mathfrak{F}_t)_{0\leq t\leq k}$ に適合的である．

すると，(2-23) と同じようにして次の命題が成り立つ．

(2-24)　証券価格のモデル N は無裁定の条件を満たし，P^* は N のマルチンゲール測度の一つであるとする．k は $1\leq k\leq T$ となる整数とし，$Y(\omega)$ は $\mathfrak{F}_k$ 可測な確率変数で $Y(\omega)\geq 0$ であり，複製可能であるとする．

　この時，k を請求時刻とする条件付請求権 $Y(\omega)$ の時刻 t $(0\leq t<k)$ における価格は，$B(t)\mathrm{E}_{P^*}\left[\frac{Y}{B(k)}\middle|\mathfrak{F}_t\right]$ でなくてはならない．

6　市場の完備性

前節では確率変数 $Y(\omega)$ が複製可能であるとの前提の下で条件付請求権 $Y(\omega)$ の価格を求めた．従って，証券市場 $[N]$ ではどの範囲の確率変数が複製可能であるかということが問題となる．

(2-25)　証券価格のモデル N が完備であるとは，任意の $\mathfrak{F}_T$ 可測な確率変数 $Y(\omega)$ が複製可能であることを言う．

証券価格のモデル N が無裁定の条件を満たし，かつ完備であれば任意の条件

付請求権 $Y(\omega)$ の価格を決定することができる．

(2-26)　証券価格のモデル N は無裁定の条件を満たし，P^* は N のマルチンゲール測度の一つであるとする．次の2つは同値である．

(1)　N は完備である．

(2)　任意の k $(1 \le k \le T)$ と任意の $\mathfrak{F}_k$ 可測な確率変数 Z に対し，0から k の間で定義された確率過程 $X=(X(t))_{0\le t\le k}$ と，N 次元の確率過程 $\boldsymbol{\phi}=(\boldsymbol{\phi}(t))_{0\le t\le k}=((\phi_1(t), \cdots, \phi_N(t))')_{0\le t\le k}$ が存在して次の条件を満たす．

(i)　$\dfrac{X(t)}{B(t)}-\dfrac{X(t-1)}{B(t-1)}=\langle \Delta^* S(t-1), \boldsymbol{\phi}(t-1)\rangle$ $(1\le t\le k)$

(ii)　$X(k)=Z$

(iii)　X と $\boldsymbol{\phi}$ は $(\mathfrak{F}_t)_{0\le t\le k}$ に適合的である．

【証明】

(2)→(1)は明らかである．

(1)→(2)を示す．

N は完備であると仮定し，k は $1\le k\le T$ となる整数で Z は $\mathfrak{F}_k$ 可測な確率変数とする．

確率変数 Y を $Y=B(T)\dfrac{Z}{B(k)}$ によって定める．

Y は $\mathfrak{F}_T$ 可測で N は完備だから，$(X, \boldsymbol{\phi})\in SF$，$X(T)=Y$ となる X と $\boldsymbol{\phi}$ が存在する．(2-18) により $\left(\dfrac{X(t)}{B(t)}\right)_{0\le t\le T}$ は P^* と $(\mathfrak{F}_t)_{0\le t\le T}$ に関するマルチンゲールだから，$\mathrm{E}_{P^*}\left[\dfrac{X(T)}{B(T)}\middle|\mathfrak{F}_k\right]=\dfrac{X(k)}{B(k)}$ である．

ここで $X(T)=Y$, $Y=B(T)\dfrac{Z}{B(k)}$ を用いると $\mathrm{E}_{P^*}\left[\dfrac{Z}{B(k)}\middle|\mathfrak{F}_k\right]=\dfrac{X(k)}{B(k)}$．$Z$ は仮定により $\mathfrak{F}_k$ 可測だから $\dfrac{Z}{B(k)}$ も $\mathfrak{F}_k$ 可測であることに注意すれば，$\dfrac{Z}{B(k)}=\dfrac{X(k)}{B(k)}$，即ち $Z=X(k)$

他方 $(X, \boldsymbol{\phi})\in SF$ であることから

$\dfrac{X(t)}{B(t)}-\dfrac{X(t-1)}{B(t-1)}=\langle \Delta^* S(t-1), \boldsymbol{\phi}(t-1)\rangle$ $(1\le t\le T)$ である．

従って(2)が成立する．■

(2-26) が意味するのは，証券価格のモデル N が完備であれば，k を $1\le k\le T$ となる任意の整数とするとき，$\mathfrak{F}_k$ 可測な任意の確率変数 $Z(\omega)$ も複製可能となるということである．

従って証券価格のモデル N が完備であれば任意の k $(1\le k\le T)$ を請求時刻とする条件付請求権 $Z(\omega)$ の価格も決定することができるのである．

証券価格のモデル N が完備である条件を求めておこう．

次の命題は (2-9) と $B(T, \omega)>0$ であることから明らかである．

(2-27)　次の 2 つは同値である．

(1)　証券価格のモデル N は完備である．

(2)　任意の $\mathfrak{F}_T$ 可測な確率変数 Z に対して，実数 c と，0 から $(T-1)$ の間で定義され $(\mathfrak{F}_t)_{0\leq t\leq T-1}$ に適合的な N 次元の確率過程 $\Psi=(\Psi(t))_{0\leq t\leq T-1}=((\Psi_1(t), \cdots, \Psi_N(t))')_{0\leq t\leq T-1}$ が存在して $Z=c+\sum_{u=0}^{T-1}\langle\Delta^* S(u), \Psi(u)\rangle$ となる．

(2-27) (2)の内容をベクトル空間の用語で表してみよう．

まず，50 ページで定めた確率変数の集合 L と K 次元ベクトルの集合 $\tilde{L}$ を思い出そう．

L は次の条件を満たす確率変数 Z の集合である．

・Z は，0 から $(T-1)$ の間で定義され $(\mathfrak{F}_t)_{0\leq t\leq T-1}$ に適合的な N 次元の確率過程 $\Psi=(\Psi(t))_{0\leq t\leq T-1}=((\Psi_1(t), \cdots, \Psi_N(t))')_{0\leq t\leq T-1}$ によって $Z=\sum_{u=0}^{T-1}\langle\Delta^* S(u), \Psi(u)\rangle$ と表わされる．

L の個々の要素である確率変数 $Z(\omega)$ は，K 次元ベクトル $(Z(\omega_1), Z(\omega_2), \cdots, Z(\omega_K))'$ と同一視される．$\tilde{L}$ は，L の要素である $Z(\omega)$ と同一視されるベクトル $(Z(\omega_1), \cdots, Z(\omega_K))'$ の集合である．

$\tilde{L}$ は $\boldsymbol{R}^K$ の部分空間である．

すべての座標が 1 に等しい K 次元ベクトル $(1, 1, \cdots, 1)'$ を $\boldsymbol{e}_K$ で表す．

$\boldsymbol{e}_K$ と $\tilde{L}$ から生成される $\boldsymbol{R}^K$ の部分空間 $\{\boldsymbol{e}_K, \tilde{L}\}$ を次のように定める．

$$\{\boldsymbol{e}_K, \tilde{L}\}=\{\boldsymbol{x} : \boldsymbol{x}\in\boldsymbol{R}^K,\ \text{実数 } c \text{ とベクトル } \boldsymbol{y}\in\tilde{L} \text{ が存在して } \boldsymbol{x}=c\boldsymbol{e}_K+\boldsymbol{y}\}$$

この $\{\boldsymbol{e}_K, \tilde{L}\}$ を用いて (2-27) を言い換えると次の 2 つが同値であることが分かる．

(1)　証券価格のモデル N が完備である．

(2)　$\{\boldsymbol{e}_K, \tilde{L}\}=\boldsymbol{R}^K$ である．即ち $\dim\{\boldsymbol{e}_K, \tilde{L}\}=K$ である．

証券価格のモデル N が無裁定の条件を満たせば，$\tilde{L}$ は $\boldsymbol{e}_K$ を含まない．従って，この場合には(2)は次の(3)に等しい．

(3)　$\dim\tilde{\mathrm{L}}=(K-1)$ である．

次に，ベクトル空間の記号を用いて，N のマルチンゲール測度を表わしておこう．

一般に V が $\boldsymbol{R}^K$ の部分空間である時，V の直交補空間 $V^{\perp}$ が次のように定義される．

$V^{\perp}=\{\boldsymbol{x}:\boldsymbol{x}\in\boldsymbol{R}^K$，すべての $\boldsymbol{v}\in V$ に対して $\langle\boldsymbol{x},\boldsymbol{v}\rangle=0\}$

$V^{\perp}$ は $\boldsymbol{R}^K$ の部分空間であり，$\dim V+\dim V^{\perp}=K$ が成り立つ．

$\tilde{L}$ に対しても $\tilde{L}$ の直交補空間 $\tilde{L}^{\perp}$ が定義される．$\tilde{L}^{\perp}=\{\boldsymbol{x}:\boldsymbol{x}\in\boldsymbol{R}^K$，すべての $\boldsymbol{y}\in\tilde{L}$ に対して $\langle\boldsymbol{x},\boldsymbol{y}\rangle=0\}$ であり，$\dim\tilde{L}+\dim\tilde{L}^{\perp}=K$ である．

この $\tilde{L}$ を用いて (2-16) の内容を言い換えると，次の条件を満たすベクトル $\boldsymbol{p}=(p_1,\cdots,p_K)'$ が N のマルチンゲール測度と同一視できることが分かる．

- $\boldsymbol{p}\in\tilde{L}^{\perp}$
- $p_i>0$ $(1\leq i\leq K)$ かつ $\sum_{i=1}^{K}p_i=1$

以上を用いて次の命題が証明される．

(2-28)　証券価格のモデル N は，無裁定の条件を満たすとする．次の 2 つは同値である．

(1)　N は完備である．

(2)　N のマルチンゲール測度は唯一つである．

【証明】

(1)→(2)を示す．

P^* と Q^* が N の 2 つのマルチンゲール測度であるとしよう．

P^* は $\boldsymbol{p}=(p_1,\cdots,p_K)'\in\tilde{L}^{\perp}$　$p_i>0$ $(1\leq i\leq K)$　$\sum_{i=1}^{K}p_i=1$ となるベクトル $\boldsymbol{p}$ と同一視され，Q^* は，$\boldsymbol{q}=(q_1,\cdots,q_K)'\in\tilde{L}^{\perp}$　$q_i>0$ $(1\leq i\leq K)$　$\sum_{i=1}^{K}q_i=1$ となるベクトルと同一視されるとする．

仮定より N は完備である．また N は無裁定の条件を満たす．従って $\dim\tilde{L}=(K-1)$ である．これより $\dim\tilde{L}^{\perp}=1$ を得る．

この事実と $\boldsymbol{p}\in\tilde{L}^{\perp}$, $\boldsymbol{q}\in\tilde{L}^{\perp}$ から $\boldsymbol{\lambda p}=\boldsymbol{q}$ となる実数 λ が存在する．$\sum_{i=1}^{K}p_i=1$, $\sum_{i=1}^{K}q_i=1$ だから $\lambda=1$ である．従って $\boldsymbol{p}=\boldsymbol{q}$．これは確率測度 P^* と Q^* が一致することを意味する．

従って N のマルチンゲール測度は存在しても唯一つである．

他方で N は無裁定の条件を満たすから N のマルチンゲール測度が存在する．

以上から N のマルチンゲール測度が唯一つ存在する．

(2)→(1)を示す．そのために，(1)の否定から(2)の否定が導かれることを示す．

(1)を否定して N が完備でないと仮定しよう．N は無裁定の条件を満たすから

N が完備でないことは，$\dim\tilde{L}\neq K-1$ であることに等しい．この場合 $\boldsymbol{e}_K\notin\tilde{L}$ だから $\dim\tilde{L}=K$ ではあり得ない．従って $\dim\tilde{L}\leq K-2$，即ち $\dim\tilde{L}^{\perp}\geq 2$ である．

N のマルチンゲール測度の一つを P^* とし，P^* が $\boldsymbol{p}=(p_1,\cdots,p_K)'\in\tilde{L}^{\perp}$ $p_i>0$ $(1\leq i\leq K)$ $\sum_{i=1}^{K}p_i=1$ となるベクトル $\boldsymbol{p}$ と同一視されるとしよう．

$\dim\tilde{L}^{\perp}\geq 2$，$\boldsymbol{p}\in\tilde{L}^{\perp}$ だから $\boldsymbol{p}$ と一次独立でゼロでないベクトル $\boldsymbol{q}=(q_1,\cdots,q_K)'\in\tilde{L}^{\perp}$ が存在する．

ここで実数 $\boldsymbol{\varepsilon}>0$ を十分小さくとって $p_i+\boldsymbol{\varepsilon}q_i>0$ $(1\leq i\leq K)$ が成り立つようにする．この $\boldsymbol{\varepsilon}$ を用いてベクトル $\boldsymbol{r}=(r_1,r_2,\cdots,r_K)'$ を

$r_i=\dfrac{p_i+\boldsymbol{\varepsilon}q_i}{\sum_{j=1}^{K}(p_j+\boldsymbol{\varepsilon}q_j)}$ $(1\leq i\leq K)$ によって定める．

$\boldsymbol{r}=\dfrac{1}{\sum_{j=1}^{K}(p_j+\boldsymbol{\varepsilon}q_j)}(\boldsymbol{p}+\boldsymbol{\varepsilon q})$ だから $\boldsymbol{r}\in\tilde{L}^{\perp}$ である．

また $r_i>0$ $(1\leq i\leq K)$ $\sum_{i=1}^{K}r_i=1$ である．従って $\boldsymbol{r}$ と同一視される N のマルチンゲール測度 R^* が存在する．

ところが $\boldsymbol{r}=\dfrac{1}{\sum_{j=1}^{K}(p_j+\boldsymbol{\varepsilon}q_j)}(\boldsymbol{p}+\boldsymbol{\varepsilon q})$ で $\boldsymbol{p}$ と $\boldsymbol{q}$ は一次独立だから $\boldsymbol{p}=\boldsymbol{r}$ ではあり得ない．

従って $\boldsymbol{p}$ と同一視される確率測度 P^* と $\boldsymbol{r}$ と同一視される確率測度 R^* は異なる．

以上より(1)の否定から(2)の否定が導かれることが分かる．■

補論　凸集合の分離定理

n 個の実数の順序づけられた組 $(x_1,\cdots,x_n)'$ の集合を $\boldsymbol{R}^n$ で表わし，$\boldsymbol{R}^n$ の個々の要素を n 次元ベクトルあるいはベクトルと言う（$(x_1,\cdots,x_n)'$ は $x_1,\cdots,x_n$ を縦に並べて書いた縦ベクトル $\begin{pmatrix}x_1\\ \vdots\\ x_n\end{pmatrix}$ を表わす）．

ベクトルの和，差等については既知とする．

2つのベクトル $\boldsymbol{x}=(x_1,\cdots,x_n)'$，$\boldsymbol{y}=(y_1,\cdots,y_n)'$ に対して $\langle\boldsymbol{x},\boldsymbol{y}\rangle=\sum_{i=1}^{n}x_iy_i$ と定め $\langle\boldsymbol{x},\boldsymbol{y}\rangle$ を $\boldsymbol{x}$ と $\boldsymbol{y}$ の内積と呼ぶ．

$\boldsymbol{x}=(x_1,\cdots,x_n)'$ に対して $\|\boldsymbol{x}\|=\sqrt{\sum_{i=1}^{n}x_i^2}$ と定める．$\|\boldsymbol{x}\|$ はベクトル $\boldsymbol{x}$ の長さを，

$\|\boldsymbol{x}-\boldsymbol{y}\|$ は $\boldsymbol{x}$ と $\boldsymbol{y}$ の距離を表わす．

ベクトルの列 $\{\boldsymbol{x}_k\}_{0\le k<\infty}$ と $\boldsymbol{x}_0$ があり，$\lim_{k\to\infty}\|\boldsymbol{x}_k-\boldsymbol{x}_0\|=0$ が成立している時，$\{\boldsymbol{x}_k\}_{0\le k<\infty}$ は $\boldsymbol{x}_0$ に収束すると言う．$\boldsymbol{x}_k$ が $\boldsymbol{x}_0$ に収束すると言うこともある．

$\boldsymbol{R}^n$ の部分集合 A が閉集合であるとは，A が次の条件を満たすことを言う．

・A に含まれるベクトルの列 $\{\boldsymbol{x}_k\}_{0\le k<\infty}$ が $\boldsymbol{x}_0$ に収束すれば $\boldsymbol{x}_0\in A$ である．

$\boldsymbol{R}^n$ の部分集合 M が部分空間であるとは，M が次の条件を満たすことを言う．

・$\boldsymbol{x}, \boldsymbol{y}\in M$ ならば $\boldsymbol{x}+\boldsymbol{y}\in M$

・α が実数で，$\boldsymbol{x}\in M$ ならば $\alpha\boldsymbol{x}\in M$

$\boldsymbol{R}^n$ の部分集合 A が凸集合であるとは，A が次の条件を満たすことを言う．

・$\boldsymbol{x}, \boldsymbol{y}\in A$，$0\le\lambda\le1$ ならば $\lambda\boldsymbol{x}+(1-\lambda)\boldsymbol{y}\in A$

これは $\boldsymbol{x}, \boldsymbol{y}$ が A に含まれれば $\boldsymbol{x}$ と $\boldsymbol{y}$ を結ぶ線分 $\lambda\boldsymbol{x}+(1-\lambda)\boldsymbol{y}$（$0\le\lambda\le1$）も A に含まれることである．

A が閉集合であり，かつ凸集合であることを A は閉凸集合であると言う．

$\boldsymbol{R}^n$ の部分集合 K が凸錘であるとは K が次の条件を満たすことを言う．

・$\boldsymbol{x}, \boldsymbol{y}\in K$，$\alpha\ge0$，$\beta\ge0$ ならば $\alpha\boldsymbol{x}+\beta\boldsymbol{y}\in K$

凸錘は凸集合である．

K が閉集合であり，かつ凸錘であることを K は閉凸錘であると言う．

凸集合および凸錘に関して分離定理と呼ばれる一連の定理が成立するが，以下では本文中で必要になる閉凸錘の分離定理を述べる（(2-29) の証明については，例えば，Karlin (1959), Appendix B, Theorem 3. 5 参照)．

$\boldsymbol{R}^n$ の部分集合 I を次のように定める．$I=\{(x_1, x_2, \cdots, x_n)' : x_i\ge0\ (1\le i\le n)\}$．$I$ はすべての座標が正かゼロであるベクトルの集合である．I は閉凸錘である．

(2-29)　K は $\boldsymbol{R}^n$ の空でない部分集合で閉凸錘であり，$K\cap I=\{\boldsymbol{0}\}$ であるとする．

この時，次の条件を満たすベクトル $\boldsymbol{p}=(p_1, p_2, \cdots, p_n)'$ が存在する．

(1)　すべての $\boldsymbol{x}\in K$ に対して $\langle\boldsymbol{p}, \boldsymbol{x}\rangle\le0$ である．

(2)　$p_i>0$（$1\le i\le n$）である．

(2-29) より容易に次の命題が導かれる．

(2-30)　L は $\boldsymbol{R}^n$ の部分空間で空集合でないとする．この時 $L\cap I=\{\boldsymbol{0}\}$ となる条件は次の(1)〜(3)を満たすベクトル $\boldsymbol{p}=(p_1, p_2, \cdots, p_n)'$ が存在することである．

(1)　すべての $\boldsymbol{x}\in L$ に対して $\langle\boldsymbol{p}, \boldsymbol{x}\rangle=0$

(2)　$p_i>0$（$1\le i\le n$）

(3)　$\sum_{i=1}^{n} p_i = 1$

第 3 章

デリバティブ

——先渡し，オプション，スワップ，先物——

1　条件付請求権の取引

本章では証券価格のモデル N と証券市場 $[N]$ を一つ固定し，それらを前提に議論を進める．

N は無裁定の条件を満たすとする．簡単のため N は完備であると仮定する[注1]．N のマルチンゲール測度を P^* と書く[注2]．

本章では，$0 \leq k \leq T$ である整数 k を添字として持つ任意の確率変数 X_k，Y_k，Z_k，α_k などはすべて $\mathfrak{F}_k$ 可測であると約束する．従って単に確率過程 $X=(X(t))_{0 \leq t \leq T}$ と書けば，X は当然に $(\mathfrak{F}_t)_{0 \leq t \leq T}$ に適合的である．

また条件付請求権 X_k と書いた場合には，X_k は $\mathfrak{F}_k$ 可測な確率変数で $X_k \geq 0$ であることは当然に前提されているものとする．この場合の条件付請求権 X_k は，k を請求時刻とする条件付請求権であるとする．

さて N は完備だから (2-26) により任意の確率変数 X_k $(1 \leq k \leq T)$ が複製可能である．従って $0 \leq t < k \leq T$ であれば，市場 $[N]$ では，時刻 t に，任意の条件付請求権 X_k の価格が定まる．その値は $B(t)\mathrm{E}_{P^*}\left[\dfrac{X_k}{B(k)}\middle|\mathfrak{F}_t\right]$ である．

このように，市場 $[N]$ では，時刻 t に，任意の条件付請求権 X_k $(t < k \leq T)$ に価格がついて売買される．その結果，次のような取引も可能になる．

・条件付請求権 X_k と条件付請求権 Y_k の交換．この場合両者の価格差 $B(t)\mathrm{E}_{P^*}\left[\dfrac{X_k}{B(k)}\middle|\mathfrak{F}_t\right]-B(t)\mathrm{E}_{P^*}\left[\dfrac{Y_k}{B(k)}\middle|\mathfrak{F}_t\right]$ の決済が必要である．

・条件付請求権 X_k と条件付請求権 Y_{s} の交換 $(k \neq \mathrm{s})$．この場合にも価格差の決済は必要である．

また以下のような取引も可能である．

・条件付請求権 $X_{t+1}, X_{t+2}, \cdots, X_T$ の組合せ $(X_{t+1}, \cdots, X_T)$ の売買．価格は $\sum_{u=t+1}^{T} B(t)\mathrm{E}_{P^*}\left[\frac{X_u}{B(u)}\middle|\mathfrak{F}_t\right]$ である．
・条件付請求権の組合せ $(X_{t+1}, \cdots, X_T)$ と条件付請求権の組合せ $(Y_{t+1}, \cdots, Y_T)$ の交換．この場合にも価格差の決済が必要である．

条件付請求権 X_k が，他の基礎的な経済指標の時刻 k での値を表わす確率変数 Y_k によって，$X_k=f(Y_k)$ と表される時 X_k をデリバティブと呼ぶことについては既に述べた．

デリバティブ取引の代表的なものとして，先渡し，オプション，スワップ，および先物がある．

次の節以降ではこれらの取引の仕組みと，その価格の決まり方を調べることとしよう．

2　先 渡 し

証券価格のモデル N と証券市場 $[N]$ を前提にしていることを思い出そう．N は無裁定の条件を満たし，P^* は N のマルチンゲール測度である．

t は現在の時刻であり，n は将来の時刻であるとしよう．$0 \leq t < n \leq T$ である．また S は，特定の金融資産であり，時刻 n における S の価格が確率変数 S_n で表わされるとする．

S の先渡し取引とは，現在の時刻 t に条件付請求権 S_n を売買することである．ただし売買の価格である x は時刻 t に定められ，時刻 n に支払われる．

x は時刻 t での情報 $\mathfrak{F}_t$ に基づいて定められ，情報 $\mathfrak{F}_t$ に応じて変化する．即ち x は $\mathfrak{F}_t$ 可測な確率変数である．

条件付請求権 S_n と時刻 n に支払われる x は，時刻 t に同じ価格を持たなくてはならないから，$B(t)\mathrm{E}_{P^*}\left[\frac{S_n}{B(n)}\middle|\mathfrak{F}_t\right]=B(t)\mathrm{E}_{P^*}\left[\frac{x}{B(n)}\middle|\mathfrak{F}_t\right]$ である．x が $\mathfrak{F}_t$ 可測であるから次の式を得る．

$$\textbf{(3-1)}\quad x=\frac{\mathrm{E}_{P^*}\left[\frac{S_n}{B(n)}\middle|\mathfrak{F}_t\right]}{\mathrm{E}_{P^*}\left[\frac{1}{B(n)}\middle|\mathfrak{F}_t\right]}$$

S の先渡し取引では売買されるのは条件付請求権 S_n であり，代金 x は将来の

時刻 n に支払われる．従って取引が行われる時刻 t には当事者の間では金銭の支払・受取は一切行われない．

S の先渡し取引で S_n を取得する側を S の買手と呼び，x を取得する側を S の売手と呼ぶ．また x を先渡し価格と言う．

S の先渡し取引は，通常は次のように行われる．

・買手が売手に，時刻 n に金額 x を支払うことを約束する．

・売手が買手に，時刻 n に金融資産 S 一単位を引渡すことを約束する．

買手と売手は次のような差額決済の方法によっても，S の先渡し取引を行うことができる．この場合には金融資産 S の引渡しを行う必要はない．

・買手は売手から，時刻 n に金額 S_n-x を受取る．

・売手は買手に，時刻 n に金額 S_n-x を支払う．

先渡し取引はリスクヘッジに用いることができる．

先渡し取引で S 一単位を購入することを考える．先渡し価格は x とする．時刻 n に $S_n>x$ となれば，この購入からは利益が生じる．S の値上がりが大きければそれだけ利益も大きい．

従って，時刻 n に S が値上がりすると損失を蒙るような事情がある取引主体は，先渡し取引で S を購入しておくことによって，将来発生するかも知れない損失を予めカバーしておくことができる．

例えば取引主体 A が時刻 n に金融資産 S 一単位を購入しなくてはならないとしよう．時刻 n での S の値上がりは，そのまま A の損失となる．ここで A が先渡し取引で S 一単位を購入し，先渡し価格が x だったとしよう．そうすれば時刻 n に S_n が上昇すると，先渡し取引からの利益 S_n-x もそれにつれて増加するから，A は S の購入のために，常に x を支払えば済む．

ただし先渡し取引では，$S_n<x$ となった場合には損失が発生することには，注意しておかなくてはならない．

前記の例で言えば，先渡し取引で S を買った A は，$S_n<x$ となると $x-S_n$ の損失を受ける．このため A は，S を取得するのに，この損失 $x-S_n$ と S の市場価格 S_n の合計である x を支出しなくてはならないのである．

以上述べたのと同様にして，将来 S が値下がりすると損失を蒙る経済主体は，先渡し取引で S を売ることによって将来の損失を予め軽減しておくことができる．ただし，将来 S が値上がりすると先渡し取引から損失が発生する．

先渡し取引によって投機を行うこともできる．

S の先渡し取引の先渡し価格が x であるとしよう．$S_n > x$ となる確率が大きいと考える投資家は先渡し取引で S を買おうとし，$S_n < x$ となる確率が大きいと考える投資家は先渡し取引で S を売ろうとするだろう．

最後に (3-1) を $x = \dfrac{B(t)\mathrm{E}_{P^*}\left[\dfrac{S_n}{B(n)}\middle|\mathfrak{F}_t\right]}{B(t)\mathrm{E}_{P^*}\left[\dfrac{1}{B(n)}\middle|\mathfrak{F}_t\right]}$ と書直し，この式の分母と分子について調べておこう．

(1)　分子である $B(t)\mathrm{E}_{P^*}\left[\dfrac{S_n}{B(n)}\middle|\mathfrak{F}_t\right]$ については，次のとおりである．

- 金融資産 S に配当支払がない場合．
  S の価格が確率過程 $(S_t)_{0\leq t\leq T}$ によって表わされるとする．時刻 $(t+1)$ に S_{t+1} を得るには時刻 t に S_t を支払えばよいから，$S_t = B(t)\mathrm{E}_{P^*}\left[\dfrac{S_{t+1}}{B(t+1)}\middle|\mathfrak{F}_t\right]$ $(0\leq t\leq T-1)$．従って $\left(\dfrac{S_t}{B(t)}\right)_{0\leq t\leq T}$ は P^* と $(\mathfrak{F}_t)_{0\leq t\leq T}$ に関するマルチンゲールとなる．これより $S_t = B(t)\mathrm{E}_{P^*}\left[\dfrac{S_n}{B(n)}\middle|\mathfrak{F}_t\right]$ である．
- 金融資産 S に配当支払がある場合．
  S の配当支払が確率過程 $(\mu_t)_{1\leq t\leq T}$ によって表わされるとする．時刻 $(t+1)$ に $S_{t+1}+\mu_{t+1}$ を得るには時刻 t に S_t を支払えばよいから $S_t = B(t)\mathrm{E}_{P^*}\left[\dfrac{S_{t+1}+\mu_{t+1}}{B(t+1)}\middle|\mathfrak{F}_t\right]$ $(0\leq t\leq T-1)$．従って
  $$\frac{S_t}{B(t)} = \mathrm{E}_{P^*}\left[\frac{\mu_{t+1}}{B(t+1)} + \cdots + \frac{\mu_n}{B(n)} + \frac{S_n}{B(n)}\middle|\mathfrak{F}_t\right]$$
  これより
  $S_t - B(t)\mathrm{E}_{P^*}\left[\dfrac{\mu_{t+1}}{B(t+1)} + \cdots + \dfrac{\mu_n}{B(n)}\middle|\mathfrak{F}_t\right] = B(t)\mathrm{E}_{P^*}\left[\dfrac{S_n}{B(n)}\middle|\mathfrak{F}_t\right]$ である．

(2)　分母である $B(t)\mathrm{E}_{P^*}\left[\dfrac{1}{B(n)}\middle|\mathfrak{F}_t\right]$ については，次のとおりである．

- 正の定数 $r_1, r_2, \cdots, r_N$ が存在して，証券 B の価格を表わす確率過程 $(B(t))_{0\leq t\leq T}$ について，$B(0)=1$，$B(t) = (1+r_1)(1+r_2)\cdots(1+r_t)$ $(1\leq t\leq T)$ が成立していれば $\dfrac{1}{(1+r_{t+1})\cdots(1+r_n)} = B(t)\mathrm{E}_{P^*}\left[\dfrac{1}{B(n)}\middle|\mathfrak{F}_t\right]$ である．
- n は $0 < n \leq T$ を満たす整数とし，時刻 n に金額 1 を償還する割引債を B_n と呼ぶ．B_n は利子支払がなく，満期である時刻 n に金額 1 を支払って償還される債券である．B_n の時刻 t $(0\leq t\leq n)$ における価格を $B(t, n)$ と書く．$B(t, n) = B(t)\mathrm{E}_{P^*}\left[\dfrac{1}{B(n)}\middle|\mathfrak{F}_t\right]$ であることは明らかである．従って，もし割引債 B_n が証券市場 $[N]$ で取引の対象となっていれば，$B(t)$

$\mathrm{E}_{P^*}\left[\frac{1}{B(n)}\middle|\mathfrak{F}_t\right]$ は市場 $[N]$ で直接に観察することができる．

3　オプション

オプションの基本的な類型の一つはヨーロッパ型のコール・オプションとヨーロッパ型のプット・オプションである．基本的な類型の他の一つはアメリカ型のコール・オプションとアメリカ型のプット・オプションである．これら以外のオプションを総称してエキゾチック・オプションと言う．

この節ではヨーロッパ型のコール・オプションとプット・オプションについて説明する．アメリカ型のオプションについては第4章と第8章で説明する．エキゾチック・オプションは本書では取上げない．

この節ではオプションはすべてヨーロッパ型であることを前提とするから，特に必要とする場合以外は「ヨーロッパ型」という形容詞は省略する．

t は現在の時刻であり，n は将来の時刻であるとしよう．$0 \leq t < n \leq T$ である．また S が特定の金融資産であり，時刻 n における S の価格が確率変数 S_n で表わされるとする．

S に関するコール・オプションとは条件付請求権 $(S_n-K)^+$ のことを言う[注3]．ここで K は，$K>0$ を満たす定数である．K をこのコール・オプションの権利の行使価格，n を権利の行使時期と言う．

K と n はコール・オプション $(S_n-K)^+$ の内容を決定するパラメーターである．K と n が変化すれば $(S_n-K)^+$ の内容はそれにつれて変わる．

S に関するコール・オプションの売買とは，現在の時刻 t における条件付請求権 $(S_n-K)^+$ の売買のことである．その価格 x は時刻 t に定められ，時刻 t に支払われる．

$x=B(t)\mathrm{E}_{P^*}\left[\frac{(S_n-K)^+}{B(n)}\middle|\mathfrak{F}_t\right]$ である．

条件付請求権 $(S_n-K)^+$ の売買は，通常は買手である A と売手である B との次のような取引によって行われる．

- A は，時刻 n に B から金融資産 S 一単位を価格 K で購入する権利を得る．

・A はこの権利の対価として，時刻 t に，B に金額 x を支払う．

A は時刻 n に B から金融資産 S 一単位を購入する権利を持つが，S を購入する義務を負うものではないから，S を購入するかしないかを選択することができる．この選択権がオプションと呼ばれる．

この取引の下では，$S_n > K$ ならば A は権利を行使して，B から価格 K で金融資産 S 一単位を購入して $S_n - K$ だけの利益を得る．また $S_n \leq K$ であれば権利を行使せず，B からの S の購入を見送る．この場合の利益はゼロである．

従って，A は条件付請求権 $(S_n - K)^+$ を購入したのと同じ結果となる．

また $(S_n - K)^+$ の売買は A と B の次のような取引によっても実現できる．

・B は A に時刻 n に金額 $(S_n - K)^+$ を支払う．

・A は B に時刻 t に金額 x を支払う．

次にプット・オプションについて説明しよう．

S に関するプット・オプションとは条件付請求権 $(K - S_n)^+$ のことを言う．K は $K > 0$ を満たす定数である．K をこのプット・オプションの権利の行使価格，n を権利の行使時期と言う．

S に関するプット・オプションの売買とは，現在の時刻 t における条件付請求権 $(K - S_n)^+$ の売買のことである．その価格 x は時刻 t に定められ，時刻 t に支払われる．

$x = B(t)\mathrm{E}_{P^*}\left[\frac{(K - S_n)^+}{B(n)}\middle|\mathfrak{F}_t\right]$ である．

条件付請求権 $(K - S_n)^+$ の売買は，通常は買手である A と売手である B との次のような取引によって行われる．

・A は，時刻 n に B に金融資産 S 一単位を価格 K で売却する権利を得る．

・A はこの権利の対価として，時刻 t に，B に金額 x を支払う．

条件付請求権 $(K - S_n)^+$ の売買は，時刻 n に B が A に金額 $(K - S_n)^+$ を支払うことによっても行うことができる．

なお，コール・オプション $(S_n - K)^+$ の売買でもプット・オプション $(K - S_n)^+$ の売買でも，権利の行使価格 K と権利の行使時期 n は契約内容の一部であるから，当事者が自由に選べるものであることに注意しておこう．

金融資産 S に関するコール・オプション $(S_n - K)^+$ も，プット・オプション $(K - S_n)^+$ もリスクヘッジに用いることができる．

時刻 n に S が値上がりすると損失を蒙る経済主体はコール・オプション $(S_n -$

$K)^+$ を購入すれば将来生じるおそれがある損失を軽減することができる．ただし，そのために対価である x を支払わなければならないことはもちろんである．この x はきわめて高価になることもあり得る．

同様に，時刻 n に S が値下がりすると損失を蒙る経済主体は，プット・オプション $(K-S_n)^+$ を購入すれば，将来生じるおそれがある損失を軽減することができる．この場合にももちろん対価 x を支払わなくてはならない．

コール・オプションとプット・オプションは投機の対象にもなる．

一般に S_n が高いと思う投資家は，K と価格 x が適当と判断すればコール・オプション $(S_n-K)^+$ を価格 x で買おうとするだろう．

なお，コール・オプション $(S_n-K)^+$ を売ると，対価 x は得られるが，S_n が増大した場合の損失には限度がないので，コール・オプション $(S_n-K)^+$ の売りによって投機を行おうとする経済主体は少ないだろう．それでも S_n が高くはならないと考える投資家は，K と価格 x の値によってはコール・オプション $(S_n-K)^+$ を売るかも知れない．

プット・オプションについてもほぼ同様である．

時刻 t におけるコール・オプション $(S_n-K)^+$ の価格を C_t で表わし，プット・オプション $(K-S_n)^+$ の価格を P_t で表わそう．

$C_t=B(t)\mathrm{E}_{P^*}\left[\dfrac{(S_n-K)^+}{B(n)}\middle|\mathfrak{F}_t\right]$，$P_t=B(t)\mathrm{E}_{P^*}\left[\dfrac{(K-S_n)^+}{B(n)}\middle|\mathfrak{F}_t\right]$ である．

C_t と P_t についてはここではこれ以上のことは分からない．この点は前節の先渡し価格の場合とは異なる．C_t と P_t は後に第7章で連続的な取引時間を持つ証券価格のモデルに基づいて計算される．

最後に2点補足を行っておこう．

第1に C_t と P_t は次の関係で結ばれている．

(3-2)　$$C_t=P_t+B(t)\mathrm{E}_{P^*}\left[\frac{S_n-K}{B(n)}\middle|\mathfrak{F}_t\right]$$

これは $(S_n-K)^+=(K-S_n)^++(S_n-K)$ より直ちに分かる．

第2に f を連続函数とするとき，f と S_n から構成される派生証券 $f(S_n)$ はコール・オプションとプット・オプションの売買の組合せによっていくらでも近似することができる．

まず $y=(x-K)^+$ のグラフが折線であるから次の命題が成り立つ．

(3-3)　$x_0, x_1, \cdots, x_p, y_1, \cdots, y_p$ はすべて実数で $0<x_0<x_1<x_2\cdots<x_p$ が成り立つとする．(x, y) 平面上に $(p+1)$ 個の点 $(x_0, 0)(x_1, y_1)\cdots(x_p, y_p)$ を取ると，適当

な実数 $m_0, m_1, \cdots, m_{p-1}$ が存在して折線 $y=m_0(x-x_0)^+ + m_1(x-x_1)^+ \cdots + m_{p-1}(x-x_{p-1})^+$ のグラフは，これらの $(p+1)$ 個の点のすべてを通る．

また $f(x)$ が $x \geq 0$ で定義された連続函数であれば，$f(x)$ は任意の閉区間 $[a, b]$ $(0<a<b)$ 上で折線によっていくらでも近似できる．

従って $f(S_n)$ は $\{\omega : a \leq S_n(\omega) \leq b\}$ 上で適当なコール・オプションの売買の組合せによっていくらでも近似できることになる．

プット・オプションについても同じ結果が得られるのは明らかであろう．

4　スワップ

t は現在の時刻であり，n は将来の時刻であるとしよう．$0 \leq t < n \leq T$ である．

X と Y は2つの基礎的な経済変数であり，それぞれの値は2つの確率過程 $(X_t)_{0 \leq t \leq T}$，$(Y_t)_{0 \leq t \leq T}$ によって表わされるとする．

X と函数 $g_{t+1}, g_{t+2}, \cdots, g_T$ からデリバティブ $g_{t+1}(X_{t+1}), g_{t+2}(X_{t+2}), \cdots, g_T(X_T)$ を作り，その組合せ $(g_{t+1}(X_{t+1}), \cdots, g_T(X_T))$ を作る．また Y と函数 $h_{t+1}, h_{t+2}, \cdots, h_T$ からデリバティブ $h_{t+1}(Y_{t+1}), h_{t+2}(Y_{t+2}), \cdots, h_T(Y_T)$ を作り，その組合せ $(h_{t+1}(Y_{t+1}), \cdots, h_T(Y_T))$ を作る．

スワップとは，時刻 t に，こうして作られたデリバティブの組合せを交換することである．スワップではデリバティブの組合せを交換するが，もし両者の時刻 t における価格が異なればその差額は清算しなくてはならない．

スワップにはさまざまなものがあるがここでは金利スワップについて説明する．

金利スワップとは，取引当事者の間で，共通の計算上の元本に基づいて，変動金利の支払と固定金利の支払を交換することである．

証券価格のモデル N について次の仮定を置くこととしよう．

- $r_1(\omega)>0, r_2(\omega)>0, \cdots, r_T(\omega)>0$ となる確率変数 $r_1, r_2, \cdots, r_T$ が存在して，証券 B の価格を表す確率過程 $(B(t))_{0 \leq t \leq T}$ が，$B(0)=1$　$B(t)=(1+r_1)(1+r_2)\cdots(1+r_t)$ $(1 \leq t \leq T)$ と表わされる．

$r_t = \dfrac{B(t)-B(t-1)}{B(t-1)}$ は証券市場 $[N]$ で時刻 $t-1$ から t の間に成立する利子率である．

これらの金利があるから，時刻 i（$t+1 \leq i \leq T$）に金額 Lr_i を受取る条件付請求権を考えることができる．ここで L は計算上の元本である．

同様にして時刻 i（$t+1 \leq i \leq T$）に金額 $L\alpha$ を受取る条件付請求権 $L\alpha$ を考えることができる．L は計算上の元本であり，α は計算上の固定金利である．

金利スワップとは，各 i（$t+1 \leq i \leq T$）を請求時刻とする条件付請求権 Lr_i の組合せ $(Lr_{t+1}, Lr_{t+2}, \cdots, Lr_T)$ と各 i（$t+1 \leq i \leq T$）を請求時刻とする条件付請求権 $L\alpha$ の組合せ $(L\alpha, L\alpha, \cdots, L\alpha)$ の交換である．交換は時刻 t に行われる．

共通の計算上の元本 L と，固定金利 α が変化すればスワップの内容も変化する．

時刻 t には $(Lr_{t+1}, \cdots, Lr_T)$ の価格は $L \sum_{i=t+1}^{T} B(t) \mathrm{E}_{P^*}\left[\dfrac{r_i}{B(i)} \middle| \mathfrak{F}_t \right]$，$(L\alpha, L\alpha, \cdots, L\alpha)$ の価格は $L \sum_{i=t+1}^{T} B(t) \mathrm{E}_{P^*}\left[\dfrac{\alpha}{B(i)} \middle| \mathfrak{F}_t \right]$ である．従ってこの 2 つの値が異なれば，両者のスワップでは 2 つの価格の差額を清算しなくてはならない．

スワップを行うためには取引の当事者がそれぞれ変動金利の支払と固定金利の支払を約束すればよい．変動金利と固定金利の差額を決済する方法によることもできる．

金利スワップは，金利変動のリスクを軽減するために用いることができる．

金融機関の例で説明しよう．

金融機関はそれぞれ相対的に得意な資金調達方法を持っている．また制度上，金融機関の種類に応じて資金調達の方法が制限されていることもある．

金融機関 A は，従来変動金利で短期の資金を借入れて短期の貸付を行っていたが，業務を拡張して固定金利で長期の貸出を行うことを望んでいるとしよう．

A は固定金利で長期の貸付を行うと，その期間中は調達した短期資金の借換を繰り返さなくてはならないから将来変動金利が高騰すると損失を蒙る．

この場合，A が長期の貸付と同時に金利スワップを行い，変動金利を受取って固定金利を支払えば，結局固定金利で資金を調達したのと同じこととなるから，変動金利の高騰による収益悪化のリスクを軽減することができる．

次に金融機関 B は，従来固定金利で長期の資金を借入れ固定金利に基づく長期の貸付を行っていたが，業務を拡張して変動金利で短期の貸付を行うことを望んでいるとしよう．

B が変動金利で短期の貸付を行うと，調達した長期資金の返済期限まで短期の貸付を繰り返すことになるから，将来変動金利が低下すると損失を蒙る．

この場合，B が短期の貸付と同時に金利スワップを行い，固定金利を受取って変動金利を支払えば，結局変動金利で資金を調達したのと同じこととなり，変動金利の低下による収益悪化のリスクを軽減することができる．

金利スワップを用いて投機を行うこともできる．

簡単のために，計算上の元本が1で固定金利支払いが α の金利スワップを考える．この金利スワップは条件付請求権の組合せ $(r_{t+1}, r_{t+2}, \cdots, r_T)$ と $(\alpha, \alpha, \cdots, \alpha)$ の交換である．α はこの2つの条件付請求権の価格が等しくなるように決められているとしよう．

変動金利 r_s $(t+1 \leq s \leq T)$ が全般に α より高くなると予想する投資家は $(r_{t+1}, \cdots, r_T)$ を受取って $(\alpha, \cdots, \alpha)$ を支払おうとするだろう．変動金利 r_s が全般に α とより低くなると予想する投資家は，その逆を行おうとするだろう．

金利スワップで交換される $(Lr_{t+1}, Lr_{t+2}, \cdots, Lr_T)$ と $(L\alpha, L\alpha, \cdots, L\alpha)$ の価格差について検討しておこう．

一般的に言えば，この金利スワップでは両者の価格差である

$L\left\{\sum_{i=t+1}^{T} B(t)\mathrm{E}_{P*}\left[\frac{\alpha}{B(i)}\middle|\mathfrak{F}_t\right] - \sum_{i=t+1}^{T} B(t)\mathrm{E}_{P*}\left[\frac{r_i}{B(i)}\middle|\mathfrak{F}_t\right]\right\}$ を時刻 t に清算しなくてはならない．

$r_i = \dfrac{B(i)-B(i-1)}{B(i-1)}$ を用いて書き直すと，この式は

$L\left\{\alpha \sum_{i=t+1}^{T} B(t)\mathrm{E}_{P*}\left[\frac{1}{B(i)}\middle|\mathfrak{F}_t\right] - 1 + B(t)\mathrm{E}_{P*}\left[\frac{1}{B(T)}\middle|\mathfrak{F}_t\right]\right\}$ に等しい．

従って $\alpha \sum_{i=t+1}^{T} B(t)\mathrm{E}_{P*}\left[\frac{1}{B(i)}\middle|\mathfrak{F}_t\right] = 1 - B(t)\mathrm{E}_{P*}\left[\frac{1}{B(T)}\middle|\mathfrak{F}_t\right]$ であればこの金利スワップは代金の清算の必要がない．

s を $0 < s \leq T$ を満たす整数とする．時刻 s に金額1を償還する割引債を B_s とし，B_s の時刻 t $(0 \leq t \leq s)$ における価格を $B(t, s)$ と書くと $B(t, s) = B(t)\mathrm{E}_{P*}\left[\frac{1}{B(s)}\middle|\mathfrak{F}_t\right]$ である．

この $B(t, s)$ を用いて前記の式を書き直すと $\alpha = \dfrac{1-B(t, T)}{B(t, t+1)+\cdots+B(t, T)}$ であれば金利スワップは代金の清算の必要がないことが分かる．

5 先　　物

以下では，先物取引について次の順序で説明する．

(1) 抽象的な先物取引の定義．

(2) 先物市場の仕組．

(3) 先物取引の機能．

(4) 先物価格の決まり方．

説明はかなり長くなるので，最初に先物取引の機能について述べておくこととする．

先物取引は先渡し取引を簡易・安全に行うための仕組みである．

例えば金融資産 S の先物取引を行うと S の先渡し取引を行ったのとほぼ同様の経済効果を達成できる．これが先物取引の基本的機能であるが，さらに先物取引は先渡し取引に比べ次のような特色を持っている．

- 取引の相手方を見出すのが容易であり，取引条件設定のための交渉を要しないこと．
- 既存の取引関係の解消・清算が容易であること．
- 取引の安全性確保のための工夫がなされていること．

先物取引は組織された市場で定型化された取引条件の下で行われる．先物取引の対象となるのは金融資産に限らない．例えば金銀などの貴金属，大豆，とうもろこしなどについても先物取引が行われている．

通常先物取引の解説では実務上の用語に従って取引の仕組みを解説するが，ここではそうした方法はとらない．これは実務上の用語が必ずしも適切でないからである．特に「先物価格」という言葉は誤解を招く．実務上「先物価格」と呼ばれているものは通常の意味での価格とは全く異なるのである．

従って以下では抽象的に先物取引の仕組みを説明し，最後にその仕組みを実務上の用語と対応させることとする．

6　先物取引

$X_{t+1}, X_{t+2}, \cdots, X_T$ を確率変数としよう．これらの確率変数から条件付請求権 $X_{t+1}^+, X_{t+2}^+, \cdots, X_T^+, X_{t+1}^-, X_{t+1}^-, \cdots, X_T^-$ を作ることができる．ここで $x^+ = \max(x, 0)$，$x^- = \max(-x, 0)$ である．

$X_{t+1}^+, \cdots, X_T^+, X_{t+1}^-, \cdots, X_T^-$ を用いて次のように定めよう．

(3-4)　$X_{t+1}, X_{t+2}, \cdots, X_T$ を確率変数とする．この時 $(X_{t+1}, X_{t+2}, \cdots, X_T)$ の売買とは条件付請求権 $X_i^+ (t+1 \leq i \leq T)$ の組合せ $(X_{t+1}^+, X_{t+2}^+, \cdots, X_T^+)$ と，条件付請求権 $X_i^- (t+1 \leq i \leq T)$ の組合せ $(X_{t+1}^-, X_{t+2}^-, \cdots, X_T^-)$ とを交換することを言う．

この交換は時刻 t に行われるものとする．

また取引当事者は $(X_{t+1}^+, \cdots, X_T^+)$ と $(X_{t+1}^-, \cdots, X_T^-)$ を交換するだけで，それ以外の金銭の支払・受取は一切行わないものとする．即ちこの取引では代金の決済は必要ないものとする．

$(X_{t+1}, \cdots, X_T)$ の売買で条件付請求権の組合せ $(X_{t+1}^+, \cdots, X_T^+)$ を取得する側を買手と呼び，条件付請求権の組合せ $(X_{t+1}^-, \cdots, X_T^-)$ を取得する側を売手と呼ぶ．

時刻 t に $(X_{t+1}, X_{t+2}, \cdots, X_T)$ が売買され時刻 i $(t+1 \leq i \leq T)$ に $X_i > 0$ となれば買手は売手から金額 X_i を受取る．もし時刻 i に $X_i < 0$ となれば，売手は買手から金額 $|X_i|$ を受取る．

先物取引を定義しよう．

S は特定の金融資産であり，時刻 T における S の価格が確率変数 S_T で表わされるとする．

(3-5)　確率過程 $X = (X_t)_{0 \leq t \leq T}$ は，$X_t \geq 0$ $(0 \leq t \leq T)$ および $X_T = S_T$ を満たすとする．

この時，以下の取引を一括して，確率過程 $X = (X_t)_{0 \leq t \leq T}$ に基づく S の先物取引と言う．

・時刻 0 に行われる $(X_1 - X_0, X_2 - X_1, \cdots, X_{t+1} - X_t, \cdots, X_T - X_{T-1})$ の売買．
・時刻 1 に行われる　$(X_2 - X_1, \cdots, X_{t+1} - X_t, \cdots, X_T - X_{T-1})$ の売買．
⋮
・時刻 t に行われる　$(X_{t+1} - X_t, \cdots, X_T - X_{T-1})$ の売買．

⋮

・時刻 $(T-1)$ に行われる (X_T-X_{T-1}) の売買.

$X=(X_t)_{0\leq t\leq T}$ に基づく S の先物取引では，時刻 t に，$(X_{t+1}-X_t, \cdots, X_T-X_{T-1})$ を任意の単位数だけ売買できるものとする．即ち，$c>0$ を任意の実数とする時 $(c(X_{t+1}-X_t), \cdots, c(X_T-X_{T-1}))$ を売買できるものとする．

A が時刻 t に $(c(X_{t+1}-X_t), \cdots, c(X_T-X_{T-1}))$ を買った場合には，時刻 t における A の購入量は c であると言う．また，A が時刻 t に $(c(X_{t+1}-X_t), \cdots, c(X_T-X_{T-1}))$ を売った場合には，時刻 t における A の販売量は c であると言う．

時刻 t に $(X_{t+1}-X_t, \cdots, X_T-X_{T-1})$ が売買され，買手の購入量が c，売手の販売量が c であったとしよう．時刻 i $(t+1\leq i\leq T)$ に $X_i>X_{i-1}$ となれば買手は売手から金額 $c(X_i-X_{i-1})$ を受取る．もし時刻 i に $X_i<X_{i-1}$ となれば売手は買手から金額 $c(X_{i-1}-X_i)$ を受取る．

時刻 t に $(X_{t+1}-X_t, \cdots, X_T-X_{T-1})$ が売買され，時刻 $t+1$ 以降に X_i が次々に変動すると，X_i の上昇は買手の利益となり，X_i の下落は売手の利益となる．

念のために注意すれば，S の先物取引では，代金の支払・受取は一切必要ない．

7 先物市場

S を特定の金融資産としよう．S の先物市場は，S の先物取引の基礎となる確率過程 $X=(X_t)_{0\leq t\leq T}$ を定め，その $X=(X_t)_{0\leq t\leq T}$ に基づく S の先物取引を行う市場である．

Sの先物市場の仕組みを理解するためには，取引時刻を $T-1, T-2, \cdots, t, \cdots, 3, 2, 1, 0$ の順に逆にたどってみるのがよい．

(1) 時刻 $(T-1)$ における S の先物市場での取引.

時刻 T における S の価格は S_T である．S_T は $\mathfrak{F}_T$ 可測であるから，時刻 $(T-1)$ に $\mathfrak{F}_{T-1}$ 可測な確率変数 X_{T-1} を定めると，S_T-X_{T-1} は $\mathfrak{F}_T$ 可測となる．

従って (3−4) で定めたところに従って，時刻 $(T-1)$ に (S_T-X_{T-1}) を売買することができる．

S の先物市場では，時刻 $(T-1)$ に，情報 $\mathfrak{F}_{T-1}$ に応じて適当な X_{T-1} 値を定めて $\mathfrak{F}_{T-1}$ 可測な確率変数 X_{T-1} を作り，(S_T-X_{T-1}) を売買する．

その際，X_{T-1} の値を調節することによって買手が希望する (S_T-X_{T-1}) の購入量と，売手が希望する (S_T-X_{T-1}) の販売量が等しいようにする．

このような調節を行うことができるのは，次の理由による．

(i)　(S_T-X_{T-1}) の買手は，$S_T>X_{T-1}$ であれば時刻 T に金額 S_T-X_{T-1} を受取るから，X_{T-1} が下がれば (S_T-X_{T-1}) の購入量をふやし，X_{T-1} が上がれば (S_T-X_{T-1}) の購入量を減らそうとする．

特に X_{T-1} が十分ゼロに近づくと，ほとんど何の危険もなしに金額 S_T-X_{T-1} を受取れるから，購入量はきわめて大きくなる．

(ii)　(S_T-X_{T-1}) の売手は，$X_{T-1}>S_T$ であれば時刻 T に金額 $X_{T-1}-S_T$ を受取るから，X_{T-1} が下がれば (S_T-X_{T-1}) の販売量を減らし，X_{T-1} が上がれば (S_T-X_{T-1}) の販売量をふやす．

特に X_{T-1} が十分大きくなれば販売量はきわめて大きくなる．

(iii)　X_{T-1} と (S_T-X_{T-1}) の購入量・販売量との関係は，財の価格とその需要量・供給量との関係と同じである．

従って，(S_T-X_{T-1}) が販売される市場で，購入量が販売量を上回ろうとするときは X_{T-1} を引上げ，逆の場合には X_{T-1} を引下げることによって，購入量と販売量を等しくすることができる．

S の先物市場では，時刻 $(T-1)$ に，このようにして市場で定まる X_{T-1} を用いて (S_T-X_{T-1}) が売買される．X_{T-1} は情報 $\mathfrak{F}_{T-1}$ に従って変化するから，$\mathfrak{F}_{T-1}$ 可測な確率変数である．なお，この売買には代金の決済は不要である．

(2)　時刻 $(T-2)$ における S の先物市場での取引．

時刻 $(T-2)$ には，$(T-1)$ になると S の先物市場で X_{T-1} が定まり，T になると S_T が定まることが分かっている．X_{T-1} は $\mathfrak{F}_{T-1}$ 可測で S_T は $\mathfrak{F}_T$ 可測だから，時刻 $(T-2)$ に $\mathfrak{F}_{T-2}$ 可測な確率変数 X_{T-2} を定めると，$X_{T-1}-X_{T-2}$ は $\mathfrak{F}_{T-1}$ 可測で S_T-X_{T-1} は $\mathfrak{F}_T$ 可測である．

従って (3-4) で定めたところに従って，時刻 $(T-2)$ に $(X_{T-1}-X_{T-2}, S_T-X_{T-1})$ を売買することができる．

S の先物市場では，時刻 $(T-2)$ に，情報 $\mathfrak{F}_{T-2}$ に応じて適当な値 X_{T-2} を定めて $\mathfrak{F}_{T-2}$ 可測な確率変数 X_{T-2} を作り，$(X_{T-1}-X_{T-2}, S_T-X_{T-1})$ を売買する．

その際 X_{T-2} の値を調節することによって買手が希望する $(X_{T-1}-X_{T-2}, S_T-X_{T-1})$ の購入量と，売手が希望する $(X_{T-1}-X_{T-2}, S_T-X_{T-1})$ の購入量とが等しいようにする．

(i)　$(X_{T-1}-X_{T-2}, S_T-X_{T-1})$ の買手は，X_{T-2} が下がれば購入量をふやし，X_{T-2} が上がれば購入量を減らす．

(ii)　$(X_{T-1}-X_{T-2}, S_T-X_{T-1})$ の売手は，X_{T-2} が下がれば販売量を減らし，X_{T-2} が上がれば販売量をふやす．

(iii)　従って，市場で X_{T-2} を調節して購入量と販売量を等しくすることができる．

なお，X_{T-2} が変化すると $(X_{T-1}-X_{T-2}, S_T-X_{T-1})$ の $X_{T-1}-X_{T-2}$ は変化するが，S_T-X_{T-1} は全く変化しない．従って，厳密に考えると，X_{T-2} だけの変化で $(X_{T-1}-X_{T-2}, S_T-X_{T-1})$ の購入量と販売量を等しくできるかどうかが問題となる．

実は X_{T-2} だけの変化で十分である．この点は一応認めておくこととする．興味ある読者は次の節を読んだ後に補論を参照されたい．

S の先物市場では，時刻 $(T-2)$ に，このようにして定まった X_{T-2} を用いて $(X_{T-1}-X_{T-2}, S_T-X_{T-1})$ が売買される．X_{T-2} は情報 $\mathfrak{F}_{T-2}$ に従って変化するから $\mathfrak{F}_{T-2}$ 可測な確率変数である．この売買には代金の決済は不要である．

(3)　時刻 t $(T-3\geq t\geq 0)$ における S の先物市場での取引．

(1)(2)と同じようにして順次 $X_{T-1}, X_{T-2}, X_{T-3}, \cdots, X_1, X_0$ を定めることができる．

次の事実が成立する．

- S の先物市場では，時刻 t に，$(X_{t+1}-X_t, X_{t+2}-X_{t+1}, \cdots, X_{T-1}-X_{T-2}, S_T-X_{T-1})$ が売買される．
- X_t は $(X_{t+1}-X_t, \cdots, X_{T-1}-X_{T-2}, S_T-X_{T-1})$ の購入量と販売量が等しくなるように市場で定まる．
- X_t は $\mathfrak{F}_t$ 可測な変数である．

以上のようにして定まる確率変数 $X_{T-1}, X_{T-2}, \cdots, X_1, X_0$ と，確率変数 $X_T = S_T$ から確率過程 $X=(X_t)_{0\le t\le T}$ を作る．X について $X_t \ge 0$ と $X_T = S_T$ が成立する．

ここまで説明した S の先物市場での取引は，確率過程 $X=(X_t)_{0\le t\le T}$ に基づいて行われる S の先物取引にほかならない．

8　先物取引の機能

$X=(X_t)_{0\le t\le T}$ に基づく S の先物取引を S の先渡し取引と比較し，その機能と特色を説明してみよう．

次の 2 つの取引を考える．

- 時刻 t に S の先物取引で $(X_{t+1}-X_t, \cdots, X_T - X_{T-1})$ を買う．
- 時刻 t に S の先渡し取引で条件付請求権 S_T を買う．先渡し価格は x とする．

第 1 の取引を行うと時刻 $(t+1)$ から T までの各時刻 i に金額 $X_i - X_{i-1}$ を受取ることとなる（支払はマイナスの受取として数える)．その合計は $\sum_{i=t+1}^{T}(X_i - X_{i-1}) = X_T - X_t = S_T - X_t$ である．

第 2 の取引を行うと，時刻 T に金額 $S_T - x$ を受取ることとなる．

従って，時刻 t に S の先物取引で $(X_{t+1}-X_t, \cdots, X_T - X_{T-1})$ を買うことは，同じ時刻に S の先渡し取引を行って先渡し価格 X_t で条件付請求権 S_T を買うのと，ほぼ同じ経済効果を持つのである．

両者の差は，同額の資金の受取・支払を行うタイミングの差に止まる．

S の先物取引で $(X_{t+1}-X_t, \cdots, X_T - X_{T-1})$ を売ることと，S の先渡し取引で条件付請求権 S_T を売ることとの関係も同様である．

このように先物取引は先渡し取引とほぼ同様の経済効果を達成する．これが先物取引の基本的機能である．

また先物取引は，先渡し取引に比べると，以下のような特色を持っている．

(1)　一般的に，先物取引は取引実行に伴うコストが低くて済む．

先渡し取引を行うには個別に相手方を探し，取引条件を交渉しなくてはならない．

これに比べると先物取引は市場で行われるから相手方を見出すのは容易で

ある．また取引条件は予め設定されている．

従って一般的には先物取引の方が取引に要するコストが低くて済む．

(2) 先渡し取引と比べると，先物取引は既存の取引関係の解消・清算が容易である．

先渡し取引は個別の相手方との契約によって行う．従って事情変更に伴って取引を解消・清算するためには，原則として相手方の同意が必要になる．それは必ずしも容易ではない．

これに対し先物取引を行った場合には，市場での先物取引を再度利用することによって実質的に既存の取引を解消・清算できる．

例えば，時刻 t に $(X_{t+1}-X_t, \cdots, X_T-X_{T-1})$ を買い，その後時刻 k に事情が変わったとしよう．この場合時刻 k に $(X_{k+1}-X_k, \cdots, X_T-X_{T-1})$ を売れば，2つの取引の結果 $(k+1)$ から T までの間の受取・支払はすべて相殺される．これは $(t+1)$ から k までの $X_{t+1}-X_t, \cdots, X_k-X_{k-1}$ を受取って時刻 k に既存の取引を打ち切ったのと同じである．

このような取引を反対売買と言う．注意すべきは，反対売買には何の対価の支払も必要ないことである．

(3) 先物取引では，取引の安全性を高めるための工夫がなされている．

時刻 t に金融資産 S を先渡し価格 x で売買すると，時刻 T に S_T-x を一括して決済することとなる．従って t から T の間に S の価格が予想外に変動して S_T-x が巨額になると，買手または売手が債務を履行できなくなるおそれがある．

これに対し，S の先物取引では各時刻 t に X_t-X_{t-1} の決済を積重ねていく．同時に決済の安全性を高めるために，証拠金取引と呼ばれる次のような取引方法がとられている．

- 先物取引を行うためには先物口座と呼ばれる口座を設け，その口座に取引額に応じた資金を振込まなくてはならない．この資金は証拠金と呼ばれる．
- 各時刻 t における X_t-X_{t-1} の受取・支払は，すべて先物口座への振込と先物口座からの引落しによって行なわれる．
- 各取引主体は，取引額に応じて常に一定額の証拠金残高を維持しなくてはならない．従って X_t の変動の結果損失が累積して証拠金残高が一定水準以下となれば，証拠金を積増さなくてはならない．

・必要な証拠金残高を維持できないと，既存の取引を解消・清算しなくてはならない．この解消・清算は反対売買によって行われるため，反対取引の相手方が退出する取引主体の義務を引継ぐ．従って全体としての取引の執行には影響がない．

9　確率過程 $X=(X_t)_{0\leq t\leq T}$

前節までの3つの節で，確率過程 $X=(X_t)_{0\leq t\leq T}$ に基づく S の先物取引がどのように行われ，どのような機能を果たすのかを説明した．

この章の始めに断ったように，この章では証券価格のモデル N と証券市場 $[N]$ を前提に議論を進めている．しかしながら前節までの S の先物取引の説明では，N に関する仮定のうち次の2つしか用いていない．

・基礎となる確率空間 $(\Omega, \mathfrak{F}, P)$ が与えられていること．

・$(\mathfrak{F}_t)_{0\leq t\leq T}$ はフィルトレーションであり $\mathfrak{F}_t$ $(0\leq t\leq T)$ は時刻 t における情報であること．

これから分かるように，S の先物取引は，証券価格のモデル N と証券市場 $[N]$ とを不可欠の前提として成り立っている訳ではない．S の先物取引は，前記の2つの条件が満たされさえすれば行うことができるのである．

以下では，このように一般的な条件さえあれば行うことができる S の先物取引が，特に証券市場 $[N]$ で行われるとどのような取引になるのかを調べる．

これは，証券価格のモデル N にマルチンゲール測度 P^* が存在し，また N が完備であれば S の先物取引の基礎となる確率過程 $X=(X_t)_{0\leq t\leq T}$ がどのように決まるかを調べることである．

(3-6)　確率過程 $X=(X_t)_{0\leq t\leq T}$ に基づく S の先物取引が行われるとする．

この時には $\mathrm{E}_{P^*}\left[\dfrac{X_{t+1}-X_t}{B(t+1)}\middle|\mathfrak{F}_t\right]=0$ $(0\leq t\leq T-1)$ である．

【証明】

$0\leq t\leq T-2$　とする．

S の先物取引では時刻 t に $(X_{t+1}-X_t, X_{t+2}-X_{t+1}, \cdots, X_T-X_{T-1})$ が売買される．また時刻 $t+1$ に $(X_{t+2}-X_{t+1}, \cdots, X_T-X_{T-1})$ が売買される．いずれも代金

の支払・受取を要しない．

そこで時刻 t に $(X_{t+1}-X_t, X_{t+2}-X_{t+1}, \cdots, X_T-X_{T-1})$ を買い，時刻 $t+1$ に $(X_{t+2}-X_{t+1}, \cdots, X_T-X_{T-1})$ を売ることとすると，結果として時刻 t に $(X_{t+1}-X_t)$ を買うことができる．この売買は代金の支払・受取を要しない．即ち価格 0 である．

従って，時刻 t に $\mathrm{E}_{P^*}\left[\frac{X_{t+1}-X_t}{B(t+1)}\middle|\mathfrak{F}_t\right]=0$ が成立する．

時刻 $T-1$ には，(X_T-X_{T-1}) が売買されその価格が 0 だから $\mathrm{E}_{P^*}\left[\frac{X_T-X_{T-1}}{B(T)}\middle|\mathfrak{F}_{T-1}\right]=0$ である．■

(3-6) より $X_t=\dfrac{\mathrm{E}_{P^*}\left[\frac{X_{t+1}}{B(t+1)}\middle|\mathfrak{F}_t\right]}{\mathrm{E}_{P^*}\left[\frac{1}{B(t+1)}\middle|\mathfrak{F}_t\right]}$ である．この式と $X_T=S_T$ より $X_{T-1}, X_{T-2}, \cdots, X_1, X_0$ がすべて定まる．

(3-7)　$0\leq t\leq T-1$ ならば $B(t+1)$ が $\mathfrak{F}_t$ 可測であれば，$X=(X_t)_{0\leq t\leq T}$ $(X_T=S_T)$ は P^* と $(\mathfrak{F}_t)_{0\leq t\leq T}$ に関するマルチンゲールであり $X_t=\mathrm{E}_{P^*}[S_T|\mathfrak{F}_t]$ となる．

【証明】

(3-6) より $\mathrm{E}_{P^*}\left[\frac{X_{t+1}-X_t}{B(t+1)}\middle|\mathfrak{F}_t\right]=0$ $(0\leq t\leq T-1)$ である．また仮定より $B(t+1)$ $(0\leq t\leq T-1)$ は $\mathfrak{F}_t$ 可測である．

従って，$E_{P^*}[X_{t+1}-X_t|\mathfrak{F}_t]=0$ $(0\leq t\leq T-1)$，即ち $E_{P^*}[X_{t+1}|\mathfrak{F}_t]=X_t$ $(0\leq t\leq T-1)$．従って $(X_t)_{0\leq t\leq T}$ は P^* と $(\mathfrak{F}_t)_{0\leq t\leq T}$ に関するマルチンゲールであり $X_t=\mathrm{E}_{P^*}[X_T|\mathfrak{F}_t]=\mathrm{E}_{P^*}[S_T|\mathfrak{F}_t]$ である．■

$B(t+1)$ が $\mathfrak{F}_t$ 可測であれば $B(t+1)$ は情報 $\mathfrak{F}_t$ によって完全に定まる．従って資産 B を t から $(t+1)$ まで保有する場合の利回り $\frac{B(t+1)-B(t)}{B(t)}$ は時刻 t に完全に定まる．

このように $B(t+1)$ が $\mathfrak{F}_t$ 可測であるとは，資産 B の時刻 t から時刻 $t+1$ までの利回りが時刻 t に予め定まることを意味する．

従って多くの場合に $B(t+1)$ が $\mathfrak{F}_t$ 可測であると仮定して差支えないであろう．

ここで記号の意味を一つ定めよう．

$(\Omega, \mathfrak{F}, P^*)$ 上の 2 つの確率変数 X，Y について $\mathrm{Cov}_{P^*}[X, Y|\mathfrak{F}_t]$ を $\mathrm{Cov}_{P^*}[X, Y|\mathfrak{F}_t]=\mathrm{E}_{P^*}[(X-\mathrm{E}_{P^*}[X|\mathfrak{F}_t])(Y-\mathrm{E}_{P^*}[Y|\mathfrak{F}_t])|\mathfrak{F}_t]$ によって定める．

$\mathrm{E}_{P^*}[XY|\mathfrak{F}_t]=\mathrm{E}_{P^*}[X|\mathfrak{F}_t]\mathrm{E}_{P^*}[Y|\mathfrak{F}_t]+\mathrm{Cov}_{P^*}[X, Y|\mathfrak{F}_t]$ である．

(3-8)　$0 \leq t \leq T-1$ ならば $B(t+1)$ は $\mathfrak{F}_t$ 可測であるとする．

時刻 t に S の先渡し取引で条件付請求権 S_T を売買すると，その先渡し価格は f_t であるとする．

この時　$f_t = X_t + \dfrac{\mathrm{Cov}_{P*}\left[S_T, \dfrac{1}{B(T)} \middle| \mathfrak{F}_t\right]}{\mathrm{E}_{P*}\left[\dfrac{1}{B(T)} \middle| \mathfrak{F}_t\right]}$ である．

【証明】

f_t は $f_t = \dfrac{\mathrm{E}_{P*}\left[\dfrac{S_T}{B(T)} \middle| \mathfrak{F}_t\right]}{\mathrm{E}_{P*}\left[\dfrac{1}{B(T)} \middle| \mathfrak{F}_t\right]}$ によって定まる．

また $\mathrm{E}_{P*}\left[\dfrac{S_T}{B(T)} \middle| \mathfrak{F}_t\right] = \mathrm{E}_{P*}[S_T | \mathfrak{F}_t]\mathrm{E}_{P*}\left[\dfrac{1}{B(T)} \middle| \mathfrak{F}_t\right] + \mathrm{Cov}_{P*}\left[S_T, \dfrac{1}{B(T)} \middle| \mathfrak{F}_t\right]$ である．

さらに $B(t+1)$ が $\mathfrak{F}_t$ 可測であると仮定したから $X_t = \mathrm{E}_{P*}[S_T | \mathfrak{F}_t]$ である．

以上3つの式より結論を得る．■

(3-8) から一般には f_t と X_t が一致しないことが分かる．

f_t と X_t が一致する例として $B(1), \cdots, B(T)$ がすべて定数となる場合がある．例えば正の実数 $r_1, \cdots, r_T$ が存在して，$B(1) = (1+r_1)$, $B(2) = (1+r_1)(1+r_2), \cdots$, $B(t) = (1+r_1)\cdots(1+r_t)$ となる場合である．

$B(1), \cdots, B(T)$ が定数であれば，$B(t+1)$ は $\mathfrak{F}_t$ 可測である．また $\mathrm{Cov}_{P*}\left[S_T, \dfrac{1}{B(T)} \middle| \mathfrak{F}_t\right] = 0$ が成立する．従って $f_t = X_t$ である．

10　先物取引に関する用語

始めに述べたように，先物取引に関する実務上の用語は必ずしも適切ではない．ここまでは，こうした用語をできるだけ用いずに先物取引を説明してきた．最後に，確率過程 $X = (X_t)_{0 \leq t \leq T}$ に基づく S の先物取引と実務上の用語とを対応させておこう．

- 時刻 t に $(X_{t+1} - X_t, \cdots, X_T - X_{T-1})$ を買う（売る）ことを「時刻 t に S の先物を買う（売る）」と言う．
- 確率過程 $X = (X_t)_{0 \leq t \leq T}$ を「S の先物価格」と言い，X_t を「時刻 t における S の先物価格」と言う．

これらの用語を用いると次のように言えることとなる．「時刻 t に価格 X_t で S の先物を買うことができる．ただし，時刻 t に S の先物を買っても価格 X_t を支払う必要はない」．

「時刻 t に価格 X_t で S の先物を売ることができる．ただし，S の先物を売っても価格 X_t を受取ることはできない」．

「時刻 t に S の先物を価格 X_t で買う（売る）とそれ以降先物価格が $X_{t+1}, \cdots, X_{T-1}, X_T = S_T$ と変化するのにつれて，順次 $X_{t+1} - X_t, X_{t+2} - X_{t+1}, \cdots, X_T - X_{T-1}$ を受取る（支払う）ことになる」．

「時刻 t には，S の先物価格 X_t は，S の先物に対する需要と供給が一致するように定まる」．

・各時刻に $X_{t+1} - X_t, \cdots, X_T - X_{T-1}$ の受取・支払いを行うことを「値洗い」と言う．

従って次のように言われる．

「値洗いは日々行われる．値洗いは先物口座への振込または先物口座からの引落しによって行われる」．

・時刻 t に $(X_{t+1} - X_t, \cdots, X_T - X_{T-1})$ を買い（売り）時刻 k $(t<k)$ に $(X_{k+1} - X_k, \cdots, X_T - X_{T-1})$ を売る（買う）ことは反対売買と言う．

従って，次のように言われる．

「先物取引では，既に始めた取引を反対売買で終了することができる．反対売買に費用はかからない」．

11　特別な証券の取引としての先物取引

確率過程 $X = (X_t)_{0 \leq t \leq T}$ に基づく金融資産 S の先物取引を考えよう．

この S の先物取引は以下に定める特別な証券の取引と同じものになる．

(3-9)　確率過程 $X = (X_t)_{0 \leq t \leq T}$ から次のような証券 $\tilde{X}$ を構成する．

(1)　$\tilde{X}$ は，時刻 $0, 1, \cdots, (T-1)$ に売買される．

(2)　$\tilde{X}$ の価格は常にゼロである．

(3)　$\tilde{X}$ を時刻 t $(0 \leq t \leq T-1)$ に取得すると，時刻 $(t+1)$ に $X_{t+1} - X_t$ の配当を受取ることができる（即ち $X_{t+1} - X_t > 0$ であれば金額 $X_{t+1} -$

X_t を受取り，$X_{t+1}-X_t<0$ であれば金額 $|X_{t+1}-X_t|$ を支払う).

第 2 章で証券価格のモデル N を定義した時，配当を表わす確率過程 $(\delta_i(t))_{1\leq t\leq T}$ $(1\leq i\leq N)$ について，$\delta_i(t)\geq 0$ となることを要求しなかったことに注意しよう．また証券の価格を表わす確率過程 $(S_i(t))_{0\leq t\leq T}$ $(1\leq i\leq N)$ についても $S_i(t)>0$ であることは要求していない ((2-1)(5)参照).

従って，$\tilde{X}$ のような証券を考えることは，ここまでの議論と矛盾するものではない．

$X=(X_t)_{0\leq t\leq T}$ に基づく S の先物取引と，時刻 0 から $(T-1)$ の間に行われる証券 $\tilde{X}$ の取引とが同じものであることは明らかである．

S の先物取引を，このような特別な証券 $\tilde{X}$ の取引と同一視することは，後に連続的な取引時間を導入する際に役に立つ．

補論　時刻 $(T-2)$ における先物取引の均衡

改めて問題の所在を述べれば次のとおりである．

S は特定の金融資産であり，S の時刻 T における価格は確率変数 S_T で表わされるとする．

確率過程 $X=(X_t)_{0\leq t\leq T}$ に基づく S の先物取引では時刻 $(T-1)$ に (S_T-X_{T-1}) が売買されるが，この売買では適当な $X_{T-1}>0$ を選べば，買手が希望する (S_T-X_{T-1}) の購入量と売手が希望する (S_T-X_{T-1}) の販売量とを等しくすることができる．

理由は次のとおりである．

- X_{T-1} がゼロに近づくと買手による (S_T-X_{T-1}) の購入量はきわめて大きくなる．
- X_{T-1} が十分大きくなると売手による (S_T-X_{T-1}) の販売量はきわめて大きくなる．
- 以上から X_{T-1} がゼロに近づくと購入量＞販売量となり，X_{T-1} が十分大きくなると購入量＜販売量となるから，適当な $X_{T-1}>0$ を選べば購入量＝販売量を実現できる．

ところが時刻 $(T-2)$ には事情が異なる．

S の先物取引では時刻 $(T-2)$ には $(X_{T-1}-X_{T-2}, S_T-X_{T-1})$ が売買される．この

場合には X_{T-2} が変化しても，$X_{T-1}-X_{T-2}$ が変化するだけで S_T-X_{T-1} は全く変化しない．従って次の疑問が生じる．

- X_{T-2} がゼロに近づいた時に買手による $(X_{T-1}-X_{T-2}, S_T-X_{T-1})$ の購入量がきわめて大きくなるか．
- X_{T-2} が十分大きくなったときに，売手による $(X_{T-1}-X_{T-2}, S_T-X_{T-1})$ の販売量がきわめて大きくなるか．

もし前記のいずれか一つでも成り立たないとすれば，$X_{T-2}>0$ をどんなに動かしても，常に購入量＞販売量，あるいは，常に購入量＜販売量となってしまい，購入量＝販売量となるように $X_{T-2}>0$ を定めることができないおそれがある．

しかしながらこうしたことは起こり得ない．実際には $(X_{T-1}-X_{T-2}, S_T-X_{T-1})$ の購入量と販売量は X_{T-2} の変化に対して大きく反応するのである．

時刻 $(T-2)$ には $(X_{T-1}-X_{T-2}, S_T-X_{T-1})$ が売買され，時刻 $(T-1)$ には (S_T-X_{T-1}) が売買される．

従って次のような反対売買の組合せを行えば時刻 $(T-2)$ に $(X_{T-1}-X_{T-2}, 0)$ を売買したのと同じ結果となる．

- $(T-2)$ に $(X_{T-1}-X_{T-2}, S_T-X_{T-1})$ を買い $(T-1)$ に (S_T-X_{T-1}) を売る．
- $(T-2)$ に $(X_{T-1}-X_{T-2}, S_T-X_{T-1})$ を売り $(T-1)$ に (S_T-X_{T-1}) を買う．

しかもこれらの反対売買には代金の支払は一切必要がない．

以上から，X_{T-2} がゼロに近づけば多くの買手が $(X_{T-1}-X_{T-2}, 0)$ の買いを実現しようとして時刻 $(T-2)$ にまず $(X_{T-1}-X_{T-2}, S_T-X_{T-1})$ を買う．また X_{T-2} が十分大きくなれば多くの売手が $(X_{T-1}-X_{T-2}, 0)$ の売りを実現しようとして，時刻 $(T-2)$ にまず $(X_{T-1}-X_{T-2}, S_T-X_{T-1})$ を売る．

結果として $(X_{T-1}-X_{T-2}, S_T-X_{T-1})$ の購入量と販売量は X_{T-2} に対して大きく反応するから，適当な X_{T-2} を選んで市場を均衡させることができる．

第 4 章

アメリカ型オプション

1　スーパーマルチンゲールの分解

第1節〜第7節では次の仮定だけを置く.

- $(\Omega, \mathfrak{F}, P)$ は基礎となる確率空間である. Ω は有限集合 $\{\omega_1, \omega_2, \cdots, \omega_K\}$ であり, $\mathfrak{F}$ は Ω のすべての部分集合からなる族である. すべての $\omega \in \Omega$ について $P(\{\omega\})>0$ である.

第1節〜第7節の議論はこの仮定に基づく一般論であり, 証券価格のモデル N や証券市場 $[N]$ を前提としない.

第1節〜第4節では後に必要となる数学的事実をまとめておく.

(4-1)　確率過程 $X=(X_t)_{1\leq t\leq n}$ がフィルトレーション $H=(\mathfrak{H}_t)_{1\leq t\leq n}$ に関するスーパーマルチンゲールであるとは, 次の条件が成り立つことをいう.

(1)　X は H に適合的である. 即ちすべての X_t は $\mathfrak{H}_t$ 可測である.

(2)　$s\leq t$ ならば $\mathrm{E}[X_t|\mathfrak{H}_s]\leq X_s$

またXが H に関するサブマルチンゲールであるとは(1)と次の(2)′が成り立つことである.

(2)′　$s\leq t$ ならば $\mathrm{E}[X_t|\mathfrak{H}_s]\geq X_s$

(4-2)　$(X_t)_{0\leq t\leq n}$ は $(\mathfrak{H}_t)_{0\leq t\leq n}$ に関するスーパーマルチンゲールであるとする.

この時次の条件(1)〜(4)を満たす確率過程 $(M_t)_{0\leq t\leq n}$ と $(A_t)_{0\leq t\leq n}$ が唯一つ存在する.

(1)　$X_t=M_t-A_t$　$(0\leq t\leq n)$

(2)　$(M_t)_{0\leq t\leq n}$ は $(\mathfrak{H}_t)_{0\leq t\leq n}$ に関するマルチンゲールであり $M_0=X_0$ である.

(3)　$1 \leq t \leq n$ ならば A_t は $\mathfrak{H}_{t-1}$ 可測であり，$A_0=0$ である．

(4)　$A_t \leq A_{t+1}$ $(0 \leq t \leq n-1)$

【証明】

まず(1)〜(4)を満たす $(M_t)_{0 \leq t \leq n}$，$(A_t)_{0 \leq t \leq n}$ が存在することを示す．

$(A_t)_{0 \leq t \leq n}$ と $(M_t)_{0 \leq t \leq n}$ を次のように定める．

$$A_0=0 \qquad A_t=-\sum_{k=1}^{t} \mathrm{E}[X_k-X_{k-1} \mid \mathfrak{H}_{k-1}] \ (1 \leq t \leq n)$$
$$M_0=X_0 \qquad M_t=X_t-\sum_{k=1}^{t} \mathrm{E}[X_k-X_{k-1} \mid \mathfrak{H}_{k-1}] \ (1 \leq t \leq n)$$

この $(A_t)_{0 \leq t \leq n}$，$(M_t)_{0 \leq t \leq n}$ について(1)〜(4)が成り立つ．

(1)と(3)は明らかである．

(2)　M_t の定め方から $\mathrm{E}[M_{t+1}-M_t \mid \mathfrak{H}_t]=\mathrm{E}[X_{t+1}-X_t-\mathrm{E}[X_{t+1}-X_t \mid H_t] \mid H_t]=0$ $(0 \leq t \leq n-1)$ が成立するから，$(M_t)_{0 \leq t \leq n}$ はマルチンゲールである．また $M_0=X_0$ である．

(4)　A_t の定め方から $A_{t+1}-A_t=-\mathrm{E}[X_{t+1}-X_t \mid \mathfrak{H}_t]$ $(0 \leq t \leq n-1)$ となるが，$(X_t)_{0 \leq t \leq n}$ はスーパーマルチンゲールだから右辺について $-\mathrm{E}[X_{t+1}-X_t \mid \mathfrak{H}_t] \geq 0$ が成り立つ．また $A_0=0$ である．

次に(1)〜(4)を満たす $(M_t)_{0 \leq t \leq n}$，$(A_t)_{0 \leq t \leq n}$ が唯一つであることを示す．

$(M_t)_{0 \leq t \leq n}$ と $(A_t)_{0 \leq t \leq n}$ が(1)〜(4)を満たせば，まず(1)より $(M_{t+1}-M_t)-(A_{t+1}-A_t)=X_{t+1}-X_t$ $(0 \leq t \leq n-1)$ である．従って $\mathrm{E}[M_{t+1}-M_t \mid \mathfrak{H}_t]-\mathrm{E}[A_{t+1}-A_t \mid \mathfrak{H}_t]=\mathrm{E}[X_{t+1}-X_t \mid \mathfrak{H}_t]$

この式の左辺第1項は $(M_t)_{0 \leq t \leq n}$ がマルチンゲールだからゼロである．また左辺第2項は(3)より $-(A_{t+1}-A_t)$ に等しい．

従って $-(A_{t+1}-A_t)=\mathrm{E}[X_{t+1}-X_t \mid \mathfrak{H}_t]$ $(0 \leq t \leq n-1)$

これと $A_0=0$ より，$A_t=-\sum_{k=1}^{t} \mathrm{E}[X_k-X_{k-1} \mid \mathfrak{F}_{k-1}]$ $(1 \leq t \leq n)$ である．

従って $(A_t)_{0 \leq t \leq n}$ は唯一つしか存在しない．

また(1)と $A_t=-\sum_{k=1}^{t} \mathrm{E}[X_k-X_{k-1} \mid \mathfrak{F}_{k-1}]$ $(1 \leq t \leq n)$ より，$M_t=X_t-\sum_{k=1}^{t} \mathrm{E}[X_k-X_{k-1} \mid \mathfrak{F}_{k-1}]$ $(1 \leq t \leq n)$ である．

これと $M_0=X_0$ より $(M_t)_{0 \leq t \leq n}$ も唯一つしか存在しないことが分かる．■

スーパーマルチンゲール $(X_t)_{0 \leq t \leq n}$ に対して，(4-2)(1)〜(4)によって定まる $(M_t)_{0 \leq t \leq n}$ と $(A_t)_{0 \leq t \leq n}$ を $(X_t)_{0 \leq t \leq n}$ の Doob 分解と言う．

サブマルチンゲールについても同様の分解を行うことができる．

2　停止時刻

フィルトレーション$(\mathfrak{F}_t)_{0\leq t\leq n}$が与えられ，$\mathfrak{F}_t$ $(0\leq t\leq n)$ は時刻tにおける情報であるとしよう．時刻tには，すべての$A\in\mathfrak{F}_t$について$\omega^*\in A$または$\omega^*\notin A$のいずれが成り立つかが分かることになる（ω^*は世界の状態を表わす真のパラメーターである）．

0からnまでの時間の経過の中で，情報$(\mathfrak{F}_t)_{0\leq t\leq n}$を利用して特定の時刻$\tau$を選ぶため，次のようなルールを考えよう．

(1)　次の条件を満たすΩの部分集合の族$\{A_0, A_1, \cdots, A_t, \cdots, A_n\}$を選ぶ．

・$A_t\in\mathfrak{F}_t$ $(0\leq t\leq n)$

・$i\neq j$ならば$A_i\cap A_j=\phi$

・$\bigcup_{0\leq i\leq n} A_i=\Omega$[注1)]

(2)　時刻$t=0$に$\omega^*\in A_0$であることが分かれば，$\tau=0$とする．$\omega^*\notin A_0$であれば，$t=1$に進む．

時刻$t=1$に$\omega^*\in A_1$であることが分かれば，$\tau=1$とする．$\omega^*\notin A_1$であれば，$t=2$に進む．

⋮

時刻$t=k$に$\omega^*\in A_k$であれば$\tau=k$とする．$\omega^*\notin A_k$であれば$t=k+1$に進む．

⋮

時刻$t=n$に$\omega^*\in A_n$であれば$\tau=n$とする．

$\{A_0, A_1, \cdots, A_n\}$が条件(1)を満たすから0から$n$の間の時刻$\tau$が唯一つ定まる．$\tau$は$A_t$上で$\tau=t$となる確率変数である．

τは，例えば賭を打切る時刻であると考えることができる．この場合$\{\omega : \tau(\omega)=t\}=A_t\in\mathfrak{F}_t$であることは，時刻$t$に賭を打切るかどうかを情報$\mathfrak{F}_t$に基づいて決めることを意味する．

また，τは，例えば保有する金融資産を売却する時刻であると考えることもできる．この場合$\{\omega : \tau(\omega)=t\}=A_t\in\mathfrak{F}_t$であることは，時刻$t$に保有する金融資産を売却するかどうかを情報$\mathfrak{F}_t$に基づいて決めることを意味する．

このようなルールは集合族$\{A_0, A_1, \cdots, A_n\}$に応じて多数あり得る．例を2つあげよう．

例1　$0 \leq t_0 \leq n$ となる t_0 を用いて $\{A_0, A_1, \cdots, A_n\}$ を次のように定める．

・$A_{t_0}=\Omega$，$t \neq t_0$ ならば $A_t=\phi$

この場合，τ は常に定数 t_0 に等しい．

例2　$(X_t)_{0 \leq t \leq n}$ を $(\mathfrak{F}_t)_{0 \leq t \leq n}$ に適合的な確率過程，aを実数とする．$\{A_0, A_1, \cdots, A_n\}$ を次のように定める．

$$A_0=\{\omega : X_0(\omega) \geq a\} \qquad A_1=\{\omega : X_0(\omega)<a, X_1(\omega) \geq a\}\cdots$$
$$A_k=\{\omega : X_0(\omega)<a \cdots X_{k-1}(\omega)<a \quad X_k(\omega) \geq a\}\cdots$$
$$A_{n-1}=\{\omega : X_0(\omega)<a \cdots X_{n-2}(\omega)<a \quad X_{n-1}(\omega) \geq a\}$$
$$A_n=A_0^c \cap A_1^c \cdots \cap A_{n-1}^c$$

この場合 τ は次のような確率変数となる．

・$X_t(\omega) \geq a$ となる t $(0 \leq t \leq n)$ が存在すれば，$\tau(\omega)=\inf\{t : X_t(\omega) \geq a\}$

・$X_t(\omega) \geq a$ となる t $(0 \leq t \leq n)$ が存在しなければ，$\tau(\omega)=n$

ここまで説明したルールによって定まる時刻 τ をフィルトレーション $(\mathfrak{F}_t)_{0 \leq t \leq n}$ に関する停止時刻と言う．正確に定義すれば次のとおりである．

(4-3)　確率変数 τ がフィルトレーション $(\mathfrak{F}_t)_{0 \leq t \leq n}$ に関する停止時刻であるとは次の条件が成り立つことを言う．

・τ の値は $0, 1, \cdots, n$ に限られる．

・$\{\omega : \tau(\omega)=t\} \in \mathfrak{F}_t$ $(0 \leq t \leq n)$ である．

フィルトレーション $(\mathfrak{F}_t)_{0 \leq t \leq n}$ が明らかな場合 τ を単に停止時刻と言う．

なお，以下では一定の条件を満たす ω の集合 $\{\omega : X(\omega) \in A\}$ を $\{X \in A\}$ のように省略して書くこととする．

(4-4)　$(\mathfrak{F}_t)_{0 \leq t \leq n}$ をフィルトレーションとする．

(1)　$0, 1, \cdots, n$ の値をとる確率変数 τ が停止時刻である条件は，すべての t $(0 \leq t \leq n)$ について $\{\tau \leq t\} \in \mathfrak{F}_t$ となることである．

(2)　t_0 を $0, 1, \cdots, n$ のいずれかとする．定数 t_0 に等しい確率変数は停止時刻である．

(3)　τ と σ が停止時刻であれば $\tau \wedge \sigma$, $\tau \vee \sigma$, $\tau+\sigma$ も停止時刻である[注2]．

【証明】

(1)　τ が停止時刻であれば $\{\tau=t\} \in \mathfrak{F}_t$ となるから $\{\tau \leq t\}=\bigcup_{0 \leq k \leq t}\{\tau=k\} \in \mathfrak{F}_t$ である．

逆に $\{\tau\leq t\}\in\mathfrak{F}_t$ であれば $\{\tau=t\}=\{\tau\leq t\}\cap\{\tau\leq t-1\}^c\in\mathfrak{F}_t$ となるから τ は停止時刻である．

(2)　これは先の例1で示したとおりである．

(3)　τ と σ が停止時刻ならばすべての t $(0\leq t\leq n)$ について $\{\tau\leq t\}\in\mathfrak{F}_t$，$\{\sigma\leq t\}\in\mathfrak{F}_t$ である．

この事実と $\{\tau\wedge\sigma\leq t\}=\{\tau\leq t\}\cup\{\sigma\leq t\}$, $\{\tau\vee\sigma\leq t\}=\{\tau\leq t\}\cap\{\sigma\leq t\}$ から $\tau\wedge\sigma$, $\tau\vee\sigma$ が停止時刻であることが分かる．

また $\{\tau+\sigma=t\}=\bigcup_{0\leq k\leq t}[\{\tau=k\}\cap\{\sigma=t-k\}]\in\mathfrak{F}_t$ だから $\tau+\sigma$ も停止時刻である．■

3　停止時刻 τ における情報

$(\mathfrak{F}_t)_{0\leq t\leq n}$ はフィルトレーションで $\mathfrak{F}_t$ $(0\leq t\leq n)$ は時刻 t における情報であるとする．

τ が $(\mathfrak{F}_t)_{0\leq t\leq n}$ に関する停止時刻である時，τ の値が決まる時点でどのような情報が得られるか考えてみよう．

τ は停止時刻であり $A_0=\{\tau=0\}\cdots A_t=\{\tau=t\}\cdots A_n=\{\tau=n\}$ とする．

簡単のためすべての t について $A_t\neq\phi$ とする．

さらにすべての t $(0\leq t\leq n)$ について次の2つを仮定する．

・加法族 $\mathfrak{F}_t$ に自然に対応する分割は $\mathfrak{B}_t=\{B_1^{(t)}, B_2^{(t)}, \cdots, B_{jt}^{(t)}\}$ である．

・ A_t は $B_1^{(t)}, B_2^{(t)}, \cdots, B_{it}^{(t)}$ の和集合である．

以上の前提の下で時刻 t に情報 $\mathfrak{F}_t$ を得て $\omega^*\in A_t$ であることが分かったとする．確率変数 τ の実現値は t である．

この場合時刻 t には $\omega^*\in A_t$ であることが分かるが，実際にはそれ以上のことが分かる．仮定により A_t は分割 $\mathfrak{B}_t$ に属する $B_1^{(t)}, B_2^{(t)}, \cdots, B_{it}^{(t)}$ の和集合であるから，ω^*がこの $B_1^{(t)}, \cdots, B_{it}^{(t)}$ のどれに属するかまで分かるのである．

従って

$\tau=0$ ならば ω^* が $B_1^{(0)}, \cdots, B_{i0}^{(0)}$ のどれに属するかが分かり

⋮

$\tau=t$ ならば ω^* が $B_1^{(t)}, \cdots, B_{it}^{(t)}$ のどれに属するかが分かり

⋮

$\tau=n$ ならば ω^* が $B_1^{(n)}, \cdots, B_{i_n}^{(n)}$ のどれに属するかが分かる．

ここに現われる集合族 $\{B_i^{(t)}\}_{0\leq t\leq n, 1\leq i\leq i_t}$ が，Ω の分割となることは明らかである．しかも確率変数 τ の実現値が分かると同時に ω^* がこれらの $B_i^{(t)}$ のどれに属するかが分かる．

従って分割 $\{B_i^{(t)}\}_{0\leq t\leq n, 1\leq i\leq i_t}$ を停止時刻 τ における情報と呼んでよいであろう．

分割 $\{B_i^{(t)}\}_{0\leq t\leq n, 1\leq i\leq i_t}$ に自然に対応する加法族を $\mathfrak{F}_\tau$ と書くこととする．

$A\in\mathfrak{F}_\tau$ である条件が，すべての t（$0\leq t\leq n$）について $A\cap\{\tau=t\}\in\mathfrak{F}_t$ であることは容易に分かる．

情報は分割によっても，また分割に自然に対応する加法族によっても表わされるから，$\mathfrak{F}_\tau$ を停止時刻 τ における情報と呼ぶ．

以上の説明では，簡単のために $A_t=\{\tau=t\}\neq\phi$ としたがこの仮定のない一般の場合にも同様にして分割 $\{B_i^{(t)}\}$ と加法族 $\mathfrak{F}_\tau$ を定めることができる．

(4-5)　τ はフィルトレーション $(\mathfrak{F}_t)_{0\leq t\leq n}$ に関する停止時刻であるとする．

この時，次の条件を満たす集合 $A\in\mathfrak{F}$ からなる加法族を $\mathfrak{F}_\tau$ で表わし，$\mathfrak{F}_\tau$ を停止時刻 τ における情報と言う．

・すべての t（$0\leq t\leq n$）について $A\cap\{\tau=t\}\in\mathfrak{F}_t$

(4-6)　$(\mathfrak{F}_t)_{0\leq t\leq n}$ をフィルトレーションとする．

(1)　t_0 は $0, 1, 2, \cdots, n$ のいずれかであるとする．停止時刻 τ が，常に t_0 に等しければ，$\mathfrak{F}_\tau=\mathfrak{F}_{t_0}$ である．

(2)　τ，σ は停止時刻であり $\tau\leq\sigma$ であれば $\mathfrak{F}_\tau\subset\mathfrak{F}_\sigma$ である．

(3)　τ, σ は停止時刻であり $\tau\leq\sigma$ とする．$A\in\mathfrak{F}_\tau$ である集合 A と τ，σ から確率変数 μ を次のように定める．

・$\omega\in A^C$ ならば $\mu(\omega)=\tau(\omega)$

・$\omega\in A$　ならば $\mu(\omega)=\sigma(\omega)$

μ は停止時刻である．

【証明】

(1)は容易に証明できる．

(2)　$A\in\mathfrak{F}_\tau$ ならば，$A\in\mathfrak{F}_\sigma$ であることを示せばよい．

$A\in\mathfrak{F}_\tau$ とする．

仮定により $\tau \leq \sigma$ だから $A \cap \{\sigma = t\} = \bigcup_{0 \leq k \leq t} [A \cap \{\tau = k\} \cap \{\sigma = t\}]$

$A \in \mathfrak{F}_\tau$ だから $A \cap \{\tau = k\} \in \mathfrak{F}_k$ である．また $\{\sigma = t\} \in \mathfrak{F}_t$

従って $A \cap \{\sigma = t\} = \bigcup_{0 \leq k \leq t} [A \cap \{\tau = k\} \cap \{\sigma = t\}] \in \mathfrak{F}_t$

ここで t（$0 \leq t \leq n$）は任意だから $\mathfrak{F}_\sigma$ の定義により $A \in \mathfrak{F}_\sigma$ である．

(3)　すべての t（$0 \leq t \leq n$）について $\{\mu = t\} \in \mathfrak{F}_t$ を示せばよい．

まず $A \in \mathfrak{F}_\tau$ だから $A^c \in \mathfrak{F}_\tau$ である．また $A \in \mathfrak{F}_\tau$ で $\tau \leq \sigma$ だから(2)より $A \in \mathfrak{F}_\sigma$ である．

そこで $\{\mu = t\}$ を $\{\mu = t\} = [\{\mu = t\} \cap A^c] \cup [\{\mu = t\} \cap A] = [\{\tau = t\} \cap A^c] \cup [\{\sigma = t\} \cap A]$ と分解する．

$A^c \in \mathfrak{F}_\tau$ だから右辺第1項は $\mathfrak{F}_t$ に属する．また $A \in \mathfrak{F}_\sigma$ だから右辺第2項は $\mathfrak{F}_t$ に属する．

従って，$\{\mu = t\} \in \mathfrak{F}_t$ である．■

(4-7)　τ はフィルトレーション $(\mathfrak{F}_t)_{0 \leq t \leq n}$ に関する停止時刻とする．τ は $\mathfrak{F}_\tau$ 可測である．

【証明】

任意の実数 x について $\{\omega : \tau(\omega) = x\} \in \mathfrak{F}_\tau$ となることを示せばよい．

そのためには $\mathfrak{F}_\tau$ の定義に従って次の事実を示せばよい．

・すべての t（$0 \leq t \leq n$）について $\{\omega : \tau(\omega) = x\} \cap \{\omega : \tau(\omega) = t\} \in \mathfrak{F}_t$

これは，$\{\omega : \tau(\omega) = t\} \in \mathfrak{F}_t$ から明らかである．■

(4-8)　τ はフィルトレーション $(\mathfrak{F}_t)_{0 \leq t \leq n}$ に関する停止時刻であり，$(X_t)_{0 \leq t \leq n}$ は確率過程であるとする．

この時確率変数 $X_\tau(\omega)$ を $X_\tau(\omega) = X_{\tau(\omega)}(\omega)$ によって定める．

(4-9)　τ はフィルトレーション $(\mathfrak{F}_t)_{0 \leq t \leq n}$ に関する停止時刻であり，$(X_t)_{0 \leq t \leq n}$ は $(\mathfrak{F}_t)_{0 \leq t \leq n}$ に適合的な確率過程とする．

この時 $X_\tau(\omega)$ は $\mathfrak{F}_\tau$ 可測な確率変数である．

【証明】

任意の実数 x について $\{\omega : X_\tau(\omega) = x\} \in \mathfrak{F}_\tau$ となることを示せばよい．

そのためには $\mathfrak{F}_\tau$ の定義に従って次の事実を示せばよい．

・すべての t（$0 \leq t \leq n$）について $\{\omega : X_\tau(\omega) = x\} \cap \{\omega : \tau(\omega) = t\} \in \mathfrak{F}_t$

まず $\{\omega : X_\tau(\omega) = x\} \cap \{\omega : \tau(\omega) = t\} = \{\omega : X_t(\omega) = x\} \cap \{\omega : \tau(\omega) = t\}$ であることに注意しよう．

この等式の右辺については，X_t が $\mathfrak{F}_t$ 可測だから $\{\omega : X_t(\omega) = x\} \in \mathfrak{F}_t$ であり，τ が停止時刻だから $\{\omega : \tau(\omega) = t\} \in \mathfrak{F}_t$ である．

従ってすべての t $(0\leq t\leq n)$ について，$\{\omega : X_{\tau}(\omega)=x\}\cap\{\omega : \tau(\omega)=t\}\in\mathfrak{F}_t$ である．■

4　マルチンゲールと停止時刻

マルチンゲールの定義(1-38)を思い出そう．

(4-10)　確率過程 $(X_t)_{0\leq t\leq n}$ はフィルトレーション $(\mathfrak{F}_t)_{0\leq t\leq n}$ に関するマルチンゲールであり，τ は $(\mathfrak{F}_t)_{0\leq t\leq n}$ に関する停止時刻であるとする．

この時 $\mathrm{E}[X_{\tau}]=\mathrm{E}[X_0]$ である．

【証明】

停止時刻 τ がとる値を $a_1<a_2<\cdots<a_k$ の k 個とし，k に関する帰納法で主張を証明する．

(1)　$k=1$ の場合．

仮定により停止時刻 τ は $\tau(\omega)=a_1$ となる．従って，$X_{\tau}(\omega)=X_{a_1}(\omega)$ である．

$(X_t)_{0\leq t\leq n}$ はマルチンゲールだから，$\mathrm{E}[X_{a_1}|\mathfrak{F}_0]=X_0$，従って $\mathrm{E}[X_{a_1}]=\mathrm{E}[X_0]$ である．

(2)　$k=N$ について主張が成り立つと仮定して，$k=N+1$ についても主張が成り立つことを示す．

停止時刻 τ が，$a_1<a_2\cdots<a_N<a_{N+1}$ の $(N+1)$ 個の値をとるとする．

確率変数 $\tau\wedge a_N$ を作ると，(4-4)(3)より $\tau\wedge a_N$ は停止時刻であり，また $\tau\wedge a_N$ は $a_1<a_2\cdots<a_N$ の N 個の値しかとらない．従って仮定により $\mathrm{E}[X_{\tau\wedge a_N}]=\mathrm{E}[X_0]$ である．

また $\mathrm{E}[X_{\tau}]=\mathrm{E}[X_{\tau\wedge a_N}]$ が成り立つ．これは次のようにして分かる．

- まず $\tau\wedge a_N$ の作り方から $\mathrm{E}[X_{\tau}]-\mathrm{E}[X_{\tau\wedge a_N}]=\mathrm{E}[X_{a_{N+1}}-X_{a_N}, \{\omega : \tau(\omega)=a_{N+1}\}]$ である．
- $\{\omega : \tau(\omega)=a_i\}\in\mathfrak{F}_{a_i}$ と $a_1<a_2\cdots<a_N<a_{N+1}$ に注意すると $\{\omega : \tau(\omega)=a_{N+1}\}=[\bigcup_{1\leq i\leq N}\{\omega : \tau(\omega)=a_i\}]^C\in\mathfrak{F}_{a_N}$ である．
- $(X_t)_{0\leq t\leq n}$ がマルチンゲールだから，$\mathrm{E}[X_{a_{N+1}}|\mathfrak{F}_{a_N}]=X_{a_N}$．従って(1-21)(2)より任意の $A\in\mathfrak{F}_{a_N}$ に対して，$\mathrm{E}[X_{a_{N+1}}-X_{a_N},A]=0$ である．

以上から，$\mathrm{E}[X_{\tau}]=\mathrm{E}[X_{\tau\wedge a_N}]=\mathrm{E}[X_0]$ である．■

(4-11)　$(X_t)_{0\leq t\leq n}$ は $(\mathfrak{F}_t)_{0\leq t\leq n}$ に関するマルチンゲールであり，τ と σ は

$(\mathfrak{F}_t)_{0\le t\le n}$ に関する停止時刻で $\tau\le\sigma$ が成り立つとする．

この時，$X_\tau=\mathrm{E}[X_\sigma|\mathfrak{F}_\tau]$ である．

特に，$\mathrm{E}[X_\tau]=\mathrm{E}[X_\sigma]$ である．

【証明】

X_τ は (4-9) により $\mathfrak{F}_\tau$ 可測である．

従って，すべての $A\in\mathfrak{F}_\tau$ について，$\mathrm{E}[X_\tau, A]=\mathrm{E}[X_\sigma, A]$ であることが示されれば (1-21) (3)から $X_\tau=\mathrm{E}[X_\sigma|\mathfrak{F}_\tau]$ となる．

そこですべての $A\in\mathfrak{F}_\tau$ に対して，$\mathrm{E}[X_\tau, A]=\mathrm{E}[X_\sigma, A]$ であることを示す．

$A\in\mathfrak{F}_\tau$ とする．A と τ，σ から確率変数 μ を次のように定める．

・$\omega\in A^C$ ならば $\mu(\omega)=\tau(\omega)$

・$\omega\in A$　ならば $\mu(\omega)=\sigma(\omega)$

$A\in\mathfrak{F}_\tau$ で $\tau\le\sigma$ だから (4-6) (3)により，μ は停止時刻である．

従って (4-10) より $\mathrm{E}[X_\mu]=\mathrm{E}[X_0]$ である．また μ の作り方から $\mathrm{E}[X_\mu]=\mathrm{E}[X_\tau, A^C]+\mathrm{E}[X_\sigma, A]$ である．

他方 τ が停止時刻だから (4-10) より $\mathrm{E}[X_\tau]=\mathrm{E}[X_0]$ である．また $\mathrm{E}[X_\tau]=\mathrm{E}[X_\tau, A^C]+\mathrm{E}[X_\tau, A]$

以上の 4 つの式より $\mathrm{E}[X_\tau, A]=[X_\sigma, A]$ である．■

(4-12)　$(X_t)_{0\le t\le n}$ は $(\mathfrak{F}_t)_{0\le t\le n}$ に関するスーパーマルチンゲールであり，τ と σ は $(\mathfrak{F}_t)_{0\le t\le n}$ に関する停止時刻で $\tau\le\sigma$ が成り立つとする．

この時，$X_\tau\ge\mathrm{E}[X_\sigma|\mathfrak{F}_\tau]$ である．特に，$\mathrm{E}[X_\tau]\ge\mathrm{E}[X_\sigma]$ である．

【証明】

(4-10) (4-11) と全く同じように証明できるが，ここでは $(X_t)_{0\le t\le n}$ の Doob 分解を用いよう．

$(\mathfrak{F}_t)_{0\le t\le n}$ に関するスーパーマルチンゲール $(X_t)_{0\le t\le n}$ に対して，(4-2) (1)〜(4) を満たす $(M_t)_{0\le t\le n}$ と $(A_t)_{0\le t\le n}$ が存在する．

$(M_t)_{0\le t\le n}$ は $(\mathfrak{F}_t)_{0\le t\le n}$ に関するマルチンゲールだから，(4-11) により $M_\tau=\mathrm{E}[M_\sigma|\mathfrak{F}_\tau]$ である．

次に $A_t\le A_{t+1}$ と $\tau\le\sigma$ より $A_\tau\le A_\sigma$ となるから，$\mathrm{E}[A_\tau|\mathfrak{F}_\tau]\le\mathrm{E}[A_\sigma|\mathfrak{F}_\tau]$ である．

また $(A_t)_{0\le t\le n}$ は (4-2) (3)より $(\mathfrak{F}_t)_{0\le t\le n}$ に適合的だから，(4-9) により A_τ は $\mathfrak{F}_\tau$ 可測である．

従って $A_\tau=\mathrm{E}[A_\tau|\mathfrak{F}_\tau]\le\mathrm{E}[A_\sigma|\mathfrak{F}_\tau]$

以上から

$$X_\tau = M_\tau - A_\tau = \mathrm{E}[M_\sigma \mid \mathfrak{F}_\tau] - A_\tau \geq \mathrm{E}[M_\sigma \mid \mathfrak{F}_\tau] - \mathrm{E}[A_\sigma \mid \mathfrak{F}_\tau]$$
$$= \mathrm{E}[M_\sigma - A_\sigma \mid \mathfrak{F}_\tau] = \mathrm{E}[X_\sigma \mid \mathfrak{F}_\tau]$$

を得る．■

5　最適停止問題

第 5 節〜第 7 節では最適停止問題を取扱う．最適停止問題を解くのに第 1 節〜第 4 節の結果を利用する．

フィルトレーション $(\mathfrak{F}_t)_{0\leq t\leq n}$ が与えられ，$\mathfrak{F}_t$（$0\leq t\leq n$）は時刻 t における情報であるとする．また $\mathfrak{F}_0=\{\phi, \Omega\}$ とする．

$(Y_t)_{0\leq t\leq n}$ は $(\mathfrak{F}_t)_{0\leq t\leq n}$ に適合的な確率過程であるとする．

この節では以上の $(\mathfrak{F}_t)_{0\leq t\leq n}$ と $(Y_t)_{0\leq t\leq n}$ を前提に議論を進める[注3)]．

$(\mathfrak{F}_t)_{0\leq t\leq n}$ に関する停止時刻 τ のうち，$t\leq\tau\leq n$ を満たすものの集合を $S_{t,n}$ で表わす．$(\mathfrak{F}_t)_{0\leq t\leq n}$ に関する停止時刻 τ の集合は $S_{0,n}$ である．

(4-13)　$\mathrm{E}[Y_{\tau^*}]=\sup_{\tau\in S_{0,n}}\mathrm{E}[Y_\tau]$ となる $\tau^*\in S_{0,n}$ と $\mathrm{E}[Y_{\tau^*}]$ の値を求める問題を $(Y_t)_{0\leq t\leq n}$ に関する最適停止問題と言う．

$(Y_t)_{0\leq t\leq n}$ に関する最適停止問題を解くために必要となる確率過程 $(Z_t)_{0\leq t\leq n}$ を導入する．

(4-14)　確率過程 $(Z_t)_{0\leq t\leq n}$ を次のように定める．

- $Z_t=\sup_{\tau\in S_{t,n}}\mathrm{E}[Y_\tau \mid \mathfrak{F}_t]$

Z_t は $\mathfrak{F}_t$ 可測だから $(Z_t)_{0\leq t\leq n}$ は $(\mathfrak{F}_t)_{0\leq t\leq n}$ に適合的である．

$Z_n=Y_n$ である．

$\mathfrak{F}_0=\{\phi, \Omega\}$ だから $Z_0=\sup_{\tau\in S_{0,n}}\mathrm{E}[Y_\tau \mid \mathfrak{F}_0]=\sup_{\tau\in S_{0,n}}\mathrm{E}[Y_\tau]$ である．

この節の残りの部分では $(Z_t)_{0\leq t\leq n}$ の性質を調べ，次の節でその結果を用いて $(Y_t)_{0\leq t\leq n}$ に関する最適停止問題を解く．

(4-15)　すべての t（$0\leq t\leq n$）について，ある $\tau^*\in S_{t,n}$ が存在して $Z_t=\mathrm{E}[Y_{\tau^*} \mid \mathfrak{F}_t]$ となる．

【証明】

$0\leq t\leq n$ となる t を 1 つ定める．$(\Omega, \mathfrak{F}, P)$ の構成要素である Ω は有限集合だから，$S_{t,n}$ に含まれる停止時刻は有限個しかない．従って，$\mathrm{E}[Y_{\tau^*}]=\sup_{\tau\in S_{t,n}}\mathrm{E}[Y_\tau]$

となる $\tau^* \in S_{t,n}$ が存在する．

この τ^* について $Z_t = \sup_{\tau \in S_{t,n}} \mathrm{E}[Y_\tau | \mathfrak{F}_t] = \mathrm{E}[Y_{\tau^*} | \mathfrak{F}_t]$ が成立する．

そのためには，すべての $\tau \in S_{t,n}$ について $\mathrm{E}[Y_{\tau^*} | \mathfrak{F}_t] \geq \mathrm{E}[Y_\tau | \mathfrak{F}_t]$ となることを示せば十分である．

そこで，$\mathrm{E}[Y_{\tau^*} | \mathfrak{F}_t] \geq \mathrm{E}[Y_\mu | \mathfrak{F}_t]$ とはならない $\mu \in S_{t,n}$ が存在すると仮定して矛盾を導く．

$A = \{\omega : \mathrm{E}[Y_\mu | \mathfrak{F}_t] > \mathrm{E}[Y_{\tau^*} | \mathfrak{F}_t]\}$ と定めると $A \in \mathfrak{F}_t$ である．

また仮定により $A \neq \phi$．ここですべての $\omega \in \Omega$ について $P(\{\omega\}) > 0$ であると仮定していることに注意すると $P(A) > 0$．

従って $\mathrm{E}[Y_\mu, A] = \mathrm{E}[\mathrm{E}[Y_\mu | \mathfrak{F}_t], A] > \mathrm{E}[\mathrm{E}[Y_{\tau^*} | \mathfrak{F}_t], A] = \mathrm{E}[Y_{\tau^*}, A]$.

ここで確率変数 ϕ を次のように定める．

・$\omega \in A$　ならば $\phi(\omega) = \mu(\omega)$

・$\omega \in A^C$ ならば $\phi(\omega) = \tau^*(\omega)$

$A, A^C \in \mathfrak{F}_t$ で $\mu, \tau^* \in S_{t,n}$ だから $\phi \in S_{t,n}$ となる．

ϕ の作り方から $\mathrm{E}[Y_\phi] = \mathrm{E}[Y_\mu, A] + \mathrm{E}[Y_{\tau^*}, A^C]$ である．従って，この式と前記の $\mathrm{E}[Y_\mu, A] > \mathrm{E}[Y_{\tau^*}, A]$ から $\mathrm{E}[Y_\phi] > \mathrm{E}[Y_{\tau^*}, A] + \mathrm{E}[Y_{\tau^*}, A^C] = \mathrm{E}[Y_{\tau^*}]$ を得る．

しかしながら，これは $\mathrm{E}[Y_{\tau^*}] = \sup_{\tau \in S_{t,n}} \mathrm{E}[Y_\tau]$ であることに反する．■

(4-16)　確率過程 $(\alpha_t)_{0 \leq t \leq n}$ が $(\beta_t)_{0 \leq t \leq n}$ に優越するとは，すべての t について $\alpha_t \geq \beta_t$ となることである．

(4-17)　確率過程 $(\alpha_t)_{0 \leq t \leq n}$ が $(\beta_t)_{0 \leq t \leq n}$ に優越する最小のスーパーマルチンゲールであるとは，次の条件が成り立つことを言う．

(1)　$(\alpha_t)_{0 \leq t \leq n}$ は $(\mathfrak{F}_t)_{0 \leq t \leq n}$ に関するスーパーマルチンゲールであり，かつ，$(\beta_t)_{0 \leq t \leq n}$ に優越する．

(2)　$(\gamma_t)_{0 \leq t \leq n}$ が $(\mathfrak{F}_t)_{0 \leq t \leq n}$ に関するスーパーマルチンゲールであり，かつ，$(\gamma_t)_{0 \leq t \leq n}$ が $(\beta_t)_{0 \leq t \leq n}$ に優越すれば，$(\gamma_t)_{0 \leq t \leq n}$ は $(\alpha_t)_{0 \leq t \leq n}$ に優越する．

(4-18)　$(Z_t)_{0 \leq t \leq n}$ は $(Y_t)_{0 \leq t \leq n}$ に優越する最小のスーパーマルチンゲールである．

【証明】

(1)　$(Z_t)_{0 \leq t \leq n}$ は $(Y_t)_{0 \leq t \leq n}$ に優越することを示す．

$S_{t,n}$ は $\mu(\omega) = t$ となる μ を含む．

従って，$Z_t = \sup_{\tau \in S_{t,n}} \mathrm{E}[Y_\tau | \mathfrak{F}_t] \geq \mathrm{E}[Y_\mu | \mathfrak{F}_t] = Y_t$ である．

(2)　$(Z_t)_{0\le t\le n}$ は $(\mathfrak{F}_t)_{0\le t\le n}$ に関するスーパーマルチンゲールであることを示す．

$(Z_t)_{0\le t\le n}$ が $(\mathfrak{F}_t)_{0\le t\le n}$ に適合的なことは既に述べた．

次に $Z_{t+1}=\mathrm{E}[Y_{\tau^*}|\mathfrak{F}_{t+1}]$ となるような $\tau^*\in S_{t+1,n}$ をとる．(4-15) よりこのような τ^* は確かに存在する．

この τ^* については $\tau^*\in S_{t,n}$ も成立する．従って

$$Z_t=\sup_{\tau\in S_{t,n}}\mathrm{E}[Y_\tau|\mathfrak{F}_t]\ge\mathrm{E}[Y_{\tau^*}|\mathfrak{F}_t]=\mathrm{E}[\mathrm{E}[Y_{\tau^*}|\mathfrak{F}_{t+1}]|\mathfrak{F}_t]=\mathrm{E}[Z_{t+1}|\mathfrak{F}_t]$$

以上より $(Z_t)_{0\le t\le n}$ は $(\mathfrak{F}_t)_{0\le t\le n}$ に関するスーパーマルチンゲールである．

(3)　$(W_t)_{0\le t\le n}$ が $(\mathfrak{F}_t)_{0\le t\le n}$ に関するスーパーマルチンゲールであり，かつ，$(Y_t)_{0\le t\le n}$ に優越すれば $W_t\ge Z_t$ $(0\le t\le n)$ であることを示す．

任意に $\tau\in S_{t,n}$ をとる．

停止時刻 τ について $t\le\tau$ が成り立つが，定数 t も停止時刻である．また $(W_t)_{0\le t\le n}$ はスーパーマルチンゲールである．従って (4-12) より $W_t\ge\mathrm{E}[W_\tau|\mathfrak{F}_t]$ である．

また $(W_t)_{0\le t\le n}$ は $(Y_t)_{0\le t\le n}$ に優越するから $\mathrm{E}[W_\tau|\mathfrak{F}_t]\ge\mathrm{E}[Y_\tau|\mathfrak{F}_t]$ である．

これより $W_t\ge\mathrm{E}[Y_\tau|\mathfrak{F}_t]$．従って，$W_t\ge\sup_{\tau\in S_{t,n}}\mathrm{E}[Y_\tau|\mathfrak{F}_t]=Z_t$ である．■

$(Z_t)_{0\le t\le n}$ の性質について，さらに２つ述べておこう．

まず (4-15) を次の形に拡張しておく．これは後に用いる．

(4-19)　$(Z_t)_{0\le t\le n}$ と $\mu\in S_{0,n}$ から確率変数 Z_μ を定めると，$\alpha\in S_{0,n}$，$\mu\le\alpha$，$\mathrm{E}[Z_\mu]=\mathrm{E}[Y_\alpha]$ となる α が存在する．

【証明】

すべての t $(0\le t\le n)$ に対して $Z_t=\mathrm{E}[Y_{\tau_t}|\mathfrak{F}_t]$ となるような $\tau_t\in S_{t,n}$ を選ぶ．このような τ_t は (4-15) により確かに存在する．

記号が煩雑になるのを避けるために $\tau_t(\omega)$ を $\tau(t,\omega)$ と書く．従って $Z_t(\omega)=\mathrm{E}[Y_{\tau(t,\omega)}(\omega)|\mathfrak{F}_t]$ である．

確率変数 $\alpha(\omega)$ を $\alpha(\omega)=\tau(\mu(\omega),\omega)$ によって定める．

t $(0\le t\le n)$ に対し $\{\omega:\alpha(\omega)=t\}=\{\omega:\tau(\mu(\omega),\omega)=t\}=\bigcup_{0\le k\le t}[\{\omega:\mu(\omega)=k\}\cap\{\omega:\tau(k,\omega)=t\}]\in\mathfrak{F}_t$．従って $\alpha\in S_{0,n}$ である．

次にすべての t $(0\le t\le n)$ について $t\le\tau(t,\omega)\le n$ だから $\mu(\omega)\le\tau(\mu(\omega),\omega)=\alpha(\omega)$ である．

また $\{\omega:\mu(\omega)=t\}\in\mathfrak{F}_t$ と $Z_t(\omega)=\mathrm{E}[Y_{\tau(t,\omega)}(\omega)|\mathfrak{F}_t]$ を用いると

$$\mathrm{E}[Y_\alpha]=\mathrm{E}[Y_{\tau(\mu(\omega),\omega)}(\omega)]=\sum_{t=0}^{n}\mathrm{E}[Y_{\tau(t,\omega)}(\omega),\{\omega:\mu(\omega)=t\}]$$
$$=\sum_{t=0}^{n}\mathrm{E}[\mathrm{E}[Y_{\tau(t,\omega)}(\omega)|\mathfrak{F}_t],\{\omega:\mu(\omega)=t\}]=\sum_{t=0}^{n}\mathrm{E}[Z_t(\omega),\{\omega:\mu(\omega)=t\}]=\mathrm{E}[Z_\mu]$$

である．■

最後に $(Z_t)_{0\leq t\leq n}$ の具体的に構成する方法を示しておこう．

(4-20)　$(Y_t)_{0\leq t\leq n}$ から確率過程 $(U_t)_{0\leq t\leq n}$ を次のように定める．

(1)　$U_n=Y_n$

(2)　$U_t=\max(Y_t, \mathrm{E}[U_{t+1}|\mathfrak{F}_t])$ $(0\leq t\leq n-1)$

$(U_t)_{0\leq t\leq n}$ は $(Y_t)_{0\leq t\leq n}$ に優越する最小のスーパーマルチンゲールである．

従って $U_t=Z_t$ $(0\leq t\leq n)$ である．

【証明】

$0\leq t\leq n-1$ ならば，(2) より $U_t\geq Y_t$．また $U_n=Y_n$．従って $(U_t)_{0\leq t\leq n}$ は $(Y_t)_{0\leq t\leq n}$ に優越する．

$0\leq t\leq n-1$ ならば，(2) より $U_t\geq \mathrm{E}[U_{t+1}|\mathfrak{F}_t]$．従って $(U_t)_{0\leq t\leq n}$ は $(\mathfrak{F}_t)_{0\leq t\leq n}$ に関するスーパーマルチンゲールである．

$(W_t)_{0\leq t\leq n}$ が $(\mathfrak{F}_t)_{0\leq t\leq n}$ に関するスーパーマルチンゲールであり，かつ，$(Y_t)_{0\leq t\leq n}$ に優越すれば，$W_t\geq U_t$ $(0\leq t\leq n)$ であることを，t に関する逆向きの帰納法で示す．

・まず $W_n\geq Y_n$ と $U_n=Y_n$ より $W_n\geq U_n$ である．

・次に $W_t\geq U_t$ ならば $W_{t-1}\geq U_{t-1}$ であることを示す．

$W_t\geq U_t$ だから $\mathrm{E}[W_t|\mathfrak{F}_{t-1}]\geq \mathrm{E}[U_t|\mathfrak{F}_{t-1}]$．また $(W_t)_{0\leq t\leq n}$ はスーパーマルチンゲールだから $W_{t-1}\geq \mathrm{E}[W_t|\mathfrak{F}_{t-1}]$

従って $W_{t-1}\geq \mathrm{E}[U_t|\mathfrak{F}_{t-1}]$

他方で $W_{t-1}\geq Y_{t-1}$ である．

従って $W_{t-1}\geq \max(Y_{t-1}, \mathrm{E}[U_t|\mathfrak{F}_{t-1}])=U_{t-1}$ を得る．■

6　最適停止問題の解

$(Z_t)_{0\leq t\leq n}$ を用いて，$(Y_t)_{0\leq t\leq n}$ に関する最適停止問題の解を求めてみよう．

(4-21)　$\tau^*\in S_{0,n}$ について $\mathrm{E}[Y_{\tau^*}]=\sup_{\tau\in S_{0,n}}\mathrm{E}[Y_\tau]$ とする．

この時には，$Z_{\tau^*}=Y_{\tau^*}$ である．

【証明】

$(Z_t)_{0\leq t\leq n}$ はスーパーマルチンゲールだから，(4-12) より $Z_0=\mathrm{E}[Z_0]\geq \mathrm{E}[Z_{\tau^*}]$ である．

(4-18) より $Z_t \geq Y_t$ $(0 \leq t \leq n)$ だから $Z_{\tau^*} \geq Y_{\tau^*}$．従って，$E[Z_{\tau^*}] \geq E[Y_{\tau^*}]$ である．

同時に $E[Y_{\tau^*}] = \sup_{\tau \in S_{0,n}} E[Y_\tau]$ と仮定したから，$Z_0 = \sup_{\tau \in S_{0,n}} E[Y_\tau]$ より，$Z_0 = E[Y_{\tau^*}]$ である．

以上より $Z_0 = E[Z_{\tau^*}] = E[Y_{\tau^*}]$．これと，$Z_{\tau^*} \geq Y_{\tau^*}$，およびすべての $\omega \in \Omega$ について $P(\{\omega\}) > 0$ であることから $Z_{\tau^*} = Y_{\tau^*}$ を得る．■

$\tau \in S_{0,n}$ かつ $Z_\tau = Y_\tau$ となる τ の集合を $S[Z=Y]$ と表わすこととしよう．

(4-21) によれば，$E[Y_{\tau^*}] = \sup_{\tau \in S_{0,n}} E[Y_\tau]$ ならば $\tau^* \in S[Z=Y]$ である．

(4-22)

(1)　確率変数 $\tau_n(\omega)$ を $\tau_n(\omega) = n$ によって定めると，$\tau_n \in S[Z=Y]$ である．

(2)　確率変数 $\tau_0(\omega)$ を $\tau_0(\omega) = \min\{t : Z_t(\omega) = Y_t(\omega),\ 0 \leq t \leq n\}$ によって定めると，$\tau_0 \in S[Z=Y]$ である．

(3)　$\tau \in S[Z=Y]$ ならば $\tau_0 \leq \tau \leq \tau_n$ である．

【証明】

(1)　τ_n は停止時刻である．また $Z_n = Y_n$ だから，$Z_{\tau_n} = Z_n = Y_n = Y_{\tau_n}$ である．従って $\tau_n \in S[Z=Y]$ である．

(2)　$Z_n = Y_n$ だから $\{t : Z_t(\omega) = Y_t(\omega),\ 0 \leq t \leq n\}$ は n を含む．従って $\min\{t : Z_t(\omega) = Y_t(\omega),\ 0 \leq t \leq n\}$ が存在して $\tau_0(\omega)$ が定まる．

$\{\omega : \tau_0(\omega) = k\} = \{\omega : Z_0(\omega) > Y_0(\omega), Z_1(\omega) > Y_1(\omega) \cdots Z_{k-1}(\omega) > Y_{k-1}(\omega), Z_k(\omega) = Y_k(\omega)\} \in \mathfrak{F}_k$ が成立するから $\tau_0(\omega)$ は停止時刻である．

また $\tau_0(\omega)$ の定義から $Z_{\tau_0} = Y_{\tau_0}$ は明らか．

従って $\tau_0 \in S[Z=Y]$ である．

(3)　$\tau \in S[Z=Y]$ とする．$Z_\tau = Y_\tau$，正確に書けば $Z_{\tau(\omega)}(\omega) = Y_{\tau(\omega)}(\omega)$ である．従って，すべての ω について $\min\{t : Z_t(\omega) = Y_t(\omega),\ 0 \leq t \leq n\} \leq \tau(\omega)$，即ち $\tau_0(\omega) \leq \tau(\omega)$ である．$\tau(\omega) \leq \tau_n(\omega)$ は明らか．■

(4-23)　(4-22) (2)で定めた停止時刻 τ_0 について $E[Y_{\tau_0}] = \sup_{\tau \in S_{0,n}} E[Y_\tau]$ が成立する．

【証明】

$\tau \in S_{0,n}$ となる τ は有限個しかないから，$E[Y_{\tau^*}] = \sup_{\tau \in S_{0,n}} E[Y_\tau]$ となる τ^* が存在する．

(4-21) によれば $\tau^* \in S[Z=Y]$ だから，$E[Y_{\tau^*}] = \sup_{\tau \in S_{0,n}} E[Y_\tau] = \sup_{\tau \in S[Z=Y]} E[Y_\tau]$

である．

このように $\sup_{\tau\in S_{0,n}} \mathrm{E}[Y_\tau] = \sup_{\tau\in S[Z=Y]} \mathrm{E}[Y_\tau]$ だから $\mathrm{E}[Y_{\tau_0}] = \sup_{\tau\in S[Z=Y]} \mathrm{E}[Y_\tau]$ を示せば十分である．

そこで任意に $\tau\in S[Z=Y]$ をとってみる．(4-22)(3)より $\tau_0\le\tau$ である．

$\tau_0\le\tau$ と $(Z_t)_{0\le t\le n}$ がスーパーマルチンゲールであることから，(4-12) によって $\mathrm{E}[Z_{\tau_0}]\ge\mathrm{E}[Z_\tau]$ である．

また (4-22)(2)および仮定から $\tau_0, \tau\in S[Z=Y]$ だから $Z_{\tau_0}=Y_{\tau_0}, Z_\tau=Y_\tau$ である．

従って，$\mathrm{E}[Y_{\tau_0}]\ge\mathrm{E}[Y_\tau]$

以上より $\mathrm{E}[Y_{\tau_0}] = \sup_{\tau\in S[Z=Y]} \mathrm{E}[Y_\tau]$ である．■

以上で $\mathrm{E}[Y_{\tau^*}] = \sup_{\tau\in S_{0,n}} \mathrm{E}[Y_\tau]$ となる τ^* を，少なくとも一つ求めることができた．

最後に一つ補足をしておく．

確率変数 τ_t を $\tau_t(\omega)=\min\{s : Z_s(\omega)=Y_s(\omega), t\le s\le n\}$ によって定めると，$\tau_t\in S_{t,n}$，$\tau_t\in S[Z=Y]$ である．この τ_t について (4-23) と同じように次の命題が成り立つ．

(4-24)　$Z_t = \sup_{\tau\in S_{t,n}} \mathrm{E}[Y_\tau|\mathfrak{F}_t] = \mathrm{E}[Y_{\tau_t}|\mathfrak{F}_t]$

7　最適停止時刻の範囲

(4-2) によればスーパーマルチンゲール $(Z_t)_{0\le t\le n}$ に対して確率過程 $(M_t)_{0\le t\le n}$ と $(A_t)_{0\le t\le n}$ が存在して，$(Z_t)_{0\le t\le n}$，$(M_t)_{0\le t\le n}$，$(A_t)_{0\le t\le n}$ の間には (4-2)(1)〜(4) の関係が成り立つ．以下では，この $(M_t)_{0\le t\le n}$，$(A_t)_{0\le t\le n}$ を利用して，$(Y_t)_{0\le t\le n}$ に関する最適停止問題の解についてさらに検討する．

$Z_0 = \sup_{\tau\in S_{0,n}} \mathrm{E}[Y_\tau]$ であることに注意しておく．

(4-25)　$\tau^*\in S_{0,n}$ について $\mathrm{E}[Y_{\tau^*}] = \sup_{\tau\in S_{0,n}} \mathrm{E}[Y_\tau] = Z_0$ が成立する条件は，$M_{\tau^*} = Z_{\tau^*} = Y_{\tau^*}$ が成り立つことである．

【証明】

$\mathrm{E}[Y_{\tau^*}] = Z_0$ とする．

$Z_t = M_t - A_t$，$A_t\ge 0, Z_t\ge Y_t$ より $M_t\ge Z_t\ge Y_t$ だから $M_{\tau^*}\ge Z_{\tau^*}\ge Y_{\tau^*}$ である．

従って $\mathrm{E}[M_{\tau^*}]\ge\mathrm{E}[Z_{\tau^*}]\ge\mathrm{E}[Y_{\tau^*}]$

この式の左端は(4-11)により$E[M_0]=M_0$に等しく，右端は仮定よりZ_0に等しい．

ところが$Z_t=M_t-A_t$，$A_0=0$より$Z_0=M_0$である．

従って$M_{\tau^*}=Z_{\tau^*}=Y_{\tau^*}$である．

逆に$M_{\tau^*}=Z_{\tau^*}=Y_{\tau^*}$とすると，まず$E[M_{\tau^*}]=E[Y_{\tau^*}]$．これと$E[M_{\tau^*}]=E[M_0]=M_0=Z_0$より$E[Y_{\tau^*}]=Z_0$である．■

$\tau\in S_{0,n}$かつ$M_\tau=Z_\tau$となるτの集合を$S[M=Z]$と表わすことにしよう．

(4-25)によれば$E[Y_{\tau^*}]=Z_0$となる条件は$\tau^*\in S[M=Z]\cap S[Z=Y]$である．

(4-26)

(1)　確率変数μ_0を$\mu_0(\omega)=0$によって定めると$\mu_0\in S[M=Z]$である．

(2)　確率変数μ_Aを次のように定めると，$\mu_A\in S[M=Z]$である．

- $A_n(\omega)>0$ならば$\mu_A(\omega)=\min\{t : A_{t+1}(\omega)>0, 0\leq t\leq n-1\}$
- $A_n(\omega)=0$ならば$\mu_A(\omega)=n$

(3)　$\mu\in S[M=Z]$ならば$\mu_0\leq\mu\leq\mu_A$である．

(4)　$\mu\in S[M=Z]$ならば$E[Z_\mu]=Z_0$である．

【証明】

(1)　$M_0=Z_0$より明らかである．

(2)　まず$\mu_A(\omega)$が停止時刻であることを確かめる．

$0\leq t\leq n-1$とする．(4-2)(4)より$A_0=0\leq A_1(\omega)\leq A_2(\omega)\cdots\leq A_n(\omega)$であるから$\{\omega : \mu_A(\omega)=t\}=[\bigcap_{0\leq i\leq t}\{\omega : A_i(\omega)=0\}]\cap\{\omega : A_{t+1}(\omega)>0\}$

この式の右辺に現われる$\{\omega : A_i(\omega)=0\}$ $(0\leq i\leq t)$と$\{\omega : A_{t+1}(\omega)>0\}$はすべて$\mathfrak{F}_t$に属する．何故なら(4-2)(3)により$0\leq s\leq n-1$に対して$A_{s+1}$は$\mathfrak{F}_s$可測だからである．

従って，$\{\omega : \mu_A(\omega)=t\}\in\mathfrak{F}_t$ $(0\leq t\leq n-1)$である．

また$\{\omega : \mu_A(\omega)=n\}=\{\omega : A_n(\omega)=0\}\in\mathfrak{F}_{n-1}$だから$\{\omega : \mu_A(\omega)=n\}\in\mathfrak{F}_n$も成り立つ．

従ってμ_Aは停止時刻である．

次に$M\mu_A=Z\mu_A$を確かめる．

$A_0=0\leq A_1(\omega)\leq A_2(\omega)\cdots\leq A_n(\omega)$と$\mu_A(\omega)$の定め方より$A\mu_A=0$である．

従って$M\mu_A=Z\mu_A-A\mu_A=Z\mu_A$が成り立つ．

以上より$\mu_A\in S[M=Z]$である．

(3)　(2)の証明を見ると，$\mu_A(\omega)=\max\{t : A_t(\omega)=0, 0\leq t\leq n\}$となっていることが分かる．このことに注意しておく．

$\mu \in S[M=Z]$ とする．

$M\mu = Z\mu$ だから $A\mu = 0$ である．正確に書けば $A\mu_{(\omega)}(\omega)=0$

従って，$\mu(\omega) \leq \max\{t : A_t(\omega)=0 \quad 0 \leq t \leq n\} = \mu_A(\omega)$ である．

$\mu_0 \leq \mu$ は明らか．

(4)　$\mu \in S[M=Z]$ ならば $\mathrm{E}[M_\mu]=\mathrm{E}[Z_\mu]$．これと $\mathrm{E}[M_\mu]=M_0=Z_0$ より $\mathrm{E}[Z_\mu]=Z_0$ である．■

(4-27)　(4-26)(2)で定めた停止時刻 μ_A について $\mathrm{E}[Y_{\mu_A}] = \sup_{\tau \in S_{0,n}} \mathrm{E}[Y_\tau] = Z_0$ が成立する．

【証明】

(4-26)の(2)(4)より $\mathrm{E}[Z_{\mu_A}]=Z_0$ である．

他方(4-19)より $\alpha \in S_{0,n}$，$\mu_A \leq \alpha$, $\mathrm{E}[Z_{\mu_A}]=\mathrm{E}[Y_\alpha]$ となる α が存在する．

これより $\mathrm{E}[Y_\alpha]=Z_0$．従って，(4-25)より $\alpha \in S[M=Z] \cap S[Z=Y]$

このように $\alpha \in S[M=Z]$ となるから(4-26)(3)より $\alpha \leq \mu_A$

ところが，$\mu_A \leq \alpha$ でもあるから $\alpha = \mu_A$

しかも $\mathrm{E}[Y_\alpha]=Z_0$ だから $\mathrm{E}[Y_{\mu_A}]=Z_0$ である．■

(4-28)　$\tau^* \in S_{0,n}$ で $\mathrm{E}[Y_{\tau^*}] = \sup_{\tau \in S_{0,n}} \mathrm{E}[Y_\tau] = Z_0$ であれば，τ^* は次の不等式を満たす．

(4-29)　$\tau_0 \leq \tau^* \leq \mu_A$

【証明】

$\mathrm{E}[Y_{\tau^*}]=Z_0$ だから $\tau^* \in S[M=Z] \cap S[Z=Y]$．$\tau^* \in S[M=Z]$ だから(4-26)(3)より $\tau^* \leq \mu_A$．また $\tau^* \in S[Z=Y]$ だから(4-22)(3)より $\tau_0 \leq \tau^*$■

8　アメリカ型オプション

この節では，前節までの一般論を用いて，アメリカ型オプションの価格について調べる．

この節では証券価格のモデル N と証券市場 $[N]$ を前提に議論を進める．

N は無裁定の条件を満たすとする．また N は完備であると仮定する．N のマルチンゲール測度を P^* と書く．

N の構成要素である $(\mathfrak{F}_t)_{0 \leq t \leq T}$ は時刻0から T までの情報である．また $\mathfrak{F}_0 = \{\phi, \Omega\}$ である（(2-1)(3)参照）．

(4-30)　$Y=(Y(t))_{0\leq t\leq T}$ は $(\mathfrak{F}_t)_{0\leq t\leq T}$ に適合的な確率過程で $Y(t)\geq 0$（$0\leq t\leq T$）であるとする．

この時，アメリカ型オプション Y とは，時刻 0 から T までの間の時刻 τ を選んで，金額 $Y(\tau)$ を受取る権利を言う（確率変数 $Y(t)$ は正確に書けば $Y(t,\omega)$ であるから，$Y(\tau)$ を正確に書けば $Y(\tau,\omega)$ である）．

アメリカ型オプション Y は次のようにして売買することができる．

・買手は売手にアメリカ型オプション Y の価格 x を支払う．

・売手は，買手が選択する時刻 τ に，買手に金額 $Y(\tau)$ を支払う．

買手は時刻 0 から T までの情報 $(\mathfrak{F}_t)_{0\leq t\leq T}$ に基づいて時刻 τ を選択すると考えてよいから，買手が選ぶ τ は $(\mathfrak{F}_t)_{0\leq t\leq T}$ に関する停止時刻である．

以下では，$Y=(Y(t))_{0\leq t\leq T}$ は $(\mathfrak{F}_t)_{0\leq t\leq T}$ に適合的で $Y(t)\geq 0$（$0\leq t\leq T$）を満たす確率過程であるとし，この確率過程に基づくアメリカ型オプション Y を一つ固定して議論を進める．

なお，一般に確率過程 $(X(t))_{0\leq t\leq T}$ と停止時刻 τ から定まる確率変数 $X(\tau(\omega),\omega)$ を $X(\tau)$ と書くこととする．

(4-31)　次の(1)〜(3)を満たす資産変動過程 $X=(X(t))_{0\leq t\leq T}$ と投資戦略 $\boldsymbol{\phi}=(\boldsymbol{\phi}(t))_{0\leq t\leq T}=((\phi_1(t),\phi_2(t),\cdots,\phi_N(t))')_{0\leq t\leq T}$ が存在するような実数 x の集合を S_Y で表わす．

(1)　$(X,\boldsymbol{\phi})\in SF$，(2)　$X(t)\geq Y(t)$（$0\leq t\leq T$），(3)　$X(0)=x$

また，$s_Y=\inf_{x\in S_Y} x$ とする．

(4-32)　次の(1)〜(3)を満たす資産変動過程 $X=(X(t))_{0\leq t\leq T}$，投資戦略 $\boldsymbol{\phi}=(\boldsymbol{\phi}(t))_{0\leq t\leq T}=((\phi_1(t),\cdots,\phi_N(t))')_{0\leq t\leq T}$，および停止時刻 μ が存在するような実数 z の集合を B_Y で表わす．

(1)　$(X,\boldsymbol{\phi})\in SF$，(2)　$X(\mu)+Y(\mu)\geq 0$，(3)　$X(0)=-z$

また $b_Y=\sup_{z\in B_Y} z$ とする．

アメリカ型オプション Y が時刻 $t=0$ に価格 p で売買されているとしよう．この場合には $b_Y\leq p\leq s_Y$ でなくてはならない．

(1)　仮に $s_Y<p$ であれば，何のリスクも負うことなく $(p-s_Y)$ の利益をあげることができる．

理由は次のとおりである．

・ $s_Y\in S_Y$ だから s_Y に対して (4-31)(1)〜(3)を満たす X，$\boldsymbol{\phi}$ が存在する．

・従って，アメリカ型オプション Y を価格 p で売り，売上代金 p の中の s_Y を (X, ϕ) に従って運用すれば，$X(t) \geq Y(t)$ $(0 \leq t \leq T)$ となって買手のどんな選択にも応じることができる．

・その結果，何のリスクも負うことなく金額 $(p - s_Y)$ が手に入る．

(2)　(1)から $s_Y < p$ であればアメリカ型オプション Y の売りが集中して市場が均衡しないことが分かる．従って $p \leq s_Y$ でなくてはならない．

(3)　仮に $p < b_Y$ であれば何のリスクも負うことなく $(b_Y - p)$ の利益をあげることができる．

理由は次のとおりである．

・時刻 $t=0$ に金額 b_Y を借入れ，その中から p を支出してアメリカ型オプション Y を買う．

その結果金額 $(b_Y - p)$ と資産残高 $(-b_Y)$ が残る．

・ $b_Y \in B_Y$ だから b_Y に対して(4-32)(1)〜(3)を満たす X，ϕ，μ が存在する．

従って $(-b_Y)$ の資産残高を (X, ϕ) に従って運用して時刻 μ まで待ち，その時点でアメリカ型オプション Y についての権利を行使して金額 $Y(\mu)$ を受取れば，$X(\mu) + Y(\mu) \geq 0$ なのですべての借入を返済することができる．

・その結果何のリスクも負うことなく金額 $(b_Y - p)$ が残る．

(4)　(3)から $p < b_Y$ であればアメリカ型オプション Y の買いが集中して市場が均衡しないことが分かる．従って $b_Y \leq p$ でなくてはならない．

ただし以上の議論は $b_Y \leq s_Y$ であってはじめて意味を持つ．従ってまず $b_Y \leq s_Y$ であることを確かめておかなくてはならない．

$(\mathfrak{F}_t)_{0 \leq t \leq T}$ に関する停止時刻 τ の中で $t \leq \tau \leq T$ となるものの集合を $S_{t,T}$ で表わすこととしよう．

(4-33)　$b_Y \leq \sup_{\tau \in S_{0,T}} \mathrm{E}_{P^*}\left[\frac{Y(\tau)}{B(\tau)}\right] \leq s_Y$ である．

【証明】

(1)　$\sup_{\tau \in S_{0,T}} \mathrm{E}_{P^*}\left[\frac{Y(\tau)}{B(\tau)}\right] \leq s_Y$ を示す．

任意の $x \in S_Y$ と $\tau \in S_{0,T}$ をとる．

$x \in S_Y$ だから $(X, \phi) \in SF$, $X(t) \geq Y(t)$ $(0 \leq t \leq T)$, $X(0) = x$ となる X，ϕ が存在する．

$Y(t) \leq X(t)$ だから $\dfrac{Y(\tau)}{B(\tau)} \leq \dfrac{X(\tau)}{B(\tau)}$ である．

また $(X, \phi) \in SF$ だから $\left(\dfrac{X(t)}{B(t)}\right)_{0 \leq t \leq T}$ は P^* と $(\mathfrak{F}_t)_{0 \leq t \leq T}$ に関するマルチンゲールである．

従って $\mathrm{E}_{P^*}\left[\dfrac{Y(\tau)}{B(\tau)}\right] \leq \mathrm{E}_{P^*}\left[\dfrac{X(\tau)}{B(\tau)}\right] = \mathrm{E}_{P^*}\left[\dfrac{X(0)}{B(0)}\right] = x$

$x \in S_Y$ と $\tau \in S_{0,T}$ は任意だから $\sup_{\tau \in S_{0,T}} \mathrm{E}_{P^*}\left[\dfrac{Y(\tau)}{B(\tau)}\right] \leq \inf_{x \in S_Y} x = s_Y$ である．

(2)　$\sup_{\tau \in S_{0,T}} \mathrm{E}_{P^*}\left[\dfrac{Y(\tau)}{B(\tau)}\right] \geq b_Y$ を示す．

任意の $z \in B_Y$ をとる．

$(X, \phi) \in SF,\ X(\mu) + Y(\mu) \geq 0$，$X(0) = -z$ となる X，ϕ，μ が存在する．

$(X, \phi) \in SF$　だから $\left(\dfrac{X(t)}{B(t)}\right)_{0 \leq t \leq T}$ は P^* と $(\mathfrak{F}_t)_{0 \leq t \leq T}$ に関するマルチンゲールである．

従って $\mathrm{E}_{P^*}\left[\dfrac{Y(\mu)}{B(\mu)}\right] \geq -\mathrm{E}_{P^*}\left[\dfrac{X(\mu)}{B(\mu)}\right] = -\mathrm{E}_{P^*}\left[\dfrac{X(0)}{B(0)}\right] = z$

これより $\sup_{\tau \in S_{0,T}} \mathrm{E}_{P^*}\left[\dfrac{Y(\tau)}{B(\tau)}\right] \geq z$ である．

$z \in B_Y$ は任意だから $\sup_{\tau \in S_{0,T}} \mathrm{E}_{P^*}\left[\dfrac{Y(\tau)}{B(\tau)}\right] \geq \sup_{z \in B_Y} z = b_Y$ である．■

$b_Y \leq s_Y$ であることを確かめたから，次に $b_Y = s_Y$ となる条件を求めてみよう．もし $b_Y = s_Y$ であれば，アメリカ型オプション Y の価格はこの $b_Y = s_Y$ となる．

準備として確率空間 $(\Omega, \mathfrak{F}, P^*)$ 上の確率過程 $\left(\dfrac{Y(t)}{B(t)}\right)_{0 \leq t \leq T}$ に関する最適停止問題を考えよう．

即ち，$\mathrm{E}_{P^*}\left[\dfrac{Y(\tau^*)}{B(\tau^*)}\right] = \sup_{\tau \in S_{0,T}} \mathrm{E}_{P^*}\left[\dfrac{Y(\tau)}{B(\tau)}\right]$ となる $\tau^* \in S_{0,T}$ を求める問題を考える[注4)]．

最適停止問題に関する前節での一般論によれば次の命題が成り立つ．

(4-34)　確率過程 $(Z(t))_{0 \leq t \leq T}$ を $Z(t) = \sup_{\tau \in S_{t,T}} \mathrm{E}_{P^*}\left[\dfrac{Y(\tau)}{B(\tau)} \middle| \mathfrak{F}_t\right]$ によって定めると次のとおりである．

(1)　$(Z(t))_{0 \leq t \leq T}$ は P^* と $(\mathfrak{F}_t)_{0 \leq t \leq T}$ に関するスーパーマルチンゲールである．

(2)　$(Z(t))_{0 \leq t \leq T}$ は $\left(\dfrac{Y(t)}{B(t)}\right)_{0 \leq t \leq T}$ に優越する最小のスーパーマルチンゲールである．

(3)　停止時刻 τ_0 を $\tau_0(\omega) = \min\left\{t : Z(t, \omega) = \dfrac{Y(t, \omega)}{B(t, \omega)}\right\}$ によって定めると

$$\mathrm{E}_{P^*}\left[\frac{Y(\tau_0)}{B(\tau_0)}\right] = \sup_{\tau \in S_{0,T}} \mathrm{E}_{P^*}\left[\frac{Y(\tau)}{B(\tau)}\right] = Z(0)$$

(4)　$(Z(t))_{0 \leq t \leq T}$ の Doob 分解 $(M(t))_{0 \leq t \leq T}$, $(A(t))_{0 \leq t \leq T}$ が存在して，

$(Z(t))_{0\leq t\leq T}$, $(M(t))_{0\leq t\leq T}$, $(A(t))_{0\leq t\leq T}$ の間に (4-2) (1)〜(4)が成り立つ．

(4-35) 証券価格のモデル N が完備であれば $b_Y=\sup_{\tau\in S_{0,T}} \mathrm{E}_{P^*}\left[\frac{Y(\tau)}{B(\tau)}\right]=s_Y$ である．

【証明】

以下の証明では (4-34) で定めた $(Z(t))_{0\leq t\leq T}$，$(M(t))_{0\leq t\leq T}$，$(A(t))_{0\leq t\leq T}$，および停止時刻 τ_0 をそのまま用いる．

(1)　$Z(0)=\sup_{\tau\in S_{0,T}} \mathrm{E}_{P^*}\left[\frac{Y(\tau)}{B(\tau)}\right]=s_Y$ を示す．

$Z(0)\geq s_Y$ を示せば十分である．

仮定により N は完備だから確率変数 $B(T)M(T)$に対して $(X,\phi)\in SF$ $X(T)=B(T)M(T)$ となるような X，ϕ が存在する．

$(X,\phi)\in SF$ だから $\left(\frac{X(t)}{B(t)}\right)_{0\leq t\leq T}$ は P^* と $(\mathfrak{F}_t)_{0\leq t\leq T}$ に関するマルチンゲールである．この事実と $X(T)=B(T)M(T)$ から

$\frac{X(t)}{B(t)}=\mathrm{E}_{P^*}\left[\frac{X(T)}{B(T)}\middle|\mathfrak{F}_t\right]=\mathrm{E}[M(T)|\mathfrak{F}_t]=M(t)$ である．

この等式の右辺については $M(t)\geq\frac{Y(t)}{B(t)}$ が成り立つ．何故なら，$Z(t)$，$M(t)$，$A(t)$ および $\frac{Y(t)}{B(t)}$ の間に $Z(t)=M(t)-A(t)$，$A(t)\geq 0$，$Z(t)\geq\frac{Y(t)}{B(t)}$ が成り立つからである．

以上より，$\frac{X(t)}{B(t)}\geq\frac{Y(t)}{B(t)}$，即ち $X(t)\geq Y(t)$ である．

また $X(0)=M(0)=Z(0)$ である．

まとめると，X，ϕ について

(i)　$(X,\phi)\in SF$，(ii)　$X(t)\geq Y(t)$　$(0\leq t\leq\tau)$，(iii)　$X(0)=Z(0)$，が成り立つ．

従って S_Y の定義より $Z(0)\in S_Y$

これより $Z(0)\geq\inf_{x\in S_Y} x=s_Y$ を得る．

(2)　$Z(0)=\sup_{\tau\in S_{0,T}} \mathrm{E}_{P^*}\left[\frac{Y(\tau)}{B(\tau)}\right]=b_Y$ を示す．

$b_Y\geq Z(0)$ を示せば十分である．

(1)で用いた $X=(X(t))_{0\leq t\leq T}$ と $\phi=(\phi(t))_{0\leq t\leq T}=((\phi_1(t),\cdots,\phi_N(t))')_{0\leq t\leq T}$ から，$-X$ と $-\phi$ を $-X=(-X(t))_{0\leq t\leq T}$，$-\phi=(-\phi(t))_{0\leq t\leq T}=((-\phi_1(t),\cdots,-\phi_N(t))')_{0\leq t\leq T}$ によって定める．

$(-X,-\phi)\in SF$，かつ $-X(0)=-Z(0)$ である．

また停止時刻 τ_0 について $-X(\tau_0)+Y(\tau_0)=0$ が成り立つ．これは次のようにして分かる．

まず，$\mathrm{E}_{P^*}\left[\frac{Y(\tau_0)}{B(\tau_0)}\right]=\sup_{\tau\in S_{0,T}} \mathrm{E}_{P^*}\left[\frac{Y(\tau)}{B(\tau)}\right]$ だから (4-25) より $M(\tau_0)=Z(\tau_0)=\frac{Y(\tau_0)}{B(\tau_0)}$ である．

他方(1)で示した $\dfrac{X(t)}{B(t)}=M(t)$ から $\dfrac{X(\tau_0)}{B(\tau_0)}=M(\tau_0)$ である．

以上より $X(\tau_0)=Y(\tau_0)$，即ち $-X(\tau_0)+Y(\tau_0)=0$ である．

まとめると $-X$，$-\phi$ について

(i)　$(-X, -\phi)\in SF$，(ii)　$-X(\tau_0)+Y(\tau_0)=0$，(iii)　$-X(0)=-Z(0)$

従って，B_Y の定義より，$Z(0)\in B_Y$ である．

これより $b_Y=\sup_{z\in B_Y} z\geq Z(0)$ を得る．■

第II部

連続的取引時間を持つモデル

第II部では，証券市場での取引は連続して行われること，また将来起こり得る状況は無限に多数あることを仮定する．さらに，証券価格は，ブラウン運動で表わされる衝撃の下でランダムに変動すると仮定する．

第II部では，第I部に比べると複雑な数学を使うため，議論に種々の制約が加わり，条件付請求権の価格についての理論は第I部でのように簡潔ではなくなる．ただし得られる結論は第2章，第4章と基本的には同じである．

第5章では，確率積分について必要な最小限の数学的事実を証明なしで述べる．

第6章では，収益率が不確定な N 種類の危険資産と，確定利回りを持つ1種類の安全資産から構成される証券市場のモデルを設定する．そのうえで，条件付請求権の価格が，マルチンゲール測度を用いて第2章と同じ公式によって表わされることを示す．ただしこうした結論を導くのに必要な前提と議論の進め方は第2章とは必ずしも同じではない．この点については第6章後半で説明する．いずれにしても第6章の命題(6-27)は第2章の命題(2-23)に対応するものとして第II部の基礎をなす．

第7章では，証券市場のモデルについて簡単化のための仮定を置き，オプションの価格についてのブラック・ショールズの公式を導く．また，伊藤の公式を用いてオプションの価格が満たす偏微分方程式を導く．ブラック・ショールズの公式によって，第I部の第3章で残されたオプションの価格を求めるという課題が一応果たされたことになる．

第8章では，最適停止問題についての理論を用いてアメリカ型オプションの価格を求める．得られる結果は第4章のそれと同じである．さらに，証券市場のモデルについて第7章と同じ簡単化の仮定を置いて，アメリカ型のコール・オプションとプット・オプションの価格について詳しく調べる．その結果アメリカ型のプット・オプションについて第7章と同じタイプの偏微分方程式が成立することが分かる（ただし同時に得られる境界条件は第7章のそれとは異なる）．

以上のように，第6章～第8章では，条件付請求権の価格について，第II部の仮定の下でも基本的には第I部と同じ結果が得られることを示す．

第9章～第10章では議論の基礎となる証券市場のモデルを変更する．

第6章～第8章では，N 種類の危険資産と，一種類の安全資産が取引される証券市場を前提とする．これに対し第9章～第10章では，それぞれ満期を異にする無限に多くの割引債と，確定利回りを持つ唯一つの資産が取引される割引債市場を前提し，そこでの条件付請求権の価格の決まり方を調べる．

第9章では，このような割引債市場を用いると，短期から長期に至る各種の金利が成立しこれらの金利が刻々変動する状況を記述できることを示す．従って第9章～第10章では，各種の金利が変動を繰返す状況を設定し，その下で金利変動のリスクをヘッジするために取引される条件付請求権の価格を調べるのである．

第9章～第10章の割引債市場は，一見すると第6章～第8章の証券市場とは異なる．従ってそこでの条件付請求権の価格の決まり方を明らかにするためには何らかの新しい工夫が必要なように見える．しかしながら簡単な仮定があればこの割引債市場にも第6章の議論が適用できるのである．第9章ではこのことを示す．

なお，第9章では，特定の条件があれば，割引債に関するオプションの価格が，ブラック・ショールズの公式に類似の公式を満たすことも示す．

このように第9章では割引債市場に共通の性質を調べる．これに対し第10章では，各種の具体的な割引債市場について，そこでの割引債価格を求め，また割引債に関するオプションの価格を計算する．そのために確率積分の理論を用いることは第7章や第8章と同じである．

結果として，第9章～第10章でも，第6章～第8章と同じ結論が多少複雑な形で成立することが分かるのである．

第 5 章

確率積分と伊藤の公式

——第II部のための数学的準備——

1　確率変数と条件付期待値

σ 加法族，確率測度，および確率空間については既知とする．

(5-1)　$(\Omega, \mathfrak{F}, P)$ を確率空間とする．

(1)　Ω 上の実数値函数 $X(\omega)$ が確率変数であるとは，すべての $A \in \mathfrak{B}(\boldsymbol{R})$ に対して $X^{-1}(A) \in \mathfrak{F}$ となることを言う．

(2)　Ω 上で定義され $\boldsymbol{R}^n$ の値をとる函数 $X(\omega) = (X_1(\omega), \cdots, X_n(\omega))'$ が n 次元の確率変数であるとは，すべての $A \in \mathfrak{B}(\boldsymbol{R}^n)$ に対して $X^{-1}(A) \in \mathfrak{F}$ となることである（ここで $\mathfrak{B}(\boldsymbol{R})$, $\mathfrak{B}(\boldsymbol{R}^n)$ は，それぞれ一次元と n 次元のボレル集合族を表わす）[注1]．

確率変数 X の期待値 $\int_\Omega X(\omega) P(d\omega)$ を $\mathrm{E}[X]$ で表わす．

(5-2)　X は $(\Omega, \mathfrak{F}, P)$ 上の確率変数で $\mathrm{E}[|X|] < \infty$ であり，$\mathfrak{H}$ は $\mathfrak{H} \subset \mathfrak{F}$ を満たす σ 加法族とする．

この時次の条件を満たす確率変数 Z が存在する．

(1)　Z は $\mathfrak{H}$ 可測である．

(2)　$\mathrm{E}[|Z|] < \infty$

(3)　すべての $K \in \mathfrak{H}$ に対して $\int_K X(\omega) P(d\omega) = \int_K Z(\omega) P(d\omega)$

また 2 つの確率変数 Z，Z' が(1)〜(3)を満たせば $Z = Z'$ $(a.\ e.)$ である．

この Z を $\mathrm{E}[X|\mathfrak{H}]$ と書き，$\mathfrak{H}$ に関する X の条件付期待値と言う．

(5-3)　以下に現われる確率変数はすべて有限の期待値を持つとする．また $\mathfrak{H}$ は $\mathfrak{H} \subset \mathfrak{F}$ を満たす σ 加法族であるとする．

(1)　X が $\mathfrak{H}$ 可測ならば $\mathrm{E}[X|\mathfrak{H}] = X$ $(a.\ e.)$

(2)　$\mathrm{E}[aX_1+bX_2|\mathfrak{H}]=a\mathrm{E}[X_1|\mathfrak{H}]+b\mathrm{E}[X_2|\mathfrak{H}]$ $(a.\ e.)$

(3)　$X\geq 0$ ならば $\mathrm{E}[X|\mathfrak{H}]\geq 0$ $(a.\ e.)$

(4)　Z が $\mathfrak{H}$ 可測，$\mathrm{E}[|X|]<\infty$，$\mathrm{E}[|ZX|]<\infty$ ならば $\mathrm{E}[ZX|\mathfrak{H}]=Z\mathrm{E}[X|\mathfrak{H}]$ $(a.\ e.)$

(5)　$\mathfrak{H}$，$\mathfrak{G}$ が $\mathfrak{H}\subset\mathfrak{G}\subset\mathfrak{F}$ を満たす σ 加法族ならば
$\mathrm{E}[\mathrm{E}[X|\mathfrak{G}]|\mathfrak{H}]=\mathrm{E}[X|\mathfrak{H}]$ $(a.\ e.)$

(6)　$0\leq X_n\leq X_{n+1}$ かつ $\lim_{n\to\infty}X_n=X$ $(a.\ e.)$ ならば $\lim_{n\to\infty}\mathrm{E}[X_n|\mathfrak{H}]=\mathrm{E}[X|\mathfrak{H}]$ $(a.\ e.)$

(7)　$|X_n|\leq Y$ かつ $\lim_{n\to\infty}X_n=X$ $(a.\ e.)$ ならば $\lim_{n\to\infty}\mathrm{E}[X_n|\mathfrak{H}]=\mathrm{E}[X|\mathfrak{H}]$ $(a.\ e.)$

2　確率測度の変換

確率空間 $(\Omega,\mathfrak{F},P)$ を基礎として議論を進める際に，$\mathfrak{F}$ 上で定義された P と異なる確率測度 Q を考察する必要が生じることがある．

(5-4)　$(\Omega,\mathfrak{F},P)$ と $(\Omega,\mathfrak{F},Q)$ を 2 つの確率空間とする．Q が P に関して絶対連続であるとは，すべての $A\in\mathfrak{F}$ に対して，$P(A)=0$ ならば $Q(A)=0$ となることを言う．

(5-5)　$(\Omega,\mathfrak{F},P)$ と $(\Omega,\mathfrak{F},Q)$ は 2 つの確率空間であるとする．P と Q が同値であるとは，P が Q に関して絶対連続で，Q が P に関して絶対連続であることを言う．

(5-6)　$(\Omega,\mathfrak{F},P)$ と $(\Omega,\mathfrak{F},Q)$ は 2 つの確率空間とする．Q が P に関して絶対連続である条件は次の(1)〜(3)を満たす確率変数 X が存在することである．

(1)　$\int_\Omega X(\omega)P(d\omega)=1$

(2)　$X(\omega)\geq 0$ $(P\ \ a.\ e.)$

(3)　すべての $A\in\mathfrak{F}$ に対して $Q(A)=\int_A X(\omega)P(d\omega)$

X と X' が(1)〜(3)を満たせば $X(\omega)=X'(\omega)$ $(P\ \ a.\ e.)$ である．(1)〜(3)を満たす X を $\dfrac{dQ}{dP}$ で表わし，P に関する Q の密度と言う．

(5-7)　$(\Omega,\mathfrak{F},P)$ と $(\Omega,\mathfrak{F},Q)$ は 2 つの確率空間とする．P と Q が同値である条件は次の(1)〜(3)を満たす確率変数 X が存在することである．

(1) $\int_{\Omega} X(\omega)P(d\omega)=1$

(2) $X(\omega)>0$ (P *a. e.*)

(3) すべての $A \in \mathfrak{F}$ に対して $Q(A)=\int_{A} X(\omega)P(d\omega)$

これは $\dfrac{dQ}{dP}>0$ (P *a. e.*) と言ってもよい．

P と Q が同値な確率測度であれば，確率変数 X に対して 2 つの期待値 $\mathrm{E}_P[X]=\int_{\Omega} X(\omega)P(d\omega)$ と $\mathrm{E}_Q[X]=\int_{\Omega} X(\omega)Q(d\omega)$ を考えることができる．この 2 つの間には $\mathrm{E}_Q[X]=\mathrm{E}_P[XZ]$ という関係が成立する．ただし $\dfrac{dQ}{dP}=Z$ である．

また $\mathfrak{H}$ が $\mathfrak{F}$ に含まれる σ 加法族であれば，2 つの条件付期待値 $\mathrm{E}_P[X|\mathfrak{H}]$ と $\mathrm{E}_Q[X|\mathfrak{H}]$ を考えることができる．両者の関係は次のとおりである．

(5-8) $(\Omega, \mathfrak{F}, P)$ と $(\Omega, \mathfrak{F}, Q)$ は 2 つの確率空間で P と Q は同値であり $\dfrac{dQ}{dP}=Z$ とする．

また $\mathfrak{H}$ は $\mathfrak{F}$ に含まれる σ 加法族とする．

この時には $\mathrm{E}_Q[|Y|]=\mathrm{E}_P[|Y|Z]<\infty$ となる確率変数 Y に対して

$\mathrm{E}_Q[Y|\mathfrak{H}]=\dfrac{\mathrm{E}_P[YZ|\mathfrak{H}]}{\mathrm{E}_P[Z|\mathfrak{H}]}$ である．

3　確率過程とフィルトレーション

(5-9) 集合 T のすべての要素 $t \in T$ に対して確率変数 X_t (n 次元の確率変数 $X_t=(X_{1,t}, \cdots, X_{n,t})'$) が定まる時，これらの X_t の集合 $\{X_t : t \in T\}$ を T をパラメーターとする確率過程 (n 次元の確率過程) と言う．

実数の区間 $[0, T]$ または $[0, \infty)$ をパラメーターとする確率過程 (n 次元の確率過程) をそれぞれ $(X_t)_{0 \le t \le T}$，$(X_t)_{0 \le t < \infty}$ ($(X_t)_{0 \le t \le T}=((X_{1,t}, \cdots, X_{n,t})')_{0 \le t \le T}$, $(X_t)_{0 \le t < \infty}=((X_{1,t}, \cdots, X_{n,t})')_{0 \le t < \infty}$) と書く．

(5-10) 確率過程 $(X_t)_{0 \le t < \infty}$ (n 次元の確率過程 $(X_t)_{0 \le t < \infty}=((X_{1,t}, \cdots, X_{n,t})')_{0 \le t < \infty}$) が可測であるとは，すべての $A \in \mathfrak{B}(\boldsymbol{R})$ ($A \in \mathfrak{B}(\boldsymbol{R}^n)$) に対して集合 $\{(t, \omega) : 0 \le t < \infty, \omega \in \Omega, X_t(\omega) \in A\}$ が $\mathfrak{B}[0, \infty) \otimes \mathfrak{F}$ に属することを言う（ここで，$\mathfrak{B}[0, \infty) \otimes \mathfrak{F}$ は $\mathfrak{B}[0, \infty)$ と $\mathfrak{F}$ の積 σ 加法族である）[注2)]．

(5-11) $(\Omega, \mathfrak{F}, P)$ が確率空間である時，次の条件を満たす $\mathfrak{F}_t$ ($0 \le t < \infty$) の

集合 $\{\mathfrak{F}_t : 0 \leq t < \infty\}$ をフィルトレーションと言う．

(1)　$\mathfrak{F}_t$ $(0 \leq t < \infty)$ は $\mathfrak{F}$ に含まれる σ 加法族である．

(2)　$0 \leq s < t < \infty$ ならば $\mathfrak{F}_s \subset \mathfrak{F}_t$ である．

フィルトレーション $\{\mathfrak{F}_t : 0 \leq t < \infty\}$ を $(\mathfrak{F}_t)_{0 \leq t < \infty}$ と表わす．

フィルトレーション $(\mathfrak{F}_t)_{0 \leq t < \infty}$ に対し $\mathfrak{F}_\infty = \sigma(\bigcup_{0 \leq t < \infty} \mathfrak{F}_t)$ と定める[注3]．

(5-12)　確率過程 $(X_t)_{0 \leq t < \infty}$ (n 次元の確率過程 $(X_t)_{0 \leq t < \infty} = ((X_{1,t}, \cdots, X_{n,t})')_{0 \leq t < \infty}$) がフィルトレーション $(\mathfrak{F}_t)_{0 \leq t < \infty}$ に適合的であるとは，すべての X_t ($X_t = (X_{1,t}, \cdots, X_{n,t})'$) が $\mathfrak{F}_t$ 可測なことである．

(5-13)　確率過程 $(X_t)_{0 \leq t < \infty}$ (n 次元の確率過程 $(X_t)_{0 \leq t < \infty} = ((X_{1,t}, \cdots, X_{n,t})')_{0 \leq t < \infty}$) が，フィルトレーション $(\mathfrak{F}_t)_{0 \leq t < \infty}$ に関して発展的可測であるとは，すべての $0 \leq t < \infty$ と $A \in \mathfrak{B}(\boldsymbol{R})$ ($A \in \mathfrak{B}(\boldsymbol{R}^n)$) に対して，集合 $\{(s, \omega) : 0 \leq s \leq t, \omega \in \Omega, X_s(\omega) \in A\}$ が $\mathfrak{B}[0, t] \otimes \mathfrak{F}_t$ に属することを言う[注4]．

4　停止時刻

(5-14)　$(\Omega, \mathfrak{F}, P)$ は確率空間，$(\mathfrak{F}_t)_{0 \leq t < \infty}$ はフィルトレーションとする．

確率変数 τ が $(\mathfrak{F}_t)_{0 \leq t < \infty}$ に関する停止時刻であるとは，次の条件が成り立つことを言う．

(1)　τ は 0 と ∞ の間の値をとる．

(2)　すべての $0 \leq t$ に対して $\{\omega : \tau(\omega) \leq t\}$ は $\mathfrak{F}_t$ に属する．

(5-15)　フィルトレーション $(\mathfrak{F}_t)_{0 \leq t < \infty}$ に関する停止時刻について次の(1)(2)が成り立つ．

(1)　定数 $t \geq 0$ に等しい確率変数 τ は停止時刻である．

(2)　τ と σ が停止時刻ならば $\tau \wedge \sigma$，$\tau \vee \sigma$，$\tau + \sigma$ も停止時刻である．

(5-16)　フィルトレーション $(\mathfrak{F}_t)_{0 \leq t < \infty}$ が右連続であるとは，すべての $0 \leq t < \infty$ に対して $\mathfrak{F}_t = \bigcap_{0 < \varepsilon} \mathfrak{F}_{t+\varepsilon}$ となることを言う．

(5-17)　フィルトレーション $(\mathfrak{F}_t)_{0 \leq t < \infty}$ は右連続とする．

$\tau_n (1 \leq n < \infty)$ が停止時刻であれば $\sup_{1 \leq n < \infty} \tau_n$，$\inf_{1 \leq n < \infty} \tau_n$，$\overline{\lim}_{n \to \infty} \tau_n$，$\underline{\lim}_{n \to \infty} \tau_n$ も停止時刻である．

(5-18)　$(\Omega, \mathfrak{F}, P)$ は確率空間，$(\mathfrak{F}_t)_{0 \leq t < \infty}$ はフィルトレーション，τ は

$(\mathfrak{F}_t)_{0\leq t<\infty}$ に関する停止時刻とする．

次の条件を満たす集合 $A\in\mathfrak{F}$ から成る σ 加法族を $\mathfrak{F}_\tau$ で表す．

・すべての $0\leq t$ に対し $A\cap\{\omega : \tau(\omega)\leq t\}\in\mathfrak{F}_t$

$\mathfrak{F}_\tau$ を停止時刻 τ における情報と言う．

(5-19)

(1)　σ, τ が停止時刻で $\sigma\leq\tau$ ならば $\mathfrak{F}_\sigma\subset\mathfrak{F}_\tau$ である．

(2)　停止時刻 τ は $\mathfrak{F}_\tau$ 可測である．

(3)　確率過程 $(X_t)_{0\leq t<\infty}$ が $(\mathfrak{F}_t)_{0\leq t<\infty}$ に関して発展的可測であり，τ が $(\mathfrak{F}_t)_{0\leq t<\infty}$ に関する停止時刻で，$0\leq\tau<\infty$ であれば $X_{\tau(\omega)}(\omega)$ は $\mathfrak{F}_\tau$ 可測な確率変数である．

5　マルチンゲール

確率空間 $(\Omega, \mathfrak{F}, P)$ とフィルトレーション $(\mathfrak{F}_t)_{0\leq t<\infty}$ が与えられているとする．

(5-20)　確率過程 $X=(X_t)_{0\leq t<\infty}$ が $(\mathfrak{F}_t)_{0\leq t<\infty}$ に適合的であり，かつ $\mathrm{E}[|X_t|]<\infty$ $(0\leq t<\infty)$ である時，

(1)　X がマルチンゲールであるとは，$0\leq s<t<\infty$ ならば $\mathrm{E}[X_t|\mathfrak{F}_s]=X_s$ $(a.e.)$ であることを言う．

(2)　X がスーパーマルチンゲールであるとは，$0\leq s<t<\infty$ ならば $\mathrm{E}[X_t|\mathfrak{F}_s]\leq X_s$ $(a.e.)$ であることを言う．

(3)　X がサブマルチンゲールであるとは，$0\leq s<t<\infty$ ならば $\mathrm{E}[X_t|\mathfrak{F}_s]\geq X_s$ $(a.e.)$ であることを言う．

確率過程 $X=(X_t)_{0\leq t<\infty}$ が確率 1 で右連続（連続）とは $P(\{\omega : X_t(\omega)$ が $0\leq t<\infty$ で右連続（連続）$\})=1$ であることを言う．

(5-21)　$X=(X_t)_{0\leq t<\infty}$ は $(\mathfrak{F}_t)_{0\leq t<\infty}$ に関するスーパーマルチンゲール（サブマルチンゲール）で確率 1 で右連続とする．

τ_1, τ_2, は $(\mathfrak{F}_t)_{0\leq t<\infty}$ に関する停止時刻で，$\tau_1\leq\tau_2\leq c$ となる実数 c が存在するとする．

この時 X_{τ_1}, X_{τ_2} は可積分で，$\mathrm{E}[X_{\tau_2}|\mathfrak{F}_{\tau_1}]\leq X_{\tau_1}$ $(a.e.)$ $(\mathrm{E}[X_{\tau_2}|\mathfrak{F}_{\tau_1}]\geq X_{\tau_1}$ $(a.e.))$ である．

(5-22)　$X=(X_t)_{0\leq t<\infty}$ は $(\mathfrak{F}_t)_{0\leq t<\infty}$ に関するマルチンゲールで，確率1で右連続とする．

$\tau_1, \tau_2,$ は $(\mathfrak{F}_t)_{0\leq t<\infty}$ に関する停止時刻で，$\tau_1\leq\tau_2\leq c$ となる実数 c が存在するとする．

この時 X_{τ_1}, X_{τ_2} は可積分で $\mathrm{E}[X_{\tau_2}|\mathfrak{F}_{\tau_1}]=X_{\tau_1}$ $(a.e.)$ である．

(5-21) (5-22) は Doob の optional sampling 定理と呼ばれる．

(5-23)　$X=(X_t)_{0\leq t<\infty}$ はサブマルチンゲールで，確率1で右連続とする．

次の仮定を置く．

- すべての X_t について $X_t\geq 0$ $(a.e.)$
- $0\leq\alpha<\beta<\infty$ であり，$p>1, q>1, \dfrac{1}{p}+\dfrac{1}{q}=1$ である．
- $\mathrm{E}[(X_\beta)^p]<\infty$

この時 $\mathrm{E}[(\sup_{\alpha\leq t\leq\beta} X_t)^p]\leq(q)^p\mathrm{E}[(X_\beta)^p]$ である．

この不等式を Doob の maximal inequality と呼ぶ．

$X=(X_t)_{0\leq t<\infty}$ がマルチンゲールであれば，$|X_t|$ から構成される確率過程 $(|X_t|)_{0\leq t<\infty}$ がサブマルチンゲールであることは良く知られている．この事実と (5-23) から次の命題を得る．

(5-24)　$X=(X_t)_{0\leq t<\infty}$ はマルチンゲールで確率1で右連続とする．

$0\leq\alpha<\beta<\infty$，$\mathrm{E}[|X_\beta|^2]<\infty$ ならば $\mathrm{E}[\sup_{\alpha\leq t\leq\beta}|X_t|^2]\leq 4\mathrm{E}[|X_\beta|^2]$ である．

最後にローカルマルチンゲールを定義しておく．

(5-25)　$X=(X_t)_{0\leq t<\infty}$ が $(\mathfrak{F}_t)_{0\leq t<\infty}$ に関するローカルマルチンゲールであるとは，次の条件が成り立つことを言う．

(1)　$X=(X_t)_{0\leq t<\infty}$ は $(\mathfrak{F}_t)_{0\leq t<\infty}$ に適合的である．

(2)　$(\mathfrak{F}_t)_{0\leq t<\infty}$ に関する停止時刻の列 $\{\tau_n\}_{0\leq n<\infty}$ で次の条件を満たすものが存在する．

- $\tau_n\leq\tau_{n+1}$，かつ $\lim_{n\to\infty}\tau_n=\infty$ $(a.e.)$
- すべての n について確率過程 $X^{(n)}=(X_{\tau_n\wedge t})_{0\leq t<\infty}$ は $(\mathfrak{F}_t)_{0\leq t<\infty}$ に関するマルチンゲールである．

ローカルマルチンゲールに関する次の補助的命題は後に度々使う．

(5-26)　$X=(X_t)_{0\leq t<\infty}$ が $(\mathfrak{F}_t)_{0\leq t<\infty}$ に関するローカルマルチンゲールで，X_t が確率1で連続であり，すべての t について $X_t\geq c$ となる実数 c が存在すれば，X は $(\mathfrak{F}_t)_{0\leq t<\infty}$ に関するスーパーマルチンゲールである．

ここまでの説明では，簡単のために確率過程とフィルトレーションはすべて $[0,\infty)$ 上で定義されているものとした．また停止時刻は $[0,\infty)$ で定義されたフィルトレーション $(\mathfrak{F}_t)_{0\le t<\infty}$ に基づいて定義した．マルチンゲールも $[0,\infty)$ 上で定義された確率過程とした．

ここまでの説明に倣って有限な閉区間 $[0, T]$ 上で定義された確率過程とフィルトレーションを考えることは容易である．停止時刻を $[0, T]$ 上で定義されたフィルトレーション $(\mathfrak{F}_t)_{0\le t\le T}$ に基づいて定義することもできる．マルチンゲールを $[0, T]$ 上で定義された確率過程として考えることもできる．

$[0, T]$ 上で定義された確率過程やフィルトレーションを用いてここまで述べた命題を書換えることは容易であるから，以下ではそれらの結果も自由に用いる．

6　ブラウン運動

$(\Omega, \mathfrak{F}, P)$ は確率空間，$(\mathfrak{F}_t)_{0\le t<\infty}$ はフィルトレーションとする．

(5-27)　$W=(W(t))_{0\le t<\infty}$ が $(\mathfrak{F}_t)_{0\le t<\infty}$ に関する標準的なブラウン運動であるとは，次の条件が成り立つことを言う．

- $W=(W(t))_{0\le t<\infty}$ は確率 1 で連続，かつ，$(\mathfrak{F}_t)_{0\le t<\infty}$ に適合的である．
- $W(0)=0$ $(a.e.)$
- $0\le s<t$ ならば $W(t)-W(s)$ は $\mathfrak{F}_s$ と独立である．
- $W(t)-W(s)$ の分布は，期待値が 0 分散が $(t-s)$ の正規分布である．

(5-28)　$W=(W(t))_{0\le t<\infty}=((W_1(t), \cdots, W_n(t))')_{0\le t<\infty}$ が $(\mathfrak{F}_t)_{0\le t<\infty}$ に関する標準的な n 次元のブラウン運動であるとは，次の条件が成り立つことを言う．

- $W_i=(W_i(t))_{0\le t<\infty}$ $(1\le i\le n)$ はすべて $(\mathfrak{F}_t)_{0\le t<\infty}$ に関する標準的なブラウン運動である．
- $W_i=(W_i(t))_{0\le t<\infty}$ $(1\le i\le n)$ は独立である．

以下では標準的なブラウン運動と，標準的な n 次元のブラウン運動のみを用いるので，単にブラウン運動または n 次元のブラウン運動という．

$W=(W(t))_{0\le t<\infty}$ が $(\mathfrak{F}_t)_{0\le t<\infty}$ に関するブラウン運動であるとしよう．この時

には $\mathfrak{F}_t^W=\sigma(W(s):0\leq s\leq t)$ と定めると，$\mathfrak{F}_t^W\subset\mathfrak{F}_t$ で $(\mathfrak{F}_t^W)_{0\leq t<\infty}$ はフィルトレーションであり，$W=(W(t))_{0\leq t<\infty}$ は $(\mathfrak{F}_t^W)_{0\leq t<\infty}$ に関するブラウン運動となる．また $\mathfrak{F}_t^W\subset\mathfrak{F}_t$ である．

このように $W=(W(t))_{0\leq t<\infty}$ が $(\mathfrak{F}_t)_{0\leq t<\infty}$ に関するブラウン運動であれば，フィルトレーション $(\mathfrak{F}_t)_{0\leq t<\infty}$ は $(\mathfrak{F}_t^W)_{0\leq t<\infty}$ より大きい．また $(\mathfrak{F}_t)_{0\leq t<\infty}$ と $(\mathfrak{F}_t^W)_{0\leq t<\infty}$ が一致するとは限らない．この点には注意しておく必要がある．

7　確率積分

ブラウン運動に基づく確率積分についてまとめておく．

ブラウン運動に基づく確率積分は，ランダムな衝撃の下で連続的に変化していく変数を記述するための数学的道具である．そのため，確率積分によって株式，債券，利子率などの変動を記述することができる．

$(\Omega,\mathfrak{F},P)$ は完備な確率空間，$(\mathfrak{F}_t)_{0\leq t<\infty}$ はフィルトレーション，$W=(W(t))_{0\leq t<\infty}$ は $(\mathfrak{F}_t)_{0\leq t<\infty}$ に関するブラウン運動とする．

$(\mathfrak{F}_t)_{0\leq t<\infty}$ は次の2つの条件を満たすとする．

完備性：$P(A)=0$ ならば $A\in\mathfrak{F}_0$ である．

右連続性：すべての $\mathfrak{F}_t$ について $\mathfrak{F}_t=\bigcap_{0<\varepsilon}\mathfrak{F}_{t+\varepsilon}$

実例をあげておこう．

- $W=(W(t))_{0\leq t<\infty}$ は，$(\mathfrak{F}_t^W)_{0\leq t<\infty}$ に関するブラウン運動であるとする（$\mathfrak{F}_t^W=\sigma(W(s):0\leq s\leq t)$ である）．
  $P(A)=0$ となる $A\in\mathfrak{F}$ の集合を N で表し，$\mathfrak{F}_t=\sigma(\mathfrak{F}_t^W\cup N)$ とすると $(\mathfrak{F}_t)_{0\leq t<\infty}$ は完備性と右連続性を有する．
  また $W=(W(t))_{0\leq t<\infty}$ は $(\mathfrak{F}_t)_{0\leq t<\infty}$ に関するブラウン運動となる．
  この $(\mathfrak{F}_t)_{0\leq t<\infty}$ をブラウン運動 W に関する自然なフィルトレーションと言う．

前記のような $(\mathfrak{F}_t)_{0\leq t<\infty}$ と $(\mathfrak{F}_t)_{0\leq t<\infty}$ に関するブラウン運動 $W=(W(t))_{0\leq t<\infty}$ が与えられると，適当な条件を満たす確率過程 $X=(X(t))_{0\leq t\leq T}$ に対して確率積分 $\int_0^t X(s)dW(s)$ $(0\leq t\leq T)$ を定義することができる．

確率積分の定義では，被積分項である $X=(X(t))_{0\leq t\leq T}$ の範囲を順次拡大す

る．

(5-29)　次の条件を満たす $X=(X(t))_{0\le t\le T}$ の集合を S で表わす．

(1)　適当な $0=t_0<t_1<\cdots<t_n=T$ と確率変数 $\phi_0(\omega), \cdots, \phi_{n-1}(\omega)$ が存在して $t_i<t\le t_{i+1}$ ならば $X(t,\omega)=\phi_i(\omega)$ $(0\le i\le n-1)$．また $X(0,\omega)=\phi_0(\omega)$

(2)　$\phi_i(\omega)$ $(0\le i\le n-1)$ は $\mathfrak{F}_{t_i}$ 可測かつ有界である．

S に含まれる $X=(X(t))_{0\le t\le T}$ に対して (5-29) (1) (2)を満す $\phi_i(\omega)$ を用いて確率積分 $\left(\int_0^t X(s)dW(s)\right)_{0\le t\le T}$ を次のように定める．

(5-30)　$t_k<t\le t_{k+1}$ $(0\le k\le n-1)$ であれば $\int_0^t X(s)dW(s)=\sum_{i=0}^{k-1}\phi(t_i)(W(t_{i+1})-W(t_i))+\phi(t_k)(W(t)-W(t_k))$．なお $\int_0^0 X(s)dW(s)=0$

(5-31)　$X=(X(t))_{0\le t\le T}$ は S に含まれるとする．

(1)　$\left(\int_0^t X(s)dW(s)\right)_{0\le t\le T}$ は確率 1 で連続であり，$(\mathfrak{F}_t)_{0\le t\le T}$ に関するマルチンゲールである．

(2)　$\left(\int_0^t X(s)dW(s)\right)_{0\le t\le T}$ は自乗可積分であり $\mathrm{E}\left[\left(\int_0^t X(s)dW(s)\right)^2\right]=\mathrm{E}\left[\int_0^t X^2(s)ds\right]$

(3)　$\mathrm{E}\left[\sup_{0\le t\le T}\left|\int_0^t X(s)dW(s)\right|^2\right]\le 4\mathrm{E}\left[\int_0^T X^2(s)ds\right]$

(4)　$X=(X(t))_{0\le t\le T}$ と $X'=(X'(t))_{0\le t\le T}$ がいずれも S に含まれ，$A\in\mathfrak{F}$ に対して，$\omega\in A$ ならば $X(t,\omega)=X'(t,\omega)$ $(0\le t\le T)$ とする．

この時には $\omega\in A$ ならば $\int_0^t X(s)dW(s)=\int_0^t X'(s)dW(s)$ $(0\le t\le T)$ である．

(1)(2)はブラウン運動に関する次の事実から容易に分かる．

- $0\le s<t<u$ ならば $\mathrm{E}[W(u)-W(t)|\mathfrak{F}_s]=0$
- $0\le s<t\le u<v$ ならば $\mathrm{E}[(W(v)-W(u))(W(t)-W(s))]=0$
- $0\le s\le t$ ならば $\mathrm{E}[(W(t)-W(s))^2]=t-s$

(3)は不等式 (5-24) による．また(4)は明らかである．

次に確率積分が定義される $X=(X(t))_{0\le t\le T}$ の範囲を S を含む集合 L に拡張する（この拡張に際して S に含まれる $X=(X(t))_{0\le t\le T}$ に対しては確率積分 $\left(\int_0^t X(s)dW(s)\right)_{0\le t\le T}$ が (5-30) で定めたものと一致するようにする）．

(5-32)　次の条件を満たす $X=(X(t))_{0\le t\le T}$ の集合を L で表す．$S\subset L$ であ

る．

(1)　$X=(X(t))_{0\leq t\leq T}$ は $(\mathfrak{F}_t)_{0\leq t\leq T}$ に関して発展的可測である．

(2)　$\mathrm{E}\left[\int_0^T X^2(s)ds\right]<\infty$

$X=(X(t))_{0\leq t\leq T}$ が L に属していれば，S に属する確率過程の列 $X^{(n)}=(X^{(n)}(t))_{0\leq t\leq T}$ で $\lim_{n\to\infty}\mathrm{E}\left[\int_0^T|X^{(n)}(s)-X(s)|^2ds\right]=0$ となるものが存在する．

また $X^{(n)}$ は S に属するから $\left(\int_0^t X^{(n)}(s)dW(s)\right)_{0\leq t\leq T}$ が (5-30) によって定義されている．

この事実と不等式 (5-31) (3)を用いると確率過程 $\left(\int_0^t X^{(n)}(s)dW(s)\right)_{0\leq t\leq T}$ の極限として確率過程 $\left(\int_0^t X(s)dW(s)\right)_{0\leq t\leq T}$ を定義することができる．

・その際 $\left(\int_0^t X(s)dW(s)\right)_{0\leq t\leq T}$ は確率1で連続であるようにとれる．

・$\left(\int_0^t X^{(n)}(s)dW(s)\right)_{0\leq t\leq T}$ が自乗可積分なマルチンゲールであることから $\left(\int_0^t X(s)dW(s)\right)_{0\leq t\leq T}$ も自乗可積分なマルチンゲールとなる．

・$\mathrm{E}\left[\left(\int_0^t X^{(n)}(s)dW(s)\right)^2\right]=\mathrm{E}\left[\int_0^t(X^{(n)}(s))^2ds\right]$ となることから $\mathrm{E}\left[\left(\int_0^t X(s)dW(s)\right)^2\right]=\mathrm{E}\left[\int_0^t X^2(s)ds\right]$ となる．

これらを含め $\left(\int_0^t X(s)dW(s)\right)_{0\leq t\leq T}$ については次の事実が成り立つ．

(5-33)　$X=(X(t))_{0\leq t\leq T}$ は L に含まれるとする．

・$\left(\int_0^t X(s)dW(s)\right)_{0\leq t\leq T}$ は (5-31) (1)〜(3)を満たす．

・$X=(X(t))_{0\leq t\leq T}$ と $X'=(X'(t))_{0\leq t\leq T}$ がいずれも L に含まれ，$A\in\mathfrak{F}$ に対して，$\omega\in A$ ならば $X(t,\omega)=X'(t,\omega)$ $(0\leq t\leq T)$ とする．
この時には A 上のほとんど至る所で $\int_0^t X(s)dW(s)=\int_0^t X'(s)dW(s)$ $(0\leq t\leq T)$ である．

次に確率積分が定義される $X=(X(t))_{0\leq t\leq T}$ の範囲を L を含む集合 $\tilde{L}$ に拡張する（この拡張に際して L に含まれる $X=(X(t))_{0\leq t\leq T}$ に対しては確率積分 $\left(\int_0^t X(s)\,dW(s)\right)_{0\leq t\leq T}$ はこれまでの定義と一致するようにする)．

(5-34)　次の条件を満たす $X=(X(t))_{0\leq t\leq T}$ の集合を $\tilde{L}$ で表わす．

(1)　$X=(X(t))_{0\leq t\leq T}$ は $(\mathfrak{F}_t)_{0\leq t\leq T}$ に関して発展的可測である．

(2)　$\int_0^T X^2(s)ds < \infty$　$(a.e.)$

$\tilde{L}$ に含まれる $X=(X(t))_{0\le t\le T}$ に対して停止時刻 τ_n を $\tau_n = \inf\left\{t : \int_0^t X^2(s)ds \ge n\right\} \wedge T$ によって定め，$X^{(n)}(t) = X(t)\, 1_{\{t\le\tau_n\}}$ とすると，$X^{(n)} = (X^{(n)}(t))_{0\le t\le T}$ は L に属するから $\left(\int_0^t X^{(n)}(s)dW(s)\right)_{0\le t\le T}$ が定義される．

また $A_n = \left\{\omega : \int_0^T X^2(s)ds \le n\right\}$ とすると，$n<m$ ならば $\omega\in A_n$ に対して $X^{(n)}(t,\omega) = X^{(m)}(t,\omega)$ $(0\le t\le T)$ だから，(5-33) の後半の主張より A_n 上のほとんど至る所で $\int_0^t X^{(n)}(s)dW(s) = \int_0^t X^{(m)}(s)dW(s)$ $(0\le t\le T)$ である．

この事実を利用すると，$\left(\int_0^t X^{(n)}(s)dW(s)\right)_{0\le t\le T}$ の確率収束極限として $\left(\int_0^t X(s)\, dW(s)\right)_{0\le t\le T}$ を定義することができる．

(5-35)　$X=(X(t))_{0\le t\le T}$ は $\tilde{L}$ に含まれるとする．

(1)　$\left(\int_0^t X(s)dW(s)\right)_{0\le t\le T}$ は確率 1 で連続なローカルマルチンゲールである．

(2)　$X=(X(t))_{0\le t\le T}$，$X^{(n)} = (X^{(n)}(t))_{0\le t\le T}$ $(1\le n<\infty)$ がすべて $\tilde{L}$ に含まれ，$n\to\infty$ の時に $\int_0^T |X^{(n)}(s) - X(s)|^2 ds$ が 0 に確率収束するとする．

この時には，$\sup_{0\le t\le T}\left|\int_0^t X^{(n)}(s)dW(s) - \int_0^t X(s)dW(s)\right|$ は $n\to\infty$ とすると 0 に確率収束する．

ここまでの結論は次のとおりである．

- $\tilde{L}$ に属する $X=(X(t))_{0\le t\le T}$ に対して確率積分 $\left(\int_0^t X(s)dW(s)\right)_{0\le t\le T}$ を定義して (5-35) (1) (2)が成り立つようにできる．
- 特に $X=(X(t))_{0\le t\le T}$ が L に属すれば，$\left(\int_0^t X(s)dW(s)\right)_{0\le t\le T}$ について (5-33) が成り立つ．
- 特に $X=(X(t))_{0\le t\le T}$ が S に属する場合には $\left(\int_0^t X(s)dW(s)\right)_{0\le t\le T}$ は (5-30) によって計算することができる．

ここまでの結果を利用して n 次元のブラウン運動に基づく確率積分を定義しておこう．

$W=(W(t))_{0\le t<\infty} = ((W_1(t), \cdots, W_n(t))')_{0\le t<\infty}$ は $(\mathfrak{F}_t)_{0\le t<\infty}$ に関する n 次元の

ブラウン運動で，$(\mathfrak{F}_t)_{0\le t<\infty}$ は完備性と右連続性の条件を満たすとする．

実例をあげれば次のとおりである．

・ $W=(W(t))_{0\le t<\infty}=((W_1(t),\cdots,W_n(t))')_{0\le t<\infty}$ は $(\mathfrak{F}_t^W)_{0\le t<\infty}$ に関するブラウン運動であるとする（$\mathfrak{F}_t^W=\sigma(W_1(s),\cdots,W_n(s):0\le s\le t)$ である）．

$P(\mathrm{A})=0$ となる $A\in\mathfrak{F}$ の集合を N で表わし，$\mathfrak{F}_t=\sigma(\mathfrak{F}_t^W\cup N)$ とすると $(\mathfrak{F}_t)_{0\le t<\infty}$ は完備性と右連続性を有する．

また $W=(W(t))_{0\le t<\infty}=((W_1(t),\cdots,W_n(t))')_{0\le t<\infty}$ は $(\mathfrak{F}_t)_{0\le t<\infty}$ に関するブラウン運動になる．

この $(\mathfrak{F}_t)_{0\le t<\infty}$ を n 次元のブラウン運動 W に関する自然なフィルトレーションと言う．

このような n 次元のブラウン運動が与えられると，それぞれの $W_i=(W_i(t))_{0\le t<\infty}$ は，$(\mathfrak{F}_t)_{0\le t<\infty}$ に関する n 個の独立なブラウン運動となる．従ってこれまで述べたところにより $\tilde{L}$ に属する $X=(X(t))_{0\le t\le T}$ に対して，それぞれの W_i に基づく確率積分 $\left(\int_0^t X(s)dW_i(s)\right)_{0\le t\le T}$ を定義することができる．

このように n 次元のブラウン運動が存在すれば，それに応じて n 種類の確率積分が定まるのである．

8　伊藤の公式

$x(t)$ が連続関数 $h(t)$ によって $x(t)=x(0)+\int_0^t h(s)ds$ と表わされ，$f(x)$ が連続微分可能であれば，$f(x(t))=f(x(0))+\int_0^t f'(x(s))h(s)ds$ である．

伊藤の公式は，確率積分を用いて表される伊藤過程と呼ばれる確率過程 $X=(X(t))_{0\le t\le T}$ と，2回連続微分可能な函数 $f(x)$ とから作られる，確率過程 $f(X(t))$ に対して前記の関係式に相当する関係式を与えるものである．

(5-36)　$(\Omega,\mathfrak{F},P)$ は完備な確率空間，$(\mathfrak{F}_t)_{0\le t<\infty}$ は完備性と右連続性を満たすフィルトレーションで，$W=(W(t))_{0\le t<\infty}$ は $(\mathfrak{F}_t)_{0\le t<\infty}$ に関するブラウン運動とする．

　$X=(X(t))_{0\le t\le T}$ が伊藤過程であるとは，次の条件を満たす $X(0)$，$Y=(Y(t))_{0\le t\le T}$，$Z=(Z(t))_{0\le t\le T}$ が存在して，確率1ですべての t（$0\le t\le T$）に対して

$X(t)=X(0)+\int_0^t Y(s)ds+\int_0^t Z(s)dW(s)$ となることを言う.

(1)　$Y=(Y(t))_{0\le t\le T}$ と $Z=(Z(t))_{0\le t\le T}$ は $(\mathfrak{F}_t)_{0\le t\le T}$ に関して発展的可測である.

(2)　$\int_0^T |Y(s)|ds<\infty$　$(a.e.)$

(3)　$\int_0^T Z^2(s)ds<\infty$　$(a.e.)$

(4)　$X(0)$ は $\mathfrak{F}_0$ 可測である.

伊藤過程の分解は一義的である. 即ち次のとおりである.

(5-37)　$X=(X(t))_{0\le t\le T}$ が伊藤過程であり, $X(0)$, $Y=(Y(t))_{0\le t\le T}$, $Z=(Z(t))_{0\le t\le T}$ の組合せが (5-36) (1)〜(4)を満たし, $X(0)$, $Y'=(Y'(t))_{0\le t\le T}$, $Z'=(Z'(t))_{0\le t\le T}$ の組合せが (5-36) (1)〜(4)を満たして, 確率 1 ですべての t $(0\le t\le T)$について

$$X(t)=X(0)+\int_0^t Y(s)ds+\int_0^t Z(s)dW(s)$$
$$=X(0)+\int_0^t Y'(s)ds+\int_0^t Z'(s)dW(s)$$

であれば, $[0, T]\times\Omega$ で $\lambda\otimes P$ に関してほとんど至る所で $Y(t,\omega)=Y'(t,\omega)$, $Z(t,\omega)=Z'(t,\omega)$ となる[注5)].

次の伊藤の公式は確率積分の理論で最も重要なものである.

(5-38)　$X=(X(t))_{0\le t\le T}$ は伊藤過程であり, 確率 1 ですべての t $(0\le t\le T)$ について $X(t)=X(0)+\int_0^t Y(s)ds+\int_0^t Z(s)dW(s)$　とする.

ここで $X(0)$, $Y=(Y(t))_{0\le t\le T}$, $Z=(Z(t))_{0\le t\le T}$ は (5-36) (1)〜(4)を満たすとする. また $f(x)$ は 2 回連続微分可能とする.

この時には, $(f(X(t)))_{0\le t\le T}$ も伊藤過程であり

$$f(X(t))=f(X(0))+\int_0^t f'(X(s))Y(s)ds+\int_0^t f'(X(s))Z(s)dW(s)$$
$$+\frac{1}{2}\int_0^t f''(X(s))Z^2(s)ds$$

である.

一般に $X=(X(t))_{0\le t\le T}$ が (5-36) (1)〜(4) を満たす $X(0)$, $Y=(Y(t))_{0\le t\le T}$, $Z=(Z(t))_{0\le t\le T}$ によって $X(t)=X(0)+\int_0^t Y(s)ds+\int_0^t Z(s)dW(s)$ と表わされることを, $dX(t)=Y(t)dt+Z(t)dW(t)$ と書くこととしよう.

この記号を用いると (5-38) は次のように表わすことができる．

・ $dX(t) = Y(t)dt + Z(t)dW(t)$ ならば

$$df(X(t)) = f'(X(t))Y(t)dt + f'(X(t))Z(t)dW(t) + \frac{1}{2}f''(X(t))Z^2(t)dt$$

この式は，$dX(t) = Y(t)dt + Z(t)dW(t)$ を用いて，形式的に，$df(X(t)) = f'(X(t))dX(t) + \frac{1}{2}f''(X(t))Z^2(t)dt$ と表わされる．

次に n 次元のブラウン運動が存在して，n 種類の確率積分が存在する場合に伊藤の公式を拡張しておく．

$W = (W(t))_{0 \le t < \infty} = ((W_1(t), \cdots, W_n(t))')_{0 \le t < \infty}$ は $(\mathfrak{F}_t)_{0 \le t < \infty}$ に関するブラウン運動で，$(\mathfrak{F}_t)_{0 \le t < \infty}$ は完備性と右連続性の条件を満たし，$\tilde{L}$ に含まれる $X = (X(t))_{0 \le t \le T}$ に対して n 種類の確率積分 $\left(\int_0^t X(s)dW_i(s)\right)_{0 \le t \le T}$ が定義されるとしよう．

(5-39)　$X = (X(t))_{0 \le t \le T}$ が伊藤過程であるとは，次の条件を満たす $X(0)$，$Y = (Y(t))_{0 \le t \le T}$，$Z_i = (Z_i(t))_{0 \le t \le T} (1 \le i \le n)$ が存在して，確率 1 ですべての t $(0 \le t \le T)$ について，$X(t) = X(0) + \int_0^t Y(s)ds + \sum_{i=1}^n \int_0^t Z_i(s)dW_i(s)$ となることである．

(1)　$Y = (Y(t))_{0 \le t \le T}$，$Z_i = (Z_i(t))_{0 \le t \le T}$ $(1 \le i \le n)$ は，$(\mathfrak{F}_t)_{0 \le t \le T}$ に関して発展的可測である．

(2)　$\int_0^T |Y(s)|ds < \infty$ $(a.e.)$

(3)　$\int_0^T Z_i^2(s)ds < \infty$ $(a.e.)$ $(1 \le i \le n)$

(4)　$X(0)$ は $\mathfrak{F}_0$ 可測

伊藤過程の分解の一意性が成り立つことは (5-37) と同じである．

(5-40)　$X_i = (X_i(t))_{0 \le t \le T}$ $(1 \le i \le p)$ がすべて伊藤過程であり，各 X_i について

$$X_i(t) = X_i(0) + \int_0^t Y_i(s)ds + \sum_{j=1}^n \int_0^t Z_i^j(s)dW_j(s) \text{ とする．}$$

ここで $X_i(0)$，$Y_i = (Y_i(t))_{0 \le t \le T}$，$Z_i^j = (Z_i^j(t))_{0 \le t \le T}$ $(1 \le j \le n)$ は，(5-39) (1)〜(4)を満たす確率過程である．

また $f(t, x_1, \cdots, x_p)$ は $[0, \infty) \times \boldsymbol{R}^p$ 上で定義され，t について 1 回連続微分可能，x_i について 2 回連続微分可能とする．

この時には $(f(t, X_1(t), \cdots, X_p(t)))_{0\le t\le T}$ も伊藤過程であり

$$
\begin{aligned}
f(t, X_1(t), \cdots, X_p(t)) &= f(0, X_1(0), \cdots, X_p(0)) \\
&+ \int_0^t \frac{\partial f}{\partial s}(s, X_1(s), \cdots, X_p(s))ds + \sum_{i=1}^{p}\int_0^t \frac{\partial f}{\partial x_i}(s, X_1(s), \cdots, X_p(s))dX_i(s) \\
&+ \frac{1}{2}\sum_{i,j=1}^{p}\int_0^t \frac{\partial^2 f}{\partial x_i \partial x_j}(s, X_1(s), \cdots, X_p(s))(\sum_{r=1}^{n} Z_i^r(s)Z_j^r(s))ds
\end{aligned}
$$

ただし右辺第3項に現われる $dX_i(s)$ は，$dX_i(s)= Y_i(s)ds+\sum_{j=1}^{n} Z_i^j(s)dW_j(s)$ を略して書いたものである．

(5-40) を微分形で書けば次のとおりである．

- $dX_i(t)= Y_i(t)dt+\sum_{j=1}^{n} Z_i^j(t)dW_j(t)$ $(1\le i\le p)$ ならば

$$
\begin{aligned}
df(t, X_1(t), \cdots, X_p(t)) &= \frac{\partial f}{\partial t}(t, X_1(t), \cdots, X_p(t))dt \\
&+ \sum_{i=1}^{p}\frac{\partial f}{\partial x_1}(t, X_1(t), \cdots, X_p(t))dX_i(t) \\
&+ \frac{1}{2}\sum_{i,j=1}^{p}\frac{\partial^2 f}{\partial x_i \partial x_j}(t, X_1(t), \cdots, X_p(t))(\sum_{r=1}^{n} Z_i^r(t)Z_j^r(t))dt
\end{aligned}
$$

(5-40) を用いて部分積分の公式を導いておこう．

$X(t)=X(0)+\int_0^t Y(s)ds+\sum_{j=1}^{n}\int_0^t Z_j(s)dW_j(s)$，$X'(t)=X'(0)+\int_0^t Y'(s)ds+\sum_{j=1}^{n}\int_0^t Z_j'(s)dW_j(s)$ として $X(t)X'(t)$ に (5-40) を適用すると次の部分積分の公式を得る．

(5-41)
$$
\begin{aligned}
X(t)X'(t) &= X(0)X'(0)+\int_0^t X'(s)dX(s)+\int_0^t X(s)dX'(s) \\
&+ \int_0^t (\sum_{j=1}^{n} Z_j(s)Z_j'(s))ds
\end{aligned}
$$

微分形で書けば次のとおりである．

- $dX(t)= Y(t)dt+\sum_{j=1}^{n} Z_j(t)dW_j(t)$，$dX'(t)= Y'(t)dt+\sum_{j=1}^{n} Z'_j(t)dW_j(t)$ ならば $d(X(t)X'(t))=X'(t)\,dX(t)+X(t)\,dX'(t)+(\sum_{j=1}^{n} Z_j(t)Z_j'(t))dt$

9　Girsanov の定理とマルチンゲールの表現定理

この節では確率積分に関する基礎的な定理を2つ紹介する．いずれも連続的時間変数の仮定の下での条件付請求権の価格の決定のために用いられる．

まず Girsanov の定理を述べる．

第II部では連続的時間変数の仮定の下で条件付請求権の価格の決まり方を調べるが，そのために，まず，株式・証券の価格をブラウン運動に基づく確率積分を用いて表わす．そのうえで，第I部と同様に新たな確率測度を導入してこの新たな確率測度を用いて条件付請求権の価格を表わす．

この過程でGirsanovの定理が役立つ．これは，Girsanovの定理が，確率測度の変換に伴って，新旧の確率測度の下でのブラウン運動がどのように対応するかを明らかにするからである．

次の命題がGirsanovの定理である．

(5-42)　次の仮定を置く．

(1)　$(\Omega, \mathfrak{F}, P)$ は完備な確率空間，$W=(W(t))_{0\le t<\infty}=((W_1(t), \cdots, W_n(t))')_{0\le t<\infty}$ は $(\mathfrak{F}_t)_{0\le t<\infty}$ に関する n 次元のブラウン運動で，$(\mathfrak{F}_t)_{0\le t<\infty}$ は W に関する自然なフィルトレーションである．

(2)　$X_i=(X_i(t))_{0\le t\le T}$　$(1\le i\le n)$　はすべて $(\mathfrak{F}_t)_{0\le t\le T}$ に関して発展的可測で $\int_0^T X_i^2(s)ds<\infty$　$(a.e.)$　$(1\le i\le n)$　である．

(3)　$\alpha(t)=\exp\left[-\sum_{i=1}^n\int_0^t X_i(s)dW_i(s)-\frac{1}{2}\sum_{i=1}^n\int_0^t X_i^2(s)ds\right]$ とすると，$(\alpha(t))_{0\le t\le T}$ は $(\mathfrak{F}_t)_{0\le t\le T}$ に関するマルチンゲールである．

以上の前提の下で，$\mathfrak{F}_T$ 上の確率測度 P_T を，$A\in\mathfrak{F}_T$ に対して $P_T(A)=\mathrm{E}[1_A\,\alpha(T)]$ と定める．即ち $\frac{dP_T}{dP}=\alpha(T)$ となるように P_T を定める．

また n 次元の確率過程 $\tilde{W}=(\tilde{W}(t))_{0\le t\le T}=((\tilde{W}_1(t), \cdots, \tilde{W}_n(t))')_{0\le t\le T}$ を $\tilde{W}_i(t)=W_i(t)+\int_0^t X_i(s)ds$　$(1\le i\le n,\ 0\le t\le T)$　によって定める．

すると，$\tilde{W}=(\tilde{W}(t))_{0\le t\le T}=((\tilde{W}_1(t), \cdots, \tilde{W}_n(t))')_{0\le t\le T}$ は，$(\Omega, \mathfrak{F}_T, P_T)$ 上の確率過程として，$(\mathfrak{F}_t)_{0\le t\le T}$ に関する n 次元のブラウン運動となる．

この定理で重要なことは，$\tilde{W}$ を，最初に設定した確率空間 $(\Omega, \mathfrak{F}, P)$ 上の確率過程としてではなく，新たな確率測度 P_T を持つ別の確率空間 $(\Omega, \mathfrak{F}_T, P_T)$ 上の確率過程と見なす点にある．$(\Omega, \mathfrak{F}_T, P_T)$ 上の確率過程としての $\tilde{W}$ が $(\mathfrak{F}_t)_{0\le t\le T}$ に関するブラウン運動となるのである．

なお，$\alpha(t)=\exp\left[-\sum_{i=1}^n\int_0^t X_i(s)dW_i(s)-\frac{1}{2}\sum_{i=1}^n\int_0^t X_i^2(s)ds\right]$ がマルチンゲールとなるための一つの十分条件は，$\mathrm{E}\left[\exp\left(\frac{1}{2}\sum_{i=1}^n\int_0^T X_i^2(s)ds\right)\right]<\infty$ となることである．これはNovikovの条件と呼ばれる[注6)]．

次にマルチンゲールの表現定理を述べる．

第I部では，条件付請求権の価格を決定する際に証券価格のモデルが完備であると便利であることを見た．

連続的時間変数の仮定の下では，モデルが完備であることはもう少し重要な役割を果たす．マルチンゲールの表現定理はモデルが完備であることを示すのに役立つ．

次の命題がマルチンゲールの表現定理である．

(5-43)　次の仮定を置く．

(1)　$(\Omega, \mathfrak{F}, P)$ は完備な確率空間，$W=(W(t))_{0\le t<\infty}=((W_1(t), \cdots, W_n(t))')_{0\le t<\infty}$ は $(\mathfrak{F}_t)_{0\le t<\infty}$ に関する n 次元のブラウン運動で，$(\mathfrak{F}_t)_{0\le t<\infty}$ は W に関する自然なフィルトレーションである．

(2)　$(M(t))_{0\le t\le T}$ は $(\mathfrak{F}_t)_{0\le t\le T}$ に関するマルチンゲールで $\mathrm{E}[M^2(t)]<\infty$（$0\le t\le T$）である．

この時 $(\mathfrak{F}_t)_{0\le t\le T}$ に関して発展的可測で，$\mathrm{E}\left[\int_0^T X_i^2(s)ds\right]<\infty$ となる n 個の $X_i=(X_i(t))_{0\le t\le T}$ が存在して，すべての t（$0\le t\le T$）について $M(t)=M(0)+\sum_{i=1}^{n}\int_0^t X_i(s)dW_i(s)$（$a.e.$）となる．

(5-43) の系として次の命題が得られる．

(5-44)　(5-43) (1)を仮定し (5-43) (2)を次のように改める．

・$(M(t))_{0\le t\le T}$ は $(\mathfrak{F}_t)_{0\le t\le T}$ に関するマルチンゲールである．

この時 $(\mathfrak{F}_t)_{0\le t\le T}$ に関して発展的可測で，$\int_0^T X_i^2(s)ds<\infty$（$a.e.$）となる n 個の $X_i=(X_i(t))_{0\le t\le T}$ が存在して，すべての t（$0\le t\le T$）について $M(t)=M(0)+\sum_{i=1}^{n}\int_0^t X_i(s)dW_i(s)$（$a.e.$）となる[注7]．

10　いくつかの補助的命題

前節までの結果を用いて，後に必要となるいくつかの補助的命題を証明しておく．

第1に後に用いる確率微分方程式の解を求める．

$(\Omega, \mathfrak{F}, P)$ は完備な確率空間，$(\mathfrak{F}_t)_{0\le t<\infty}$ は完備性と右連続性を有するフィルト

レーションで，$W=(W(t))_{0\leq t<\infty}=((W_1(t),\cdots,W_n(t))')_{0\leq t<\infty}$ は $(\mathfrak{F}_t)_{0\leq t<\infty}$ に関する n 次元のブラウン運動とする．

(5-45)　$X=(X(t))_{0\leq t\leq T}$ に関する方程式 $dX(t)=X(t)[A(t)dt+\sum_{i=1}^{n}B_i(t)dW_i(t)]$ の解は

(5-46)　$X(t)=X(0)\exp\left[\int_0^t A(s)ds+\sum_{i=1}^{n}\int_0^t B_i(s)dW_i(s)-\frac{1}{2}\sum_{i=1}^{n}\int_0^t B_i^2(s)ds\right]$

である．

ここで $A=(A(t))_{0\leq t\leq T}$，$B_i=(B_i(t))_{0\leq t\leq T}$ $(1\leq i\leq n)$ は $(\mathfrak{F}_t)_{0\leq t\leq T}$ に関して発展的可測で，$\int_0^T|A(s)|ds<\infty$ $(a.e.)$，$\int_0^T B_i^2(s)ds<\infty$ $(a.e.)$ $(1\leq i\leq n)$ を満たす確率過程である．

【証明】

(5-46) で与えられる $X(t)$ が $dX(t)=X(t)[A(t)dt+\sum_{i=1}^{n}B_i(t)dW_i(t)]$ を満たすことは，伊藤の公式 (5-40) を用いて計算すれば分かる．

次に $Z(t)$ が $dZ(t)=Z(t)[A(t)dt+\sum_{i=1}^{n}B_i(t)dW_i(t)]$ を満たすと仮定する．

(5-46) で与えられる $X(t)$ を用いて $Y(t)=\frac{1}{X(t)}=\frac{1}{X(0)}\exp\left[-\int_0^t A(s)ds-\sum_{i=1}^{n}\int_0^t B_i(s)dW_i(s)+\frac{1}{2}\sum_{i=1}^{n}\int_0^t B_i^2(s)ds\right]$ を作り，$d[Z(t)Y(t)]$ を部分積分の公式 (5-41) に従って計算する．

$Z(t)$ については仮定より $dZ(t)=Z(t)[A(t)dt+\sum_{i=1}^{n}B_i(t)dW_i(t)]$ であり，$Y(t)$ については伊藤の公式より $dY(t)=Y(t)[-A(t)dt-\sum_{i=1}^{n}B_i(t)dW_i(t)+\sum_{i=1}^{n}B_i^2(t)dt]$ である．

従って $d[Z(t)Y(t)]=0$．これより $Z(t)Y(t)=Z(0)Y(0)$ を得る．

$Y(t)$ の定義を用いて書き直せば，$Z(t)=Z(0)\exp\left[\int_0^t A(s)ds+\sum_{i=1}^{n}\int_0^t B_i(s)dW_i(s)-\frac{1}{2}\sum_{i=1}^{n}\int_0^t B_i^2(s)ds\right]$ である．■

簡単のために $B=(B(t))_{0\leq t\leq T}=((B_1(t),\cdots,B_n(t))')_{0\leq t\leq T}$ に対して，$\sum_{i=1}^{n}\int_0^t B_i(s)dW_i(s)$ を $\int_0^t\langle B(s),dW(s)\rangle$ と書き，$\sum_{i=1}^{n}\int_0^t B_i^2(s)ds$ を $\int_0^t\|B(s)\|^2ds$ と書くこととしよう．

これを用いると先の方程式は $dX(t)=X(t)[A(t)dt+\langle B(t),dW(t)\rangle]$，(5-46) は $X(t)=X(0)\exp\left[\int_0^t A(s)ds+\int_0^t\langle B(s),dW(s)\rangle-\frac{1}{2}\int_0^t\|B(s)\|^2ds\right]$ と表わされる．

第２にマルチンゲールの表現定理を応用する．

そのため (5-43) (1)を仮定する．即ち $(\Omega,\mathfrak{F},P)$，$(\mathfrak{F}_t)_{0\leq t<\infty}$，$W$ に関する冒頭の仮定に加えて，$(\mathfrak{F}_t)_{0\leq t<\infty}$ が $W=(W(t))_{0\leq t<\infty}=((W_1(t),\cdots,W_n(t))')_{0\leq t<\infty}$ に関する自然なフィルトレーションであると仮定する．

Girsanov の定理には $\mathfrak{F}_T$ 上の確率測度 P_T が現れたが，この P_T は $\dfrac{dP_T}{dP}=\exp\left[-\int_0^T\langle X(s), dW(s)\rangle-\dfrac{1}{2}\int_0^T\|X(s)\|^2 ds\right]$ となるように定められた．

ここで n 次元の確率過程 $X=(X(t))_{0\le t\le T}=((X_1(t), \cdots, X_n(t))')_{0\le t\le T}$ は次の性質を満たす．

- $(\mathfrak{F}_t)_{0\le t\le T}$ に関して発展的可測で，$\int_0^T\|X(s)\|^2 ds<\infty$（*a. e.*）
- $\exp\left[-\int_0^t\langle X(s), dW(s)\rangle-\dfrac{1}{2}\int_0^t\|X(s)\|^2 ds\right]$ は $(\mathfrak{F}_t)_{0\le t\le T}$ に関するマルチンゲールである．

以下では (5-43)(1)を仮定し，$\mathfrak{F}_T$ 上で定義され P と同値な確率測度 $\tilde{P}$ は，すべて前記の P_T と同じ形に表わされることを示す．そのためにマルチンゲールの表現定理を用いる．

まず次の事実に注意しておく．

(5-47)　$M=(M(t))_{0\le t\le T}$ は $(\mathfrak{F}_t)_{0\le t\le T}$ に関するマルチンゲールで，確率1で連続，かつすべての t（$0\le t\le T$）に対して $M(t)>0$（*a. e.*）とする．

この時には $P(\{\omega : M(t)>0,\ 0\le t\le T\})=1$ である．

【証明】

停止時刻 τ を $\tau=\inf\{t : 0\le t\le T,\ M(t)=0\}\wedge T$ によって定める．

Doob の Optional Sampling 定理 (5-22) により $\mathrm{E}[M(\tau)]=\mathrm{E}[M(T)]$

他方 τ の定め方から $\mathrm{E}[M(\tau)]=\mathrm{E}[M(T) : \{\omega : M(t)>0, 0\le t\le T\}]$

以上の2つの等式と $M(T)>0$（*a. e.*）より

$P(\{\omega : M(t)>0, 0\le t\le T\})=1$ でなければならない．■

(5-48)　(5-43)(1)を仮定する．また，Z は $\mathfrak{F}_T$ 可測な確率変数で $Z>0$（*a. e.*），$\mathrm{E}(Z)=1$ を満たすとする．

この時次の条件を満たす n 次元の確率過程 $X=(X(t))_{0\le t\le T}=((X_1(t), \cdots, X_n(t))')_{0\le t\le T}$ が存在する．

(1)　X は $(\mathfrak{F}_t)_{0\le t\le T}$ に関して発展的可測であり，$\int_0^T\|X(s)\|^2 ds<\infty$（*a. e.*）である．

(2)　$\exp\left[-\int_0^t\langle X(s), dW(s)\rangle-\dfrac{1}{2}\int_0^t\|X(s)\|^2 ds\right]$（$0\le t\le T$）は $(\mathfrak{F}_t)_{0\le t\le T}$ に関するマルチンゲールである．

(3)　$Z=\exp\left[-\int_0^T\langle X(s), dW(s)\rangle-\dfrac{1}{2}\int_0^T\|X(s)\|^2 ds\right]$

【証明】

$M(t)=\mathrm{E}[Z|\mathfrak{F}_t]$ $(0\leq t\leq T)$ とすると $(M(t))_{0\leq t\leq T}$ は $(\mathfrak{F}_t)_{0\leq t\leq T}$ に関するマルチンゲールである．

(5-43)(1)を仮定しているから，(5-44) より，$(\mathfrak{F}_t)_{0\leq t\leq T}$ に関して発展的可測で $\int_0^T \| Y(s)\|^2 ds<\infty$ $(a.e.)$ を満たす n 次元の確率過程 $Y=(Y(t))_{0\leq t\leq T}=((Y_1(t), \cdots, Y_n(t))')_{0\leq t\leq T}$ が存在して，すべての t $(0\leq t\leq T)$ について $M(t)=M(0)+\int_0^t \langle Y(s), dW(s)\rangle$ $(a.e.)$ となる．

この式の右辺は確率1で連続である．従って左辺の $M(t)$ をそれぞれ確率0の集合上で修正して，すべての t $(0\leq t\leq T)$ について $M(t)=M(0)+\int_0^t \langle Y(s), dW(s)\rangle$ が成り立つようにすれば $M(t)$ も確率1で連続なマルチンゲールになる．

また $M(t)=\mathrm{E}[Z|\mathfrak{F}_t]$ と $Z>0$ $(a.e.)$ より，すべての t $(0\leq t\leq T)$ について $M(t)>0$ $(a.e.)$ となる．

従って (5-47) より $P(\{\omega : M(t)>0,\ 0\leq t\leq T\})=1$

従って $\log M(t)$ は意味を持つ．

$\log M(t)$ に伊藤の公式を適用すると

$$\log M(t)=\log M(0)+\int_0^t \frac{1}{M(s)}\langle Y(s), dW(s)\rangle-\frac{1}{2}\int_0^t \frac{1}{M^2(s)}\| Y(s)\|^2 ds$$

ここで $-\dfrac{Y_i(t)}{M(t)}=X_i(t)$ $(1\leq i\leq n)$ と定め，$M(0)=E[Z]=1$ に注意してこの等式を書き直すと，$M(t)=\exp\left[-\int_0^t \langle X(s), dW(s)\rangle-\frac{1}{2}\int_0^t \| X(s)\|^2 ds\right]$

$Y=(Y(t))_{0\leq t\leq T}=((Y_1(t), \cdots, Y_n(t))')_{0\leq t\leq T}$ の性質と $M(t)$ が確率1で連続なこと，および，$M(t)$ がマルチンゲールで $M(T)=Z$ となることに注意すれば $X=(X(t))_{0\leq t\leq T}=((X_1(t), \cdots, X_n(t))')_{0\leq t\leq T}$ は(1)～(3)を満たす．■

第3にマルチンゲールの表現定理をもう一度応用する．

Girsanov の定理が成立する状況を仮定する．即ち (5-42)(1)～(3)を仮定し，$\mathfrak{F}_T$ 上の確率測度 P_T を $\dfrac{dP_T}{dP}=\alpha(T)=\exp\left[-\int_0^T \langle X(s), dW(s)\rangle-\frac{1}{2}\int_0^T \| X(s)\|^2 ds\right]$ となるように定め，n 次元の確率過程 $\tilde{W}=(\tilde{W}(t))_{0\leq t\leq T}=((\tilde{W}_1(t), \cdots, \tilde{W}_n(t))')_{0\leq t\leq T}$ を $\tilde{W}_i(t)=W_i(t)+\int_0^t X_i(s)ds$ $(1\leq i\leq n, 0\leq t\leq T)$ によって定める．

(5-42) より $\tilde{W}=(\tilde{W}(t))_{0\leq t\leq T}=((\tilde{W}_1(t), \cdots, \tilde{W}_n(t))')_{0\leq t\leq T}$ は，$(\Omega, \mathfrak{F}_T, P_T)$ 上の確率過程として $(\mathfrak{F}_t)_{0\leq t\leq T}$ に関する n 次元のブラウン運動となる[注8)]．

以上の前提の下で次の命題が成立する．

(5-49)　$(\Omega, \mathfrak{F}_T, P_T)$ 上の確率過程 $M=(M(t))_{0\leq t\leq T}$ は $(\mathfrak{F}_t)_{0\leq t\leq T}$ に関するマル

チンゲールであるとする．即ち $0 \leq s \leq t \leq T$ ならば $\mathrm{E}_{P_T}[M(t)|\mathfrak{F}_s]=M(s)$ であるとする．

この時 $(\mathfrak{F}_t)_{0\leq t\leq T}$ に関して発展的可測で，$\int_0^T \|\Psi(s)\|^2 ds < \infty$ (*a. e.*) となる n 次元の確率過程 $\Psi=(\Psi(t))_{0\leq t\leq T}=((\Psi_1(t), \cdots, \Psi_n(t))')_{0\leq t\leq T}$ が存在して，すべての t $(0\leq t\leq T)$ について $M(t)=M(0)+\int_0^t \langle \Psi(s), d\tilde{W}(s)\rangle$ (*a. e.*) となる．

一つ注意をしておく．一見すると $\tilde{W}=(\tilde{W}(t))_{0\leq t\leq T}=((\tilde{W}_1(t), \cdots, \tilde{W}_n(t))')_{0\leq t\leq T}$ が $(\Omega, \mathfrak{F}_T, P_T)$ 上のブラウン運動であり，$M=(M(t))_{0\leq t\leq T}$ が $(\mathfrak{F}_t)_{0\leq t\leq T}$ と P_T に関するマルチンゲールであるから，(5-49) は (5-44) より直ちに結論され証明を要しないようにも見える．

しかしながら (5-44) を適用してよいのは，$(\mathfrak{F}_t)_{0\leq t\leq T}$ が $\tilde{W}=(\tilde{W}(t))_{0\leq t\leq T}=((\tilde{W}_1(t), \cdots, \tilde{W}_n(t))')_{0\leq t\leq T}$ に関する自然なフィルトレーションである場合に限る．

ところが仮定により $(\mathfrak{F}_t)_{0\leq t\leq T}$ は $W=(W(t))_{0\leq t\leq T}=((W_1(t), \cdots, W_n(t))')_{0\leq t\leq T}$ に関する自然なフィルトレーションであり，$\tilde{W}$ に関する自然なフィルトレーションであるとは限らない．

従って，(5-49) は証明を必要とするのである．

そこで (5-49) を証明しよう．

【証明】

仮定より $M=(M(t))_{0\leq t\leq T}$ は $(\mathfrak{F}_t)_{0\leq t\leq T}$ と P_T に関するマルチンゲールである．

また仮定より $\dfrac{dP_T}{dP}=\alpha(T)$ である．ここで

$\alpha(t)=\exp\left[-\int_0^t \langle X(s), dW(s)\rangle - \frac{1}{2}\int_0^t \|X(s)\|^2 ds\right]$ $(0\leq t\leq T)$ であり，$(\alpha(t))_{0\leq t\leq T}$ は $(\mathfrak{F}_t)_{0\leq t\leq T}$ と P に関するマルチンゲールである ((5-42) (2), (3)参照)．

以上の仮定と (5-8) より

$$M(t)=\mathrm{E}_{P_T}[M(T)|\mathfrak{F}_t]=\frac{\mathrm{E}[M(T)\alpha(T)|\mathfrak{F}_t]}{\mathrm{E}[\alpha(T)|\mathfrak{F}_t]}=\frac{\mathrm{E}[M(T)\alpha(T)|\mathfrak{F}_t]}{\alpha(t)}$$

そこで $N(t)=\mathrm{E}[M(T)\alpha(T)|\mathfrak{F}_t]$ $(0\leq t\leq T)$ と定めるとまず $M(t)=\dfrac{N(t)}{\alpha(t)}$

次に $(N(t))_{0\leq t\leq T}$ は $(\mathfrak{F}_t)_{0\leq t\leq T}$ と P に関するマルチンゲールである．従って (5-44) より $(\mathfrak{F}_t)_{0\leq t\leq T}$ に関して発展的可測で $\int_0^T \|\theta(s)\|^2 ds < \infty$ (*a. e.*) となる n 次元の確率過程 $\theta=(\theta(t))_{0\leq t\leq T}=((\theta_1(t), \cdots, \theta_n(t))')_{0\leq t\leq T}$ が存在して，すべての

t $(0 \le t \le T)$ について $N(t) = N(0) + \int_0^t \langle \theta(s), dW(s) \rangle$ $(a.e.)$ である．

$N(t)$ をそれぞれ確率0の集合上で修正すれば，確率1ですべての t $(0 \le t \le T)$ について $N(t) = N(0) + \int_0^t \langle \theta(s), dW(s) \rangle$ であるとしてよい．

従って $dN(t) = \langle \theta(t), dW(t) \rangle$

さらに，$\alpha(t) = \exp\left[-\int_0^t \langle X(s), dW(s) \rangle - \frac{1}{2}\int_0^t \| X(s) \|^2 ds \right]$ より

$$d\left[\frac{1}{\alpha(t)} \right] = \frac{\langle X(t), dW(t) \rangle}{\alpha(t)} + \frac{\| X(t) \|^2}{\alpha(t)} dt$$

そこで前記の $M(t) = \frac{N(t)}{\alpha(t)}$ と $dN(t)$，$d\left[\frac{1}{\alpha(t)} \right]$ を表わす2つの式を組合せると

$$dM(t) = d\left(\frac{N(t)}{\alpha(t)} \right) = \frac{\langle \theta(t), dW(t) \rangle}{\alpha(t)} + N(t)\left\{ \frac{\langle X(t), dW(t) \rangle}{\alpha(t)} + \frac{\| X(t) \|^2}{\alpha(t)} dt \right\}$$
$$+ \frac{\langle X(t), \theta(t) \rangle}{\alpha(t)} dt = \left\langle \frac{\theta(t) + N(t)X(t)}{\alpha(t)}, dW(t) + X(t)dt \right\rangle$$

これより $\Psi(t) = \frac{\theta(t) + N(t)X(t)}{\alpha(t)}$ と置くと，すべての t $(0 \le t \le T)$ について $M(t) = M(0) + \int_0^t \langle \Psi(s), dW(s) + X(s)ds \rangle$ $(a.e.)$ である．

ここで $dW(t) + X(t)dt = d\tilde{W}(t)$ であることを用いると，$M(t) = M(0) + \int_0^t \langle \Psi(s), d\tilde{W}(s) \rangle$ $(a.e.)$ となる．

なお，$\Psi = (\Psi(t))_{0 \le t \le T} = ((\Psi_1(t), \cdots, \Psi_n(t))')_{0 \le t \le T}$ の定め方 $\Psi(t) = \frac{\theta(t) + N(t)X(t)}{\alpha(t)}$ と，$N(t)$, $\alpha(t)$ が連続であることから，Ψ が $(\mathfrak{F}_t)_{0 \le t \le T}$ に関して発展的可測であり $\int_0^T \| \Psi(s) \|^2 ds < \infty$ $(a.e.)$ であることは容易に分かる．■

(5-50) $(\mathfrak{F}_t)_{0 \le t \le T}$ に関して発展的可測で $\int_0^T \| X(s) \|^2 ds < \infty$ $(a.e.)$ を満たす $X = (X(t))_{0 \le t \le T} = ((X_1(t), \cdots, X_n(t))')_{0 \le t \le T}$ に対して，$\exp\left[-\int_0^t \langle X(s), dW(s) \rangle - \frac{1}{2}\int_0^t \| X(s) \|^2 ds \right]$ を $\Lambda^X(t)$ と表わすこととする．

この約束に従えば，例えば，$\Lambda^\theta(t)$ と書いた場合には，$\theta = (\theta(t))_{0 \le t \le T} = ((\theta_1(t), \cdots, \theta_n(t))')_{0 \le t \le T}$ は $(\mathfrak{F}_t)_{0 \le t \le T}$ に関して発展的可測で $\int_0^T \| \theta(s) \|^2 ds < \infty$ $(a.e.)$ であり，$\Lambda^\theta(t)$ は $\exp\left[-\int_0^t \langle \theta(s), dW(s) \rangle - \frac{1}{2}\int_0^t \| \theta(s) \|^2 ds \right]$ を表わす．

第 6 章

条件付請求権の価格

1　証券市場のモデル

第 2 章では，取引が $0, 1, \cdots, T$ の各日に行われるような証券市場のモデルを考察した．以下では取引が 0 から正の実数 T までの間連続的に行われるような証券市場のモデルを取扱うこととする．

以下に考えるモデルは，一般化されたブラック・ショールズモデルと呼ばれる．

それぞれ $B, S_1, \cdots, S_N$ と名づけられた $(N+1)$ 個の証券が時刻 0 から T までの間連続的に取引されるような証券市場を考えてみよう．$B, S_1, \cdots, S_N$ の価格を表わす確率過程 $B(t), S_1(t), \cdots, S_N(t)$ は，N 次元のブラウン運動 $W(t)=(W_1(t), \cdots, W_N(t))'$ と確率過程 $r(t), b_i(t)$ $(1 \leq i \leq N)$，$\sigma_{ij}(t)$ $(1 \leq i \leq N, 1 \leq j \leq N)$ を用いて次のように表わされるとする．

(6-1)　$dB(t)=r(t)B(t)dt \qquad B(0)=1$

(6-2)　$dS_i(t)=S_i(t)[b_i(t)dt+\sum_{j=1}^{N}\sigma_{ij}(t)dW_j(t)] \qquad S_i(0)=S_i$

$W(t)$ に関する自然なフィルトレーションを $(\mathfrak{F}_t)_{0 \leq t \leq \infty}$ とし，$\mathfrak{F}_t$ $(0 \leq t \leq T)$ は時刻 t における情報を表わすとする．

また $r(t)$，$b_i(t)$，$\sigma_{ij}(t)$ は $(\mathfrak{F}_t)_{0 \leq t \leq T}$ に関して発展的可測とする．従って $r(t)$，$b_i(t)$，$\sigma_{ij}(t)$ は情報 $\mathfrak{F}_t$ により完全に定まる．

(6-1) より時刻 t における $B(t)$ の変化率 $r(t)B(t)dt$ は情報 $\mathfrak{F}_t$ により定まる．即ち情報 $\mathfrak{F}_t$ が与えられると $B(t)$ の変化率は完全に予見することができる．B は安全資産であるといってよいであろう．$r(t)$ は安全資産である B の保有によってあがる収益率を表わす．

従って B は確定利回り $r(t)$ を持つ債券と見なして差支えない．

S_i については事情が異なる．$S_i(t)$ の変化率である $S_i(t)[b_i(t)dt+\sum_{j=1}^{N}\sigma_{ij}(t)dW_j(t)]$ のうち $S_i(t)b_i(t)dt$ は情報 $\mathfrak{F}_t$ によって完全に定まるが，$S_i(t)[\sum_{j=1}^{N}\sigma_{ij}(t)dW_j(t)]$ はそうではない．何故なら $dW_j(t)=W_j(t+dt)-W_j(t)$ は $\mathfrak{F}_t$ 可測ではないからである．

このように S_i の価格変化は情報 $\mathfrak{F}_t$ だけからは予見できない攪乱項 $dW_j(t)$ の影響を受ける．B が安全資産であるとすれば S_i は危険資産であるといってよいであろう．

S_i の典型的な例は様式である．

なお，時刻 t に S_i を一単位保有すると，$S_i(t)\delta_i(t)dt$ の配当支払いを受けるものとする．ここで $\delta_i(t)$ $(1\leq i\leq N)$ は $(\mathfrak{F}_t)_{0\leq t\leq T}$ に関して発展的可測な確率過程である．

以下ではこのような証券市場における条件付請求権の価格の決まり方を第2章を参考にして議論するが，その前にここまで述べたことが数学的に意味を持つような条件も加えた正確な定義を行っておこう．

(6-3)　証券価格のモデルとは次の条件を満たす要素の組合せ $((\Omega,\mathfrak{F},P), T, (W(t))_{0\leq t<\infty}, (\mathfrak{F}_t)_{0\leq t<\infty}, (r(t))_{0\leq t\leq T}, (b(t))_{0\leq t\leq T}, (\delta(t))_{0\leq t\leq T}, (\sigma(t))_{0\leq t\leq T}, (B(t))_{0\leq t\leq T}, (S_1(t))_{0\leq t\leq T}, \cdots, (S_N(t))_{0\leq t\leq T}, S)$ のことを言う．

(1)　$(\Omega,\mathfrak{F},P)$ は基礎となる完備な確率空間である．

(2)　T は正の実数である．

(3)　$W=(W(t))_{0\leq t<\infty}=((W_1(t),\cdots,W_N(t))')_{0\leq t<\infty}$ は $(\Omega,\mathfrak{F},P)$ 上の N 次元のブラウン運動である．

(4)　$(\mathfrak{F}_t)_{0\leq t<\infty}$ は W に関する自然なフィルトレーションである[注1]．
また $\mathfrak{F}_t$ $(0\leq t\leq T)$ は時刻 t における情報を表わすとする．

(5)　$r(t)$ は確率変数である．
$b(t)=(b_1(t),b_2(t),\cdots,b_N(t))'$ および $\delta(t)=(\delta_1(t),\delta_2(t),\cdots,\delta_N(t))'$ は N 次元の確率変数である．$\sigma(t)=(\sigma_{ij}(t))_{1\leq i,j\leq N}$ は $N\times N$ 行列を値とする確率変数である．

$(r(t))_{0\leq t\leq T}$，$(b(t))_{0\leq t\leq T}$，$(\delta(t))_{0\leq t\leq T}$，$(\sigma(t))_{0\leq t\leq T}$ は，いずれも $(\mathfrak{F}_t)_{0\leq t\leq T}$ に関して発展的可測である[注2]．

(6)　$\int_0^T \{|r(t)| + \|b(t)\| + \|\delta(t)\| + \sum_{i,j=1}^N |\sigma_{ij}(t)|^2\} dt < \infty$　(a. e.)[注3)]

(7)　$B(t), S_1(t), \cdots, S_N(t)$ は $0 \leq t \leq T$ で定義された確率過程であり次の方程式を満たす．

(6-4)　$dB(t) = r(t)B(t)dt \qquad B(0) = 1$

(6-5)　$dS_i(t) = S_i(t)[b_i(t)dt + \sum_{j=1}^N \sigma_{ij}(t)dW_j(t)] S_i(0) = S_i \quad (1 \leq i \leq N)$

(8)　$S = (S_1, S_2, \cdots, S_N)'$ は N 次元ベクトルである．

(6-6)　$M = ((\Omega, \mathfrak{F}, P), T, (W(t))_{0 \leq t < \infty}, (\mathfrak{F}_t)_{0 \leq t < \infty}, (r(t))_{0 \leq t \leq T}, (b(t))_{0 \leq t \leq T}, (\delta(t))_{0 \leq t \leq T}, (\sigma(t))_{0 \leq t \leq T}, (B(t))_{0 \leq t \leq T}, (S_1(t))_{0 \leq t \leq T}, \cdots, (S_N(t))_{0 \leq t \leq T}, S)$ が証券価格のモデルである時，証券市場 $[M]$ とは次の条件を満たす市場を言う．

(1)　$[M]$ では，それぞれ $B, S_1, \cdots, S_N$ と名づけられた $(N+1)$ 個の証券が時刻 0 から T までの間連続的に取引される．

(2)　$B, S_1, \cdots, S_N$ の価格はそれぞれ $B(t), S_1(t), \cdots, S_N(t)$ である．

(3)　時刻 t に S_i を一単位保有すると $S_i(t)\delta_i(t)dt$ だけの配当を受取ることができる．

証券市場 $[M]$ における条件付請求権の価格を決定するのがこの章の目標である．

2　証券の取引

証券価格のモデル M と証券市場 $[M]$ を一つ固定し，それらを前提に議論を進める．

$[M]$ で確率過程 $X = (X(t))_{0 \leq t \leq T}$ と $\boldsymbol{\pi} = (\boldsymbol{\pi}(t))_{0 \leq t \leq T} = ((\pi_1(t), \cdots, \pi_N(t))')_{0 \leq t \leq T}$ を用いて行われる次のような資産運用を考えてみよう．

(1)　時刻 0 に資産額 $X(0)$ から出発する．

(2)　時刻 t $(0 \leq t \leq T)$ に資産額 $X(t)$ を保有する．

(3)　時刻 t に $S_1, S_2, \cdots, S_N$ をそれぞれ金額 $\pi_1(t), \pi_2(t), \cdots, \pi_N(t)$ だけ保有する（従って B を $X(t) - \sum_{i=1}^N \pi_i(t)$ だけ保有する）．

このような資産運用を $(X, \boldsymbol{\pi})$ に従った資産運用という．

第 2 章 (2-3) と同様に考えれば，次の式が成立する場合には $(X, \boldsymbol{\pi})$ に従った資産運用は自己資金調達的であると言ってよいだろう．

$$dX(t)=\frac{(X(t)-\sum_{i=1}^{N}\pi_i(t))}{B(t)}dB(t)+\sum_{i=1}^{N}\frac{\pi_i(t)}{S_i(t)}dS_i(t)+\sum_{i=1}^{N}\frac{\pi_i(t)}{S_i(t)}S_i(t)\delta_i(t)dt$$

(6-4) (6-5) を用いてこの式を書直すと次の式を得る．

(6-7)　$dX(t)=r(t)X(t)dt+\langle\boldsymbol{\pi}(t),(b(t)+\delta(t)-r(t)\boldsymbol{e}_N)dt+\sigma(t)dW(t)\rangle$

ここで $\boldsymbol{e}_N=(1,1,\cdots,1)'$，$dW(t)=(dW_1(t),\cdots,dW_N(t))'$ であり，$\langle\boldsymbol{x},\boldsymbol{y}\rangle$ は2つのベクトル $\boldsymbol{x},\boldsymbol{y}$ の内積である．

以上述べたことを正確にするために次の定義を置く．

(6-8)　確率過程 $X=(X(t))_{0\le t\le T}$ が資産変動過程であるとは $X(t)$ が $\mathfrak{F}_t$ 可測であり，かつ，確率1で $X(t)$ が連続なことである[注4]．

(6-9)　N 次元の確率過程 $\boldsymbol{\pi}=(\boldsymbol{\pi}(t))_{0\le t\le T}=((\pi_1(t),\cdots,\pi_N(t))')_{0\le t\le T}$ が投資戦略であるとは次の条件が成立することである．

(1)　$\boldsymbol{\pi}$ は $(\mathfrak{F}_t)_{0\le t\le T}$ に関して発展的可測である．

(2)　$\int_0^T|\langle\boldsymbol{\pi}(s),b(s)+\delta(s)-r(s)\boldsymbol{e}_N\rangle|ds<\infty\ \ (a.\ e.)$

(3)　$\int_0^T\|\sigma'(s)\boldsymbol{\pi}(s)\|^2ds<\infty\ \ (a.\ e.)$

(6-10)　X は資産変動過程 $(X(t))_{0\le t\le T}$ を表わし，$\boldsymbol{\pi}$ は投資戦略 $(\boldsymbol{\pi}(t))_{0\le t\le T}=((\pi_1(t),\cdots,\pi_N(t))')_{0\le t\le T}$ を表わすとする．

この時 $(X,\boldsymbol{\pi})$ が自己資金調達的であるとは，X と $\boldsymbol{\pi}$ について式 (6-7) が成立することを言う．

(6-7) は積分形で書けば

$$X(t)=X(0)+\int_0^t r(s)X(s)ds$$
$$+\int_0^t\langle\boldsymbol{\pi}(s),(b(s)+\delta(s)-r(s)\boldsymbol{e}_N)ds+\sigma(s)dW(s)\rangle$$ である．

$(X,\boldsymbol{\pi})$ が自己資金調達的であることを $(X,\boldsymbol{\pi})\in SF$ で表わす．

(6-11)　$(X,\boldsymbol{\pi})\in SF$ であることは次の式が成立つことと同値である．

(6-12)　$$\frac{X(t)}{B(t)}=X(0)+\int_0^t\frac{\langle\boldsymbol{\pi}(s),(b(s)+\delta(s)-r(s)\boldsymbol{e}_N)ds+\sigma(s)dW(s)\rangle}{B(s)}$$

【証明】

$(X,\boldsymbol{\pi})\in SF$ とする．(6-7) から得られる $dX(t)$ と $dB(t)=r(t)B(t)dt$ より

$$d\left[\frac{X(t)}{B(t)}\right]=\frac{\langle\boldsymbol{\pi}(t),(b(t)+\delta(t)-r(t)\boldsymbol{e}_N)dt+\sigma(t)dW(t)\rangle}{B(t)}$$

これと $\frac{X(0)}{B(0)}=X(0)$ より (6-12) を得る．

(6-12)→$(X,\pi)\in SF$ を示すには (6-12) から得られる $d\left[\frac{X(t)}{B(t)}\right]$ と $dB(t)=r(t)B(t)dt$ から $dX(t)$ を求めればよい．■

(6-13)　X は資産変動過程 $(X(t))_{0\le t\le T}$ を表わし π は投資戦略 $(\pi(t))_{0\le t\le T}=((\pi_1(t),\cdots,\pi_N(t))')_{0\le t\le T}$ を表わすとする．

この時 (X,π) が裁定取引であるとは次の条件が成り立つことである．

(1)　$(X,\pi)\in SF$

(2)　$X(0)=0$，$X(T)\ge 0$，$P(X(T)>0)>0$

3　条件付請求権の価格

この節では条件付請求権の価格がどのように決まるかを調べ (6-27) を証明する．

この (6-27) は第 I 部第 2 章の (2-23) に対応する．ただし両者の証明の過程は完全に対応するものではない．

こうした相違が何故起こるかについては次節で解説することとし，ここでは (6-27) の証明を述べる．

証券価格のモデル M と証券市場 $[M]$ を一つ固定し，これらを前提に議論を進める．

(6-14)　$X=(X(t))_{0\le t\le T}$ は資産変動過程，$\pi=(\pi(t))_{0\le t\le T}=((\pi_1(t),\cdots,\pi_N(t))')_{0\le t\le T}$ は投資戦略とする．(X,π) が許容可能であるとは次の条件が成り立つことを言う．

(1)　$(X,\pi)\in SF$

(2)　実数 c が存在して $\mathrm{P}\left(\left\{\omega : \frac{X(t)}{B(t)}\ge c,\ 0\le t\le T\right\}\right)=1$

(2)は，(X,π) に従った資産運用を行う場合には，借入額の残高が一定値以下に抑えられることを意味する（借入残高は $X(t)$ を $B(t)$ で割引いた $\frac{X(t)}{B(t)}$ で計っている）．

(X,π) が許容可能であることを $(X,\pi)\in AD$ で表わす．

(6-15)　証券価格のモデル M が標準的であるとは M の構成要素が次の条件を満たすことを言う．

(1)　$[0, T]\times\Omega$ 上で $\lambda\otimes P$ に関してほとんど至る所で $\boldsymbol{\sigma}^{-1}(t)$ が存在する[注5)].

(2)　$\theta(t)=\boldsymbol{\sigma}^{-1}(t)(b(t)+\delta(t)-r(t)\boldsymbol{e}_N)$ とすると $\int_0^T\|\theta(t)\|^2dt<\infty$ $(a.\ e.)$

(3)　確率過程 $(\Lambda^\theta(t))_{0\leq t\leq T}$ $(0\leq t\leq T)$ は P に関するマルチンゲールである[注6)].

M が標準的であれば $\dfrac{dP_0}{dP}=\Lambda^\theta(T)$ となるような P と同値な確率測度 P_0 を定めることができる．この P_0 を M に関するマルチンゲール測度と言う．

この場合確率変数 $W^{(0)}(t)=(W_1^{(0)}(t),\cdots,W_N^{(0)}(t))'$ を $W^{(0)}(t)=W(t)+\int_0^t\theta(s)ds$ によって定めると，Girsanov の定理により $(W^{(0)}(t))_{0\leq t\leq T}$ は $(\Omega,\mathfrak{F}_T,P_0)$ 上のブラウン運動となる．

以下では条件付請求権の価格を求めるために次の2つを仮定する．

(6-16)　証券市場 $[M]$ で $(X,\boldsymbol{\pi})\in SF$ を満たす $(X,\boldsymbol{\pi})$ に従った資産運用が許されるのは $(X,\boldsymbol{\pi})\in AD$ である場合に限る．

(6-17)　M は標準的である．

まず，この2つを仮定すれば証券市場 $[M]$ から裁定取引が排除されることを示そう．

(6-18)　M が標準的であれば，$(X,\boldsymbol{\pi})\in SF$ となる条件は $\dfrac{X(t)}{B(t)}=X(0)+\int_0^t\dfrac{\langle\boldsymbol{\pi}(s),\boldsymbol{\sigma}(s)dW^{(0)}(s)\rangle}{B(s)}$ が成立することである．

【証明】

(6-12)，$\theta(t)=\boldsymbol{\sigma}^{-1}(t)(b(t)+\delta(t)-r(t)\boldsymbol{e}_N)$, $dW^{(0)}(t)=\theta(t)dt+dW(t)$ から明らかである．■

(6-19)　M は標準的であるとする．$(X,\boldsymbol{\pi})\in AD$ ならば $\dfrac{X(t)}{B(t)}$ は P_0 に関するスーパーマルチンゲールである．

【証明】

$(X,\boldsymbol{\pi})\in AD$ ならば $(X,\boldsymbol{\pi})\in SF$ である．また M は標準的であるから $\dfrac{X(t)}{B(t)}=X(0)+\int_0^t\dfrac{\langle\boldsymbol{\pi}(s),\boldsymbol{\sigma}(s)dW^{(0)}(s)\rangle}{B(s)}$ が成り立つ．

この式の右辺は $W^{(0)}(t)$ の確率積分として P_0 に関するローカルマルチンゲールである．

またこの式の左辺は，仮定 $(X,\boldsymbol{\pi})\in AD$ から，下方に有界である．

従って (5-26) よりこの式の左右両辺は P_0 に関するスーパーマルチンゲールとなる．■

(6-20)　M は標準的であるとする．

$(X, \pi)\in AD$ ならば (X, π) は裁定取引ではあり得ない．

【証明】

(X, π) が裁定取引であると仮定して矛盾が生じることを示す．

まず $X(0)=0$ かつ $P_0(X(T)\geq 0)=1$ である．

これは (X, π) が裁定取引であることと，P と P_0 が同値であることから分かる．

他方 $\dfrac{X(t)}{B(t)}$ は P_0 に関するスーパーマルチンゲールだから

$$\mathrm{E}_{P_0}\left[\frac{X(T)}{B(T)}\right]\leq \mathrm{E}_{P_0}\left[\frac{X(0)}{B(0)}\right]$$

以上より $P_0(X(T)=0)=1$．従って $P(X(T)=0)=1$ であるが，これは裁定取引の条件 $P(X(T)>0)>0$ と矛盾する．■

以上で (6-16) (6-17) の 2 つを仮定すれば，証券市場 $[M]$ から裁定取引が排除されることを示した．

次に条件付請求権の価格を求めよう．

(6-21)　M は標準的であるとする．この時 Y が条件付請求権であるとは次の条件が成り立つことを言う．

(1)　Y は $\mathfrak{F}_T$ 可測な確率変数である．

(2)　$Y\geq 0$ $(a.\ e.)$

(3)　$\mathrm{E}_{P_0}\left[\dfrac{Y}{B(T)}\right]<\infty$

Y は条件付請求権とする．次の(1)〜(3)を満たす資産変動過程 X と投資戦略 π が存在するような実数 x の集合を S_Y で表わす．

(1)　$(X, \pi)\in AD$，(2)　$X(T)\geq Y$，(3)　$X(0)=x$

$s_Y=\inf_{x\in S_Y} x$ とする．

次の(1)〜(3)を満たす資産変動過程 X と投資戦略 π が存在するような実数 z の集合を B_Y で表わす．

(1)　$(X, \pi)\in AD$，(2)　$X(T)+Y\geq 0$，(3)　$X(0)=-z$

$b_Y=\sup_{z\in B_Y} z$ とする．

時刻 0 に条件付請求権 Y が価格 p で売買されていれば $b_Y\leq p\leq s_Y$ でなければならない．また $b_Y=s_Y$ であれば $p=b_Y=s_Y$ となる．

これは第 4 章でアメリカ型オプションの価格を求めた場合と全く同じである．

そこで，まず一般に $b_Y\leq s_Y$ が成立すること，また適当な条件があれば $b_Y=s_Y$

となることを示そう．

(6-22)　M は標準的であるとする．また Y は条件付請求権とする．

この時 $b_Y \leq \mathrm{E}_{P_0}\left[\dfrac{Y}{B(T)}\right] \leq s_Y$ が成立つ．この P_0 は M に関するマルチンゲール測度である．

【証明】

$\mathrm{E}_{P_0}\left[\dfrac{Y}{B(T)}\right] \leq \inf_{x \in S_Y} x = s_Y$ を示す．

任意の $x \in S_Y$ をとると $(X, \pi) \in AD$，$X(T) \geq Y$，$X(0) = x$ となる X と π が存在する．

M が標準的で $(X, \pi) \in AD$ だから $\dfrac{X(t)}{B(t)}$ は P_0 に関するスーパーマルチンゲールである．

この事実と $X(T) \geq Y$，$X(0) = x$ より

$$\mathrm{E}_{P_0}\left[\frac{Y}{B(T)}\right] \leq \mathrm{E}_{P_0}\left[\frac{X(T)}{B(T)}\right] \leq \mathrm{E}_{P_0}\left[\frac{X(0)}{B(0)}\right] = x$$

$x \in S_Y$ は任意だから $\mathrm{E}_{P_0}\left[\dfrac{Y}{B(T)}\right] \leq \inf_{x \in S_Y} x = s_Y$ である．

$b_Y = \sup_{z \in B_Y} z \leq \mathrm{E}_{P_0}\left[\dfrac{Y}{B(T)}\right]$ も同様に示せる．■

次に $b_Y = \mathrm{E}_{P_0}\left[\dfrac{Y}{B(T)}\right] = s_Y$ となる条件を求めよう．

(6-23)　M は標準的であるとする．この時 M が完備であるとは，$\mathfrak{F}_T$ 可測でありかつ $\mathrm{E}_{P_0}\left[\dfrac{|Z|}{B(T)}\right] < \infty$ を満たす任意の確率変数 Z に対して，次の条件を満たす資産変動過程 X と投資戦略 π が存在することである．

(1)　$(X, \pi) \in SF$，(2)　$X(T) = Z$，(3)　$\dfrac{X(t)}{B(t)}$ は P_0 に関するマルチンゲールである．

(6-24)　M は標準的であり，かつ完備とする．M の要素である $(r(t))_{0 \leq t \leq T}$ は $[0, T] \times \Omega$ 上で $\lambda \otimes P$ に関してほとんど至る所で $r(t) \geq 0$ となっているとする．

この時すべての条件付請求権 Y に対して $b_Y = \mathrm{E}_{P_0}\left[\dfrac{Y}{B(T)}\right] = s_Y$ が成り立つ．

【証明】

$\mathrm{E}_{P_0}\left[\dfrac{Y}{B(T)}\right] \geq \inf_{x \in S_Y} x = s_Y$ と $b_Y = \sup_{z \in B_Y} z \geq \mathrm{E}_{P_0}\left[\dfrac{Y}{B(T)}\right]$ を示せばよい．

$B(t) = \exp \displaystyle\int_0^t r(u)du$ だから仮定 $r(t) \geq 0$ より $B(t) \geq 1$ となることに注意しておく．

(1)　$\mathrm{E}_{P_0}\left[\dfrac{Y}{B(T)}\right] \geq \inf_{x \in S_Y} x$ を示す．

そのために次の条件を満たす資産変動過程 X と投資戦略 π が存在することを示す．

(i)　$(X,\pi)\in AD$，(ii)　$X(T)=Y$，(iii)　$X(0)=\mathrm{E}_{P_0}\left[\dfrac{Y}{B(T)}\right]$

もしこのような X，π が存在すれば S_Y の定義より $\mathrm{E}_{P_0}\left[\dfrac{Y}{B(T)}\right]\in S_Y$ となるから $\mathrm{E}_{P_0}\left[\dfrac{Y}{B(T)}\right]\geq \inf_{x\in S_Y} x$ が結論されるのである．

さて M は完備だから Y に対して次の条件を満たす X と π が存在する．

・$(X,\pi)\in SF$，・$X(T)=Y$，

・$\dfrac{X(t)}{B(t)}$ は P_0 に関するマルチンゲールである．

この X と π が先の(i)(ii)(iii)を満たすことを示す．

(ii)は明らかである．

(iii)は $\dfrac{X(t)}{B(t)}$ がマルチンゲールであることと $X(T)=Y$ より明らかである．

(i)を示そう．$\dfrac{X(t)}{B(t)}$ はマルチンゲールでありかつ $X(T)=Y$ だから $\dfrac{X(t)}{B(t)}=\mathrm{E}_{P_0}\left[\dfrac{Y}{B(T)}\middle|\mathfrak{F}_t\right]$ である．ここで Y が条件付請求権だから $Y\geq 0$ であることに注意すれば $\dfrac{X(t)}{B(t)}\geq 0$ である．この事実と $(X,\pi)\in SF$ より $(X,\pi)\in AD$ である．

(2)　$b_Y=\sup_{z\in B_Y} z\geq \mathrm{E}_{P_0}\left[\dfrac{Y}{B(T)}\right]$ を示す．

そのために Y と任意の実数 k $(k>0)$ から確率変数 $Y\wedge k$ を作り，この $Y\wedge k$ に対して次の条件を満たす資産変動過程 X と投資戦略 π が存在することを示す．

(i)　$(X,\pi)\in AD$，(ii)　$X(T)+Y\geq 0$，(iii)　$X(0)=-\mathrm{E}_{P_0}\left[\dfrac{Y\wedge k}{B(T)}\right]$

もしこのような X，π が存在すれば B_Y の定義より $\mathrm{E}_{P_0}\left[\dfrac{Y\wedge k}{B(T)}\right]\in B_Y$ となって

$b_Y=\sup_{z\in B_Y} z\geq \mathrm{E}_{P_0}\left[\dfrac{Y\wedge k}{B(T)}\right]$ となる．そこで $k\uparrow\infty$ とすると $b_Y\geq \mathrm{E}_{P_0}\left[\dfrac{Y}{B(T)}\right]$ となるのである．

さて M は完備だから，確率変数 $-(Y\wedge k)$ に対して次の条件を満たす X と π が存在する．

・$(X,\pi)\in SF$，・$X(T)=-(Y\wedge k)$，

・$\dfrac{X(t)}{B(t)}$ は P_0 に関するマルチンゲールである．

この X と π が先の(i)(ii)(iii)を満たすことを示す．

(ii)は，$X(T)+Y=-(Y\wedge k)+Y\geq 0$ である．

(iii)は，$\dfrac{X(t)}{B(t)}$ がマルチンゲールであり $X(T)=-(Y\wedge k)$ であることより明らかである．

(i)を示す．$\dfrac{X(t)}{B(t)}$ は P_0 に関するマルチンゲールであり，$X(T)=-(Y\wedge k)$

だから $\dfrac{X(t)}{B(t)}=\mathrm{E}_{P_0}\left[\dfrac{-(Y\wedge k)}{B(T)}\middle|\mathfrak{F}_t\right]$．ところが $0\geq-(Y\wedge k)\geq-k$ だから $B(T)\geq 1$ と合せて $0\geq\dfrac{-(Y\wedge k)}{B(T)}\geq -k$．従って $\dfrac{X(t)}{B(t)}\geq -k$ である．この事実と $(X,\pi)\in SF$ より $(X,\pi)\in AD$ である．■

(6-24) では M が標準的であることと，M が完備であることそれぞれの論理的な役割をはっきりさせるために，これらの2つの事実が独立であるかのように扱った．実は M が標準的であれば M は完備である．

(6-25)　M が標準的であれば M は完備である．

【証明】

M が標準的であり，Z が $\mathfrak{F}_T$ 可測かつ $\mathrm{E}_{P_0}\left[\dfrac{|Z|}{B(T)}\right]<\infty$ を満たす確率変数とする．

$\mathrm{E}_{P_0}\left[\dfrac{Z}{B(T)}\middle|\mathfrak{F}_t\right]$ は P_0 に関するマルチンゲールだから (5-49) により $(\mathfrak{F}_t)_{0\leq t\leq T}$ に関して発展的可測な N 次元の確率過程 $\boldsymbol{\varphi}=(\boldsymbol{\varphi}(t))_{0\leq t\leq T}=((\varphi_1(t),\cdots,\varphi_N(t))')_{0\leq t\leq T}$ が存在して次の条件を満たす．

$$\mathrm{E}_{P_0}\left[\frac{Z}{B(T)}\middle|\mathfrak{F}_t\right]=\mathrm{E}_{P_0}\left[\frac{Z}{B(T)}\right]+\int_0^t\langle\boldsymbol{\varphi}(s),dW^{(0)}(s)\rangle$$

$$\int_0^T\|\boldsymbol{\varphi}(s)\|^2dt<\infty\quad(a.\ e.)$$

ここで確率過程 $X=(X(t))_{0\leq t\leq T}$ と $\boldsymbol{\pi}=(\boldsymbol{\pi}(t))_{0\leq t\leq T}=((\pi_1(t),\cdots,\pi_N(t))')_{0\leq t\leq T}$ を次のように定める．

$$\frac{X(t)}{B(t)}=\mathrm{E}_{P_0}\left[\frac{Z}{B(T)}\middle|\mathfrak{F}_t\right]\qquad \boldsymbol{\pi}(t)=B(t)[\boldsymbol{\sigma}'(t)]^{-1}\boldsymbol{\varphi}(t)$$

X，$\boldsymbol{\pi}$ の定め方と前記の等式から次の事実が成り立つ．

- $\dfrac{X(t)}{B(t)}=X(0)+\displaystyle\int_0^t\frac{\langle\boldsymbol{\pi}(s),\boldsymbol{\sigma}(s)dW^{(0)}(s)\rangle}{B(s)}$
- $X(T)=Z$
- $\dfrac{X(t)}{B(t)}$ は P_0 に関するマルチンゲールである．
- X は資産変動過程である．

従ってもし $\boldsymbol{\pi}$ が投資戦略であることが示されれば，$X,\boldsymbol{\pi}$ は (6-23)(1)(2)(3)を満たす資産変動過程と投資戦略となるから M は完備であることになる．

$\boldsymbol{\pi}$ が投資戦略であることは次のようにして分かる．

まず $\boldsymbol{\pi}(t)$ の定め方より $\displaystyle\int_0^T\|\boldsymbol{\sigma}'(s)\boldsymbol{\pi}(s)\|^2ds=\int_0^T B^2(s)\|\boldsymbol{\varphi}(s)\|^2ds$．$B(t)$ が確率1で区間 $[0,T]$ 上で連続なことと $\displaystyle\int_0^T\|\boldsymbol{\varphi}(s)\|^2ds<\infty$ $(a.e.)$ に注意すると $\displaystyle\int_0^T\|\boldsymbol{\sigma}'(s)\boldsymbol{\pi}(s)\|^2ds<\infty$ $(a.\ e.)$ を得る．

また $\boldsymbol{\sigma}^{-1}(s)(\boldsymbol{b}(s)+\boldsymbol{\delta}(s)-r(s)\boldsymbol{e}_N)=\boldsymbol{\theta}(s)$ より $\langle\boldsymbol{\pi}(s),\boldsymbol{b}(s)+\boldsymbol{\delta}(s)-r(s)\boldsymbol{e}_N\rangle=\langle\boldsymbol{\sigma}'(s)\boldsymbol{\pi}(s),\boldsymbol{\theta}(s)\rangle$ となること，および $\displaystyle\int_0^T\|\boldsymbol{\theta}(s)\|^2ds<\infty$ $(a.\ e.)$ に注意すると

$$\int_0^T |\langle \boldsymbol{\pi}(s),\, b(s)+\delta(s)-r(s)\boldsymbol{e}_N \rangle|\, ds = \int_0^T |\langle \sigma'(s)\boldsymbol{\pi}(s),\, \theta(s)\rangle|\, ds$$

$$\leq \sqrt{\int_0^T \|\sigma'(s)\boldsymbol{\pi}(s)\|^2\, ds}\sqrt{\int_0^T \|\theta(s)\|^2\, ds} < \infty \quad (a.\ e.)$$

従って $\boldsymbol{\pi}$ は投資戦略である．■

(6-24) (6-25) の結果を次の命題にまとめておこう．

(6-26)　M は標準的であり，M の要素である $(r(t))_{0\leq t\leq T}$ は $[0,\,T]\times\Omega$ 上で $r(t)\geq 0$ $(\lambda\otimes P\ a.\ e.)$ を満たしているとする．

この時条件付請求権 Y の時刻 0 における価格は $\mathrm{E}_{P_0}\left[\dfrac{Y}{B(T)}\right]$ である．

ここまでの議論と同様にして次の命題が成立する．

(6-27)　(6-26) と同じ仮定の下では，条件付請求権 Y の時刻 t $(0\leq t\leq T)$ における価格は $B(t)\mathrm{E}_{P_0}\left[\dfrac{Y}{B(T)}\middle|\mathfrak{F}_t\right]$ である．

以上で条件付請求権の価格についての検討を終る．なお，$r(t)\geq 0$ という条件はきわめて自然なものであるが，後に見るように，実際に取扱われる証券価格のモデルの中には $r(t)\geq 0$ とならないものも存在する．このような場合どう考えたらよいかは補論で検討しておく．

4　離散的取引時間の場合との比較

前節では，連続的取引時間の仮定の下で条件付請求権の価格について (6-27) が成立することを示した．

この (6-27) は第 2 章の (2-23) と同じ内容を持つが，両者の証明の過程はいくつかの点で異なっている．

以下では何故このような相違が生じるのかを説明する．

(1)　前節での第一の相違点は証券市場 $[M]$ での取引に制限を加えたことである．

(2-23) の証明ではすべての自己資金調達的取引は実行可能であるとした．

これに対し(6-16) では証券市場 $[M]$ で $(X,\boldsymbol{\pi})\in SF$ を満す $(X,\boldsymbol{\pi})$ に従った資産運用が許されるのは $(X,\boldsymbol{\pi})\in AD$ である場合に限ると仮定した．

このような制限を設ける理由は次のとおりである．

・本章では証券価格のモデル M を構成するのにブラウン運動が用いられている．このため，ブラウン運動の特異な性質が原因となって，$(X, \pi)\in SF$ となる (X, π) の中に裁定取引が含まれる事例が生じてくる．

・そこで，何らかの合理的基準を用いて，$(X, \pi)\in SF$ となる (X, π) の中から裁定取引を排除しなくてはならない．

・他方で (6-20) で見たように，$(X, \pi)\in AD$ となる (X, π) のみを認めることとすれば，裁定取引を排除することができる．

Karatzas and Shreve (1998) , ch. 1, example 2. 3 に従って実例を見てみよう．

証券価格のモデル M について，$W(t)$ が一次元のブラウン運動であり，$r(t)=0$，$b(t)=0$，$\delta(t)=0$，$\sigma(t)=1$ であるとする．

$[M]$ では，B，S_1 の2つの証券が取引される．B の価格 $B(t)$ と S_1 の価格 $S_1(t)$ は $dB(t)=0$，$B(0)=1$，$dS_1(t)=S_1(t)dW(t)$，$S_1(0)=S_1$ によって定まる．

資産変動過程 X と投資戦略 π について $(X, \pi)\in SF$ となる条件 (6-12) は次のとおりとなる．

$$X(t)=X(0)+\int_0^t \pi(s)dW(s)$$

この $[M]$ には無数の裁定取引が存在し，しかもそれらは，すべて，借入れ額に限度がないことを示そう．

(i)　$0\leq t<T$ で定義されたマルチンゲール $M(t)=\int_0^t \frac{dW(s)}{\sqrt{T-s}}$ を考える．

$M(t)$ に対して，$0\leq s<\infty$ で定義されたブラウン運動 $B(s)$ が存在して，$M(t)=B\left(\log\frac{T}{T-t}\right)$ となる．即ち $M(t)$ $(0\leq t<T)$ の軌跡はブラウン運動 $B(s)$ $(0\leq s<\infty)$ の軌跡を時間軸に添って移動したものである．

この事実は，連続なローカルマルチンゲールがブラウン運動の変型であることと，$\langle M\rangle(t)=\int_0^t \frac{ds}{T-s}=\log\frac{T}{T-t}$ が成り立つことによる (Karatzas and Shreve (1991), ch. 3, Theorem 4. 6 参照．なお以下では同書を Kand S (91) と略記する)[注7]．

(ii)　α を任意の正の実数とすると $B(s)$ の軌跡が α を通る確率は1である (K and S (91), ch. 2, Remark 9. 7 参照)．従って $M(t)$ の軌跡が α を通る確率も1である．

このことから $\tau_\alpha=\inf\{t：0\leq t<T，M(t)=\alpha\}$ とすると $P\{0<\tau_\alpha<T\}=1$ であることが分かる．

また τ_α の定め方と $M(t)=\int_0^t \frac{dW(s)}{\sqrt{T-s}}$ より $\alpha=\int_0^{\tau_\alpha} \frac{dW(s)}{\sqrt{T-s}}$ である．

(iii) τ_α を用いて $\boldsymbol{\phi}_\alpha=(\boldsymbol{\phi}_\alpha(t))_{0\leq t\leq T}$ を $\boldsymbol{\phi}_\alpha(t)=\frac{1}{\sqrt{T-t}}1_{\{t\leq\tau_\alpha\}}$ によって定める．

また $X_\alpha=(X_\alpha(t))_{0\leq t\leq T}$ を $X_\alpha(t)=\int_0^t \boldsymbol{\phi}_\alpha(s)dW(s)=\int_0^{t\wedge\tau_\alpha} \frac{dW(s)}{\sqrt{T-s}}$ によって定める．

X_α が資産変動過程であり，$\boldsymbol{\phi}_\alpha$ が投資戦略であることは容易に分かる．$X_\alpha(t)=\int_0^t \boldsymbol{\phi}_\alpha(s)dW(s)$ だから $(X_\alpha, \boldsymbol{\phi}_\alpha)\in SF$ である．しかも $X_\alpha(0)=0$，$X_\alpha(T)=\int_0^{\tau_\alpha} \frac{dW(s)}{\sqrt{T-s}}=\alpha>0$ だから $(X_\alpha, \boldsymbol{\phi}_\alpha)$ は裁定取引である．

$\alpha>0$ は任意だったから無数の裁定取引 $(X_\alpha, \boldsymbol{\phi}_\alpha)$ が存在することが分かる．

(iv) $X_\alpha(t)=\int_0^t \boldsymbol{\phi}_\alpha(s)dW(s)$ は下方に有界ではない．$X_\alpha(t)$ は確率積分としてローカルマルチンゲールだからもし下方に有界であればスーパーマルチンゲールとなって $\mathrm{E}[X_\alpha(T)]\leq\mathrm{E}[X_\alpha(0)]$ が成立するはずであるが，これは $X_\alpha(0)=0$，$X_\alpha(T)=\alpha>0$ に反する．

従って $(X_\alpha, \boldsymbol{\phi}_\alpha)$ に基づく資産運用は借入れ額に限度がない．言い換えれば無制限の借入れが認められなければこうした取引は行うことができないのである．

(2) 前節の第2の相違点は，(6-17) で証券価格のモデル M が標準的であるとして確率測度 P_0 の存在を最初から仮定したことである．

第2章の離散的取引時間の仮定の下では，証券価格のモデル N が無裁定の条件を満たすことを仮定してマルチンゲール測度 P^* が存在することを証明した．

この証明で本質的に重要なのは基礎となる確率空間 $(\Omega, \mathfrak{F}, P)$ を構成する Ω が有限集合だったことである．Ω が有限集合であれば $(\Omega, \mathfrak{F}, P)$ 上の確率変数は $\boldsymbol{R}^n$ のベクトルと同一視されるので，$\boldsymbol{R}^n$ での凸集合の分離定理を用いてマルチンゲール測度の存在が証明される．

しかしながら連続的取引時間の仮定の下では事情が異なる．基礎となる確率空間 $(\Omega, \mathfrak{F}, P)$ を構成する Ω は無限集合だから $(\Omega, \mathfrak{F}, P)$ 上の確率変数は無限次元のベクトルと同一視されるが，無限次元のベクトル空間では適当な位相を設定しない限り凸集合の分離定理は成立しないのである．

このためたとえ $(X, \pi)\in AD$ となる (X, π) の中に裁定取引が存在しないと仮定しても，その事実から直ちに適当な確率測度 P_0 が存在することを導けない．予め適当な確率測度が存在することを仮定しなくてはならないのである[注8)]．

この場合どのような確率測度の存在を仮定すればよいかが問題となる．

求める確率測度を P_0 と書いて P_0 が満たす条件を求めてみよう．

(i)　連続的取引時間を持つ証券価格のモデル M が与えられたとする．

離散的取引時間を持つ証券価格のモデル N のマルチンゲール測度 P^* は次の式を満たした．

$$\mathrm{E}_{P^*}\left[\frac{S_i(t+1)+\delta_i(t+1)}{B(t+1)}-\frac{S_i(t)}{B(t)}\middle|\mathfrak{F}_t\right]=0\quad(1\leq i\leq N,\ 0\leq t\leq T-1)$$

この式を見ると求める P_0 は次の式を満たさなくてはならないと予想される．

$$\mathrm{E}_{P_0}\left[d\left(\frac{S_i(t)}{B(t)}\right)+\frac{S_i(t)\delta_i(t)dt}{B(t)}\middle|\mathfrak{F}_t\right]=0\quad(1\leq i\leq N,\ 0\leq t\leq T)$$

部分積分の公式と (6-4) (6-5) を用いて計算するとこの式は次のようになる．

$$\mathrm{E}_{P_0}\left[\frac{S_i(t)}{B(t)}\left\{(b_i(t)+\delta_i(t)-r(t))dt+\sum_{j=1}^{N}\sigma_{ij}(t)dW_j(t)\right\}\middle|\mathfrak{F}_t\right]=0$$

$\dfrac{S_i(t)}{B(t)}$ は $\mathfrak{F}_t$ 可測かつ正だから結局次の式を得る．

(6-28)　$$\mathrm{E}_{P_0}\left[(b_i(t)+\delta_i(t)-r(t))dt+\sum_{j=1}^{N}\sigma_{ij}(t)dW_j(t)\middle|\mathfrak{F}_t\right]=0$$

(ii)　(6-28) を用いて P_0 を求めてみよう．P^* の場合と同様に P_0 は P と同値な確率測度としてよい．従って (5-48) により $\dfrac{dP_0}{dP}=\Lambda^\theta(T)$ となる N 次元の確率過程 $\theta=(\theta(t))_{0\leq t\leq T}=((\theta_1(t),\cdots,\theta_N(t))')_{0\leq t\leq T}$ が存在する．

この θ を用いて $W^{(0)}=(W^{(0)}(t))_{0\leq t\leq T}=((W_1^{(0)}(t),\cdots,W_N^{(0)}(t))')_{0\leq t\leq T}$ を $W^{(0)}(t)=W(t)+\int_0^t\theta(s)ds$ によって定めると $W^{(0)}$ は $(\Omega,\mathfrak{F}_T,P_0)$ 上の N 次元のブラウン運動である．

ここで $dW_j^{(0)}(t)=\theta_j(t)dt+dW_j(t)$ を用いて (6-28) を書き直すと

$$\mathrm{E}_{P_0}\left[\left\{(b_i(t)+\delta_i(t)-r(t))-\sum_{j=1}^{N}\sigma_{ij}(t)\theta_j(t)\right\}dt+\sum_{j=1}^{N}\sigma_{ij}(t)dW_j^{(0)}(t)\middle|\mathfrak{F}_t\right]=0$$

ここで $dW_j^{(0)}(t)$ は $\mathfrak{F}_t$ と独立だから $\mathrm{E}_{P_0}[dW_j^{(0)}(t)|\mathfrak{F}_t]=0$．また $\sigma_{ij}(t)$ は $\mathfrak{F}_t$ 可測である．

従って

$$\mathrm{E}_{P_0}[(b_i(t)+\delta_i(t)-r(t))-\sum_{j=1}^{N}\sigma_{ij}(t)\theta_j(t)\,|\,\mathfrak{F}_t]=0$$

$b_i(t)$ 等はすべて $\mathfrak{F}_t$ 可測だから

$$b_i(t)+\delta_i(t)-r(t)=\sum_{j=1}^{N}\sigma_{ij}(t)\theta_j(t)$$

ベクトルで書けば

(6-29)　$b(t)+\boldsymbol{\delta}(t)-r(t)\boldsymbol{e}_N=\boldsymbol{\sigma}(t)\theta(t)$

(iii)　以上は形式的計算ではあるが，これにより P_0 は (6-29) を満たす θ を用いて $\dfrac{dP_0}{dP}=\Lambda^{\theta}(T)$ となるように定めればよいと予想される．

M が標準的であると仮定して，(6-15) (1)〜(3)が成立するとしたのはこのような理由による．

(3)　前節の第 3 の相違点は，条件付請求権 Y の価格を定めるのに，第 4 章のアメリカ型オプションの場合と同じ，やや複雑な方法を用いたことである．

離散的取引時間の仮定の下では (2-18) が成り立つからマルチンゲール測度が存在し，$(X,\boldsymbol{\pi})\in SF$ であれば $\dfrac{X(t)}{B(t)}$ は P^* に関するマルチンゲールとなる．

このため条件付請求権 Y に対し，$(X,\boldsymbol{\pi})\in SF$，$X(T)=Y$ となる $(X,\boldsymbol{\pi})$ があれば $\dfrac{X(t)}{B(t)}$ は $\mathrm{E}_{P^*}\left[\dfrac{Y}{B(T)}\middle|\mathfrak{F}_t\right]$ に確定してしまう．

この事実から Y の価格が $B(t)\mathrm{E}_{P^*}\left[\dfrac{Y}{B(T)}\middle|\mathfrak{F}_t\right]$ であることが直ちに導かれる．

連続的取引時間の仮定の下では(2)に述べたようにまず確率測度 P_0 が存在することを仮定しなくてはならないが，このような P_0 の存在を仮定しても，$(X,\boldsymbol{\pi})\in AD$ となる $(X,\boldsymbol{\pi})$ に対して

$\dfrac{X(t)}{B(t)}=X(0)+\displaystyle\int_0^t\frac{\langle\boldsymbol{\pi}(s),\boldsymbol{\sigma}(s)dW^{(0)}(s)\rangle}{B(s)}$ は P_0 に関するマルチンゲールにはならない．右辺の確率積分は，一般論に従って，P_0 に関するローカルマルチンゲールにしかならないからである．

従って条件付請求権 Y に対して $(X,\boldsymbol{\pi})\in AD$，$X(T)=Y$ となる $(X,\boldsymbol{\pi})$ があっても $\dfrac{X(t)}{B(t)}$ が $\mathrm{E}_{P_0}\left[\dfrac{Y}{B(T)}\middle|\mathfrak{F}_t\right]$ に等しいとは限らない．

このため Y の価格を求めるのにもう一段の工夫が必要になるのである．

証明の過程に以上の(1)〜(3)のような相違はあるが，(6-27) が，連続的時間変数の仮定の下で (2-23) の結果を拡張したものであることは間違いない．

(4)　ここで，(6-25) も，連続的時間変数の仮定の下で (2-28) の結果を拡張し

たものであることを説明しておこう．

証券価格のモデル M が標準的であるとしよう．(6-15) (1)〜(3)が成立つから，(6-29) を満たす確率過程 $\theta=(\theta(t))_{0\leq t\leq T}=((\theta_1(t),\cdots,\theta_N(t))')_{0\leq t\leq T}$ は唯一つしか存在しない．

これは，離散的時間変数の下で証券価格のモデルにマルチンゲール測度が唯一つしか存在しない場合に相当する．

離散的時間変数の下では証券価格のモデル N にマルチンゲール測度が唯一つしか存在しなければ (2-28) により N は完備である．

従って (2-28) から推測すれば M は完備でなくてはならないが，(6-25) は実際に M が完備であることを示す．

この意味で (6-25) は (2-28) の結果の拡張である．

このように本章と第 2 章とは，表現の形式に差はあっても，内容の面では共通する点が多い．

補論　$r(t)\geq 0$ が成立しない場合の取扱い

現金を将来に持越すのに費用はかからないから名目の利子率が正でない限り資金の貸借は行われない．$r(t)\geq 0$ というのは当然の仮定である．

しかしながら本書で検討する証券価格のモデルの中には $r(t)\geq 0$ が成立しないものも含まれる．第 10 章で扱う Hull-White 型のモデルはそうした事例である．

$r(t)\geq 0$ が成立しないモデルは経済的な観点からは奇妙なものではあるが，他方でモデルの構造が簡単で種々の計算が見通しよく行えるという利点もあるので全く無視することもできない．

$r(t)\geq 0$ が成立しない場合の条件付請求権の価格について考えてみよう．

(6-16) と(6-17) に対応して次の仮定を置く．

(1)　証券市場 $[M]$ で$(X,\pi)\in SF$ を満たす (X,π) に従った資産運用が許されるのは $\dfrac{X(t)}{B(t)}$ が P_0 に関するスーパーマルチンゲールである場合に限る．

(2)　M は標準的である．

この 2 つを仮定すると証券市場 $[M]$ から裁定取引が排除されることが証明できる．これは (6-20) と同様である．

次に2つの実数 s_Y' と b_Y' を定める．

以下の条件を満す資産変動過程 X と投資戦略 π が存在する実数 x の集合を S_Y' とする．

- $(X, \pi)\in SF$
- $\dfrac{X(t)}{B(t)}$ は P_0 に関するスーパーマルチンゲールである．
- $X(T)\geq Y$
- $X(0)=x$

$\inf_{x\in S_Y'} x=s_Y'$ とする．

以下の条件を満たす資産変動過程 X と投資戦略 π が存在する実数 z の集合を B_Y' とする．

- $(X, \pi)\in SF$
- $\dfrac{X(t)}{B(t)}$ は P_0 に関するスーパーマルチンゲールである．
- $X(T)+Y\geq 0$
- $X(0)=-z$

$\sup_{z\in B_Y'} z=b_Y'$ とする．

(6-27) と同様に次の命題を証明することができる．

(6-30)　M は標準的であり Y は条件付請求権であるとする．

この時 $b_Y'=\mathrm{E}_{P_0}\left[\dfrac{Y}{B(T)}\right]=s_Y'$ である．

この命題は $r(t)\geq 0$ という仮定を必要としない．従って，この命題を根拠として，$r(t)\geq 0$ でない場合にも条件付請求権 Y の価格は $\mathrm{E}_{P_0}\left[\dfrac{Y}{B(T)}\right]$ であると主張することは不可能ではない．

ただしこの命題の基礎となる仮定(1)を理由づけることは難しい．

しかしながら最終的にはこうした仮定を受入れるのもやむを得ないであろう．$r(t)\geq 0$ でない事例を取扱う場合には，出発点で既に $r(t)\geq 0$ でないという無理な仮定をしている．計算を見通しよく運ぶために仮定の面で犠牲を払っているのである．

従ってこのようなモデルに基づいた議論では，たとえ市場で実現される取引の範囲に多少説明困難な点があっても，それを容認したうえで計算結果に議論を集中するのもやむを得ないと考えられる．

第 7 章

オプションの価格

——ブラック・ショールズの公式——

1　証券価格のモデル

前章の結果を用いてオプション価格に関するブラック・ショールズの公式を導く．そのために本章では証券価格のモデル M についてさらに次の仮定を置く．

(7-1)

(1)　$(W(t))_{0\leq t<\infty}$ は一次元のブラウン運動である．

(2)　$r(t)=r$，$b(t)=b$，$\delta(t)=0$，$\sigma(t)=\sigma$

ここで $r>0$，$b>0$，$\sigma>0$ はそれぞれ定数である．

この仮定の下では，証券市場 $[M]$ は，B と S_1 の 2 つの証券が取引される市場であり，B の価格 $B(t)$ と S_1 の価格 $S_1(t)$ は次の方程式により定まる．

$$dB(t)=rB(t)dt \qquad B(0)=1$$
$$dS_1(t)=S_1(t)[bdt+\sigma dW(t)] \qquad S_1(0)=S$$

$B(t)=e^{rt}$，$S_1(t)=Se^{(b-\frac{\sigma^2}{2})t+\sigma W(t)}$ である．B は債券であると見なしてよい．S_1 は，通常，株式の価格を表わすとされている．

なお $\delta(t)=0$ だから S_1 の保有に対して配当は支払われない．

(7-1) (1) (2)の下では M は標準的である．このことは次の(1)〜(3)から分かる．

(1)　$\sigma(t)=\sigma>0$ だから $\sigma^{-1}(t)$ が存在する．

(2)　$\theta=\dfrac{b-r}{\sigma}$ とすると $\int_0^T\theta^2ds<\infty$ である．

(3)　Novikov の条件 $\mathrm{E}\left[\exp\left\{\frac{1}{2}\int_0^T\theta^2ds\right\}\right]<\infty$ が成立するから $(\Lambda^\theta(t))_{0\leq t\leq T}$ は P に関するマルチンゲールである．

M が標準的だから $\dfrac{dP_0}{dP}=\Lambda^\theta(T)$ となるような M のマルチンゲール測度 P_0 が

存在する．

$W^{(0)}(t)=W(t)+\int_0^t \theta ds=W(t)+\theta t$ とすると $(W^{(0)}(t))_{0\le t\le T}$ は $(\Omega, \mathfrak{F}_T, P_0)$ 上のブラウン運動である．

M が標準的であり $r(t)=r>0$ だから M は (6-26) の条件を満たす．従って条件付請求権 Y の価格についての (6-26) (6-27) の結論が成立つ．

2　オプションの価格

S_1 に関するコール・オプションを考える．権利の行使時期は T，権利の行使価格は K であるとする．このコール・オプションは条件付請求権 $[S_1(T)-K]^+$ である．

このコール・オプションの時刻 0 における価格は，$\mathrm{E}_{P_0}[e^{-rT}[S_1(T)-K]^+]$ である．またこのコール・オプションの時刻 t における価格は $\mathrm{E}_{P_0}[e^{-r(T-t)}[S_1(T)-K]^+|\mathfrak{F}_t]$ である．

以下ではこれらの値を計算する．

$S_1(T)=Se^{(b-\frac{\sigma^2}{2})t+\sigma W(t)}$ を $W^{(0)}(t)=W(t)+\theta t$，$\theta=\dfrac{b-r}{\sigma}$ を用いて書き直すと $S_1(t)=Se^{(r-\frac{\sigma^2}{2})t+\sigma W^{(0)}(t)}$ である．

従って $\mathrm{E}_{P_0}[e^{-rT}[S_1(T)-K]^+]=\mathrm{E}_{P_0}[e^{-rT}[Se^{(r-\frac{\sigma^2}{2})T+\sigma W^{(0)}(T)}-K]^+]$ である．

そこでコール・オプションの時刻 0 における価格を求めるためにこの式の右辺を計算する．

まずこの式の右辺が S と T の函数であることをはっきりさせるため右辺を $V(S, T)$ と書くこととする．

即ち次のように定める．

(7-2)　$V(S, T)=\mathrm{E}_{P_0}[e^{-rT}[Se^{(r-\frac{\sigma^2}{2})T+\sigma W^{(0)}(T)}-K]^+]$

(7-3)　$S>0$，$T>0$ であれば

$$V(S, T)=S\Phi\left(\frac{\log\frac{S}{K}+\left(r+\frac{\sigma^2}{2}\right)T}{\sigma\sqrt{T}}\right)-Ke^{-rT}\Phi\left(\frac{\log\frac{S}{K}+\left(r-\frac{\sigma^2}{2}\right)T}{\sigma\sqrt{T}}\right)$$

ここに $\Phi(x)=\int_{-\infty}^x \frac{1}{\sqrt{2\pi}}e^{-\frac{y^2}{2}}dy$ は正規分布 $N(0, 1)$ の分布函数を表わす．

【証明】

$V(S, T)$ は $W^{(0)}(T)$ の分布が分かれば計算することができる．

また，$(W^{(0)}(t))_{0\leq t\leq T}$ は $(\Omega, \mathfrak{F}_T, P_0)$ 上のブラウン運動だから $W^{(0)}(T)$ の分布は $P_0[W^{(0)}(T)\in dz] = \frac{1}{\sqrt{2\pi T}}e^{-\frac{z^2}{2T}}dz$ である．

これより以下の計算によって $V(S, T)$ が求まる．

$$V(S, T)=e^{-rT}\mathrm{E}_{P_0}[[Se^{(r-\frac{\sigma^2}{2})T+\sigma W^{(0)}(T)}-K]^+]$$

$$=\frac{e^{-rT}}{\sqrt{2\pi T}}\int_{-\infty}^{\infty}(Se^{(r-\frac{\sigma^2}{2})T+\sigma z}-K)^+e^{-\frac{z^2}{2T}}dz$$

$$=\frac{e^{-rT}}{\sqrt{2\pi T}}\int_{a}^{\infty}(Se^{(r-\frac{\sigma^2}{2})T+\sigma z}-K)e^{-\frac{z^2}{2T}}dz$$

$$\left(a=\frac{1}{\sigma}\left\{\log\frac{K}{S}-\left(r-\frac{\sigma^2}{2}\right)T\right\}\text{ である}\right)$$

$$=\frac{S}{\sqrt{2\pi T}}\int_{a}^{\infty}e^{-\frac{1}{2}(\frac{z-T\sigma}{\sqrt{T}})^2}dz-\frac{Ke^{-rT}}{\sqrt{2\pi T}}\int_{a}^{\infty}e^{-\frac{z^2}{2T}}dz$$

$$=S\int_{\frac{a-T\sigma}{\sqrt{T}}}^{\infty}\frac{1}{\sqrt{2\pi}}e^{-\frac{y^2}{2}}dy-Ke^{-rT}\int_{\frac{a}{\sqrt{T}}}^{\infty}\frac{1}{\sqrt{2\pi}}e^{-\frac{y^2}{2}}dy$$

$$=S\Phi\left(-\frac{a-T\sigma}{\sqrt{T}}\right)-Ke^{-rT}\Phi\left(-\frac{a}{\sqrt{T}}\right)$$

$$=S\Phi\left(\frac{\log\frac{S}{K}+\left(r+\frac{\sigma^2}{2}\right)T}{\sigma\sqrt{T}}\right)-Ke^{-rT}\Phi\left(\frac{\log\frac{S}{K}+\left(r-\frac{\sigma^2}{2}\right)T}{\sigma\sqrt{T}}\right)\blacksquare$$

$V(S, T)$ の S は証券 S_1 の時刻 0 での価格 $S_1(0)=S$ を表わす変数であるが，その意味をはっきりさせるため S を $S_1(0)$ と書くことにすれば

$$V(S_1(0), T)$$

$$=S_1(0)\Phi\left(\frac{\log\frac{S_1(0)}{K}+\left(r+\frac{\sigma^2}{2}\right)T}{\sigma\sqrt{T}}\right)-Ke^{-rT}\Phi\left(\frac{\log\frac{S_1(0)}{K}+\left(r-\frac{\sigma^2}{2}\right)T}{\sigma\sqrt{T}}\right)$$

であり，この $V(S_1(0), T)$ がコール・オプション $[S_1(T)-K]^+$ の時刻 0 での価格を与える．これをブラック・ショールズの公式と言う．

次に $\mathrm{E}_{P_0}[e^{-r(T-t)}[S_1(T)-K]^+|\mathfrak{F}_t]$ を計算するために一つ準備をする．

(7-4)　X，Y を $(\Omega, \mathfrak{F}, P)$ 上の確率変数とし，$\mathfrak{H}$ を $\mathfrak{F}$ に含まれる σ 加法族とする．

(1)　X は $\mathfrak{H}$ 可測とする．

(2)　Y は $\mathfrak{H}$ と独立とする．

(3)　$f(x, y)$ は $\boldsymbol{R}\times\boldsymbol{R}$ で定義されたボレル可測函数であり

$E[|f(X, Y)|]<\infty$．またすべての $x\in\boldsymbol{R}$ に対し $E[|f(x, Y)|]<\infty$．

この時，$\phi(x)=E[f(x, Y)]$ とすると，$\phi(x)$ は $\boldsymbol{R}$ 上のボレル可測函数であり，$E[f(X, Y)|\mathfrak{H}]=\phi(X)$ $(a.\ e.)$ となる．

【証明】

$\phi(x)=\int f(x, y)P_Y(dy)$ だから $\phi(x)$ がボレル可測となることは明らかである．

Z を有界で $\mathfrak{H}$ 可測な確率変数とする．$\int_\Omega |f(X, Y)Z|P(d\omega)<\infty$ である．

仮定より 2 次元の確率変数 (X, Z) と Y は独立である．従って 3 次元の確率変数 (X, Z, Y) の分布 $P_{(X,Z,Y)}(dx, dz, dy)$ は 2 次元の分布 $P_{(X,Z)}(dx, dz)$ と $P_Y(dy)$ の直積分布に等しい．

そこで $g(x, z, y)=f(x, y)z$ とすると

$\int_\Omega f(X, Y)Z\,P(d\omega)=\int_\Omega g(X, Z, Y)P(d\omega)=\iint g(x, z, y)P_{(x,z)}(dx, dz)P_Y(dy)$

$=\iint g(x, z, y)P_Y(dy)P_{(x,z)}(dx, dz)=\int \phi(x)zP_{(x,z)}(dx, dz)=\int_\Omega \phi(X)Z\,P(d\omega)$

最後から 2 番目の等式が成立するのは $\phi(x)=\int f(x, y)P_Y(dy)$ だからである．

ここで任意の $K\in\mathfrak{H}$ をとり，$Z=1_K$ とすると

$\int_K f(X, Y)P(d\omega)=\int_K \phi(X)P(d\omega)$ を得る．

$\phi(X)$ は $\mathfrak{H}$ 可測だから $E[f(X, Y)|\mathfrak{H}]=\phi(X)$ $(a.\ e.)$ である．■

(7-5)　$E_{P_0}[e^{-r(T-t)}[S_1(T)-K]^+|\mathfrak{F}_t]=V(S_1(t), T-t)$ である．

【証明】

(1)　確率変数 L を $L=e^{(r-\frac{\sigma^2}{2})(T-t)+\sigma(W^{(0)}(T)-W^{(0)}(t))}$ によって定めると

$S_1(T)=Se^{(r-\frac{\sigma^2}{2})T+\sigma W^{(0)}(T)}=S_1(t)\cdot L$ である．

従って $E_{P_0}[e^{-r(T-t)}[S_1(T)-K]^+|\mathfrak{F}_t]=E_{P_0}[e^{-r(T-t)}[S_1(t)L-K]^+|\mathfrak{F}_t]$

(2)　$E_{P_0}[e^{-r(T-t)}[S_1(t)L-K]^+|\mathfrak{F}_t]$ を (7-4) を用いて計算する．

まず次の事実が成り立つ．

(i)　$S_i(t)$ は $\mathfrak{F}_t$ 可測である．

(ii)　L と $\mathfrak{F}_t$ は独立である．

(iii)　$E_{P_0}[e^{-r(T-t)}[S_1(t)L-K]^+]<\infty$．またすべての $x\in\boldsymbol{R}$ について $E_{P_0}[e^{-r(T-t)}[xL-K]^+]<\infty$

(i)は明らかである．

(ii)は $(W^{(0)}(t))_{0\leq t\leq T}$ がブラウン運動だから $W^{(0)}(T)-W^{(0)}(t)$ と $\mathfrak{F}_t$ が独立であることによる．

(iii)は計算により容易に分かる．

そこで $X=S_1(t)$，$Y=L$，$\mathfrak{H}=\mathfrak{F}_t$，$f(x,y)=e^{-r(T-t)}[xy-K]^+$ とすると X，Y，$\mathfrak{H}$，$f(x,y)$ が (7-4) (1) (2) (3)をすべて満たすことが分かる．

従って (7-4) の結論をこれらの X，Y，$\mathfrak{H}$，$f(x,y)$ に適用できる．

即ち，$\phi(x)=\mathrm{E}_{P_0}[e^{-r(T-t)}[xL-K]^+]$ とすると $\mathrm{E}_{P_0}[e^{-r(T-t)}[S_1(t)L-K]^+|\mathfrak{F}_t]=\phi(S_1(t))$ である．

(3)　$\phi(x)=V(x,T-t)$ であることを示す．

まず前記のように $\phi(x)=\mathrm{E}_{P_0}[e^{-r(T-t)}[xL-K]^+]$ である．

また $V(S,T)$ の定義式 (7-2) によると

$V(x,T-t)=\mathrm{E}_{P_0}[e^{-r(T-t)}[xe^{(r-\frac{\sigma^2}{2})(T-t)+\sigma W^{(0)}(T-t)}-K]^+]$ である．

ところで $\phi(x)$ の右辺に現われる $L=e^{(r-\frac{\sigma^2}{2})(T-t)+\sigma(W^{(0)}(T)-W^{(0)}(t))}$ と，$V(x,T-t)$ の右辺に現われる $e^{(r-\frac{\sigma^2}{2})(T-t)+\sigma W^{(0)}(T-t)}$ の分布は等しい．何故なら $(W^{(0)}(t))_{0\le t\le T}$ がブラウン運動だから $W^{(0)}(T)-W^{(0)}(t)$ と $W^{(0)}(T-t)$ の分布が等しいからである．

従って，$\phi(x)=V(x,T-t)$ である．

(4)　(2)と(3)から

$\mathrm{E}_{P_0}[e^{-r(T-t)}[S_1(t)L-K]^+|\mathfrak{F}_t]=\phi(S_1(t))=V(S_1(t),T-t)$ を得る．■

(7-5) より $T>t\ge 0$ であれば

$$V(S_1(t),T-t)=S_1(t)\Phi\left(\frac{\log\frac{S_1(t)}{K}+\left(r+\frac{\sigma^2}{2}\right)(T-t)}{\sigma\sqrt{T-t}}\right)$$
$$-Ke^{-r(T-t)}\Phi\left(\frac{\log\frac{S_1(t)}{K}+\left(r-\frac{\sigma^2}{2}\right)(T-t)}{\sigma\sqrt{T-t}}\right)$$

以上でコールオプション $[S_1(T)-K]^+$ の価格が求まった．

プットオプション $[K-S_1(T)]^+$ の価格もまったく同様にして求めることができる．

あるいは　$[K-S_1(T)]^+=[S_1(T)-K]^+-S_1(T)+K$ から

$$\mathrm{E}_{P_0}[e^{-r(T-t)}[K-S_1(T)]^+|\mathfrak{F}_t]=\mathrm{E}_{P_0}[e^{-r(T-t)}[S_1(T)-K]^+|\mathfrak{F}_t]-S_1(t)+Ke^{-r(T-t)}$$

を用いてもよい[注1]．

3　$V(S, T)$ の性質

(7-6)　$V(S, T)$ について次の事実が成り立つ．

(1)　$V(S, T)$ は，$\{(S, T): S>0, T\geq 0\}$ で定義される．

(2)　$V(S, T)$ は $\{(S, T): S>0, T>0\}$ 上で S, T に関し何回でも微分可能である．

(3)　$V(S, T)$ は $\{(S, T): S>0, T\geq 0\}$ で連続である．

【証明】

(1)　$V(S, T)$ が $S>0$，$T>0$ に対して確定した値を持つことは (7-3) で示した．$S>0$，$T=0$ ならば $V(S, T)=(S-K)^+$ である．

(2)　(7-3) による．

(3)　$V(S, T)$ が $S>0$，$T>0$ で連続なことは明らかである．

$\lim_{(\tilde{S}, \tilde{T})\to(S, 0)} V(\tilde{S}, \tilde{T})=(S-K)^+$ は容易に分かる．■

(7-7)　$V(S, T)$ は $S>0$，$T>0$ で何回でも微分可能だから $V_{11}(S, T)=\frac{\partial^2}{\partial S^2}V(S, T)$，$V_1(S, T)=\frac{\partial}{\partial S}V(S, T)$，$V_2(S, T)=\frac{\partial}{\partial T}V(S, T)$ が定まる．

この時次の(1)(2)が成り立つ．

(1)　$\frac{1}{2}\sigma^2 S_1^2(t)V_{11}(S_1(t), T-t)+rS_1(t)V_1(S_1(t), T-t)-V_2(S_1(t), T-t)-rV(S_1(t), T-t)=0$　$(0\leq t<T)$

(2)　$e^{-rt}V(S_1(t), T-t)=V(S_1(0), T)+\int_0^t e^{-ru}S_1(u)V_1(S_1(u), T-u)\sigma dW^{(0)}(u)$　$(0\leq t<T)$

【証明】

(7-5) より $\mathrm{E}_{P_0}[e^{-rT}[S_1(T)-K]^+|\mathfrak{F}_t]=e^{-rt}V(S_1(t), T-t)$ である．この式の左辺は $0\leq t\leq T$ の間でマルチンゲールになるから $e^{-rt}V(S_1(t), T-t)$ は $0\leq t\leq T$ の間でマルチンゲールとなる．まずこの点に注意しておく．

さて $V(S, T)$ は $S>0$，$T>0$ ならば微分可能だから $e^{-rt}V(S_1(t), T-t)$ に対して $0\leq t<T$ の間で伊藤の公式を適用することができる．

$dS_1(t)=S_1(t)[rdt+\sigma dW^{(0)}(t)]$ を用いて結果を整理すると

$$d[e^{-rt}V(S_1(t), T-t)]=e^{-rt}X(t)dt+e^{-rt}Y(t)dW^{(0)}(t)$$

ただし

$$X(t)=\frac{1}{2}\sigma^2 S_1^2(t)V_{11}(S_1(t), T-t)+rS_1(t)V_1(S_1(t), T-t)-V_2(S_1(t), T-t)$$

$-rV(S_1(t),\ T-t)$

$Y(t)=S_1(t)V_1(S_1(t),\ T-t)\sigma$ である．

積分形で書けば $0\leq t<T$ で

$$e^{-rt}V(S_1(t),\ T-t)=V(S_1(0),\ T)+\int_0^t e^{-ru}X(u)du+\int_0^t e^{-ru}Y(u)dW^{(0)}(u)$$

ところで最初に注意したようにこの式の左辺はマルチンゲールである．従って連続なセミマルチンゲールの分解の一意性（K and S (91), ch. 3, Problem 3.2 参照）より $\int_0^t e^{-ru}X(u)du=0$ $(0\leq t<T)$ である．

これより $X(t)=0$ $(0\leq t<T)$ となり(1)を得る．また前記の等式で $\int_0^t e^{-ru}X(u)\,du=0$ と置けば(2)を得る．■

(x,t) の函数 $C(x,t)$ を $C(x,t)=V(x,\ T-t)$ によって定めてみよう．$C(x,t)$ は $\{(x,t):x>0,\ T\geq t>0\}$ で定義される．(7-7)(1)と(7-2)より $C(x,t)$ は次の方程式を満たす．

・$\dfrac{1}{2}\sigma^2x^2\dfrac{\partial^2 C}{\partial x^2}+rx\dfrac{\partial C}{\partial x}-rC+\dfrac{\partial C}{\partial t}=0$ $(x>0,\ T\geq t>0)$

・$C(x,\ T)=(x-K)^+$ $(x>0)$

コール・オプションの価格を求める方法の一つとして，まずコール・オプションの価格が満たす偏微分方程式と境界条件を導いて，その方程式を解くやり方がある．この方法による時には前記の偏微分方程式と境界条件が現われるが，これは(7-7)(1)が成立つからなのである．

次の節では(7-7)(2)を応用してみよう．

4　リスクヘッジ

コール・オプション $[S_1(T)-K]^+$ の売り手は時刻 0 に $\mathrm{E}_{P_0}[e^{-rT}[S_1(T)-K]^+]$ を受取り，時刻 T に $[S_1(T)-K]^+$ を支払う．この売り手が支払いに備えて採用する投資戦略を求めてみよう．

即ち次の条件を満たす資産変動過程 X と投資戦略 π を求めよう．

(i)　$(X,\pi)\in AD$，(ii)　$X(T)=[S_1(T)-K]^+$，

(iii)　$X(0)=\mathrm{E}_{P_0}[e^{-rT}[S_1(T)-K]^+]$

この問題を解くのに(7-7)(2)で示した次の式を用いる．

$$e^{-rt}V(S_1(t),\ T-t)=V(S_1(0),\ T)+\int_0^t e^{-ru}S_1(u)V_1(S_1(u),\ T-u)\sigma dW^{(0)}(u)$$

$(0 \le t < T)$

まず $t \uparrow T$ とすると，$V(S, T)$ が $S>0$，$T \ge 0$ で連続であることから，この式は $t=T$ でも成立つことに注意する．

次に確率過程 $X=(X(t))_{0\le t\le T}$ と $\pi=(\pi(t))_{0\le t\le T}$ を $X(t)=V(S_1(t), T-t)$，$\pi(t)=S_1(t)V_1(S_1(t), T-t)$ によって定める．

X と π の定め方から次の事実が成り立つ．

- $e^{-rt}X(t)=X(0)+\int_0^t e^{-ru}\pi(u)\sigma dW^{(0)}(u)$
- $X(t)\ge 0$
- $X(T)=[S_1(T)-K]^+$
- $X(0)=V(S_1(0), T)=\mathrm{E}_{P_0}[e^{-rT}[S_1(T)-K]^+]$

従って X が資産変動過程で π が投資戦略であることが示されれば X，π が前記の(i)(ii)(iii)を満たすことになる．

X が資産変動過程であることは明らかである．

$\pi(t)$ が $\int_0^T|\pi(u)(b-r)|du<\infty$ (a. e.) と $\int_0^T\sigma^2\pi^2(u)du<\infty$ (a. e.) を満たし，投資戦略になっていることを示そう．

まず $V_1(S, T)=\dfrac{\partial}{\partial S}V(S, T)=\Phi\left(\dfrac{\log\dfrac{S}{K}+\left(r+\dfrac{\sigma^2}{2}\right)T}{\sigma\sqrt{T}}\right)$ より

$0\le V_1(S_1(u), T-u)\le 1$ である．

これより $\mathrm{E}_{P_0}\left[\int_0^T|\pi(u)|du\right]=\int_0^T\mathrm{E}_{P_0}[|\pi(u)|]du$

$$=\int_0^T\mathrm{E}_{P_0}[|S_1(u)V_1(S_1(u), T-u)|]du\le\int_0^T\mathrm{E}_{P_0}[S_1(u)]du<\infty$$ である．

従って $\int_0^T|\pi(u)|du<\infty$ (a. e.) である．

同様にして $\int_0^T\pi^2(u)du<\infty$ (a. e.) を得る．

従って π は投資戦略である．

以上でコール・オプションの売手が採用する投資戦略 π と，売手の資産残高の推移を表わす X が求まった．

具体的に書けば，次のとおりである．

$$X(t)=V(S_1(t), T-t)=S_1(t)\Phi\left(\frac{\log\dfrac{S_1(t)}{K}+\left(r+\dfrac{\sigma^2}{2}\right)(T-t)}{\sigma\sqrt{T-t}}\right)$$

$$-Ke^{-r(T-t)}\Phi\left(\frac{\log\dfrac{S_1(t)}{K}+\left(r-\dfrac{\sigma^2}{2}\right)(T-t)}{\sigma\sqrt{T-t}}\right)$$

$$\pi(t)=S_1(t)\,V_1(S_1(t),\,T-t)=S_1(t)\Phi\left(\frac{\log\dfrac{S_1(t)}{K}+\left(r+\dfrac{\sigma^2}{2}\right)(T-t)}{\sigma\sqrt{T-t}}\right)$$

売手は時刻 t に資産残高 $X(t)$ を保有し，証券 S_1 を金額 $\pi(t)$ だけ保有するから，証券 B を金額 $\pi_0(t)=X(t)-\pi(t)$ だけ保有する．

$$\pi_0(t)=-Ke^{-r(T-t)}\Phi\left(\frac{\log\dfrac{S_1(t)}{K}+\left(r-\dfrac{\sigma^2}{2}\right)(T-t)}{\sigma\sqrt{T-t}}\right)$$ である．

補論　オプション以外のデリバティブ

以下では連続的取引時間の仮定の下で，先渡し，スワップおよび先物の価格について簡単に検討しよう．

証券価格のモデル M と証券市場 $[M]$ を前提に議論を進める．M は標準的と仮定する．M の要素である $(r(t))_{0\leq t\leq T}$ は $[0,T]\times\Omega$ 上で $r(t)\geq 0$ ($\lambda\otimes P$ $a.\ e.$) を満たしているとする．

確率測度 P_0 と確率過程 $(W^{(0)}(t))_{0\leq t\leq T}$ については既にその意味を定めたとおりとする．

このような連続的取引時間を持つ証券価格のモデル M の下でも，先渡し，スワップおよび先物に関する第3章の結果はそのまま成立する．

これは連続的取引時間の仮定の下でも，第3章と同様にして条件付請求権 Y の時刻 t における価格が $B(t)\mathrm{E}_{P_0}\left[\dfrac{Y}{B(T)}\middle|\mathfrak{F}_t\right]$ となるため，先渡し，スワップおよび先物についての第3章での議論がここでもそのまま通用するからである．

これらの取引については基本的には第3章と同様に考えてよい．

先物取引における極限移行

今述べたことは先物取引にも当てはまるから，もしそれが有限個の取引時刻を選んで行われる一連の取引であれば第3章の結論には変化は生じない．

ただし，先物取引は次々に行われる一連の取引として構成されていたから，これらの取引の間隔を縮小した結果成立する連続的に行われる先物取引を考えることができる．離散的取引時間を持つ先物取引から連続的取引時間を持つ先物取引に移行するにはどうしたらよいかを考えてみよう．

第3章第11節では，先物取引というものが，次の条件を満たす証券 F_X の売買と同じであることを示した．

(1)　F_X は時刻 $0, 1, \cdots, T-1$ の各時点で売買され，その価格は常にゼロである．

(2)　F_X を時刻 u から $v-1$ の各時点でそれぞれ $\theta(t)$ $(u \leq t \leq v-1)$ ずつ保有すると，時刻 $u+1$ から v の間に累計で $\sum_{t=u}^{v-1}\theta(t)[X(t+1)-X(t)]$ の配当を受取ることができる．

特に $\theta(t)=1$ $(u \leq t \leq v-1)$ とすれば $X(v)-X(u)$ の配当を受取ることができる．

(3)　確率過程 $(X(t))_{0 \leq t \leq T}$ は次の条件を満たす．

・$\mathrm{E}_{P_0}\left[\dfrac{X(t+1)-X(t)}{B(t+1)}\middle|\mathfrak{F}_t\right]=0$　$(0 \leq t \leq T-1)$

・$X(T)=S_T$，S_T は予め与えられた $\mathfrak{F}_T$ 可測な確率変数である．

さて証券市場 $[M]$ は 0 から T までの連続的取引時間を持つから，これを十分大きな正の整数 N によって N 分割した時刻 $0, \dfrac{1}{N}, \cdots, \dfrac{k}{N}, \cdots, \dfrac{NT}{N}$ を考え，これらの NT 個の時刻に前記の(1)(2)(3)を満足しながら行われる証券 F_X の取引とその基礎となる確率過程 $\left(X\left(\dfrac{t}{N}\right)\right)_{0 \leq t \leq NT}$ を考える．

ここで $N \uparrow \infty$ とすると，その結果成立するのは次のような証券 F_X の取引とその基礎となる確率過程 $(X(t))_{0 \leq t \leq T}$ であろう．

(1)′　F_X は時刻 0 から T の間の各時刻に連続的に取引され，その価格は常にゼロである．

(2)′　F_X を時刻 u から v の各時点でそれぞれ $\theta(t)$ $(u \leq t \leq v)$ ずつ保有すると，時刻 u から v の間に累計で $\int_u^v \theta(t)dX(t)$ の配当を受取ることができる．
特に $\theta(t)=1$ $(u \leq t \leq v)$ とすると，$X(v)-X(u)$ の配当を受取ることができる．

(3)′　確率過程 $(X(t))_{0 \leq t \leq T}$ は次の条件を満たす．

・$\mathrm{E}_{P_0}\left[\int_t^v \dfrac{dX(s)}{B(s)}\middle|\mathfrak{F}_t\right]=0$　$(0 \leq t < v \leq T)$

・$X(T)=S_T$，S_T は予め与えられた $\mathfrak{F}_T$ 可測な確率変数である．

(1)と(1)′，(2)と(2)′ が対応するのは明らかであろう．

離散的取引時間の仮定の下では(1)(2)から(3)が導かれた．何故なら時刻 t に F_X を

価格 0 で一単位買うと，時刻 $t+1$ に $X(t+1)-X(t)$ の配当を得るので $\mathrm{E}_{P_0}\left[\frac{X(t+1)-X(t)}{B(t+1)}\middle|\mathfrak{F}_t\right]=0$ となるからである．

連続的取引時間の仮定の下でも，F_X の取引について(1)′(2)′ を仮定する以上，$(X(t))_{0\leq t\leq T}$ について(3)′ が成り立つと仮定してよいと思われる．これは次のように考えればよい．

F_X 一単位を時刻 t から v までの間保有するとする．$t=t_0<t_1<t_2,\cdots<t_{n-1}<t_n=v$ となる t_i を定める．t_{i-1} から t_i の間の F_X の保有に対して配当 $X(t_i)-X(t_{i-1})$ が支払われ，t_{i-1} での F_X の価格は 0 だから

$\mathrm{E}_{P_0}\left[\frac{X(t_i)-X(t_{i-1})}{B(t_i)}\middle|\mathfrak{F}_{t_{i-1}}\right]=0\ (0\leq i\leq n-1)$ である．

これらの式から $\mathrm{E}_{P_0}\left[\sum_{i=0}^{n-1}\frac{X(t_i)-X(t_{i-1})}{B(t_i)}\middle|\mathfrak{F}_t\right]=0$ となるから $n\uparrow\infty$ とした極限では $\mathrm{E}_{P_0}\left[\int_t^v\frac{dX(s)}{B(s)}\middle|\mathfrak{F}_t\right]$ が成立すると考えてよい．

条件(1)′(2)′(3)′ を満たすような証券 F_X を考え，F_X の売買を，連続的取引時間の仮定の下での S_T の先物取引と呼ぶことにしよう．

S_T の先物取引が(3)′ を満たす確率過程 $(X(t))_{0\leq t\leq T}$ を求めることに帰着するのは明らかである．

(3)′ を満たす確率過程 $(X(t))_{0\leq t\leq T}$ については少なくとも確率積分 $\int_t^v\frac{dX(s)}{B(s)}$ が定義できなくてはならない．

そこで $(X(t))_{0\leq t\leq T}$ を $(\Omega,\mathfrak{F},P_0)$ 上で定義された連続なローカルマルチンゲールの中から探してみることとしよう[注2)]．

(7-8)　S_T は $\mathfrak{F}_T$ 可測な確率変数で，$\mathrm{E}_{P_0}[S_T^2]<\infty$ とする．また $0<c_1\leq B(t)\leq c_2$ となる c_1, c_2 が存在するとする．

この時，次の条件を満たす確率過程 $(X(t))_{0\leq t\leq T}$ は $X(t)=\mathrm{E}_{P_0}[S_T|\mathfrak{F}_t]$ に限る．

(i)　$(X(t))_{0\leq t\leq T}$ は，$(\Omega,\mathfrak{F},P_0)$ 上の連続なローカルマルチンゲールである．

(ii)　$0\leq t<v\leq T$ となる t，v に対し $\int_t^v\frac{dX(s)}{B(s)}$ が存在して $\mathrm{E}_{P_0}\left[\int_t^v\frac{dX(s)}{B(s)}\middle|\mathfrak{F}_t\right]=0$ である．

(iii)　$X(T)=S_T$

(iv)　$\mathrm{E}_{P_0}\left[\int_0^T\frac{dX(s)}{B(s)}\right]^2<\infty$

【証明】

(1)　$(X(t))_{0\leq t\leq T}$ が(i)(ii)(iii)(iv)を満たすとする．

$L(t)=\int_0^t\frac{dX(s)}{B(s)}$ とすると，(ii)より $\mathrm{E}_{P_0}[L(v)-L(t)|\mathfrak{F}_t]=0$ であるから $L(t)$ は P_0

に関するマルチンゲールである．

また(iv)より $\mathrm{E}_{P_0}[L^2(T)]<\infty$ であるから，Doob の Maximal inequality より $L(t)$ は自乗可積分なマルチンゲールである．

この事実と $L(t)=\int_0^t \frac{dX(s)}{B(s)}$ より $\int_0^t B(s)dL(s)=X(t)-X(0)$

仮定より $c_1\leq B(s)\leq c_2$ で $L(s)$ が自乗可積分なマルチンゲールだから $\int_0^t B(s)dL(s)$．従って $X(t)-X(0)$ も自乗可積分なマルチンゲールである．

従って $\mathrm{E}_{P_0}[X(T)-X(0)|\mathfrak{F}_t]=X(t)-X(0)$．また(iii)より $X(T)=S_T$．従って $\mathrm{E}_{P_0}[S_T|\mathfrak{F}_t]=X(t)$ である．

(2)　$X(t)=\mathrm{E}_{P_0}[S_T|\mathfrak{F}_t]$ として $(X(t))_{0\leq t\leq T}$ が(i)(ii)(iii)(iv)を満たすことを示す．

まず $X(t)=\mathrm{E}_{P_0}[S_T|\mathfrak{F}_t]$ と $\mathrm{E}_{P_0}[S_T^2]<\infty$ から $(X(t))_{0\leq t\leq T}$ は自乗可積分なマルチンゲールである．

従って，(i)(iii)は明らか．

また仮定より $\frac{1}{c_2}\leq\frac{1}{B(s)}\leq\frac{1}{c_1}$ が成り立つから $\int_0^t \frac{dX(s)}{B(s)}$ は自乗可積分なマルチンゲールであり(ii)(iv)が成り立つ．■

第 8 章 アメリカ型オプション

1　アメリカ型オプション

証券価格のモデル M と証券市場 $[M]$ を前提に議論を進める．M は標準的と仮定する．確率測度 P_0，確率過程 $(W^{(0)}(t))_{0\le t\le T}$ については既にその意味を定めたとおりとする．

(8-1)　確率過程 $Y=(Y(t))_{0\le t\le T}$ がアメリカ型請求権であるとは，次の条件が成り立つことを言う．

(1)　$Y(t)$ は $\mathfrak{F}_t$ 可測である．

(2)　すべての $\omega\in\Omega$ に対して $Y(t,\omega)$ は $t\in[0,T]$ で連続である．

(3)　$Y(t)\geq 0$

(4)　$\mathrm{E}_{P_0}\left[\sup_{0\le t\le T}\frac{Y(t)}{B(t)}\right]<\infty$

$Y=(Y(t))_{0\le t\le T}$ がアメリカ型請求権である時，アメリカ型オプション Y とは，0 から T までの間の時刻 τ を選んで金額 $Y(\tau)$ を受取る権利を言う．

以下では離散的取引時間の場合と同じ方法によってアメリカ型オプション Y の価格を求める．多少の技術的複雑さを除けば証明の過程は同じである．

2　最適停止問題とその解

アメリカ型オプションの価格を求めるためには第 4 章と同様に，最適停止問題に関する知識を必要とする．

以下では $(\mathfrak{F}_t)_{0\le t\le T}$ に関する停止時刻 τ で $u\le\tau\le v$ を満たすものの集合を $S_{u,v}$

で表わす．

また確率過程 $X=(X(t,\omega))_{0\le t\le T}$ と停止時刻 $\tau(\omega)$ から作られる確率変数 $X(\tau(\omega),\omega)$ を $X(\tau)$ で表わす．

アメリカ型請求権 Y に対して $\sup_{\tau\in S_{0,T}} \mathrm{E}_{P_0}\left[\frac{Y(\tau)}{B(\tau)}\right]$ を求める最適停止問題を考えると，(4-34) に対応して次の結果が成り立つ（El Karoui (1981), Øksendal (1998), ch. 10, Theorem 10.1.9, Theorem 10.1.12 参照）．

(8-2)　$\mathrm{E}_{P_0}\left[\frac{Y(\tau^*)}{B(\tau^*)}\right]=\sup_{\tau\in S_{0,T}} \mathrm{E}_{P_0}\left[\frac{Y(\tau)}{B(\tau)}\right]$ となる $\tau^*\in S_{0,T}$ を求める最適停止問題を考える．

この問題について次の事実が成り立つ．

(1)　右連続で左極限を有する確率過程 $Z=(Z(t))_{0\le t\le T}$ が存在して $Z(t)=\operatorname*{ess\,sup}_{\tau\in S_{t,T}} \mathrm{E}_{P_0}\left[\frac{Y(\tau)}{B(\tau)}\middle|\mathfrak{F}_t\right]$ $(a.\,e.)$ となる注1)．

特に　$Z(0)=\sup_{\tau\in S_{0,T}} \mathrm{E}_{P_0}\left[\frac{Y(\tau)}{B(\tau)}\right]$ である．

(2)　$(Z(t))_{0\le t\le T}$ は $\left(\frac{Y(t)}{B(t)}\right)_{0\le t\le T}$ に優越する最小のスーパーマルチンゲールである．

(3)　停止時刻 τ_0 を $\tau_0=\inf\left\{t : 0\le t\le T,\, Z(t)=\frac{Y(t)}{B(t)}\right\}$ によって定めると

$$\mathrm{E}_{P_0}\left[\frac{Y(\tau_0)}{B(\tau_0)}\right]=\sup_{\tau\in S_{0,T}} \mathrm{E}_{P_0}\left[\frac{Y(\tau)}{B(\tau)}\right]=Z(0)$$

(4)　$(Z(t))_{0\le t\le T}$ は確率過程 $M=(M(t))_{0\le t\le T}$ と $A=(A(t))_{0\le t\le T}$ によって $Z(t)=M(t)-A(t)$ と分解される．ただし

- $(M(t))_{0\le t\le T}$ は右連続で左極限を有するマルチンゲールである．
- $A(t)$ は右連続かつ単調増加であり $A(0)=0$ である注2)注3)．

念のために注意すると $\mathrm{E}_{P_0}\left[\frac{Y(\tau^*)}{B(\tau^*)}\right]=\sup_{\tau\in S_{0,T}} \mathrm{E}_{P_0}\left[\frac{Y(\tau)}{B(\tau)}\right]$ となる τ^* を求める最適化問題は確率空間 $(\Omega,\mathfrak{F}_T,P_0)$ を基礎に定式化されており，$(\Omega,\mathfrak{F},P)$ を基礎に定式化されてはいない．従って，$Z(t)$，$M(t)$，$A(t)$ 等はすべて $(\Omega,\mathfrak{F}_T,P_0)$ 上の確率変数である．また $(Z(t))_{0\le t\le T}$ は P_0 と $(\mathfrak{F}_t)_{0\le t\le T}$ に関するスーパーマルチンゲールであり，$(M(t))_{0\le t\le T}$ は P_0 と $(\mathfrak{F}_t)_{0\le t\le T}$ に関するマルチンゲールである．

(8-3)　アメリカ型請求権 Y，$Z=(Z(t))_{0\le t\le T}$，$M=(M(t))_{0\le t\le T}$，$A=(A(t))_{0\le t\le T}$，τ_0 の意味については (8-2) のとおりとする．

(1)　$M(\tau_0)=Z(\tau_0)=\frac{Y(\tau_0)}{B(\tau_0)}$ である．

(2)　$M(\tau_0\wedge t)=Z(\tau_0\wedge t)$ $(0\le t\le T)$ である．

【証明】

(8-2)(2)より $Z(t) \geq \frac{Y(t)}{B(t)}$，(8-2)(4)より $M(t) \geq Z(t)$ だから $M(t) \geq Z(t) \geq \frac{Y(t)}{B(t)}$ である．従って，$M(\tau_0) \geq Z(\tau_0) \geq \frac{Y(\tau_0)}{B(\tau_0)}$．これを積分して

$$\mathrm{E}_{P_0}[M(\tau_0)] \geq \mathrm{E}_{P_0}[Z(\tau_0)] \geq \mathrm{E}_{P_0}\left[\frac{Y(\tau_0)}{B(\tau_0)}\right]$$

この不等式の左端は M がマルチンゲールであることから $\mathrm{E}_{P_0}[M(\tau_0)] = M(0)$ となる．

また右端は(8-2)(3)より $Z(0)$ に等しい．

ところが(8-2)(4)より $M(0) = Z(0)$ である．

従って，$M(\tau_0) = Z(\tau_0) = \frac{Y(\tau_0)}{B(\tau_0)}$ である．即ち(1)が成り立つ．

次に，(8-2)(4)より $Z(\tau_0) = M(\tau_0) - A(\tau_0)$，$A(\tau_0) \geq 0$ である．これと $M(\tau_0) = Z(\tau_0)$ より $A(\tau_0) = 0$ である．

ところで(8-2)(4)より $A(t)$ は単調増加だから $0 \leq A(\tau_0 \wedge t) \leq A(\tau_0) = 0$．即ち $A(\tau_0 \wedge t) = 0$．

これと　$Z(\tau_0 \wedge t) = M(\tau_0 \wedge t) - A(\tau_0 \wedge t)$ より $Z(\tau_0 \wedge t) = M(\tau_0 \wedge t)$ である．即ち(2)が成り立つ．■

3　アメリカ型オプションの価格

Y をアメリカ型請求権とする．

次の(1)〜(3)を満たす資産変動過程 X と投資戦略 π が存在するような実数 x の集合を S_Y で表わす．

(1)　$(X, \pi) \in AD$

(2)　すべての $t \in [0, T]$ に対して $X(t) \geq Y(t)$ $(a.e.)$

(3)　$X(0) = x$

$s_Y = \inf_{x \in S_Y} x$ とする．

次の(1)〜(3)を満たす資産変動過程 X，投資戦略 π，および停止時刻 ϕ が存在するような実数 z の集合を B_Y で表わす．

(1)　$(X, \pi) \in AD$

(2)　$X(\phi) + Y(\phi) \geq 0$

(3)　$X(0) = -z$

$b_Y = \sup_{z \in B_Y} z$ とする．

時刻0にアメリカ型オプション Y が価格 p で売買される状況を考える．$b_Y \leq p \leq s_Y$ でなければならないことは，第4章のアメリカ型オプションの場合と同じである．

(8-4)　$b_Y \leq \sup_{\tau \in S_{0,T}} \mathrm{E}_{P_0}\left[\dfrac{Y(\tau)}{B(\tau)}\right] \leq s_Y$ である．

【証明】

Y が条件付請求権だから $\mathrm{E}_{P_0}\left[\sup_{0 \leq t \leq T} \dfrac{Y(t)}{B(t)}\right] < \infty$ が成り立つので $\sup_{\tau \in S_{0,T}} \mathrm{E}_{P_0}\left[\dfrac{Y(\tau)}{B(\tau)}\right] < \infty$ である．

$b_Y \leq \sup_{\tau \in S_{0,T}} \mathrm{E}_{P_0}\left[\dfrac{Y(\tau)}{B(\tau)}\right] \leq s_Y$ 自身の証明は基本的に (4-33) と同じだから省略する．■

アメリカ型請求権 Y について，適当な条件の下で $b_Y = \sup_{\tau \in S_{0,T}} \mathrm{E}_{P_0}\left[\dfrac{Y(\tau)}{B(\tau)}\right] = s_Y$ となることを示すのに，(8-2) の $Z=(Z(t))_{0 \leq t \leq T}$，$M=(M(t))_{0 \leq t \leq T}$，$A=(A(t))_{0 \leq t \leq T}$，$\tau_0$ が (8-3) (1)〜(2)を満たすことを用いよう．

(8-5)　証券価格のモデル $\mathcal{M}$ の構成要素である $(r(t))_{0 \leq t \leq T}$ は $[0, T] \times \Omega$ 上で $\lambda \otimes P$ に関してほとんど至る所で $r(t) \geq 0$ となっているものとする．

Y はアメリカ型請求権とする．

この時 $b_Y = \sup_{\tau \in S_{0,T}} \mathrm{E}_{P_0}\left[\dfrac{Y(\tau)}{B(\tau)}\right] = s_Y$ である．

【証明】

はじめに次の点に注意しておく．

- 証券価格のモデル $\mathcal{M}$ は標準的であると仮定したから $\mathcal{M}$ は完備である．
- $r(t) \geq 0$ だから $B(t) = \exp \int_0^t r(u)du \geq 1$ である．
- $Z=(Z(t))_{0 \leq t \leq T}$，$M=(M(t))_{0 \leq t \leq T}$，$A=(A(t))_{0 \leq t \leq T}$，$\tau_0$ の意味は (8-2) で定めたとおりとすると，Z，M，A，τ_0 に関して (8-3) (1)〜(2)が成り立つ．

$b_Y \geq \sup_{\tau \in S_{0,T}} \mathrm{E}_{P_0}\left[\dfrac{Y(\tau)}{B(\tau)}\right] \geq s_Y$ を示せば十分である．

(1)　$\sup_{\tau \in S_{0,T}} \mathrm{E}_{P_0}\left[\dfrac{Y(\tau)}{B(\tau)}\right] = Z(0) \geq \inf_{x \in S_Y} x = s_Y$ を示す．

そのために次の条件を満たす資産変動過程 X と投資戦略 π が存在することを示す．

(i)　$(X, \pi) \in AD$，(ii)　$X(t) \geq Y(t)$ $(a.\ e.)$ $(0 \leq t \leq T)$，(iii)　$X(0) = Z(0)$

もしこのような X，π が存在すれば S_Y の定義より $Z(0) \in S_Y$ となるから $Z(0) \geq \inf_{x \in S_Y} x = s_Y$ を結論することができる．

さて，証券価格のモデル $\mathcal{M}$ は完備だから確率変数 $B(T)M(T)$ に対して次の

条件を満たす X と π が存在する．

・$(X, \pi)\in SF$，・$X(T)=B(T)M(T)$，

・$\dfrac{X(t)}{B(t)}$ は P_0 に関するマルチンゲールである．

このXと π が先の(i)(ii)(iii)を満たすことを示す．

(i)　まず $\dfrac{X(t)}{B(t)}$ は P_0 に関するマルチンゲールであり，$M(t)$ も P_0 に関するマルチンゲールである．しかも $\dfrac{X(T)}{B(T)}=M(T)$ となるから $\dfrac{X(t)}{B(t)}=M(t)$ $(0\leq t\leq T)$．また $M(t)\geq Z(t)\geq\dfrac{Y(t)}{B(t)}\geq 0$．従って $\dfrac{X(t)}{B(t)}\geq 0$ である．

この事実と $(X, \pi)\in SF$ より $(X, \pi)\in AD$ である．

(ii)　$\dfrac{X(t)}{B(t)}=M(t)\geq Z(t)$ と $Z(t)\geq\dfrac{Y(t)}{B(t)}$ より明らか．

(iii)　$\dfrac{X(t)}{B(t)}=M(t)$ より $X(0)=M(0)$，また $M(0)=Z(0)$ である．

(2)　実数 $c>0$ が存在して $c\geq Y(t)$ であれば

$b_Y=\sup_{z\in B_Y} z\geq Z(0)=\sup_{\tau\in S_{0,T}} \mathrm{E}_{P_0}\left[\dfrac{Y(\tau)}{B(\tau)}\right]$ であることを示す．

そのために，適当な資産変動過程 X と投資戦略 π が存在して X，π，τ_0 が次の条件を満たすことを示す．

(i)　$(X, \pi)\in AD$，(ii)　$X(\tau_0)+Y(\tau_0)=0$，(iii)　$X(0)=-Z(0)$

もしこのような X，π が存在すれば B_Y の定義より $Z(0)\in B_Y$ となるから $b_Y=\sup_{z\in B_Y} z\geq Z(0)$ を結論することができる．

まず次の事実に注意する．

・$(M(t))_{0\leq t\leq T}$ は P_0 と $(\mathfrak{F}_t)_{0\leq t\leq T}$ に関する右連続なマルチンゲールで，τ_0 は $(\mathfrak{F}_t)_{0\leq t\leq T}$ に関する停止時刻だから，確率過程 $(M(\tau_0\wedge t))_{0\leq t\leq T}$ は P_0 と $(\mathfrak{F}_t)_{0\leq t\leq T}$ に関するマルチンゲールである（K and S (91), ch. 1, Problem 3.24 参照）．

・$c\geq Y(t)\geq 0$ と $B(t)\geq 1$ より $c\geq\dfrac{Y(t)}{B(t)}\geq 0$ だから $c\geq Z(t)=\operatorname{ess\,sup}_{\tau\in S_{t,T}}\mathrm{E}_{P_0}\left[\dfrac{Y(\tau)}{B(\tau)}\middle|\mathfrak{F}_t\right]\geq 0$ である．

さて証券価格のモデル M が完備だから確率変数 $-B(T)M(\tau_0\wedge T)$ に対して次の条件を満たす X と π が存在する．

・$(X, \pi)\in SF$，・$X(T)=-B(T)M(\tau_0\wedge T)$，

・$\dfrac{X(t)}{B(t)}$ は P_0 に関するマルチンゲールである．

この X，π と τ_0 が先の(i)(ii)(iii)を満たすことを示す．

(i)　$\dfrac{X(t)}{B(t)}$ は P_0 に関するマルチンゲールである．前記の注意により，$M(\tau_0\wedge t)$ も P_0 に関するマルチンゲールである．しかも $\dfrac{X(T)}{B(T)}=-M(\tau_0\wedge T)$ だから $\dfrac{X(t)}{B(t)}=-M(\tau_0\wedge t)$ $(0\leq t\leq T)$ である．

ところが (8-3) (2)より $M(\tau_0\wedge t)=Z(\tau_0\wedge t)$ だから $\dfrac{X(t)}{B(t)}=-Z(\tau_0\wedge t)$

これと先の注意により $c\geq Z(t)\geq 0$ となることから $0\geq\dfrac{X(t)}{B(t)}\geq -c$

この事実と $(X,\pi)\in SF$ より $(X,\pi)\in AD$ である．

(ii) $\dfrac{X(t)}{B(t)}=-M(\tau_0\wedge t)$ より $\dfrac{X(\tau_0)}{B(\tau_0)}=-M(\tau_0)$．他方 (8-3) (1)より $M(\tau_0)=Z(\tau_0)=\dfrac{Y(\tau_0)}{B(\tau_0)}$．従って $X(\tau_0)+Y(\tau_0)=0$ である．

(iii) $\dfrac{X(t)}{B(t)}=-M(\tau_0\wedge t)$ より $X(0)=-M(0)$．$M(0)=Z(0)$ だから $X(0)=-Z(0)$ である．

(3)　$b_Y=\sup_{z\in B_Y}z\geq Z(0)=\sup_{\tau\in S_{0,T}}\mathrm{E}_{P_0}\left[\dfrac{Y(\tau)}{B(\tau)}\right]$ を示す．

(2)の結果を用いる．

アメリカ型請求権 $(Y(t))_{0\leq t\leq T}$ と実数 $k>0$ からアメリカ型請求権 $(Y_k(t))_{0\leq t\leq T}=(Y(t)\wedge k)_{0\leq t\leq T}$ を作る．

この $(Y_k(t))_{0\leq t\leq T}$ に(2)の結果を適用すると次の条件を満たす資産変動過程 $X_k=(X_k(t))_{0\leq t\leq T}$，投資戦略 $\pi_k=(\pi_k(t))_{0\leq t\leq T}$，および停止時刻 ϕ_k が存在する．

・$(X_k,\pi_k)\in AD$，・$X_k(\phi_k)+Y_k(\phi_k)=0$，・$X_k(0)=-\sup_{\tau\in S_{0,T}}\mathrm{E}_{P_0}\left[\dfrac{Y_k(t)}{B(\tau)}\right]$

ところで $Y(t)\geq Y_k(t)$ であるから $Y(\phi_k)\geq Y_k(\phi_k)$．従って $X_k(\phi_k)+Y(\phi_k)\geq 0$ である．

以上より $\sup_{\tau\in S_{0,T}}\mathrm{E}_{P_0}\left[\dfrac{Y_k(\tau)}{B(\tau)}\right]\in B_Y$ が分かる．

従って $b_Y=\sup_{z\in B_Y}z\geq\sup_{\tau\in S_{0,T}}\mathrm{E}_{P_0}\left[\dfrac{Y_k(\tau)}{B(\tau)}\right]$

ここで $\sup_{\tau\in S_{0,T}}\mathrm{E}_{P_0}\left[\dfrac{Y_k(\tau)}{B(\tau)}\right]\geq\mathrm{E}_{P_0}\left[\dfrac{Y_k(\tau_0)}{B(\tau_0)}\right]$ に注意すると $b_Y\geq\mathrm{E}_{P_0}\left[\dfrac{Y_k(\tau_0)}{B(\tau_0)}\right]$

$k\uparrow\infty$ として $b_Y\geq\mathrm{E}_{P_0}\left[\dfrac{Y(\tau_0)}{B(\tau_0)}\right]=Z(0)$ を得る．■

4　アメリカ型コール・オプション

前節では $Y=(Y(t))_{0\leq t\leq T}$ をアメリカ型請求権としてアメリカ型オプション Y の価格を求めた．

本節と次節では Y を特定し，アメリカ型のコール・オプションとプット・オプションの価格について調べることとする．

本節と次節では議論の基礎とする証券価格のモデルについて第7章(7-1)と同じ次の仮定を置く．

(8-6)

(1)　$(W(t))_{0\leq t<\infty}$ は一次元のブラウン運動である．

(2)　$r(t)=r$，$b(t)=b$，$\delta(t)=0$，$\sigma(t)=\sigma$

ここで $r>0$，$b>0$，$\sigma>0$ はそれぞれ定数である．

ただし本節では証券市場で取引される2つの証券を B と S と名づけることとし，B の価格 $B(t)$ と S の価格 $S(t)$ が満たす方程式を次のように表わす．

$$dB(t)=rB(t)dt \qquad B(0)=1$$

$$dS(t)=S(t)[bdt+\sigma dW(t)] \qquad S(0)=x$$

$\delta(t)=0$ だから S の保有に対して配当は支払われない．

M は標準的であり，M に関するマルチンゲール測度 P_0 は $\dfrac{dP_0}{dP}=\Lambda^{\theta}(T)$ となるように定まる．ただし θ は $\theta=\dfrac{b-r}{\sigma}$ によって定まる定数である．

$W^{(0)}(t)=W(t)+\theta t$ とすると $(W^{(0)}(t))_{0\leq t\leq T}$ は $(\Omega, \mathfrak{F}_T, P_0)$ 上のブラウン運動である．

M が標準的であり $r(t)=r>0$ だから M は(8-5)の条件を満たす．従ってアメリカ型請求権 Y についての(8-5)の結論が成り立つ．

$B(t)$ と $S(t)$ を求めると $B(t)=e^{rt}, S(t)=xe^{(r-\frac{\sigma^2}{2})t+\sigma W^{(0)}(t)}$ である．

S の価格 $S(t)=xe^{(r-\frac{\sigma^2}{2})t+\sigma W^{(0)}(t)}$ が t と x の函数であることを示すためにこれを $S(t,x)$ と書くことにする．

$$dS(t,x)=S(t,x)[rdt+\sigma dW^{(0)}(t)] \qquad S(0,x)=x$$

$$S(t,x)=xe^{(r-\frac{\sigma^2}{2})t+\sigma W^{(0)}(t)}$$

である．

(8-7)　$K>0$，$x>0$ とする．

$[(S(t,x)-K)^+]_{0\leq t\leq T}$ と $[(K-S(t,x))^+]_{0\leq t\leq T}$ はいずれもアメリカ型請求権である．

【証明】

$\mathrm{E}_{P_0}[\sup_{0\leq t\leq T} e^{-rt}(S(t,x)-K)^+]<\infty$ と $\mathrm{E}_{P_0}[\sup_{0\leq t\leq T} e^{-rt}(K-S(t,x))^+]<\infty$ を示せばよい．

後者は明らかだから前者のみを示す．

$$\sup_{0\leq t\leq T} e^{-rt}(S(t,x)-K)^+\leq \sup_{0\leq t\leq T} S(t,x)\leq M \sup_{0\leq t\leq T} e^{\sigma W^{(0)}(t)}$$

$$=M\sup_{0\le t\le T}[e^{\frac{\sigma}{2}W^{(0)}(t)}]^2\le M'\sup_{0\le t\le T}[e^{\frac{\sigma}{2}W^{(0)}(t)-\frac{1}{2}(\frac{\sigma}{2})^2t}]^2$$

ただし M と M' は適当な正の定数である．

ここで $e^{\frac{\sigma}{2}W^{(0)}(t)-\frac{1}{2}(\frac{\sigma}{2})^2t}$ が $0\le t\le T$ でマルチンゲールになることに注意してDoobの不等式(5-24)を用いると

$E_{P_0}[\sup_{0\le t\le T}[e^{\frac{\sigma}{2}W^{(0)}(t)-\frac{1}{2}(\frac{\sigma}{2})^2t}]^2]\le 4E_{P_0}[e^{\frac{\sigma}{2}W^{(0)}(T)-\frac{1}{2}(\frac{\sigma}{2})^2T}]^2<\infty$ である．

従って $E_{P_0}[\sup_{0\le t\le T}e^{-rt}(S(t,x)-K)^+]<\infty$ である．■

アメリカ型オプション $[(S(t,x)-K)^+]_{0\le t\le T}$ を証券 S に関するアメリカ型コール・オプションといい，アメリカ型オプション $[(K-S(t,x))^+]_{0\le t\le T}$ を証券 S に関するアメリカ型プット・オプションという．

K を権利の行使価格，T を権利行使期限という．

S に関するアメリカ型コール・オプションの時刻 $t=0$ での価格 $V(0)$ としよう．前節での一般的な結果によれば $V(0)=\sup_{\tau\in S_{0,T}}E_{P_0}[e^{-r\tau}(S(\tau,x)-K)^+]$ である．

(8-8)

(1)　$[e^{-rt}(S(t,x)-K)^+]_{0\le t\le T}$ はサブマルチンゲールである．

(2)　$V(0)=E_{P_0}[e^{-rT}(S(T,x)-K)^+]$ である．

【証明】

(1)　一般に $(X(t))_{0\le t\le T}$ がサブマルチンゲールであり，$\varphi(x)$ が $x\in\boldsymbol{R}$ に関する単調増加な凸函数で $E_{P_0}|\varphi(X(t))|<\infty$ $(0\le t\le T)$ であれば $(\varphi(X(t)))_{0\le t\le T}$ はサブマルチンゲールである（K and S (91), ch. 1, Proposition 3. 6 参照）．

$e^{-rt}S(t,x)-Ke^{-rt}$ はサブマルチンゲールである．何故なら $e^{-rt}S(t,x)=xe^{-\frac{\sigma^2}{2}t+\sigma W^{(0)}(t)}$ は P_0 に関するマルチンゲールであり，$-Ke^{-rt}$ は単調増加であるから両者の和である $e^{-rt}S(t,x)-Ke^{-rt}$ はサブマルチンゲールとなるからである．

$x\in\boldsymbol{R}$ の函数 x^+ は単調増加かつ凸であり，$E_{P_0}[e^{-rt}(S(t,x)-K)^+]<\infty$ $(0\le t\le T)$ である．

従って $[e^{-rt}(S(t,x)-K)^+]_{0\le t\le T}$ はサブマルチンゲールである．

(2)　(1)より任意の $\boldsymbol{\tau}\in S_{0,T}$ に対して

$$E_{P_0}[e^{-r\tau}(S(\boldsymbol{\tau},x)-K)^+]\le E_{P_0}[e^{-rT}(S(T,x)-K)^+]$$

従って

$$V(0)=\sup_{\tau\in S_{0,T}}E_{P_0}[e^{-r\tau}(S(\boldsymbol{\tau},x)-K)^+]=E_{P_0}[e^{-rT}(S(T,x)-K)^+]\ ■$$

この命題によれば S に関するアメリカ型コール・オプションの買手は時刻 T

に権利を行使すればよい．

また $V(0)$ はヨーロッパ型コール・オプション $(S(T,x)-K)^+$ の価格に等しい．

従って，アメリカ型コール・オプションとヨーロッパ型コール・オプションの間に実質的な差はなくなる．

ただし (8-8) を導くのに仮定 (8-6) (1) (2)，特に $\delta(t)=0$ であり S の保有に配当が支払われないとの仮定が用いられていることに注意しなければならない．

5　アメリカ型プット・オプション

証券 S に関するアメリカ型プット・オプションの時刻 $t=0$ における価格は

$$\sup_{\tau\in S_{0,T}} \mathrm{E}_{P_0}[e^{-r\tau}(K-S(\tau,x))^+]$$

であるがこの価格が T と x の函数であることをはっきりさせるためにこれを $P(T,x)$ と書くことにしよう．

函数 $P(T,x)$ は $\{(T,x):T\geq 0,\ x>0\}$ で定義され $P(T,x)=\sup_{\tau\in S_{0,T}}\mathrm{E}_{P_0}[e^{-r\tau}(K-S(\tau,x))^+]$ である．

$T\geq 0, x>0$ として

$$P(T,x)=\mathrm{E}_{P_0}[e^{-r\tau^*}(K-S(\tau^*,x))^+]=\sup_{\tau\in S_{0,T}}\mathrm{E}_{P_0}[e^{-r\tau}(K-S(\tau,x))^+]$$

となる $\tau^*\in S_{0,T}$ を求める最適停止問題を考える．

この問題については (8-2) と同様に次の事実が成り立つ．

(8-9)

(1)　右連続で左極限を持つ確率過程 $(Z(t))_{0\leq t\leq T}$ が存在して
$Z(t)=\operatorname*{ess\,sup}_{\tau\in S_{t,T}}\mathrm{E}_{P_0}[e^{-r\tau}(K-S(\tau,x))^+|\mathfrak{F}_t]$ (*a. e.*) となる．
とくに $Z(0)=\sup_{\tau\in S_{0,T}}\mathrm{E}_{P_0}[e^{-r\tau}(K-S(\tau,x))^+]$ である．

(2)　$(Z(t))_{0\leq t\leq T}$ は $[e^{-rt}(K-S(t,x))^+]_{0\leq t\leq T}$ に優越する最小のスーパーマルチンゲールである．

(3)　停止時刻 τ_0 を
$\tau_0=\inf\{t:0\leq t\leq T,\ Z(t)=e^{-rt}(K-S(t,x))^+\}$ によって定めると
$P(T,x)=\mathrm{E}_{P_0}[e^{-r\tau_0}(K-S(\tau_0,x))^+]=\sup_{\tau\in S_{0,T}}\mathrm{E}_{P_0}[e^{-r\tau}(K-S(\tau,x))^+]$ である．

ところで停止時刻 τ_0 については

$$\tau_0=\inf\{t:0\leq t\leq T, P(T-t, S(t,x))=(K-S(t,x))^+\}$$

が成り立つ（Krylov (1980), ch. 3, Theorem 1.10 参照）．

これは次のように考えるとよい．

・$Z(t)=\operatorname*{ess\,sup}_{\tau\in S_{t,T}}\mathrm{E}_{P_0}[e^{-r\tau}(K-S(\tau,x))^+|\mathfrak{F}_t]$ は，$Z(t)=e^{-rt}P(T-t, S(t,x))$ を満たす．

これは確率過程 $(S(t,x))_{0\leq t\leq T}$ が強マルコフ性と定常性を持つからである．

・従って，$\tau_0=\inf\{t:0\leq t\leq T, Z(t)=e^{-rt}(K-S(t,x))^+\}=\inf\{t:0\leq t\leq T, P(T-t, S(t,x))=(K-S(t,x))^+\}$ である．

以上から次の命題を得る．

(8-10)　$T\geq 0$，$x>0$ とし停止時刻 τ_0 を

$\tau_0=\inf\{t:0\leq t\leq T, P(T-t, S(t,x))=(K-S(t,x))^+\}$ によって定めると $P(T,x)=\mathrm{E}_{P_0}[e^{-r\tau_0}(K-S(\tau_0,x))^+]$ である．

この命題は $P(T,x)$ の性質を調べるのに重要な役割を果たす．

6　$P(T,x)$ の定義域の分割

$P(T,x)$ の性質を調べるためその定義域を次のように分割し，それぞれの上での $P(T,x)$ の振舞を調べることとする．

集合 C, D を次のように定める．

$$C=\{(T,x): T\geq 0, x>0, P(T,x)>(K-x)^+\}$$

$$D=\{(T,x): T\geq 0, x>0, P(T,x)\leq(K-x)^+\}$$

D 上では $P(T,x)$ は簡単に求まる．

(8-11)　$(T,x)\in D$ ならば $P(T,x)=(K-x)^+$ である．

【証明】

一般に $P(T,x)\geq(K-x)^+$ である．

何故なら μ をつねに $\mu=0$ となる特別な停止時刻とすれば，$P(T,x)=\sup_{\tau\in S_{0,T}}\mathrm{E}_{P_0}[e^{-r\tau}(K-S(\tau,x))^+]\geq\mathrm{E}_{P_0}[e^{-r\mu}(K-S(\mu,x))^+]=(K-x)^+$ だからである．

他方で $(T,x)\in D$ ならば D の定義より $P(T,x)\leq(K-x)^+$．従って $(T,x)\in D$ ならば $P(T,x)=(K-x)^+$ である．■

C上での $P(T,x)$ の性質とCの形状を調べよう．

$P(T,x)$ と $C=\{(T,x):T\geq 0, x>0, P(T,x)>(K-x)^+\}$ については次の事実が知られている．

- $P(T,x)>0$, $P(T,x)$ は連続である．
- $(T,x)\in C$ ならば $T>0$
- $T>0$ に対して集合 C_T を $C_T=\{x:(T,x)\in C\}$ によって定めると，ある実数 $c(T)$ が存在して $C_T=(c(T),\infty)$ である．また $K>c(T)>0$
- $T>0$ で定義された函数 $c(T)$ は単調減少，左連続である．
- ある実数 $c^*>0$ が存在して $\lim_{T\to\infty}c(T)=c^*$

以上から C の形状の概要が分かる．

- C は (T,x) 平面上の $\{(T,x):T\geq 0, x>0\}$ に含まれる開集合である．
- C の境界 ∂C と $\{(T,x):T=0, x>0\}$ の共通部分は半直線 $\{(0,x):x\geq\lim_{T\downarrow 0}c(T)\}$ である．
- $T>0$ の範囲では曲線 $\{(T,c(T)):T>0\}$ の不連続点は高々可算である．それらを（もしあれば）$T_1, T_2, \cdots, T_n\cdots$ とする．
  ∂C と $\{(T,x):T>0, x>0\}$ の共通部分は曲線 $\{(T,c(T)):T>0\}$ と $\{(T_n, x):c(T_n)\geq x\geq\lim_{t\downarrow T_n}c(t)\}$ $(1\leq n\leq\infty)$ の和集合である．

これらの補助的な命題の証明は補論1で行うこととして先へ進む．

(8-12)　$(X(t,T), Y(t,x))_{0\leq t<\infty}$ は $0\leq t<\infty$ で定義され次の方程式を満たす2次元の拡散過程を表すものとする．

$$dX(t,T)=-dt \qquad dY(t,x)=Y(t,x)[rdt+\sigma dW^{(0)}(t)]$$
$$X(0,T)=T \qquad Y(0,x)=x$$

計算すれば分かるように $X(t,T)=T-t$, $Y(t,x)=S(t,x)$ である．$(X(t,T), Y(t,x))_{0\leq t<\infty}$ は時刻 $t=0$ に (T,x) から出発する2次元の確率過程 $(T-t, S(t,x))_{0\leq t<\infty}$ を拡散過程として書き直したものである．

(8-13)　$(T,x)\in C$ となる (T,x) に対し，停止時刻 $\tau_C^{(T,x)}$ を次のように定める．

$$\tau_C^{(T,x)}=\inf\{t:t\geq 0, (X(t,T), Y(t,x))\notin C\}$$

C は開集合，$(X(0,T), Y(0,x))\in C$, $X(t,T)$, $Y(t,x)$ は連続だから，$\tau_C^{(T,x)}>0$ である．

また $(X(T,T), Y(T,x))=(0, S(T,x))\notin C$ だから $T\geq\tau_C^{(T,x)}$ である．

以下では，簡単のために $\tau_C^{(T,x)}$ を τ_C と書く．

(8-14)　$\phi(x, y)=e^{rx}(K-y)^+$ とする．

$(T, x)\in C$ ならば $P(T, x)=e^{-rT}\,\mathrm{E}_{P_0}[\phi(X(\tau_C, T), Y(\tau_C, x))]$ である．

【証明】

τ_C と (8-10) の τ_0 を比較する．

$C=\{(T, x): T\geq 0, x>0, P(T, x)>(K-x)^+\}$ であり，$(X(t, T), Y(t, x))=(T-t, S(t, x))$ であるから

$$\begin{aligned}\tau_C &= \inf\{t: t\geq 0,\ (X(t, T), Y(t, x))\notin C\}\\ &= \inf\{t: 0\leq t\leq T, P(T-t, S(t, x))=(K-S(t, x))^+\}\\ &= \tau_0\end{aligned}$$

この等式と $P(T, x)=\mathrm{E}_{P_0}[e^{-r\tau_0}(K-S(\tau_0, x))^+]$ より $P(T, x)=\mathrm{E}_{P_0}[e^{-r\tau_C}(K-S(\tau_C, x))^+]$

他方で $X(t, T)=T-t$，$Y(t, x)=S(t, x)$ より $X(\tau_C, T)=T-\tau_C$，$Y(\tau_C, x)=S(\tau_C, x)$

これを用いて先の等式を書直すと $P(T, x)=e^{-rT}\mathrm{E}_{P_0}[\phi(X(\tau_C, T), Y(\tau_C, x))]$ である．■

(T, x) の函数 $\mathrm{E}_{P_0}[\phi(X(\tau_C, T), Y(\tau_C, x))]$ に注目しよう．この函数は，時刻 $t=0$ に (T, x) から出発する拡散過程 $(X(t, T), Y(t, x))$，この $(X(t, T), Y(t, x))$ が開集合 C を離れる最初の時刻である τ_C，および $\phi(x, y)$ から構成されている．

拡散過程と偏微分方程式の関係に関する一般論によればこのように構成された $\mathrm{E}_{P_0}[\phi(X(\tau_C, T), Y(\tau_C, x))]$ と C 上の偏微分方程式 $\frac{1}{2}\sigma^2x^2\frac{\partial^2\Psi}{\partial x^2}+rx\frac{\partial\Psi}{\partial x}-\frac{\partial\Psi}{\partial T}=0$ との間には密接な関係がある．

次節では偏微分方程式の解の存在に関する基本的な事実と伊藤の公式を用いて $\mathrm{E}_{P_0}[\phi(X(\tau_C, T), Y(\tau_C, x))]$ が実際に C 上でこの偏微分方程式を満たすことを示す．

この事実から $P(T, x)$ が C 上で偏微分方程式 $\frac{1}{2}\sigma^2x^2\frac{\partial^2 P}{\partial x^2}+rx\frac{\partial P}{\partial x}-rP-\frac{\partial P}{\partial T}=0$ を満たすことが導かれる．

7　$P(T, x)$ が満たす偏微分方程式

まずいくつかの記号の意味を定める．

(8-15)　U を2次元の開集合とする．U 上で定義された函数 $h(T, x)$ で $\dfrac{\partial h}{\partial T}$，$\dfrac{\partial^2 h}{\partial x^2}$ が連続であるものの集合を $\boldsymbol{C}^{1,2}(U)$ で表わす．

(8-16)　$h(T, x) \in \boldsymbol{C}^{1,2}(U)$ に対して $Ah(T, x)$ を $Ah(T, x) = \dfrac{1}{2}\sigma^2 x^2 \dfrac{\partial^2 h}{\partial x^2} + rx\dfrac{\partial h}{\partial x} - \dfrac{\partial h}{\partial T}$ によって定める．

(8-17)　(T, x) 平面上の集合 $V = (T_1, T_2) \times (x_1, x_2)$ に対して $\widetilde{\partial V}$ を次のように定める．

$$\widetilde{\partial V} = (\{T_1\} \times [x_1, x_2]) \cup ([T_1, T_2] \times \{x_1\}) \cup ([T_1, T_2] \times \{x_2\})$$

次の命題が本節での議論の基礎となる．

(8-18)　$C = \{(T, x) : T \geq 0,\ x > 0,\ P(T, x) > (K - x)^+\}$ とする．

$V = (T_1, T_2) \times (x_1, x_2)$ は C に含まれるとする．

$f(T, x)$ は $\widetilde{\partial V}$ 上で定義された連続函数とする．

$(T, x) \in V$ に対し停止時刻 $\tau_V^{(T,x)}$ を $\tau_V^{(T,x)} = \inf\{t : t \geq 0, (X(t, T), Y(t, x)) \notin V\}$ によって定める．簡単のため $\tau_V^{(T,x)}$ を τ_V と書く．

$(X(\tau_V, T), Y(\tau_V, x)) \in \widetilde{\partial V}$　だから $\mathrm{E}_{P_0}[f(X(\tau_V, T), Y(\tau_V, x))]$ が定まる．

この時 V 上で定義された (T, x) の函数 $\mathrm{E}_{P_0}[f(X(\tau_V, T), Y(\tau_V, x))]$ を $\Psi(T, x)$ と書くと V 上で $A\Psi(T, x) = 0$ が成り立つ．

この命題の証明は多少長くなるので次の節でその証明を行うこととし，ここではとりあえず(8-18)を認めて先へ進む．

(8-19)　$C = \{(T, x) : T \geq 0,\ x > 0,\ P(T, x) > (K - x)^+\}$ とする．

$(T, x) \in C$ に対して $\tau_C = \inf\{t : t \geq 0,\ (X(t, T), Y(t, x)) \notin C\}$ とする．

$\phi(x, y) = e^{rx}(K - y)^+$ とする．

この時 C 上で定義された (T, x) の函数 $\mathrm{E}_{P_0}[\phi(X(\tau_C, T), Y(\tau_C, x))]$ を $\Psi(T, x)$ と書くと C 上で $A\Psi(T, x) = 0$ が成り立つ．

【証明】

(1)　C に含まれる集合 $V = (T_1, T_2) \times (x_1, x_2)$ を一つ固定する．

$(T, x) \in V$ となる任意の (T, x) をとる．

τ_V を $\tau_V=\inf\{t : t\geq 0,\ (X(t,T),\ Y(t,x))\notin V\}$ によって定める．

(i)　$V\subset C$ だから $0<\tau_V<\tau_C\leq T$ である．

(ii)　(T,x) から出発する $(X(t,T),\ Y(t,x))$ は，方程式 $dX=-dt$，$dY=Y[rdt+\sigma dW^{(0)}(t)]$ の解として強マルコフ性を有する．

(i)(ii)から任意の有界可測函数 $g(x,y)$ に対して

$$\mathrm{E}_{P_0}[g(X(\tau_C,T),\ Y(\tau_C,x))]$$
$$=\int \mathrm{E}_{P_0}[g(X(\tau_C,u),\ Y(\tau_C,v))]\mathrm{P}_0[(X(\tau_V,T),\ Y(\tau_V,x))\in d(u,v)]$$

ここで $P_0[(X(\tau_V,T),\ Y(\tau_V,x))\in d(u,v)]$ は2次元の確率変数 $(X(\tau_V,T),\ Y(\tau_V,x))$ が (u,v) 平面上の $\partial\widetilde{V}$ に導く分布である（強マルコフ性およびそれを用いて前記の等式が導かれることについては Øksendal (1998), ch. 7, (7.2.8)参照）．

(2)　前記の等式で $g(x,y)$ を特に $\phi(x,y)$ に等しくとれば

$$\mathrm{E}_{P_0}[\phi(X(\tau_C,T),\ Y(\tau_C,x))]$$
$$=\int \mathrm{E}_{P_0}[\phi(X(\tau_C,u),\ Y(\tau_C,v))]\mathrm{P}_0[(X(\tau_V,T),\ Y(\tau_V,x))\in d(u,v)]$$

なお $\phi(x,y)=e^{rx}(K-y)^+$ は (x,y) 平面の全域では有界でない．しかしながら $\phi(x,y)$ は $\{(x,y) : x\leq T\}$ の範囲では有界である．しかも $(X(t,T),\ Y(t,x))_{0\leq t<\infty}=(T-t,\ S(t,x))_{0\leq t<\infty}$ の軌跡はこの $\{(x,y) : x\leq T\}$ に含まれる．従って先の等式で $g(x,y)=\phi(x,y)$ として差支えないのである．

ここで ϕ に関する前記の等式の被積分項である (u,v) の函数 $\mathrm{E}_{P_0}[\phi(X(\tau_C,u),\ Y(\tau_C,v))]$ を $f(u,v)$ と書くことにすると

$$\mathrm{E}_{P_0}[\phi(X(\tau_C,T),\ Y(\tau_C,x))]$$
$$=\int \mathrm{E}_{P_0}[\phi(X(\tau_C,u),\ Y(\tau_C,v))]\mathrm{P}_0[(X(\tau_V,T),\ Y(\tau_V,x))\in d(u,v)]$$
$$=\int f(u,v)P_0[(X(\tau_V,T),\ Y(\tau_V,X))\in d(u,v)]$$
$$=\mathrm{E}_{P_0}[f(X(\tau_V,T),\ Y(\tau_V,x))]$$

である．

$(T,x)\in V$ は任意だったからこの等式は V 上で成立する．

さて $f(u,v)$ が $\partial\widetilde{V}$ 上で連続なことは明らかだから，この等式の右辺の $\mathrm{E}_{P_0}[f(X(\tau_V,T),\ Y(\tau_V,x))]$ を $\Psi(T,x)$ と書くと (8-18) より V 上で $A\Psi(T,x)=0$ である．

従って左辺の (T,x) の函数 $\mathrm{E}_{P_0}[\phi(X(\tau_c,T),\ Y(\tau_c,x))]$ も V 上で $A\Psi(T,x)=0$ の解となる．

$V=(T_1,\ T_2)\times(x_1,\ x_2)\subset C$ となる V は任意だったから，これは (T,x) の函数 $\mathrm{E}_{P_0}[\phi(X(\tau_c,T),\ Y(\tau_c,x))]$ が C 上で $A\Psi(T,x)=0$ の解となっていることを意

味する．■

(8-19) から $P(T,x)$ が満たす偏微分方程式を導くことができる．

(8-20)　$P(T,x)$ について次の事実が成り立つ．

(1)　C 上で $\dfrac{1}{2}\sigma^2x^2\dfrac{\partial^2 P}{\partial x^2}+rx\dfrac{\partial P}{\partial x}-rP-\dfrac{\partial P}{\partial T}=0$

(2)　C の閉包 $\bar{C}$ 上で連続

(3)　C の境界 ∂C 上で $P(T,x)=(K-x)^+$

特に $P(T,c(T))=K-c(T)$　$(T\geq 0)$

また $x\geq c(0)=\lim_{T\downarrow 0}c(T)$ ならば $P(0,x)=(K-x)^+$

(4)　$T^*>0$ を固定すると，$\lim_{x\to\infty}\max_{0\leq T\leq T^*}|P(T,x)|=0$

【証明】

(1)　C 上で $P(T,x)=e^{-rT}\mathrm{E}_{P_0}[\phi(X(\tau_C,T),\,Y(\tau_C,x))]$ である．また $E_{P_0}[\phi(X(\tau_C,T),\,Y(\tau_C,x))]$ を $\Psi(T,x)$ と書くと $A\Psi(T,x)=0$ である．以上から $P(T,x)$ が(1)の方程式を満たすことが分かる．

(2)　$P(T,x)$ が連続であることについては補論 (8-31) 参照．

(3)　C が開集合だから $(T,x)\in\partial C$ ならば $(T,x)\notin C$ となる．従って $(T,x)\in\partial C$ ならば $P(T,x)=(K-x)^+$ である．

(4)　$x>K$ となる x を一つ固定し，$0\leq T\leq T^*$ の範囲で $P(T,x)$ を考察する．

まず $P(T,x)=\mathrm{E}_{P_0}[e^{-r\tau_C}(K-S(\tau_C,x))^+]$ の被積分項 $e^{-r\tau_C}(K-S(\tau_C,x))^+$ は集合 $A_T=\{\min_{0\leq t\leq T}S(t,x)>K\}$ 上ではゼロになる．

これは次のようにして分かる．

- $\min_{0\leq t\leq T}S(t,x)>K$ ならば $0\leq t<T$ で $S(t,x)>K>c(t)$ となる．
- 従って時刻 $t=0$ に (T,x) から出発する $(T-t,\,S(t,x))$ の軌跡は，$0\leq t<T$ の間は集合 C に属する．
- 従って $\tau_C=\inf\{t:t\geq 0,(T-t,\,S(t,x))\notin C\}=T$ である．また $S(\tau_C,x)=S(T,x)>K$
- これより $e^{-r\tau_C}(K-S(\tau_C,x))^+=0$

従って $P(T,x)=\mathrm{E}_{P_0}[e^{-r\tau_C}(K-S(\tau_C,x))^+,\,A_T^c]\leq K\mathrm{P}_0[A_T^c]=K\mathrm{P}_0[\{\min_{0\leq t\leq T}S(t,x)\leq K\}]\leq K\mathrm{P}_0[\{\min_{0\leq t\leq T^*}S(t,x)\leq K\}]$

これより

(i)　$\max_{0\leq T\leq T^*}P(T,x)\leq K\mathrm{P}_0[\{\min_{0\leq t\leq T^*}S(t,x)\leq K\}]$

ここで $S(t,x)=xe^{(r-\frac{\sigma^2}{2})t+\sigma W^{(0)}(t)}$ を用いると

(ii)　$\mathrm{P}_0[\{\min_{0\le t\le T^*} S(t,x)\le K\}]=\mathrm{P}_0\left[\left\{\min_{0\le t\le T^*}\left(r-\frac{\sigma^2}{2}\right)t+\sigma W^{(0)}(t)\le \log K-\log x\right\}\right]\le \mathrm{P}_0\left[\left\{\min_{0\le t\le T^*} W^{(0)}(t)\le\frac{1}{\sigma}\left(\log K-\log x+\left|r-\frac{\sigma^2}{2}\right|T^*\right)\right\}\right]$

また一般に $b>0$ に対して

(iii)　$\mathrm{P}_0[\{\min_{0\le t\le T^*} W^{(0)}(t)\le -b\}]=\frac{2}{\sqrt{2\pi}}\int_{\frac{b}{\sqrt{T^*}}}^{\infty} e^{-\frac{x^2}{2}}dx$ である（K and s (91), ch. 2, Remark 8.3 参照）.

(i)(ii)(iii)と $P(T,x)\ge 0$ より $\lim_{x\to\infty}\max_{0\le T\le T^*}|P(T,x)|=0$ である．■

(8-20) によってアメリカ型プット・オプションの価格 $P(T,x)$ を求める問題が，偏微分方程式の解を求める問題に転換されたことになる．

8　(8-18) の証明

(8-21)　$h(T,x)\in \boldsymbol{C}^{1,2}(\boldsymbol{R}\times\boldsymbol{R})$ であり集合$\{(T,x):h(T,x)\neq 0\}$ は有界であるとする．

$\tau(\omega)$ は $(\mathfrak{F}_t)_{0\le t\le T}$ に関する停止時刻であり，ある $c>0$ が存在して $0\le\tau(\omega)\le c$ とする．

この時

$$\mathrm{E}_{P_0}[h(X(\tau,T),Y(\tau,x))]=h(T,x)+\mathrm{E}_{P_0}\left[\int_0^{\tau} Ah(X(u,T),Y(u,x))du\right]$$

である．

【証明】

簡単のために $X(t,T)$, $Y(t,x)$ をそれぞれ $X(t)$, $Y(t)$ と書く．

$$dX(t)=-dt,\quad dY(t)=Y(t)(rdt+\sigma dW^{(0)}(t)),\quad X(0)=T,\quad Y(0)=x$$

を用いて $h(X(t),Y(t))$ に伊藤の公式を適用する．

$$\begin{aligned}dh(X(t),Y(t))&=-h_T dt+h_x Y(t)(rdt+\sigma dW^{(0)}(t))+\frac{1}{2}h_{xx}\sigma^2Y^2(t)dt\\&=Ah(X(t),Y(t))dt+\sigma h_x(X(t),Y(t))Y(t)dW^{(0)}(t)\end{aligned}$$

である．

積分形で書くと

(8-22)　$$\begin{aligned}h(X(t),Y(t))=h(T,x)&+\int_0^t Ah(X(u),Y(u))du\\&+\int_0^t \sigma h_x(X(u),Y(u))Y(u)dW^{(0)}(u)\end{aligned}$$

この式の右辺第3項に現われる確率過程 $h_x(X(u),Y(u))\,Y(u)$ は有界である．これは次のようにして分かる．

・集合 $\{(T,x): h(T,x)\neq 0\}$ を含む有界閉集合 K をとると，K^c 上では $h_x(T,x)=0$ であるから

$$\sup|h_x(X(u),\ Y(u))Y(u)|=\sup_{(X(u),Y(u))\in K}|h_x(X(u),\ Y(u))\ Y(u)|$$

・仮定により K は有界だから $(X(u),\ Y(u))\in K$ ならば $h_x(X(u),\ Y(u))$ も $Y(u)$ も有界である．

このことから右辺第3項 $\int_0^t \sigma h_x(X(u),\ Y(u))Y(u)dW^{(0)}(u)$ がマルチンゲールであることが分かる．

また右辺第2項に現われる $Ah(X(u),\ Y(u))$ は有界である．

さて (8-22) と停止時刻 τ とから

$$h(X(\tau),\ Y(\tau))=h(T,x)+\int_0^\tau Ah(X(u),\ Y(u))du$$
$$+\int_0^\tau \sigma h_x(X(u),\ Y(u))Y(u)dW^{(0)}(u)$$

$\int_0^t \sigma h_x(X(u),\ Y(u))Y(u)dW^{(0)}(u)$ がマルチンゲールであり，しかも $0\leq\tau\leq c$ が成り立つ．従って右辺第3項は可積分であり，その期待値はゼロである．

右辺第2項は $Ah(X(u),\ Y(u))$ が有界なことと $0\leq\tau\leq c$ から可積分である．

従ってこの等式の両辺は可積分であり

$\mathrm{E}_{P_0}[h(X(\tau),\ Y(\tau))]=h(T,x)+\mathrm{E}_{P_0}\left[\int_0^\tau Ah(X(u),\ Y(u))du\right]$ である．■

(8-23)　集合 $V=(T_1,\ T_2)\times(x_1,\ x_2)$ が半平面 $\{(T,x): x>0\}$ に含まれるとする．

$f(T,x)$ は $\widetilde{\partial V}$ 上で定義された連続な函数とする．

この時 V の閉包 $\bar{V}$ 上で定義され次の条件を満たす函数 $h(T,x)$ が唯一つ存在する．

(1)　$h(T,x)$ は $\bar{V}$ 上で連続

(2)　$h(T,x)\in \boldsymbol{C}^{1,2}(V)$，また V 上で $Ah(T,x)=0$

(3)　$\widetilde{\partial V}$ 上で $h(T,x)=f(T,x)$

この事実の証明については Friedman (1964), ch. 3, Theorem 4.9 corollary 2 を参照されたい．

$V=(T_1,\ T_2)\times(x_1,\ x_2)$ と，$\widetilde{\partial V}$ 上で連続な $f(T,x)$ に対し，(8-23) によって唯一つ定まる函数 $h(T,x)$ を $h(T,x: V,f)$ と書くこととする．

(8-21) と (8-23) を用いて (8-18) を証明することとしよう．次の命題を証明すれば十分である．

(8-24)　$C=\{(T,x):T\geq 0,\ x>0,\ P(T,x)>(K-x)^{+}\}$ とする．

$V=(T_1,T_2)\times(x_1,x_2)$ は C に含まれるとする．

$f(T,x)$ は $\partial\widetilde{V}$ 上で定義された連続函数とする．

$(T,x)\in V$ に対し停止時刻 $\tau_V^{(T,x)}$ を $\tau_V^{(T,x)}=\inf\{t:t\geq 0,(X(t,T),Y(t,x))\notin V\}$ によって定める．簡単のため $\tau_V^{(T,x)}$ を τ_V と書く．

$(X(\tau_V,T),Y(\tau_V,x))\in\partial\widetilde{V}$ だから $\mathrm{E}_{P_0}[f(X(\tau_V,T),Y(\tau_V,x))]$ が定まる．

この時 V 上で $\mathrm{E}_{P_0}[f(X(\tau_V,T),Y(\tau_V,x))]=h(T,x:V,f)$ が成り立つ．

【証明】

$(\hat{T},\ \hat{x})\in V$ となる $(\hat{T},\ \hat{x})$ を任意に選ぶ．

V 内にあって V の境界 ∂V からの距離が $\dfrac{1}{n}$ を超える点から成る開集合を V_n とする．n を十分大きくとって $(\hat{T},\ \hat{x})\in V_n$ であるようにする．

$\boldsymbol{R}\times\boldsymbol{R}$ 上で定義された函数 $h_n(T,\ x)$ を次の条件を満たすように選ぶ．

・$h_n(T,\ x)\in\boldsymbol{C}^{1,2}(\boldsymbol{R}\times\boldsymbol{R})$

・$\{(T,\ x):h_n(T,\ x)\neq 0\}$ は有界

・V_n の閉包 $\overline{V}_n$ 上で $h_n(T,\ x)=h(T,\ x:V,f)$

停止時刻 $\tau_{V_n}^{(\hat{T},\ \hat{x})}$ を $\tau_{V_n}^{(\hat{T},\ \hat{x})}=\inf\{t:t\geq 0,(X(t,\hat{T}),Y(t,\hat{x}))\notin V_n\}$ によって定める．$0\leq\tau_{V_n}^{(\hat{T},\ \hat{x})}\leq\hat{T}$ である．簡単のために $\tau_{V_n}^{(\hat{T},\ \hat{x})}$ を τ_{V_n} と書く．

函数 $h_n(T,\ x)$ と停止時刻 τ_{V_n} は (8-21) の条件を満たす．従って $(\hat{T},\hat{x})$ について次の式が成り立つ．

$$\begin{aligned}&\mathrm{E}_{P_0}[h_n(X(\tau_{V_n},\hat{T}),\ Y(\tau_{V_n},\ \hat{x}))]\\&=h_n(\hat{T},\ \hat{x})+\mathrm{E}_{P_0}\left[\int_0^{\tau_{V_n}}Ah_n(X(u,\hat{T}),\ Y(u,\ \hat{x}))du\right]\end{aligned}$$

左辺の被積分函数については $h_n(X(\tau_{V_n},\hat{T}),\ Y(\tau_{V_n},\ \hat{x}))=h(X(\tau_{V_n},\hat{T}),\ Y(\tau_{V_n},\ \hat{x}):V,f)$ である．これは $(X(\tau_{V_n},\hat{T}),\ Y(\tau_{V_n},\ \hat{x}))\in\partial\widetilde{V}_n\subset\overline{V}_n$ と $\overline{V}_n$ 上では $h_n(T,x)=h(T,x:V,f)$ であることによる．

右辺第1項については，同様にして，$h_n(\hat{T},\ \hat{x})=h(\hat{T},\ \hat{x}:V,f)$ である．

右辺第2項の被積分函数はゼロに等しい．何故なら $0\leq u<\tau_{V_n}$ ならば $(X(u,\hat{T}),\ Y(u,\ \hat{x}))\in V_n$ だから，$0\leq u<\tau_{V_n}$ ならば $Ah_n(X(u,\hat{T}),\ Y(u,\ \hat{x}))=Ah(X(u,\hat{T}),\ Y(u,\ \hat{x}):V,f)=0$ となるからである．

以上より $\mathrm{E}_{P_0}[h(X(\tau_{V_n},\hat{T}),\ Y(\tau_{V_n},\ \hat{x}):V,f)]=h(\hat{T},\ \hat{x}:V,f)$

ここで停止時刻 $\tau_V^{(\hat{T},\ \hat{x})}=\inf\{t:t\geq 0,(X(t,\hat{T}),\ Y(t,\ \hat{x}))\notin V\}$ を簡単のために τ_V と書くこととすると，$(X(\tau_{V_n},\hat{T}),\ Y(\tau_{V_n},\ \hat{x}))$ は，$n\uparrow\infty$ とする時，

$(X(\tau_V, \hat{T}), Y(\tau_V, \hat{x}))$ に収束する．これは $V_n \subset V_{n+1}$，$\bigcup_{1\leq n<\infty} V_n = V$，および $0 \leq \tau_V \leq \hat{T}$ より明らかである．

従って前記の等式で $n \uparrow \infty$ として

$$\mathrm{E}_{P_0}[h(X(\tau_V, \hat{T}), Y(\tau_V, \hat{x}) : V, f)] = h(\hat{T}, \hat{x} : V, f)$$

ここで $(X(\tau_V, \hat{T}), Y(\tau_V, \hat{x})) \in \partial\widetilde{V}$ に注意すれば $h(X(\tau_V, \hat{T}), Y(\tau_V, \hat{x}) : V, f) = f(X(\tau_V, \hat{T}), Y(\tau_V, \hat{x}))$ である．

従って $\mathrm{E}_{P_0}[f(X(\tau_V, \hat{T}), Y(\tau_V, \hat{x}))] = h(\hat{T}, \hat{x} : V, f)$

$(\hat{T}, \hat{x}) \in V$ は任意だったから，この式は，すべての $(T, x) \in V$ について $\mathrm{E}_{P_0}[f(X(\tau_V, T), Y(\tau_V, x))] = h(T, x : V, f)$ となることを意味する．■

最後に (8-24) の考え方を応用して (8-20) の逆を示しておこう．

(8-25)　集合 C の閉包 $\overline{C}$ 上で定義された函数 $f(T, x)$ が次の条件を満せば，$\overline{C}$ 上で $f(T, x) = P(T, x)$ である．

- C 上で $\dfrac{1}{2}\sigma^2 x^2 \dfrac{\partial^2 f}{\partial x^2} + rx\dfrac{\partial f}{\partial x} - rf - \dfrac{\partial f}{\partial T} = 0$
- $\overline{C}$ 上で連続
- ∂C 上で $f(T, x) = (K - x)^+$
- $T^* > 0$ を固定すると $\lim_{x\to\infty} \max_{0\leq T\leq T^*} |f(T, x)| = 0$

【証明】

(1)　函数 $\psi(T, x)$ を $\psi(T, x) = e^{rT} f(T, x)$ によって定める．仮定より $\psi(T, x)$ は次の性質を満たす．

- C 上で $A\psi(T, x) = \dfrac{1}{2}\sigma^2 x^2 \dfrac{\partial^2 \psi}{\partial x^2} + rx\dfrac{\partial \psi}{\partial x} - \dfrac{\partial \psi}{\partial T} = 0$
- $\overline{C}$ 上で連続
- ∂C 上で $\psi(T, x) = e^{rT}(K - x)^+$
- $T^* > 0$ を定めると $\lim_{x\to\infty} \max_{0\leq T\leq T^*} |\psi(T, x)| = 0$

(2)　$T^* > 0$ となる実数 T^* を一つ固定する．C に含まれる開集合 U_n を $U_n = \{(T, x) : (T, x) \in C,\ T < T^*,\ x < n\}$ によって定める．

$(T, x) \in U_n$ となる (T, x) に対して停止時刻 $\tau_{U_n}^{(T,x)}$ を $\tau_{U_n}^{(T,x)} = \inf\{t : t \geq 0, (X(t, T), Y(t, x)) \notin U_n\}$ によって定める．簡単のため $\tau_{U_n}^{(T,x)}$ を τ_{U_n} と書く．

(3)　U_n を 1 つ選んで固定する．(8-24) と全く同様にして $(T, x) \in U_n$ に対して $\mathrm{E}_{P_0}[\psi(X(\tau_{U_n}, T), Y(\tau_{U_n}, x))] = \psi(T, x)$ が成り立つ．

この等式の左辺の積分を 2 つの集合 $A_n = \{Y(\tau_{U_n}, x) = n\}$ と $B_n = \{Y(\tau_{U_n}, x) < n\}$ 上で考察する．

A_n の定め方から

$$|\mathrm{E}_{P_0}[\psi(X(\tau_{U_n}, T), Y(\tau_{U_n}, x)), A_n]| = |\mathrm{E}_{P_0}[\psi(X(\tau_{U_n}, T), n), A_n]| \le \max_{0\le T\le T^*} |\psi(T, n)|$$

B_n の上では $\tau_{U_n}=\tau_C$ となるから

$$\mathrm{E}_{P_0}[\psi(X(\tau_{U_n}, T), Y(\tau_{U_n}, x)), B_n]=\mathrm{E}_{P_0}[\psi(X(\tau_C, T), Y(\tau_C, x)), B_n]$$

また $B_n\subset B_{n+1}$ で $\lim_{n\to\infty} B_n=\Omega$ である．

従って先の等式で $n\uparrow\infty$ とすると $\mathrm{E}_{P_0}[\psi(X(\tau_C, T), Y(\tau_C, x))]=\psi(T, x)$ を得る．

ここで ∂C 上で $\psi(T, x)=e^{rT}(K-x)^+$ であることを用いると $\mathrm{E}_{P_0}[e^{rX(\tau_C,T)}(K-Y(\tau_C, x))^+]=\psi(T, x)$．これと $\psi(T, x)=e^{rT}f(T, x)$ より

$\mathrm{E}_{P_0}[e^{-r\tau_C}(K-Y(\tau_C, x))^+]=f(T, x)$ を得る．

他方で $P(T, x)$ については $P(T, x)=\mathrm{E}_{P_0}[e^{-r\tau_C}(K-Y(\tau_C, x))^+]$ が成り立つ．

以上ではじめに選んだ U_n 上で $P(T, x)=f(T, x)$ となることが示された．

U_n が任意に選べること，また U_n を定める際の定数 T^* が任意に選べることを考慮すれば，結局 C 上で $P(T, x)=f(T, x)$ が成り立つ．■

補論 1　C の形状

集合 $C=\{(T, x): T\ge 0, x>0, P(T, x)>(K-x)^+\}$ の形状を調べるのに必要な $P(T, x)$ の性質を証明する．

(8-26)　$P(T, x)\ge(K-x)^+$

これは既に (8-11) で示した．

(8-27)　$P(T, x)>0$

【証明】

(T, x) に対して $x<K$ であれば $P(T, x)\ge(K-x)^+$ より $P(T, x)>0$ である．

そこで (T, x) について $x\ge K$ であるとして $P(T, x)>0$ を示そう．

停止時刻 $\mu=\inf\left\{t: S(t, x)\le\frac{K}{2}\right\}\wedge T$ を定める．

$$\begin{aligned} P(T, x) &= \sup_{\tau\in S_{0,T}} \mathrm{E}_{P_0}[e^{-r\tau}(K-S(\tau, x))^+] \\ &\ge \mathrm{E}_{P_0}[e^{-r\mu}(K-S(\mu, x))^+] \\ &\ge \mathrm{E}_{P_0}[1_{\{\mu<T\}}e^{-r\mu}(K-S(\mu, x))^+] \\ &= \frac{K}{2}\mathrm{E}_{P_0}[e^{-r\mu}1_{\{\mu<T\}}] \end{aligned}$$

最後の項の被積分函数については，$e^{-r\mu}>0$ だから $\mathrm{P}_0[\mu<T]>0$ を示せば $\mathrm{E}_{P_0}[e^{-r\mu}1_{\{\mu<T\}}]>0$ となって $P(T, x)>0$ が結論される．

ところで

$$P_0[\mu<T]\geq P_0\left[\mu\leq\frac{T}{2}\right]$$
$$=P_0\left[\min_{0\leq t\leq\frac{T}{2}} xe^{(r-\frac{\sigma^2}{2})t+\sigma W^{(0)}(t)}\leq\frac{K}{2}\right]$$
$$=P_0\left[\min_{0\leq t\leq\frac{T}{2}}\left(r-\frac{\sigma^2}{2}\right)t+\sigma W^{(0)}(t)\leq\log\frac{K}{2}-\log x\right]$$
$$\geq P_0\left[\min_{0\leq t\leq\frac{T}{2}} W^{(0)}(t)\leq\frac{1}{\sigma}\left(\log\frac{K}{2}-\log x-\left|r-\frac{\sigma^2}{2}\right|\frac{T}{2}\right)\right]$$

一般に $b>0$ に対して $P_0[\min_{0\leq t\leq T} W^{(0)}(t)\leq -b]=\frac{2}{\sqrt{2\pi}}\int_{\frac{b}{\sqrt{T}}}^{\infty}e^{-\frac{x^2}{2}}dx$ だから最後の項は確かに正である．従って $\mathrm{P}_0[\mu<T]>0$ ■

(8-28)　$|P(T,x)-P(T,y)|\leq|x-y|$

【証明】

$\tau_0=\inf\{t: P(T-t,S(t,x))=(K-S(t,x))^+\}$ とすると

$P(T,x)=\mathrm{E}_{P_0}[e^{-r\tau_0}(K-S(\tau_0,x))^+]$ である．

また $P(T,y)=\sup_{\tau\in S_{0,T}}\mathrm{E}_{P_0}[e^{-r\tau}(K-S(\tau,y))^+]\geq\mathrm{E}_{P_0}[e^{-r\tau_0}(K-S(\tau_0,y))^+]$

従って $P(T,x)-P(T,y)\leq\mathrm{E}_{P_0}[e^{-r\tau_0}\{(K-S(\tau_0,x))^+-(K-S(\tau_0,y))^+\}]$

一般に $a^+-b^+\leq(a-b)^+$ であるから

$(K-S(\tau_0,x))^+-(K-S(\tau_0,y))^+\leq[S(\tau_0,y)-S(\tau_0,x)]^+=(y-x)^+e^{(r-\frac{\sigma^2}{2})\tau_0+\sigma W^{(0)}(\tau_0)}$

これより $P(T,x)-P(T,y)\leq(y-x)^+\mathrm{E}_{P_0}[e^{-\frac{\sigma^2}{2}\tau_0+\sigma W^{(0)}(\tau_0)}]=(y-x)^+\leq|x-y|$

2番目の等式は $e^{-\frac{\sigma^2}{2}t+\sigma W^{(0)}(t)}$ がマルチンゲールであることによる．

最後の不等式で x，y を入換えると結局 $|P(T,x)-P(T,y)|\leqq|x-y|$ ■

次に $P(T_2,x)-P(T_1,x)$ を評価するために一つ計算をしておく．

(8-29)　$0\leq T_1\leq T_2$ に対して

$H(T_1,T_2)=\max_{T_1\leq T\leq T_2}|e^{-\frac{\sigma^2}{2}T_1+\sigma W^{(0)}(T_1)}-e^{-\frac{\sigma^2}{2}T+\sigma W^{(0)}(T)}|$ とする．

$\mathrm{E}_{P_0}[H(T_1,T_2)]\leq 2\sqrt{e^{\sigma^2T_2}-e^{\sigma^2T_1}}$ である．

【証明】

$T_1\leq T\leq T_2$ の間で $e^{-\frac{\sigma^2}{2}T_1+\sigma W^{(0)}(T_1)}-e^{-\frac{\sigma^2}{2}T+\sigma W^{(0)}(T)}$ は連続なマルチンゲールであるから，Doob の maximal inequality より

$$\mathrm{E}_{P_0}[H^2(T_1,T_2)]\leq 4\mathrm{E}_{P_0}[|e^{-\frac{\sigma^2}{2}T_1+\sigma W^{(0)}(T_1)}-e^{-\frac{\sigma^2}{2}T_2+\sigma W^{(0)}(T_2)}|^2]$$

右辺を計算すると $4(e^{\sigma^2T_2}-e^{\sigma^2T_1})$ である．

これより $\mathrm{E}_{P_0}[H(T_1,T_2)]\leqq 2\sqrt{e^{\sigma^2T_2}-e^{\sigma^2T_1}}$ ■

(8-30)　$0\leq T_1\leq T_2$ とする．

$0\leq P(T_2,x)-P(T_1,x)\leq 2x\sqrt{e^{\sigma^2T_2}-e^{\sigma^2T_1}}$ である．

【証明】

$0 \leq P(T_2, x) - P(T_1, x)$ は明らかである．

$\tau_2 = \inf\{t : P(T_2 - t, S(t, x)) = (K - S(t, x))^+\}$ とすると

$P(T_2, x) = \mathrm{E}_{P_0}[e^{-r\tau_2}(K - S(\tau_2, x))^+]$ である．

$\tau_1 = \tau_2 \wedge T_1$ とすると，$\tau_1 \in S_{0,T_1}$．従って $P(T_1, x) \geq \mathrm{E}_{P_0}[e^{-r\tau_1}(K - S(\tau_1, x))^+]$ である．

$\mu = \tau_2 \vee T_1$ とする．

$$\begin{aligned}0 \leq P(T_2, x) - P(T_1, x) &\leq \mathrm{E}_{P_0}[e^{-r\tau_2}(K - S(\tau_2, x))^+ - e^{-r\tau_1}(K - S(\tau_1, x))^+] \\ &= \mathrm{E}_{P_0}[e^{-r\mu}(K - S(\mu, x))^+ - e^{-rT_1}(K - S(T_1, x))^+] \\ &\leq \mathrm{E}_{P_0}[K(e^{-r\mu} - e^{-rT_1}) + e^{-rT_1}S(T_1, x) - e^{-r\mu}S(\mu, x)]^+\end{aligned}$$

ここで $\mu \geq T_1$ だから $e^{-r\mu} - e^{-rT_1} \leq 0$ である．

従って最後の項は $\mathrm{E}_{P_0}[e^{-rT_1}S(T_1, x) - e^{-r\mu}S(\mu, x)]^+$ で抑えられる．

これより $0 \leq P(T_2, x) - P(T_1, x) \leq \mathrm{E}_{P_0}[e^{-rT_1}S(T_1, x) - e^{-r\mu}S(\mu, x)]^+$

$$= \mathrm{E}_{P_0}[xe^{-\frac{\sigma^2}{2}T_1 + \sigma W^{(0)}(T_1)} - xe^{-\frac{\sigma^2}{2}\mu + \sigma W^{(0)}(\mu)}]^+$$

$$\leq x\mathrm{E}_{P_0}[H(T_1, T_2)] \leq 2x\sqrt{e^{\sigma^2 T_2} - e^{\sigma^2 T_1}}$$ である．■

(8-31)　$P(T, x)$ は連続である．

【証明】

$$P(T_2, x_2) - P(T_1, x_1) = P(T_2, x_2) - P(T_1, x_2) + P(T_1, x_2) - P(T_1, x_1)$$

として (8-28)，(8-30) を用いればよい．■

$P(T, x)$ が連続だから集合 $C = \{(T, x) : T \geq 0, x > 0, P(T, x) > (K - x)^+\}$ は開集合である．

$T > 0$ に対して $C_T = \{x : x > 0, P(T, x) > (K - x)^+\}$ と定めると C_T は $(0, \infty)$ に含まれる開集合である．

(8-32)　$T > 0$ に対して C_T を前記のように定めると，適当な実数 $c(T)$ が存在して $C_T = (c(T), \infty)$ となる．

また $0 \leq c(T) < K$ である．

【証明】

(1)　$K \in C_T$ だから $C_T \neq \phi$ である．

(2)　以下では $x \in C_T$, $x < y$ ならば $y \in C_T$ であることを示す．

もしこの事実が示されれば，C_T が $(0, \infty)$ に含まれる開集合であることから，$C_T = (c(T), \infty)$ となる $c(T)$ が存在することが分かる．

$x \in C_T$，$x < y$ とする．

$\tau_0 = \inf\{t : P(T - t, S(t, x)) = (K - S(t, x))^+\}$ とする．

$$P(T, y) - P(T, x) \geq \mathrm{E}_{P_0}[e^{-r\tau_0}\{(K - S(\tau_0, y))^+ - (K - S(\tau_0, x))^+\}]$$

$=\mathrm{E}_{P_0}[e^{-r\tau_0}\{(K-S(\tau_0,y))-(K-S(\tau_0,x))\}]$
$\quad+\mathrm{E}_{P_0}[e^{-r\tau_0}\{(K-S(\tau_0,y))^- -(K-S(\tau_0,x))^-\}]$

仮定 $x<y$ より $K-S(\tau_0,y)<K-S(\tau_0,x)$ である．従って $(K-S(\tau_0,y))^->(K-S(\tau_0,x))^-$ だから最後の式の第2項は正である．

これより

$$P(T,y)-P(T,x)\geq\mathrm{E}_{P_0}[e^{-r\tau_0}(S(\tau_0,x)-S(\tau_0,y))]=(x-y)\mathrm{E}_{P_0}[e^{-\frac{\sigma^2}{2}\tau_0+\sigma W^{(0)}(\tau_0)}]$$
$$=x-y$$

ここで最後の等式は $e^{-\frac{\sigma^2}{2}t+\sigma W^{(0)}(t)}$ がマルチンゲールであることによる．

書直して $P(T,y)\geq P(T,x)+x-y$

仮定 $x\in C_T$ より　$P(T,x)>(K-x)^+$ であることと併わせると

$$P(T,y)>(K-x)^++x-y\geq K-y$$

これと $P(T,y)>0$ であることから $P(T,y)>(K-y)^+$

即ち $y\in C_T$ である．

(3)　明らかに $c(T)\geq 0$ である．また $K\in C_T$ だから $K>c(T)$ である．■

(8-33)　$0<T_1\leq T_2$ ならば $c(T_1)\geq c(T_2)$ である．

$c(T)$ は左連続である．即ち $\lim_{T\uparrow U}c(T)=c(U)$ である．

【証明】

$0<T_1\leq T_2$ とする．$x\in C_{T_1}$ であれば定義より $P(T_1,x)>(K-x)^+$．$P(T_2,x)\geq P(T_1,x)$ は明らかだから $P(T_2,x)>(K-x)^+$，即ち $x\in C_{T_2}$

従って $C_{T_1}\subset C_{T_2}$ である．

これより $c(T_1)=\inf_{x\in C_{T_1}}x\geq\inf_{x\in C_{T_2}}=c(T_2)$ である．

$T_n\uparrow T$ とする．$c(T_n)$ は単調減少だから $\lim_{T_n\uparrow T}c(T_n)=c_0$ が存在し，$(T_n,c(T_n))$ は (T,c_0) に収束する．

$(T_n,c(T_n))\notin C$ であり C は開集合だから $(T,c_0)\notin C$ である．$(T,c_0)\notin C$ は $c_0\leq c(T)$ を意味する．

他方で $c(T_n)\geq c(T)$ と $\lim_{T_n\uparrow T}c(T_n)=c_0$ より $c_0\geq c(T)$．従って $c_0=c(T)$ である．

これにより $c(T)$ が左連続であることが示された．■

補論2　$c(T)$ の性質

(8-32) で定めた函数 $c(T)$ の性質を調べる．

$c(T)$ についてはある $c^*>0$ が存在して $\lim_{T\to\infty}c(T)=c^*$ となることが知られている．

この事実の証明は省略するが，概ね次のように考えればよいであろう．

(1)　$T_1 \leq T_2$ ならば $P(T_1, x) \leq P(T_2, x)$ だから，すべての $x>0$ について $\lim_{T\to\infty} P(T, x)$ が存在する．この値を $P(x)$ と書く．

$P(T, x) = \sup_{\tau \in S_{0,T}} \mathrm{E}_{P_0}[e^{-r\tau}(K-S(\tau, x))^+]$ であるから

$P(x) = \sup_{\tau \in S_{0,\infty}} \mathrm{E}_{P_0}[e^{-r\tau}(K-S(\tau, x))^+]$ であるとしてよいだろう．ここに $S_{0,\infty}$ は $0 \leq \tau \leq \infty$ を満たす停止時刻の集合である．

この $P(x)$ の性質を調べることにより十分大きな T に対する $P(T, x)$ の性質が分かる．

(2)　$P(x)$ については次のいずれかが成り立つ．

(i)　ある $0<c^*<K$ が存在して $0<x\leq c^*$ の範囲で $P(x)=K-x$ であり $c^*<x$ の範囲で $P(x)>(K-x)^+$ である．

(ii)　すべての $x>0$ について $P(x)>(K-x)^+$ である．

これは $P(x)$ が次の性質を持つことを考慮した上で，(x, y) 平面上に $y=P(x)$ のグラフと $y=(K-x)^+$ のグラフを重ねて描くことにより直ちに分かる．

- $P(x) \geq (K-x)^+$
- $P(x)>0$
- $\lim_{x\downarrow 0} P(x)=K$
- $P(x)$ は x の凸函数である．

なお $P(x)>0$ となるのは任意の T に対し $P(x) \geq P(T, x)>0$ が成立するからである．

また $P(x)$ が x の凸函数であるのは，$\alpha \geq 0$，$\beta \geq 0$，$\alpha+\beta=1$ ならば $\alpha(K-S(\tau, x_1))^+ + \beta(K-S(\tau, x_2))^+ \geq (K-S(\tau, \alpha x_1+\beta x_2))^+$ が成り立つからである．

(3)　(2)(ii)を仮定すると矛盾が生じる．

すべての $x>0$ について $P(x)>(K-x)^+$ と仮定して $P\left(\frac{K}{2}\right)$ を求めてみよう．

定義より $P\left(\frac{K}{2}\right) = \sup_{\tau \in S_{0,\infty}} \mathrm{E}_{P_0}\left[e^{-r\tau}\left(K-S\left(\tau, \frac{K}{2}\right)\right)^+\right]$ である．

(8-10) と同様に考えれば $P\left(\frac{K}{2}\right)$ を実現する最適停止時刻 μ は次のように定まるはずである．

$$\mu = \inf\left\{t : P\left(S\left(t, \frac{K}{2}\right)\right) = \left(K-S\left(t, \frac{K}{2}\right)\right)^+\right\}$$

ところですべての $x>0$ について $P(x)>(K-x)^+$ と仮定したから，すべての t について $P\left(S\left(t, \frac{K}{2}\right)\right) > \left(K-S\left(t, \frac{K}{2}\right)\right)^+$ となる．従って前記の μ は $\mu=\infty$

である.

これは τ を大きくすると $\mathrm{E}_{P_0}\left[e^{-r\tau}\left(K-S\left(\tau,\dfrac{K}{2}\right)\right)^{+}\right]$ が $P\left(\dfrac{K}{2}\right)$ に近づくことを意味している.

ところが実数 T を十分大きくとれば $\mathrm{E}_{P_0}\left[e^{-rT}\left(K-S\left(T,\dfrac{K}{2}\right)\right)^{+}\right]$ はゼロに近づく. 従って $P\left(\dfrac{K}{2}\right)=0$ である.

他方 $P\left(\dfrac{K}{2}\right)\geq\left(K-\dfrac{K}{2}\right)^{+}=\dfrac{K}{2}>0$ であるから矛盾を生じる.

従って(2)(i)が成り立つ.

即ち, ある $0<c^*<K$ が存在して, $0<x\leq c^*$ の範囲で $P(x)=K-x$ であり $c^*<x$ の範囲で $P(x)>(K-x)^+$ である.

(4) 以上から十分大きい T に対しては近似として次のように考えてよいだろう.

- $0<x\leq c^*$ であれば $P(T,x)=K-x$, $c^*<x$ であれば $P(T,x)>(K-x)^+$

これは $c(T)$ が c^* に十分近いことを意味する. $\lim_{T\to\infty}P(T,x)=P(x)$ だから T が増大すれば c^* による $c(T)$ の近似の精度が上ると考えてよい. 従って $\lim_{T\to\infty}c(T)=c^*$ である.

第 9 章
割引債価格のモデル

1 問題の所在

第6章から第8章までの議論を思い出そう．これらの章では証券価格のモデル M と証券市場 $[M]$ を前提に議論を進めた．証券市場 $[M]$ では $B, S_1, \cdots, S_N$ と名づけられた資産が取引されており，その中の B は確定した利回りを持つ安全資産であり，$S_1, \cdots, S_N$ は収益率が不確実な危険資産であった．この $S_1, \cdots, S_N$ の典型的な例は株式である．従って証券市場 $[M]$ は典型的には一つの債券と N 個の株式が存在する市場を表わしている．

このようなものとしての証券市場 $[M]$ が金融取引の一つの側面を巧みにモデル化したものであることは間違いない．しかしながら現実の金融取引はこれに限られるものではない．

例えば金融市場では各種の資金の貸借が行われ，また国債をはじめとする各種の債券の売買が行われる．その結果さまざまな種類の金利が成立し，それらの金利は全体として一つの体系を形成しながら常に変動する．こうした金利の変動から生じるリスクをどのようにヘッジするかは人々の大きな関心事である．

このような金利の体系とその変動を記述するためには第6章～第8章とは異なるモデルが必要である．本章では金利の体系を記述するために割引債の価格のモデルを導入してその一般的な性質を調べる．

以下では割引債の価格を用いると，金利体系を統一的に記述できることを示そう．

2　割引債の売買

・$0, 1, 2, \cdots, T-1, T$ の各時刻に取引が行われる市場を考える．この市場を L と名づけておこう．

・時刻 s（$0 \leq s \leq T$）を満期とする額面金額1の割引債とは，利子支払がなく時刻 s に金額1を償還する債券のことである．この債券を B_s と呼ぶこととし，すべての B_s（$0 \leq s \leq T$）は確実に償還され貸倒れの危険がないものとする．

B_s の時刻 t（$0 \leq t \leq s$）における価格を $B(t, s)$ と書く．$B(s, s)=1$（$0 \leq s \leq T$）である．

・市場 L では各取引日 t（$0 \leq t \leq T$）に債券 B_s（$t \leq s \leq T$）が売買されるとする．

・市場 L の参加者は各取引日 t にこれらの債券を自由に購入しあるいは空売りできるものとする．

これらの債券の価格は市場では所与であり個々の参加者の売買は市場価格に影響しないものとする．

・t から T までの間の各時刻に行われる資金の受取・支払の組合せを $T-(t-1)$ 次元のベクトル $(x_t, x_{t+1}, \cdots, x_T)'$ で表わすこととする．その際資金の受取はプラスで，資金の支払はマイナスで表わす．

さて，次の2つの取引を考えよう．

(1)　時刻 t に割引債 B_s（$t \leq s \leq T$）を購入し，これを満期 s まで保有して金額1の償還を受ける．

(2)　時刻 t に割引債 B_s（$t \leq s \leq T$）を空売りし，空売りに用いた債券を満期 s に返還する．

(1)の取引を行うと t から T までの間の次のような資金の受取・支払の組合せを実現することができる．

$$B_t^{(t+1)}=(-B(t, t+1),\quad 1, 0, \cdots\cdots\cdots\cdots\cdots,\quad 0)'$$
$$\vdots$$
$$B_t^{(k)}\ =(-B(t, k),\quad 0, 0, \cdots\cdots, 0,\quad 1, 0, \cdots\cdots,\quad 0)'$$
$$\vdots$$

$$B_t^{(T)} \ =(-B(t,T), \qquad 0, \quad \cdots\cdots\cdots\cdots\cdots\cdots\cdots, 0, \quad 1)'$$

(2)の取引を行うと t から T までの間に次のような資金の受取・支払の組合せを実現することができる．

$$-B_t^{(t+1)}=(B(t,t+1), \quad -1, 0, \cdots\cdots\cdots\cdots\cdots\cdots\cdots, \quad 0)'$$
$$\vdots$$
$$-B_t^{(k)} \ =(B(t,k), \qquad 0, 0, \cdots\cdots, 0, -1, 0, \cdots\cdots, \quad 0)'$$
$$\vdots$$
$$-B_t^{(T)} \ =(B(t,T), \qquad 0, \cdots\cdots\cdots\cdots\cdots\cdots\cdots, 0, -1)'$$

ベクトル $B_t^{(i)}$（$t+1 \leq i \leq T$）はすべて $\boldsymbol{R}^{T-(t-1)}=\{(x_t, x_{t+1}, \cdots, x_T)' : x_i \in \boldsymbol{R}, t \leq i \leq T\}$ に属する．これらの $B_t^{(i)}$（$t+1 \leq i \leq T$）が生成する $\boldsymbol{R}^{T-(t-1)}$ の部分空間を H_t と書くこととしよう．

H_t は，ある $\alpha_{t+1}, \alpha_{t+2}, \cdots, \alpha_T$ が存在して $\boldsymbol{x}=\sum_{i=t+1}^{T} \alpha_i B_t^{(i)}$ と表わされるようなベクトル $\boldsymbol{x}$ の集合である．

$\boldsymbol{x} \in H_t$ となる $\boldsymbol{x}$ は(1)(2)の取引の組合せによって実現することができる．

$B_t^{(t+1)}, \cdots, B_t^{(T)}$ が一次独立だから次の命題が成り立つ．

(9-1)　$\dim H_t = T-t$

ベクトル $\boldsymbol{B}_t$ を $\boldsymbol{B}_t=(B(t,t), B(t,t+1), B(t,t+2), \cdots, B(t,T))'$ によって定めよう．$B(t,t)=1$ だから

$\boldsymbol{B}_t=(1, B(t,t+1), B(t,t+2), \cdots\cdots\cdots, B(t,T))'$ である．

この $\boldsymbol{B}_t$ は $B_t^{(t+1)}, B_t^{(t+2)}, \cdots, B_t^{(T)}$ のすべてと直交する．即ち $\langle \boldsymbol{B}_t, B_t^{(t+1)} \rangle=0, \cdots, \langle \boldsymbol{B}_t, B_t^{(T)} \rangle=0$ である．この事実と $\dim H_t = T-t$ から次の命題を得る．

(9-2)　ベクトル $\boldsymbol{x}$ が H_t に属する条件は，$\langle \boldsymbol{B}_t, \boldsymbol{x} \rangle=0$ となることである．

3　資金の貸借と利子率

前節では市場 L では割引債の取引だけが行われるとしたが，以下では市場 L では資金の貸借と資金の貸借の予約も行われるものとしよう．

これらの貸借と貸借の予約は確実に実行され，市場参加者は他の参加者と同一の条件の取引を自由に行えるものとする．

貸手と借手が時刻 t に貸借または貸借の予約を行うと両者は時刻 t から T ま

での間にその取決めに従って資金の受取・支払を行う．このような受取・支払には種々のものがあり得るがいずれもベクトルで表わすことができる．

例 1　時刻 t に貸手 A と借手 B の間で行われる次のような貸借を考えよう．

・A は時刻 t に X_t を貸付け，B は時刻 $(t+1)$ から時刻 s まで利子 r を支払い時刻 s に X_t を返済する．

この場合 A が行う受取・支払は $(-X_t, r, r, \cdots, r, r+X_t, 0, \cdots, 0)$ であり B が行う受取・支払は $(X_t, -r, -r, \cdots, -r, -r-X_t, 0, \cdots, 0)$ である．

例 2　時刻 t に貸手 A と借手 B の間で行われる次のような貸借の予約を考えよう．

・A は時刻 t_1（$t<t_1$）に X_{t_1} を貸すことを約束し，B は時刻 t_2（$t_1<t_2$）に X_{t_2} を返済することを約束する．

この場合 A が行う受取・支払は $(0, \cdots, 0, \ -X_{t_1}, 0, \cdots, 0, X_{t_2}, 0, \cdots, 0)$ であり B が行う受取，支払は $(0, \cdots, 0, X_{t_1}, 0, \cdots, 0, -X_{t_2}, 0, \cdots, 0)$ である．

市場 L で時刻 t に行うことができる貸借または貸借の予約をすべて考えよう．これらの取引で貸手または借手が実行することになる受取・支払をすべてベクトルで表わし，これらのベクトルの集合を K_t で表わすこととしよう．

前節では割引債の取引からベクトルの集合 H_t を定めた．この H_t と K_t の間には次の関係がある．

(9-3)　K_t は H_t に含まれる．

そのことを示すために K_t が H_t に含まれることを否定してみよう．すると $\boldsymbol{x} \in K_t$ かつ $\boldsymbol{x} \notin H_t$ となるベクトル $\boldsymbol{x}$ が存在する．$\dim H_t = T-t$ かつ $\boldsymbol{x} \notin H_t$ だから H_t と $\boldsymbol{x}$ は全空間 $\boldsymbol{R}^{T-(t-1)}$ を生成する．即ち $B_t^{(t+1)}, B_t^{(t+2)}, \cdots, B_t^{(T)}, \boldsymbol{x}$ は $\boldsymbol{R}^{T-(t-1)}$ の基底をなす．

従って適当な実数 α_i（$t+1 \leq i \leq T$）と β が存在して $\sum_{i=t+1}^{T} \alpha_i B_t^{(i)} + \beta \boldsymbol{x} = (1, 1, \cdots, 1, 1)'$ となる．

これは時刻 t に割引債の売買と資金の貸借または貸借の予約を適当に組合せて行うと，t から T までの各時刻に金額 1 を連続して受取ることができ，しかも何の支払も必要がないことを意味している．

このような取引の組合せが存在すれば市場 L が均衡しないことは明らかである．

このように K_t が H_t に含まれないとすると不合理な結果となるので K_t は H_t

に含まれなくてはならない．

(9-2) と (9-3) より次の命題を得る．

(9-4)　$\boldsymbol{x} \in K_t$ ならば $\langle \boldsymbol{B}_t, \boldsymbol{x} \rangle = 0$ である．

さて市場 L では時刻 t に各種の貸借や貸借の予約が行われてさまざまな利子率が定まるが，(9-4) を利用するとこれらの利子率をすべて割引債の価格によって表わすことができる．以下ではそのことを示そう．

市場 L で時刻 t に次のような貸借の予約が行われたとする．

- 貸手は時刻 T_1（$t \leq T_1$）に X_{T_1} を貸すことを約束し，借手は時刻 T_2（$T_1 < T_2 \leq T$）に X_{T_2} を返済することを約束する．
  この貸付が T_1 に実行されると元本 X_{T_1} は $T_2 - T_1$ の間に $\dfrac{X_{T_2}}{X_{T_1}}$ 倍になる．この貸付の利子率を複利で表わすこととしその値を r とすると $e^{(T_2-T_1)r} = \dfrac{X_{T_2}}{X_{T_1}}$ である．即ち $r = \dfrac{\log X_{T_2} - \log X_{T_1}}{T_2 - T_1}$ である．
- r を，時刻 t における期間 $[T_1, T_2]$ を対象とするフォワードレートと呼び $R(t : T_1, T_2)$ で表わす．
- $R(t : t, T)$ は時刻 t に成立する $[t, T]$ 間の貸付の利子率である．$R(t : t, T)$ を $R(t, T)$ と書く．

これらの $R(t : T_1, T_2)$，$R(t, T)$ は割引債の価格によって表わすことができる．(9-4) を用いてそのことを示そう．

前記の $R(t : T_1, T_2)$ を定める貸借の予約によって貸手は受取・支払の組合せ $(0, \cdots, 0, -X_{T_1}, 0, \cdots, 0, X_{T_2}, 0, \cdots, 0)$ を実行し，借手は受取・支払の組合せ $(0, \cdots, 0, X_{T_1}, 0, \cdots, 0, -X_{T_2}, 0, \cdots, 0)$ を実行する．(9-4) によればこれらのベクトルと $\boldsymbol{B}_t$ が直交するから $B(t, T_1)X_{T_1} - B(t, T_2)X_{T_2} = 0$

従って次のとおりである．

$$R(t, T_1, T_2) = \frac{\log X_{T_2} - \log X_{T_1}}{T_2 - T_1} = -\frac{\log B(t, T_2) - \log B(t, T_1)}{T_2 - T_1}$$

$$R(t, s) = R(t : t, s) = -\frac{\log B(t, s)}{s - t}$$

これにより，時刻 t に成立する各種の利子率が割引債の価格 $B(t, s)$（$t \leq s \leq T$）によって決定されることが分かる．従って割引債の価格の集合 $\bigcup_{0 \leq t \leq T} [\bigcup_{t \leq s \leq T} B(t, s)] = \bigcup_{0 \leq t \leq s \leq T} B(t, s)$ が与えられると，時刻 0 から T までの間に成立するすべての利子率が定まる．

4　連続的取引時間の導入

この節では時刻0から T までの各時刻 t（$0 \leq t \leq T$）に連続的に取引が行われる市場 L を考える．

- 0から T までの任意の時刻 s（$0 \leq s \leq T$）を満期とする額面金額1の割引債 B_s が存在するものとする．
- 市場 L では各時刻 t に t 以降に満期が到来する割引債 B_s がすべて売買されているとする．
- B_s の時刻 t（$0 \leq t \leq s$）における価格を $B(t, s)$ と書く．$B(s, s)=1$ である．
- 市場 L では各時刻 t に資金の貸借と資金の貸借の予約が行われるとする．

市場 L で時刻 t に行われる貸借または貸借の予約の内容は，適当に選んだ時刻 $t \leq T_1 < T_2 < \cdots < T_n$ における資金の受取・支払を示すベクトル $(X_{T_1}, X_{T_2}, \cdots, X_{T_n})'$ によって表わすことができる．貸手の受取・支払を表わすベクトルが $(X_{T_1}, X_{T_2}, \cdots, X_{T_n})'$ であれば，借手の受取・支払を表わすベクトルは $(-X_{T_1}, -X_{T_2}, \cdots, -X_{T_n})'$ である．

(9-4) と同様に次の命題が成り立つ．

(9-5)　$(X_{T_1}, \cdots, X_{T_n})'$ が市場 L で時刻 t に行われる貸借または貸借の予約の内容を表わすベクトルであるとする．

　この時 $(X_{T_1}, \cdots, X_{T_n})'$ はベクトル $(B(t, T_1), B(t, T_2), \cdots, B(t, T_n))'$ と直交する．

市場 L で各種の貸借または貸借の予約が行われると各種の利子率が定まる．

例えば時刻 t における期間 $[T_1, T_2]$ を対象とするフォワードレート $R(t : T_1, T_2)$ が第3節と全く同様にして定まり次の式を満たす．

$$R(t : T_1, T_2) = -\frac{\log B(t, T_2) - \log B(t, T_1)}{T_2 - T_1}$$

$R(t : t, T)$ が時刻 t に成立する $[t, T]$ 間の貸付の利子率を表わすことも同様である．$R(t : t, T)$ を $R(t, T)$ と書くと次の式が成り立つ．

$$R(t, s) = -\frac{\log B(t, s)}{s - t}$$

連続的取引時間の下ではさらに次の2つの利子率が定まる．

- $f(t, s)$ を $f(t, s) = \lim_{T \to s} R(t : s, T)$ で定義し，時刻 t における時刻 s を対象

とするフォワードレートと呼ぶ.

$f(t,s)$ は，時刻 t における無限に小さい区間 $[s, s+ds]$ を対象とするフォワードレートである.

$f(t,s)=-\dfrac{\partial \log B(t,s)}{\partial s}$ である.

・ $r(t)$ を $r(t)=f(t,t)$ で定め，$r(t)$ を時刻 t における瞬間的利子率と呼ぶ.

$r(t)=-\left.\dfrac{\partial \log B(t,s)}{\partial s}\right|_{s=t}$ である.

このように，連続的取引時間の下でも，割引債の価格の集合 $\bigcup_{0\leq t\leq s\leq T} B(t,s)$ が与えられれば各時刻 t $(0\leq t\leq T)$ に成立する利子率はすべて定まる.

5　割引債価格のモデル

以下では割引債価格のモデルと，それに基づく割引債の市場を設定し，その市場で条件付請求権の価格がどのように定まるかを調べる.

(9-6)　割引債価格のモデルとは次の条件を満たす要素の組合せ $((\Omega, \mathfrak{F}, P), T, (W(t))_{0\leq t<\infty}, (\mathfrak{F}_t)_{0\leq t<\infty}, (r(t))_{0\leq t\leq T}, (B(t))_{0\leq t\leq T}, [B(t,s)]_{0\leq t\leq s\leq T}, P^*)$ のことを言う.

(1)　$(\Omega, \mathfrak{F}, P)$ は基礎となる完備な確率空間である.

(2)　T は正の実数である.

(3)　$W=(W(t))_{0\leq t<\infty}=((W_1(t), W_2(t), \cdots, W_N(t))')_{0\leq t<\infty}$ は $(\Omega, \mathfrak{F}, P)$ 上の N 次元のブラウン運動である.

(4)　$(\mathfrak{F}_t)_{0\leq t<\infty}$ は W に関する自然なフィルトレーションである.

また $\mathfrak{F}_t$ $(0\leq t\leq T)$ は時刻 t における情報を表わすとする.

(5)　$(r(t))_{0\leq t\leq T}$ は $(\mathfrak{F}_t)_{0\leq t\leq T}$ に関して発展的可測な確率過程である.

$\int_0^T |r(t)|\,dt<\infty$ $(a.\ e.)$ である.

(6)　$B(t)=\exp\int_0^t r(u)du$ $(0\leq t\leq T)$

(7)　$B(t,s)$ は $0\leq t\leq s\leq T$ に対して定義された確率変数で次の条件を満たす.

・ s $(0\leq s\leq T)$ を固定すると $[B(t,s)]_{0\leq t\leq s}$ は $(\mathfrak{F}_t)_{0\leq t\leq s}$ に関して発展的可測である.

・ $B(t,s)>0$　　$B(s,s)=1$

(8)　P^* は $(\Omega, \mathfrak{F}_T)$ 上の P と同値な確率測度である．

s $(0\leq s\leq T)$ を固定すると $\left[\dfrac{B(t,s)}{B(t)}\right]_{0\leq t\leq s}$ は P^*, $(\mathfrak{F}_t)_{0\leq t\leq s}$ に関するマルチンゲールである[注1]．

(9-7)　$L=((\Omega,\mathfrak{F},P), T, (W(t))_{0\leq t<\infty}, (\mathfrak{F}_t)_{0\leq t<\infty}, (r(t))_{0\leq t\leq T}, (B(t))_{0\leq t\leq T}, [B(t,s)]_{0\leq t\leq s\leq T}, P^*)$ が割引債価格のモデルである時，割引債市場 $[L]$ とは次の条件を満たす市場である．

(1)　$[L]$ には B と名づけられた証券と B_s $(0\leq s\leq T)$ と名づけられた s を満期とする額面金額1の割引債が存在する．

(2)　$[L]$ では時刻 t $(0\leq t\leq T)$ に，B と B_s $(t\leq s\leq T)$ が取引される．

(3)　B の価格は $B(t)$ であり B_s の価格は $B(t,s)$ である．

以下では割引債価格のモデル L と割引債市場 $[L]$ を一つ固定し，それらを前提に議論を進める．

(9-8)　次の条件を満たす N 次元の確率過程 $q=(q(t))_{0\leq t\leq T}=((q_1(t), q_2(t), \cdots, q_N(t))')_{0\leq t\leq T}$ が存在する．

(1)　q は $(\mathfrak{F}_t)_{0\leq t\leq T}$ に関し発展的可測である．

(2)　$\int_0^T \|q(u)\|^2 du<\infty$ $(a.\ e.)$

(3)　$(\Lambda^q(t))_{0\leq t\leq T}$ は $P, (\mathfrak{F}_t)_{0\leq t\leq T}$ に関するマルチンゲールであり $\dfrac{dP^*}{dP}=\Lambda^q(T)$ である．

(4)　N 次元の確率過程 $W^*=(W^*(t))_{0\leq t\leq T}=((W_1^*(t), W_2^*(t), \cdots, W_N^*(t))')_{0\leq t\leq T}$ を $W^*(t)=W(t)+\int_0^t q(u)du$ によって定めると W^* は $(\Omega, \mathfrak{F}_T, P^*)$ 上のブラウン運動である．

【証明】

(1)(2)(3)は (9-6) (8)により P と P^* が同値であることおよび (5-48) から明らか．

(4)は Girsanov の定理による．■

(9-9)　$0\leq s\leq T$ となる任意の s に対し $0\leq t\leq s$ で定義された次の条件を満たす N 次元の確率過程 $\sigma^s=(\sigma^s(t))_{0\leq t\leq s}=((\sigma_1^s(t), \sigma_2^s(t), \cdots, \sigma_N^s(t))')_{0\leq t\leq s}$ が存在する．

(1)　σ^s は $(\mathfrak{F}_t)_{0\leq t\leq s}$ に関して発展的可測

(2)　$\int_0^s \|\sigma^s(u)\|^2 du<\infty$ $(a.\ e.)$

(3)　$dB(t,s)=B(t,s)[(r(t)+\langle\sigma^s(t), q(t)\rangle)dt+\langle\sigma^s(t), dW(t)\rangle]$

$q(t)$ は (9-8) で定めた確率過程 $(q(t))_{0\leq t\leq T}$ を構成する確率変数であ

る．

【証明】

$0 \leq s \leq T$ となる任意の s をとる．

(9-6)(8)により $\left[\dfrac{B(t,s)}{B(t)}\right]_{0\leq t\leq s}$ は P^* に関するマルチンゲールである．

従って $t \leq u \leq s$ であれば $\mathrm{E}_{P^*}\left[\dfrac{B(u,s)}{B(u)}\middle|\mathfrak{F}_t\right]=\dfrac{B(t,s)}{B(t)}$

また (9-8) より $\dfrac{dP^*}{dP}=\Lambda^q(T)$ である．

これら 2 つの事実と (5-8) より $t \leq u \leq s$ であれば

$$\mathrm{E}_P\left[\frac{B(u,s)}{B(u)}\Lambda^q(u)\,|\,\mathfrak{F}_t\right]=\frac{B(t,s)}{B(t)}\Lambda^q(t)$$

即ち $\left[\dfrac{B(t,s)}{B(t)}\Lambda^q(t)\right]_{0\leq t\leq s}$ は P に関するマルチンゲールである．また (9-6)(6)(7)より $\dfrac{B(t,s)}{B(t)}\Lambda^q(t)>0$ である．

従って (5-48) より次の条件を満たす N 次元の確率過程 $\theta=(\theta(t))_{0\leq t\leq s}=((\theta_1(t),\theta_2(t),\cdots,\theta_N(t))')_{0\leq t\leq s}$ が存在する．

(i)　θ は $(\mathfrak{F}_t)_{0\leq t\leq s}$ に関し発展的可測である．

(ii)　$\int_0^s\|\theta(u)\|^2\,du<\infty$　$(a.e.)$

(iii)　$\dfrac{B(t,s)}{B(t)}\Lambda^q(t)=\dfrac{B(0,s)}{B(0)}\Lambda^q(0)\Lambda^\theta(t)$　$(0\leq t\leq s)$

(iii)　を書直すと

$$B(t,s)=B(0,s)\exp\left[\int_0^t r(u)du+\int_0^t\langle q(u)-\theta(u),\,dW(u)\rangle\right.$$
$$\left.+\frac{1}{2}\int_0^t(\|q(u)\|^2-\|\theta(u)\|^2)du\right]\quad(0\leq t\leq s)$$

この等式に伊藤の公式を適用すると

$$dB(t,s)=B(t,s)[\{r(t)+\langle q(t)-\theta(t),\,q(t)\rangle\}dt+\langle q(t)-\theta(t),\,dW(t)\rangle]$$

そこで N 次元の確率過程 $\boldsymbol{\sigma}^s=(\boldsymbol{\sigma}^s(t))_{0\leq t\leq s}=((\boldsymbol{\sigma}^s_1(t),\boldsymbol{\sigma}^s_2(t),\cdots,\boldsymbol{\sigma}^s_M(t))')_{0\leq t\leq s}$ を $\boldsymbol{\sigma}^s(t)=q(t)-\theta(t)$ によって定めると，最後の等式より

$$dB(t,s)=B(t,s)[(r(t)+\langle\boldsymbol{\sigma}^s(t),\,q(t)\rangle)dt+\langle\boldsymbol{\sigma}^s(t),\,dW(t)\rangle]$$

即ち(3)が成り立つ．

$\boldsymbol{\sigma}^s$ について(1)(2)が成り立つことは θ について前記の(i)(ii)が成り立つことと q について (9-8)(1)(2)が成り立つことより分かる．■

この後は，本章では $q=(q(t))_{0\leq t\leq T}$，$W^*=(W^*(t))_{0\leq t\leq T}$，$\boldsymbol{\sigma}^s=(\boldsymbol{\sigma}^s(t))_{0\leq t\leq s}$ は L に基づいて (9-8) および (9-9) によって定まる q，W^*，$\boldsymbol{\sigma}^s$ を常に表わすものとする．

6　条件付請求権の価格

割引債価格のモデル L と割引債市場 $[L]$ が与えられているとする．条件付請求権 Y の価格が割引債市場 $[L]$ でどのように決まるかを調べよう．

この節では次の事実を示す．

- Y は $\mathfrak{F}_U$ 可測な確率変数とし $Y \geq 0$ とする．時刻 U に金額 Y を受取る条件付請求権を考える（U は $0 < U \leq T$ を満たす実数である）．
- 適当な条件があれば，割引債市場 $[L]$ での条件付請求権 Y の価格は，時刻 t に，$B(t)\mathrm{E}_{P^*}\left[\dfrac{Y}{B(U)}\middle|\mathfrak{F}_t\right]$ となる．ここで P^* は割引債価格のモデル L の構成要素として与えられている (9-6) (8)を満たす確率測度である．

この事実を示すために第6章での議論を利用する．第6章では証券価格のモデルとは，(6-3) (1)〜(8) を満たす要素の組合せ $((\Omega, \mathfrak{F}, P), T, (W(t))_{0 \leq t \leq \infty}, (\mathfrak{F}_t)_{0 \leq t \leq \infty}, (r(t))_{0 \leq t \leq T}, (b(t))_{0 \leq t \leq T}, (\delta(t))_{0 \leq t \leq T}, (\sigma(t))_{0 \leq t \leq T}, (B(t))_{0 \leq t \leq T}, (S_1(t))_{0 \leq t \leq T}, \cdots, (S_N(t))_{0 \leq t \leq T}, \tilde{S})$ として定義された．

以下では $0 < T_1 < T_2 \cdots < T_{N-1} < T_N \leq T$ を満たす任意に選んだ N 個の実数 $T_1, \cdots, T_N$ に対して，$S_1(t) = B(t, T_1)$，$S_2(t) = B(t, T_2), \cdots, S_N(t) = B(t, T_N)$ となるような特別な証券価格のモデル $M_{T_1, \cdots, T_N}$ を構成する．

この $M_{T_1, \cdots, T_N}$ を構成する素材としては次のものを用いる．

- 割引債価格のモデル L から (9-8) および (9-9) に従って定まる N 次元の確率過程 $q = (q(t))_{0 \leq t \leq T}$，$\sigma^{T_1} = (\sigma^{T_1}(t))_{0 \leq t \leq T_1}$，$\sigma^{T_2} = (\sigma^{T_2}(t))_{0 \leq t \leq T_2}, \cdots, \sigma^{T_N} = (\sigma^{T_N}(t))_{0 \leq t \leq T_N}$
- $L = ((\Omega, \mathfrak{F}, P), T, (W(t))_{0 \leq t < \infty}, (\mathfrak{F}_t)_{0 \leq t < \infty}, (r(t))_{0 \leq t \leq T}, (B(t))_{0 \leq t \leq T}, [B(t, S)]_{0 \leq t \leq S \leq T}, P^*)$ の各構成要素

$M_{T_1, \cdots, T_N}$ を具体的に構成しよう．

$M_{T_1, \cdots, T_N} = ((\Omega, \mathfrak{F}, P), T_1, (W(t))_{0 \leq t < \infty}, (\mathfrak{F}_t)_{0 \leq t < \infty}, (r(t))_{0 \leq t \leq T_1}, (b(t))_{0 \leq t \leq T_1}, (\delta(t))_{0 \leq t \leq T_1}, (\sigma(t))_{0 \leq t \leq T_1}, (B(t))_{0 \leq t \leq T_1}, (S_1(t))_{0 \leq t \leq T_1}, \cdots, (S_N(t))_{0 \leq t \leq T_1}, \tilde{S})$ とする．

$M_{T_1, \cdots, T_N}$ の各構成要素は，$q = (q(t))_{0 \leq t \leq T}$，$\sigma^{T_1} = (\sigma^{T_1}(t))_{0 \leq t \leq T_1}$，$\sigma^{T_2} = (\sigma^{T_2}(t))_{0 \leq t \leq T_2}, \cdots \sigma^{T_N} = (\sigma^{T_N}(t))_{0 \leq t \leq T_N}$ と割引債価格のモデル L の構成要素を用いて次のように定める．

(1)　$(\Omega, \mathfrak{F}, P)$ は L の構成要素である $(\Omega, \mathfrak{F}, P)$ である．

(2)　T_1 は最初に定めた $0 < T_1 < \cdots < T_N \leq T$ に含まれる T_1 である．

(3)　$(W(t))_{0 \leq t < \infty}$，$(\mathfrak{F}_t)_{0 \leq t < \infty}$ は L の構成要素である $(W(t))_{0 \leq t < \infty}$，$(\mathfrak{F}_t)_{0 \leq t < \infty}$ である．

(4)　$(r(t))_{0 \leq t \leq T_1}$ は L の構成要素である $(r(t))_{0 \leq t \leq T}$ を $[0, T_1]$ 上に制限した確率過程である．

(5)　$(b(t))_{0 \leq t \leq T_1} = ((b_1(t), \cdots, b_N(t))')_{0 \leq t \leq T_1}$，$(\delta(t))_{0 \leq t \leq T_1} = ((\delta_1(t), \cdots, \delta_N(t))')_{0 \leq t \leq T_1}$，$(\sigma(t))_{0 \leq t \leq T_1} = ((\sigma_{ij}(t))_{1 \leq i, j \leq N})_{0 \leq t \leq T_1}$ は，次のように定義された $[0, T_1]$ 上の確率過程である．

$$b_i(t) = r(t) + \langle \sigma^{T_i}(t), \mathrm{q}(t) \rangle \quad (1 \leq i \leq N)$$
$$\delta_i(t) = 0 \quad (1 \leq i \leq N)$$
$$\sigma_{ij}(t) = \sigma_j^{T_i}(t) \quad (1 \leq i, j \leq N)$$

(6)　$(B(t))_{0 \leq t \leq T_1}$ は L の構成要素である $(B(t))_{0 \leq t \leq T}$ を $[0, T_1]$ 上に制限した確率過程である．

(7)　$(S_1(t))_{0 \leq t \leq T_1}, \cdots, (S_N(t))_{0 \leq t \leq T_1}$ は次のように定義された $[0, T_1]$ 上の確率過程である．

$$S_1(t) = B(t, T_1),\ S_2(t) = B(t, T_2), \cdots\cdots, S_N(t) = B(t, T_N)$$

(8)　$\tilde{S}$ は N 次元ベクトル $(B(0, T_1), \cdots\cdots, B(0, T_N))'$ である．

(9-10)　$M_{T_1, \cdots, T_N}$ は証券価格のモデルである．

【証明】

$M_{T_1, \cdots, T_N}$ が (6-3) (1)〜(8)を満たすことを示す．

前記の(1)〜(8)と (6-3) (1)〜(8)を比較すると，次の点を証明すれば十分である．

・ $b_i(t) = r(t) + \langle \sigma^{T_i}(t), q(t) \rangle$, $\delta_i(t) = 0$，$\sigma_{ij}(t) = \sigma_j^{T_i}(t)$, $S_i(t) = B(t, T_i)$ で定義された確率過程について次の(i)〜(iii)が成り立つ．

(i)　$(b(t))_{0 \leq t \leq T_1}, (\delta(t))_{0 \leq t \leq T_1}, (\sigma(t))_{0 \leq t \leq T_1}$ は $(\mathfrak{F}_t)_{0 \leq t \leq T_1}$ に関して発展的可測である．

(ii)　$\displaystyle\int_0^{T_1} \{\| b(t) \| + \| \delta(t) \| + \sum_{i,j=1}^{N} | \sigma_{ij}(t) |^2\} dt < \infty \quad (a.\ e.)$

(iii)　$\displaystyle dS_i(t) = S_i(t)[b_i(t)dt + \sum_{j=1}^{N} \sigma_{ij}(t) dW_j(t)] \quad (1 \leq i \leq N)$

(i)は $(r(t))_{0 \leq t \leq T_1}, (q(t))_{0 \leq t \leq T_1}, (\sigma^{T_i}(t))_{0 \leq t \leq T_1} (1 \leq i \leq N)$ がすべて $(\mathfrak{F}_t)_{0 \leq t \leq T_1}$ に関して発展的可測であることから分かる．

(ii)は $(r(t))_{0 \leq t \leq T_1}$ に関する (9-6) (5)，$(q(t))_{0 \leq t \leq T_1}$ に関する (9-8) (2)，

$(\sigma^{T_i}(t))_{0\leq t\leq T_1}$ $(1\leq i\leq N)$ に関する(9-9)(2)より分かる．

(iii)は $(B(t,T_i))_{0\leq t\leq T_1}$ に関する(9-9)(3)より明らかである．

従って $M_{T_1,\cdots,T_N}$ は(6-3)(1)〜(8)を満たす証券価格のモデルである．■

次に $M_{T_1,\cdots,T_N}$ が標準的となる条件を求めよう．また $M_{T_1,\cdots,T_N}$ が標準的である場合には，$M_{T_1,\cdots,T_N}$ に関するマルチンゲール測度が(9-6)(8)を満たす確率測度 P^* となることを示そう．

(9-11)　$M_{T_1,\cdots,T_N}$ の要素である $\boldsymbol{\sigma}(t)=(\sigma_{ij}(t))_{1\leq i,j\leq N}=(\sigma_j^{T_i}(t))_{1\leq i,j\leq N}$ が $[0,T_1]\times\Omega$ 上で $\boldsymbol{\lambda}\otimes P$ に関してほとんど至る所で逆行列を持つとする．

この時には，

(1)　$M_{T_1,\cdots,T_N}$ は標準的である．

(2)　$M_{T_1,\cdots,T_N}$ のマルチンゲール測度 P_0 は，L の構成要素である確率測度 P^* と $\mathfrak{F}_{T_1}$ 上で一致する．即ち $A\in\mathfrak{F}_{T_1}$ ならば $P_0(A)=P^*(A)$ である．

【証明】

(1)　$M_{T_1,\cdots,T_N}$ が標準的であることを示すため，$M_{T_1,\cdots,T_N}$ について(6-15)(1)〜(3)を確認する．

(6-15)(1)はここでの仮定そのものである．

(6-15)(2)(3)が成り立つことは $M_{T_1,\cdots,T_N}$ について $\boldsymbol{\sigma}^{-1}(t)[b(t)+\delta(t)-r(t)\boldsymbol{e}_N]$ を計算することにより分かる．

まず $b_i(t)=r(t)+\langle\boldsymbol{\sigma}^{T_i}(t),q(t)\rangle$, $\delta_i(t)=0$, $\sigma_{ij}(t)=\sigma_j^{T_i}(t)$ だから $[b(t)+\delta(t)-r(t)\boldsymbol{e}_N]=\boldsymbol{\sigma}(t)q(t)$ が成り立つ．

仮定により $\boldsymbol{\sigma}^{-1}(t)$ が存在するから $q(t)=\boldsymbol{\sigma}^{-1}(t)[b(t)+\delta(t)-r(t)\boldsymbol{e}_N]$ である．

$q(t)$ については(9-8)より $\int_0^{T_1}\|q(t)\|^2dt<\infty$ $(a.e.)$ であり，$(\Lambda^q(t))_{0\leq t\leq T_1}$ は P に関するマルチンゲールである．

従って $M_{T_1,\cdots,T_N}$ について(6-15)(2)(3)が成り立つ．

(2)　$M_{T_1,\cdots,T_N}$ のマルチンゲール測度 P_0 が，L の構成要素である確率測度 P^* に $\mathfrak{F}_{T_1}$ 上で等しくなることを示す．

まず(1)の証明より $\dfrac{dP_0}{dP}=\Lambda^q(T_1)$ である．

他方で(9-8)(3)より $\dfrac{dP^*}{dP}=\Lambda^q(T)$ である．

また $\Lambda^q(t)$ は $[0,T]$ 上で P に関するマルチンゲールである．

従って $A\in\mathfrak{F}_{T_1}$ であれば $P_0(A)=\int_A\Lambda^q(T_1)P(dw)=\int_A\Lambda^q(T)P(dw)=P^*(A)$ となる．■

(9-11)の条件が満たされ $[0,T_1]\times\Omega$ 上のほとんど至る所で $(\sigma_j^{T_i}(t))_{1\leq i,j\leq N}$ に逆

行列が存在するとしよう．

この時には $M_{T_1,\cdots,T_N}$ が標準的であるから，証券市場 $[M_{T_1,\cdots,T_N}]$ における条件付請求権の価格について第6章(6-27)と補論(6-30)の結果を適用してよい．

U は $0 \leq U \leq T_1$ を満たす実数とし，Y は $\mathfrak{F}_U$ 可測な確率変数としよう．証券市場 $[M_{T_1,\cdots,T_N}]$ では，時刻 U に金額 Y を受取る条件付請求権の価格は，時刻 t に，$B(t)\mathrm{E}_{P_0}\left[\frac{Y}{B(U)}\middle|\mathfrak{F}_T\right]$ となる．ここで P_0 は $M_{T_1,\cdots,T_N}$ のマルチンゲール測度である．

ところで(9-11)(2)によれば P_0 は$\mathfrak{F}_{T_1}$上で P^* と一致する．また $0 \leq U \leq T_1$ で，$\frac{Y}{B(U)}$ は $\mathfrak{F}_U$ 可測である．従って $B(t)\mathrm{E}_{P_0}\left[\frac{Y}{B(U)}\middle|\mathfrak{F}_t\right] = B(t)\mathrm{E}_{P^*}\left[\frac{Y}{B(U)}\middle|\mathfrak{F}_t\right]$ である．

以上から証券市場 $[M_{T_1,\cdots,T_N}]$ では条件付請求権 Y の価格は，時刻 t に $B(t)\mathrm{E}_{P^*}\left[\frac{Y}{B(U)}\middle|\mathfrak{F}_t\right]$ となる．

$[M_{T_1,\cdots,T_N}]$ の作り方を見れば，$[M_{T_1,\cdots,T_N}]$ は時刻0から T_1 の間，証券 B と割引債 $B_{T_1}, B_{T_2}, \cdots, B_{T_N}$ が連続的に取引される市場である．従って $[M_{T_1,\cdots,T_N}]$ は割引債市場 $[L]$ の取引に含まれている．

このことから割引債市場 $[L]$ においても，条件付請求権 Y の価格が $B(t)\mathrm{E}_{P^*}\left[\frac{Y}{B(U)}\middle|\mathfrak{F}_t\right]$ となることが分かる．

7　$\sigma(t)$ とその逆行列

前節から分かるように，割引債価格のモデル L が与えられた場合には，$[0, T_1]\times\Omega$ 上のほとんど至る所で $\boldsymbol{\sigma}(t)$ の逆行列が存在するかどうかを判定する必要が生じる．

(1)　そのためには $\boldsymbol{\sigma}(t)$ を構成する $\boldsymbol{\sigma}^{T_1}(t), \boldsymbol{\sigma}^{T_2}(t), \cdots \boldsymbol{\sigma}^{T_N}(t)$ を具体的に求めなくてはならない．これらの $\boldsymbol{\sigma}^{T_i}(t)$ は $B(t, T_i)$ が満足する方程式(9-9)(3)の係数であるから，$\boldsymbol{\sigma}^{T_i}(t)$ を知るためには，$B(t, T_i)$ が満たす確率微分方程式を知る必要がある．

一般的にいえば割引債価格のモデル L を与えただけでは $B(t, T_i)$ が満たす確率微分方程式を知ることはできない．

しかしながら後の章で扱う個々のモデルの場合には，モデルが確率微分方程式に基づいて構成されているため，これらの方程式を用いて $B(t, s)$ が満たす方程式を導くことができる．即ち具体的な $b(t, s)$ によって $dB(t, s)=B(t, s)[r(t)dt+\langle b(t, s), dW^*(t)\rangle]$ となることが示されるのである．

他方で $dW^*(t)=q(t)dt+dW(t)$ に注意して (9-9) (3)を書直すと $dB(t, s)=B(t, s)[r(t)dt+\langle \sigma^s(t), dW^*(t)\rangle]$ を得る．

従って2つの方程式を比較することにより $\sigma^s(t)=b(t, s)$ であることが分かる．

(2)　$\sigma(t)$ の具体的な形が分かったら次に $[0, T_1]\times\Omega$ 上のほとんど至る所で $\sigma^{-1}(t)$ が存在することを確認しなくてはならない．これは個別のモデル毎に工夫を必要とする．後に第10章で具体例を示そう．

8　オプションの価格

割引債価格のモデル L と割引債の市場 $[L]$ を前提に議論を進める．

割引債の価格が定まるとそれに対応して各種の利子率が定まるから，割引債の価格が変動すればそれに対応して各種の利子率も変動する．従って割引債の先渡し，先物，オプションなどの取引は金利の変動に伴うリスクをヘッジするための有力な手段となる．この節では割引債のオプションの価格について検討しよう．

S を満期とする割引債 B_S のコール・オプションを考える．このコール・オプションの権利の行使時期は U，権利の行使価格は K であるとする．前節の結果によれば，適当な条件の下ではこのコール・オプションの価格は時刻 t に $V(t)=B(t)\mathrm{E}_{P^*}\left[\dfrac{(B(U, S)-K)^+}{B(U)}\middle|\mathfrak{F}_t\right]$ となる．

一般的に言えば割引債価格のモデル L を与えただけでは $V(t)$ を計算することはできない．そこで以下では追加的な仮定を置いたうえで確率測度の変換の手法を用いて $V(t)$ を計算してみることとしよう．

以下では次の仮定を置く．

(9-12)

(1)　L は割引債価格のモデルである．

(2)　割引債 B_S $(0\leq s\leq T)$ の価格 $B(t, s)$ $(0\leq t\leq s)$ は $dB(t, s)=B(t, s)[r(t)dt+\langle b(t, s), dW^*(t)\rangle]$ を満たす．

(3)　s $(0 \leq s \leq T)$ に対して定まる N 次元の確率過程 $(b(t, s))_{0\leq t\leq s} = ((b_1(t, s), \cdots, b_N(t, s))')_{0\leq t\leq s}$ は次の性質を満たす．

- $(b_1(t, s), \cdots, b_N(t, s))'$ は ω に依存しない t だけの函数である．
- $[0, s]$ 上で定義された t の函数．
  $b(t, s) = (b_1(t, s), \cdots, b_N(t, s))'$ は有界である．

(4)　適当な実数 $0 < T_1 < T_2 \cdots < T_N \leq T$ が存在して，$[0, T_1]$ 上のほとんど至る所で，$b_j(t, T_i)$ を (i, j) 要素とする行列 $(b_j(t, T_i))_{1\leq i, j\leq N}$ に逆行列が存在する．

(2)から $\sigma^s(t) = b(t, s)$ であることが分かる．従って L に基づいて証券価格のモデル $M_{T_1, \cdots, T_N}$ を作ると $\sigma(t) = (b_j(t, T_i))_{1\leq i, j\leq N}$ となる．この事実と(4)から $[0, T_1] \times \Omega$ 上のほとんど至る所で $\sigma^{-1}(t)$ が存在することが分かる．

このように $M_{T_1, \cdots, T_N}$ が (9-11) の条件を満たすからコール・オプション $(B(U, S) - K)^+$ の価格は時刻 t に $V(t) = B(t)\mathrm{E}_{P^*}\left[\dfrac{(B(U, S) - K)^+}{B(U)}\middle|\mathfrak{F}_t\right]$ となる（ただし $0 \leq U \leq T_1$ であるとする）．

この $V(t)$ を求めてみよう．

(9-13)

$$B(t, S) = B(0, S)B(t)\exp\left[\int_0^t \langle b(v, S), dW^*(v)\rangle - \frac{1}{2}\int_0^t \| b(v, S)\|^2 dv\right]$$

【証明】

$dB(t, S) = B(t, S)[r(t)dt + \langle b(t, S), dW^*(t)\rangle\ ]$ と (5-46) より

$$B(t, S) = B(0, S)\exp\left[\int_0^t r(v)dv + \int_0^t \langle b(v, S), dW^*(v)\rangle - \frac{1}{2}\int_0^t \| b(v, S)\|^2 dv\right]$$

を得るからこれを $B(t) = \exp\int_0^t r(v)dv$ を用いて書直せばよい．■

(9-14)

$$X = \exp\left[\int_0^U \langle b(v, S),\ dW^*(v)\rangle - \frac{1}{2}\int_0^U \| b(v, S)\|^2\ dv\right]$$

$$Y = \exp\left[\int_0^U \langle b(v, U), dW^*(v)\rangle - \frac{1}{2}\int_0^U \| b(v, U)\|^2 dv\right]$$

とする．

$V(t) = B(t)\mathrm{E}_{P^*}[(B(0, S)X - KB(0, U)Y)^+ | \mathfrak{F}_t]$ である．

【証明】

(9-13) より $B(U, S) = B(0, S)B(U)X$ だから $\dfrac{B(U, S)}{B(U)} = B(0, S)X$

(9-13) より $B(U, U) = B(0, U)B(U)Y = 1$ だから $\dfrac{1}{B(U)} = B(0, U)Y$

この2つの等式を用いて $V(t)$ を書直せば証明すべき結果を得る．■

前記の Y について次の命題が成り立つ.

(9-15)

(1) $(\Omega, \mathfrak{F}_U)$ 上の確率測度 P_U を $\dfrac{dP_U}{dP^*}=Y$ となるように定めることができる.

(2) $W^U(t)=W^*(t)-\int_0^t b(v, U)dv$ とすると $W^U(t)$ は $(\Omega, \mathfrak{F}_U, P_U)$ 上のブラウン運動である.

(3) 任意の確率変数 C に対し $\mathrm{E}_{P^*}[CY|\mathfrak{F}_t]=\dfrac{B(t, U)}{B(0, U)B(t)}\mathrm{E}_{P_U}[C|\mathfrak{F}_t]$

【証明】

$Y\geq 0$ だから(1)を示すには $\mathrm{E}_{P^*}[Y]=1$ となることを示せばよい.

仮定により $b(v, U)$ は ω に依存せず $[0, U]$ 上で $b(v, U)$ は有界である. 従って Novikov の条件 $\mathrm{E}_{P^*}\left[\exp\left(\dfrac{1}{2}\int_0^U\|b(v, U)\|^2 dv\right)\right]<\infty$ が成立し

$$Z(t)=\exp\left[\int_0^t\langle b(v, U), dW^*(v)\rangle-\frac{1}{2}\int_0^t\|b(v, U)\|^2 dv\right]$$

は P^* に関するマルチンゲールである.

$Y=Z(U)$ だから $\mathrm{E}_{P^*}[Y]=\mathrm{E}_{P^*}[Z(U)]=\mathrm{E}_{P^*}[Z(0)]=1$ を得る.

(2) は $\dfrac{dP^*}{dP}=\Lambda^q(T)$, $\dfrac{dP_U}{dP^*}=Y$, および, $W^*(t)=W(t)+\int_0^t q(s)ds$ と Girsanov の定理より得られる.

(3)を示そう.

(5-8) によれば $\dfrac{\mathrm{E}_{P^*}[CY|\mathfrak{F}_t]}{\mathrm{E}_{P^*}[Y|\mathfrak{F}_t]}=\mathrm{E}_{P_U}[C|\mathfrak{F}_t]$ である.

従って

$$\begin{aligned}\mathrm{E}_{P^*}[CY|\mathfrak{F}_t]&=\mathrm{E}_{P^*}[Y|\mathfrak{F}_t]\mathrm{E}_{P_U}[C|\mathfrak{F}_t]\\&=\mathrm{E}_{P^*}[Z(U)|\mathfrak{F}_t]\mathrm{E}_{P_U}[C|\mathfrak{F}_t]=Z(t)\mathrm{E}_{P_U}[C|\mathfrak{F}_t]\end{aligned}$$

他方で $Z(t)$ の定め方と (9-13) より $B(t, U)=B(0, U)B(t)Z(t)$ となるから2つの等式より結論を得る. ■

(9-16)

(1) $V(t)=B(t, U)\mathrm{E}_{P_U}\left[\left(\dfrac{B(0, S)}{B(0, U)}\dfrac{X}{Y}-K\right)^+\middle|\mathfrak{F}_t\right]$

(2) $\dfrac{X}{Y}=\exp\left[\int_0^U\langle\alpha(v), dW^U(v)\rangle-\dfrac{1}{2}\int_0^U\|\alpha(v)\|^2 dv\right]$

ただし $\alpha(v)=b(v, S)-b(v, U)$ $(0\leq v\leq U)$ である.

【証明】

(1) (9-14) の $V(t)$ を (9-15) (3)を用いて変形すると

$$\begin{aligned}V(t)&=B(t)\mathrm{E}_{P^*}[(B(0, S)X-KB(0, U)Y)^+|\mathfrak{F}_t]\\&=B(t)\frac{B(t, U)}{B(0, U)B(t)}\mathrm{E}_{P_U}\left[\left(B(0, S)\frac{X}{Y}-KB(0, U)\right)^+\middle|\mathfrak{F}_t\right]\end{aligned}$$

$$=B(t, U)\mathrm{E}_{P_U}\left[\left(\frac{B(0, S)}{B(0, U)}\frac{X}{Y}-K\right)^+\middle|\mathfrak{F}_t\right]$$

(2)　X，Y の定め方より

$$\frac{X}{Y}=\exp\left[\int_0^U\langle b(v, S)-b(v, U), dW^*(v)\rangle-\frac{1}{2}\int_0^U(\|b(v, S)\|^2-\|b(v, U)\|^2)dv\right]$$

これを $dW^U(v)=dW^*(v)-b(v, U)dv$ と $\alpha(v)=b(v, S)-b(v, U)$ を用いて書直せば証明すべき結果を得る．■

(9-16) を用いるとブラック・ショールズの公式と全く同じようにして $V(t)$ を求めることができる．

$$D=\exp\left[\int_0^t\langle\alpha(v), dW^U(v)\rangle-\frac{1}{2}\int_0^t\|\alpha(v)\|^2dv\right]$$

$$E=\int_t^U\langle\alpha(v), dW^U(v)\rangle-\frac{1}{2}\int_t^U\|\alpha(v)\|^2dv$$

としよう．

(9-16)(1)より $V(t)=B(t, U)\mathrm{E}_{P_U}\left[\left(\frac{B(0, S)}{B(0, U)}De^E-K\right)^+\middle|\mathfrak{F}_t\right]$ である．

右辺第 2 項を見ると D は $\mathfrak{F}_t$ 可測であり，e^E は $\mathfrak{F}_t$ と独立である（e^E が $\mathfrak{F}_t$ と独立なのは，$\alpha(v)=b(v, S)-b(v, U)$ が ω によらない v だけの函数であるために $\mathrm{E}=\int_t^U\langle\alpha(v), dW^U(v)\rangle-\frac{1}{2}\int_t^U\|\alpha(v)\|^2dv$ と $\mathfrak{F}_t$ が独立になるからである）．

従って右辺第 2 項は (7-4) の仮定を満たすから $\mu(x)=\mathrm{E}_{P_U}[(xe^E-K)^+]$ とすると，右辺第 2 項は $\mu\left(\frac{B(0, S)}{B(0, U)}D\right)$ に等しい．

これより

(9-17)　$V(t)=B(t, U)\mu\left(\frac{B(0, S)}{B(0, U)}D\right)$ である．

この $\mu(x)=\mathrm{E}_{P_U}[(xe^E-K)^+]$ は次の事実を用いて計算することができる．

・$\alpha(v)$ は ω に依存しない v だけの函数でかつ有界だから $\mathrm{E}=\int_t^U\langle\alpha(v), dW^U(v)\rangle-\frac{1}{2}\int_t^U\|\alpha(v)\|^2dv$ の分布は正規分布である．

・E の平均値は $-\frac{1}{2}\int_t^U\|\alpha(v)\|^2dv$，分散は $\int_t^U\|\alpha(v)\|^2dv$ である．

(7-3) と同じように計算すれば

(9-18)

$$\mu(x)=x\Phi\left(\frac{\log\frac{x}{K}+\frac{1}{2}\int_t^U\|\alpha(v)\|^2dv}{\sqrt{\int_t^U\|\alpha(v)\|^2dv}}\right)-K\Phi\left(\frac{\log\frac{x}{K}-\frac{1}{2}\int_t^U\|\alpha(v)\|^2dv}{\sqrt{\int_t^U\|\alpha(v)\|^2dv}}\right)$$

(9-17) (9-18) および $\dfrac{B(0,\ S)}{B(0,\ U)}D=\dfrac{B(t,\ S)}{B(t,\ U)}$ から

$$\textbf{(9-19)}\quad V(t)=B(t,S)\Phi\left(\frac{\log\frac{1}{K}\frac{B(t,\ S)}{B(t,\ U)}+\frac{1}{2}\int_t^U\|\alpha(v)\|^2\,dv}{\sqrt{\int_t^U\|\alpha(v)\|^2\,dv}}\right)$$

$$-KB(t,\ U)\Phi\left(\frac{\log\frac{1}{K}\frac{B(t,\ S)}{B(t,\ U)}-\frac{1}{2}\int_t^U\|\alpha(v)\|^2\,dv}{\sqrt{\int_t^U\|\alpha(v)\|^2\,dv}}\right)$$

ここで $\alpha(v)=b(v,S)-b(v,\ U)$ である．

第 10 章
割引債価格のモデルの具体例

1 Hull-White モデル

$H=((\Omega, \mathfrak{F}, P), T, (W(t))_{0\le t<\infty}, (\mathfrak{F}_t)_{0\le t<\infty}, (r(t))_{0\le t\le T}, (B(t))_{0\le t\le T}, [B(t,s)]_{0\le t\le s\le T}, P^*)$ を以下の条件を満たす要素の組合せとする.

(1) $(\Omega, \mathfrak{F}, P)$ は基礎となる完備な確率空間である.

(2) T は正の実数である.

(3) $W=(W(t))_{0\le t<\infty}$ は $(\Omega, \mathfrak{F}, P)$ 上の一次元のブラウン運動である.

(4) $(\mathfrak{F}_t)_{0\le t<\infty}$ は W に関する自然なフィルトレーションである.
　また $\mathfrak{F}_t$ $(0\le t\le T)$ は時刻 t における情報を表わすとする.

(5) P^* は，確率過程 $q=(q(t))_{0\le t\le T}$ から，$\dfrac{dP^*}{dP}=\Lambda^q(\mathrm{T})$ によって定まる P と同値な確率測度である.

(6) $W^*=(W^*(t))_{0\le t\le T}$ は $W^*(t)=W(t)+\int_0^t q(u)du$ を満たす $(\Omega, \mathfrak{F}_T, P^*)$ 上のブラウン運動である.

(7) $(r(t))_{0\le t\le T}$ は $dr(t)=(a(t)-b(t)r(t))dt+\sigma(t)dW^*(t)$ を満たす確率過程である.
　ただし，$a(t)$，$b(t)$，$\sigma(t)$ はいずれも ω に依存しない t だけの函数で $[0, T]$ 上で有界とする.
　また $[0, T]$ で $\sigma(t)\neq 0$ とする.

(8) $(B(t))_{0\le t\le T}$ は $B(t)=\exp\int_0^t r(u)du$ によって定まる確率過程である.

(9) $[B(t,s)]_{0\le t\le s\le T}$ は $B(t,s)=B(t)\mathrm{E}_{P^*}\left[\exp\left[-\int_0^s r(u)du\right]\middle|\mathfrak{F}_t\right]$ によって定まる確率変数の集合である.

(10-1)

(1)　$r_0 = r(0)$　$g(t) = \int_0^t b(u)du$ とすると

$r(t) = e^{-g(t)}\left(r_0 + \int_0^t e^{g(u)}a(u)du + \int_0^t e^{g(u)}\sigma(u)dW^*(u)\right)$ である．

(2)　$r(t)$ の分布は正規分布である．

【証明】

(1)　$dr(t) = (a(t) - b(t)r(t))dt + \sigma(t)dW^*(t)$ と $g(t) = \int_0^t b(u)du$ から $d(e^{g(t)} r(t)) = e^{g(t)}(a(t)dt + \sigma(t)dW^*(t))$ である．これより証明すべき等式を得る．

(2)　$r(t)$ を表わす等式の右辺に表われる $\int_0^t e^{g(u)}\sigma(u)dW^*(u)$ は $(W^*(t))_{0 \leq t \leq T}$ から作られる一次式の確率収束極限だから正規分布に従う．■

この命題を用いて H が割引債価格のモデルであることを示そう．

割引債価格のモデルの定義である (9-6) (1)～(8)と前記の(1)～(9)を比べると次の2点が成立すれば H は割引債価格のモデルとなる．

- $\int_0^T |r(u)|du < \infty$ (a. e.)
- すべての s $(0 \leq s \leq T)$ について $E_{P^*}\left[\exp\left[-\int_0^s r(u)du\right]\right] < \infty$

(10-1) (1)から $r(t)$ は連続だから $\int_0^T |r(u)|du < \infty$ (a. e.) となる．

(10-1) (2)から $r(t)$ は正規分布に従うから，$\int_0^s r(u)du$ も $r(t)$ の一次式の確率収束極限として正規分布に従う．また一般に X が正規分布 $N(m, v)$ に従えば $E_{P^*}[e^X] = e^{m+\frac{v}{2}} < \infty$ である．従って $E_{P^*}\left[\exp\left[-\int_0^s r(u)du\right]\right] < \infty$ となる．

以上によって H が割引債価格のモデルであることが分かる．

注意すべきは短期利子率 $r(t)$ が正規分布に従うため $P^*(\{\omega : r(t) < 0\}) > 0$ となることである．この点はモデル H の欠点である（第6章補論参照）．

2　割引債の価格

$B(t, s)$ を求めてみよう．まず $B(t, s) = B(t)E_{P^*}\left[\exp\left[-\int_0^s r(u)du\right]\middle|\mathfrak{F}_t\right] = E_{P^*}\left[\exp\left[-\int_t^s r(u)du\right]\middle|\mathfrak{F}_t\right]$ である．

そこで $\int_t^s r(u)du$ を求めてみよう．

(10-2)　$h(t, s) = \int_t^s e^{-g(v)}dv$ とする．

$$\int_t^s r(v)dv = h(t,s)e^{g(t)}r(t) + \int_t^s h(u,s)e^{g(u)}a(u)du$$
$$+ \int_t^s h(u,s)e^{g(u)}\sigma(u)dW^*(u) \text{ である.}$$

【証明】

(10-1) (1)から

$$r(v) = e^{-g(v)}e^{g(t)}r(t) + e^{-g(v)}\int_t^v e^{g(u)}a(u)du + e^{-g(v)}\int_t^v e^{g(u)}\sigma(u)dW^*(u)$$

従って $\int_t^s r(v)dv = e^{g(t)}r(t)\int_t^s e^{-g(v)}dv + \int_t^s e^{-g(v)}\int_t^v e^{g(u)}a(u)dudv$

$$+ \int_t^s e^{-g(v)}\int_t^v e^{g(u)}\sigma(u)dW^*(u)dv$$

右辺第 2 項に Fubini の定理を適用し，第 3 項に確率積分に関する Fubini の定理を適用すると

$$\int_t^s r(v)dv = e^{g(t)}r(t)\int_t^s e^{-g(v)}dv + \int_t^s\int_u^s e^{-g(v)}e^{g(u)}a(u)dvdu$$
$$+ \int_t^s\int_u^s e^{-g(v)}e^{g(u)}\sigma(u)dvdW^*(u)$$ 注1)

$h(t,s) = \int_t^s e^{-g(v)}dv$ を用いて書直すと

$$\int_t^s r(v)dv = h(t,s)e^{g(t)}r(t) + \int_t^s h(u,s)e^{g(u)}a(u)du$$
$$+ \int_t^s h(u,s)e^{g(u)}\sigma(u)dW^*(u) \blacksquare$$

(10-2) を用いて $B(t,s)$ を求めよう．

まず $a(t), b(t), \sigma(t)$ が ω に依存しない t だけの函数だから $g(t), h(t,s)$ も ω に依存しない函数であることに注意しておく．

$Y = h(t,s)e^{g(t)}r(t) + \int_t^s h(u,s)e^{g(u)}a(u)du$，$Z = \int_t^s h(u,s)e^{g(u)}\sigma(u)dW^*(u)$ としよう．

$\int_t^s r(v)dv = Y + Z$ だから $B(t,s) = \mathrm{E}_{P^*}[e^{-Y}\cdot e^{-Z}|\mathfrak{F}_t]$ である．

この式の右辺を見ると e^{-Y} は $\mathfrak{F}_t$ 可測である．これは Y が $\mathfrak{F}_t$ 可測な確率変数 $r(t)$ の一次式だからである．

また e^{-Z} は $\mathfrak{F}_t$ と独立である．これは Z が $(W^*(u) - W^*(t))_{t\le u\le s}$ の一次式の確率収束極限として $\mathfrak{F}_t$ と独立だからである．

従って右辺は (7-4) の仮定を満たすから，$\mu(x) = \mathrm{E}_{P^*}[xe^{-Z}]$ とすると，右辺は $\mu(e^{-Y})$ に等しい．

これより $B(t,s) = \mu(e^{-Y})$ である．

$\mu(x) = \mathrm{E}_{P^*}[x\cdot e^{-Z}] = x\cdot\mathrm{E}_{P^*}[e^{-Z}]$ を求めよう．$-Z$ は正規分布に従うから $-Z$ の平均値を m 分散を v とすれば $\mathrm{E}_{P^*}[e^{-Z}] = e^{m+\frac{v}{2}}$ である．

$m = 0$ は明らかである．

v を計算しよう．

$$v=\mathrm{E}_{P^*}[Z^2]=\int_\Omega\left[\int_t^s h(u,s)e^{g(u)}\sigma(u)dW^*(u)\right]^2 P^*(d\omega)$$
$$=\int_t^s h^2(u,s)e^{2g(u)}\sigma^2(u)du$$

である．

これより $\mu(x)=x\exp\left[\frac{1}{2}\int_t^s h^2(u,s)e^{2g(u)}\sigma^2(u)du\right]$

従って

$$B(t,s)=\mu(e^{-Y})$$
$$=\exp\left[-h(t,s)e^{g(t)}r(t)-\int_t^s h(u,s)e^{g(u)}a(u)du+\frac{1}{2}\int_t^s h^2(u,s)e^{2g(u)}\sigma^2(u)du\right]$$

$l(t,s)=h(t,s)e^{g(t)}$，$m(t,s)=\int_t^s h(u,s)e^{g(u)}a(u)du-\frac{1}{2}\int_t^s h^2(u,s)e^{2g(u)}\sigma^2(u)du$

と置いて

(10-3)　$B(t,s)=e^{-l(t,s)r(t)-m(t,s)}$ を得る．

3　割引債市場 $[H]$ での条件付請求権の価格

(10-3) に伊藤の公式を適用し，$dr(t)=(a(t)-b(t)r(t))dt+\sigma(t)dW^*(t)$ を用いて整理すると次の式を得る．

(10-4)　$\frac{dB(t,s)}{B(t,s)}=\left\{-l_t(t,s)r(t)-l(t,s)(a(t)-b(t)r(t))-m_t(t,s)+\frac{1}{2}l^2(t,s)\sigma^2(t)\right\}dt-l(t,s)\sigma(t)dW^*(t)$

他方で割引債価格のモデル H から (9-9) に従って $\sigma^s=(\sigma^s(t))_{0\le t\le s}$ を定めると $\frac{dB(t,s)}{B(t,s)}=r(t)dt+\sigma^s(t)dW^*(t)$ となるから，この方程式と (10-4) を比較して $\sigma^s(t)=-l(t,s)\sigma(t)$ を得る．

特に $s=T$ として $\sigma^T(t)=-l(t,T)\sigma(t)$ である．

ここで $l(t,T)=h(t,T)e^{g(t)}=\int_t^T e^{-g(v)}dv\cdot e^{g(t)}\neq 0$ であり，また仮定により $\sigma(t)\neq 0$ である．従って $[0,T]$ 上で $\sigma^T(t)\neq 0$ である．

従って H に基づいて証券価格のモデル M_T を構成すると M_T は (9-11) の条件を満たす．

従って割引債市場 $[H]$ での条件付請求権の価格について前節の (9-11) 以降の議論を適用してよい．

U は $0\le U\le T$ を満たすとし，Y は $\mathfrak{F}_U$ 可測な確率変数であるとしよう．割

引債市場 $[H]$ では，時刻 U に金額 Y を受取る条件付請求権 Y の価格は，時刻 t に $B(t)\mathrm{E}_{P^*}\left[\dfrac{Y}{B(U)}\middle|\mathfrak{F}_t\right]$ となるのである．

4　オプションの価格

S を満期とする割引債 B_s のコール・オプションを考える．このコール・オプションの権利の行使時期は U，権利の行使価格は K であるとする．市場 $[H]$ ではこのコール・オプションの価格は時刻 t に

$V(t)=B(t)\mathrm{E}_{P^*}\left[\dfrac{(B(U,S)-K)^+}{B(U)}\middle|\mathfrak{F}_t\right]$ である．

次の点に注意すると，この $V(t)$ は第 9 章第 8 節の方法に従って計算できることが分かる（(9-12) (2)(3)参照）．

- H については $\sigma^s(t)=-l(t,s)\sigma(t)$ であることが分かっているから $dB(t,s)=B(t,s)[r(t)dt-l(t,s)\sigma(t)dW^*(t)]$ である．
- $a(t), b(t), \sigma(t)$ に関する仮定から $-l(t,s)\sigma(t)$ は ω に依存しない t だけの函数で，t の函数として有界である．
- $0\leq t\leq T$ で $-l(t,T)\sigma(t)\neq 0$ である．

従って (9-19) により

$$V(t)=B(t,S)\Phi\left(\frac{\log\dfrac{1}{K}\dfrac{B(t,S)}{B(t,U)}+\dfrac{1}{2}\displaystyle\int_t^U\|\alpha(v)\|^2dv}{\sqrt{\displaystyle\int_t^U\|\alpha(v)\|^2dv}}\right)$$
$$-KB(t,U)\Phi\left(\frac{\log\dfrac{1}{K}\dfrac{B(t,S)}{B(t,U)}-\dfrac{1}{2}\displaystyle\int_t^U\|\alpha(v)\|^2dv}{\sqrt{\displaystyle\int_t^U\|\alpha(v)\|^2dv}}\right)\text{ である．}$$

ただし $\alpha(v)=-l(v,S)\sigma(v)+l(v,U)\sigma(v)$ である．

5　Cox-Ingersoll-Ross モデル

前節の Hull-White モデルでは短期利子率 $r(t)$ は正規分布に従うため正であることは保証されないし，下方に有界ですらない．Cox-Ingersoll-Ross モデルでは $r(t)$ が常に正になるような確率微分方程式を考える．

$C=((\Omega, \mathfrak{F}, P), T, (W(t))_{0\le t<\infty}, (\mathfrak{F}_t)_{0\le t<\infty}, (r(t))_{0\le t\le T}, (B(t))_{0\le t\le T}, [B(t,s)]_{0\le t\le s\le T}, P^*)$ を以下の条件を満たす要素の組合せとする．

(1)　$(\Omega, \mathfrak{F}, P)$ は基礎となる完備な確率空間である．

(2)　T は正の実数である．

(3)　$W=(W(t))_{0\le t<\infty}$ は $(\Omega, \mathfrak{F}, P)$ 上の一次元のブラウン運動である．

(4)　$(\mathfrak{F}_t)_{0\le t<\infty}$ は W に関する自然なフィルトレーションである．
　また $\mathfrak{F}_t$ $(0\le t\le T)$ は時刻 t における情報を表わすとする．

(5)　P^* は確率過程 $q=(q(t))_{0\le t\le T}$ から $\dfrac{dP^*}{dP}=\Lambda^q(T)$ によって定まる P と同値な確率測度である．

(6)　$W^*=(W^*(t))_{0\le t\le T}$ は $W^*(t)=W(t)+\int_0^t q(u)du$ を満たす $(\Omega, \mathfrak{F}_T, P^*)$ 上のブラウン運動である．

(7)　$(r(t))_{0\le t\le T}$ は $dr(t)=(a-br(t))dt+\sigma\sqrt{r(t)}dW^*(t)$，$r(0)=r_0>0$ を満たす確率過程である．
　ただし a，b，σ は定数であり，$a>0$，$b>0$，$\sigma>0$ である．

(8)　$(B(t))_{0\le t\le T}$ は $B(t)=\exp\int_0^t r(u)du$ によって定まる確率過程である．

(9)　$[B(t,s)]_{0\le t\le s\le T}$ は $B(t,s)=B(t)\mathrm{E}_{P^*}\left[\exp\left[-\int_0^s r(u)du\right]\middle|\mathfrak{F}_t\right]$ によって定まる確率変数の集合である．

方程式 $dr(t)=(a-br(t))dt+\sigma\sqrt{r(t)}dW^*(t)$ については次の事実が成り立つ．

(10-5)　任意の $x\ge0$ に対し，$t\ge0$ で定義された確率過程 $(r(t))_{0\le t<\infty}$ で

$$dr(t)=(a-br(t))dt+\sigma\sqrt{r(t)}\,dW^*(t),\quad r(0)=x,\quad r(t)\ge0$$

を満たすものが唯一つ存在する．

　この $r(t)$ を $r(t,x)$ と書く（渡辺（1975）第4章，定理1.1，定理3.1系2，定理7.1参照）．

(10-6)　$(r(t, x))_{0\leq t<\infty}$ は定常マルコフ過程である(渡辺 (1975) 第4章，定理6.1参照).

(10-7)　$a \geq \frac{\sigma^2}{2}$ であれば，すべての $x>0$ に対して，$P^*(\{\omega : r(t, x)>0 \quad 0\leq t<\infty\})=1$ である (Lamberton and Lapeyre (1996), ch.6, Exercise 34 参照).

以下では $a \geq \frac{\sigma^2}{2}$ を仮定する.

ここで C が割引債価格のモデルであることを確かめておこう.

割引債価格のモデルの定義である (9-6) (1)〜(8)と前記の(1)〜(9)を比べると次の2点が成立すれば C は割引債価格のモデルとなる.

・$\int_0^T |r(u)|du<\infty$ (a. e.)

・すべての s ($0\leq s\leq T$) について $\mathrm{E}_{P^*}\left[\exp\left[-\int_0^s r(u)du\right]\right]<\infty$

$r(u)$ が連続であり，かつ $r(u)\geq 0$ だから，この2点が成り立つことは明らかである. 従って C は割引債価格のモデルである.

6　割引債の価格

$B(t, s)$ を求めてみる. まず $B(t, s)=B(t)\mathrm{E}_{P^*}\left[\exp\left[-\int_0^s r(u)du\right]\middle|\mathfrak{F}_t\right]=\mathrm{E}_{P^*}\left[\exp\left[-\int_t^s r(u)du\right]\middle|\mathfrak{F}_t\right]$ である.

(7)を満たす $r(u)$ は正確に書けば $r(u, r_0)$ だから，

(10-8)　$B(t, s)=\mathrm{E}_{P^*}\left[\exp\left[-\int_t^s r(u, r_0)du\right]\middle|\mathfrak{F}_t\right]$ である.

以下ではこの式の右辺を一般的な形で計算する.

(10-9)　集合 $\{(T, x) : T\geq 0, x>0\}$ 上で函数 $v(T, x)$ を $v(T, x)=\mathrm{E}_{P^*}\left[\exp\left[-\int_0^T r(u, x)du\right]\right]$ によって定める.

(1)　$z>0$，$s>0$，$0\leq t\leq s$ を満たす t，z，s に対して $\mathrm{E}_{P^*}\left[\exp\left[-\int_t^s r(u, z)du\right]\middle|\mathfrak{F}_t\right]=v(s-t, r(t, z))$ である.

(2)　$B(t, s)=v(s-t, r(t, r_0))$ である.

【証明】

(1)　$r(t, z)=x$ という条件の下での $\exp\left[-\int_t^s r(u, z)du\right]$ の条件付期待値 $\mathrm{E}_{P^*}\left[\exp\left[-\int_t^s r(u, z)du\right]\middle| r(t, z)=x\right]$ を $\mu(x)$ と書く. $r(u, z)$ はマルコフ過程だから，$\mathrm{E}_{P^*}\left[\exp\left[-\int_t^s r(u, z)du\right]\middle|\mathfrak{F}_t\right]=\mu(r(t, z))$ である.

また $r(u, z)$ は定常性を持つから

$$\mu(x)=\mathrm{E}_{P*}\left[\exp\left[-\int_t^s r(u,z)du\right]\middle| r(t,z)=x\right]$$
$$=\mathrm{E}_{P*}\left[\exp\left[-\int_0^{s-t} r(u,x)du\right]\right]$$

である．これと $v(T,x)$ の定義から $\mu(x)=v(s-t,x)$ を得る．

従って，$\mathrm{E}_{P*}\left[\exp\left[-\int_t^s r(u,z)du\right]\middle|\mathfrak{F}_t\right]=\mu(r(t,z))=v(s-t,r(t,z))$ である．

(2) (1)の結果と (10-8) より $B(t,s)=v(s-t,r(t,r_0))$ である．■

$v(T,x)=\mathrm{E}_{P*}\left[\exp\left[-\int_0^T r(u,x)du\right]\right]$ を偏微分方程式を用いて求めてみよう．

(10-10)　$\{(T,x):T\geq 0, x>0\}$ 上で定義された函数 $F(T,x)$ が次の条件を満たせば

$F(T,x)=\mathrm{E}_{P*}\left[\exp\left[-\int_0^T r(u,x)du\right]\right]$ である．

(1)　$\frac{1}{2}\sigma^2 x\frac{\partial^2 F}{\partial x^2}+(a-bx)\frac{\partial F}{\partial x}-xF-\frac{\partial F}{\partial T}=0$

(2)　$F(0,x)=1$

(3)　すべての $T^*>0$ に対し，$\left\{(T,x):0\leq T\leq T^*, x>0\right\}$ 上で $\frac{\partial F}{\partial x}$ は有界である．

【証明】

$T\geq 0$，$x>0$ となる (T,x) を任意に選ぶ．

確率過程$(X(t))_{0\leq t\leq T}$ を $X(t)=F(T-t,r(t,x))\exp\left[-\int_0^t r(u,x)du\right]$ によって定める．$X(0)=F(T,x)$，$X(T)=\exp\left[-\int_0^T r(u,x)du\right]$ である．従って $(X(t))_{0\leq t\leq T}$ がマルチンゲールであることが示されれば $F(T,x)=\mathrm{E}_{P*}\left[\exp\left[-\int_0^T r(u,x)du\right]\right]$ となる．

伊藤の公式と $dr(t,x)=(a-br(t,x))dt+\sigma\sqrt{r(t,x)}\,dW^*(t)$ から

$$dX(t)=\exp\left[-\int_0^t r(u,x)du\right]\left\{\frac{1}{2}\sigma^2 r(t,x)\frac{\partial^2 F}{\partial x^2}+(a-br(t,x))\frac{\partial F}{\partial x}\right.$$
$$\left.-r(t,x)F-\frac{\partial F}{\partial T}\right\}dt+\exp\left[-\int_0^t r(u,x)du\right]\frac{\partial F}{\partial x}\sigma\sqrt{r(t,x)}\,dW^*(t)$$

仮定(1)より右辺の dt の係数はゼロに等しい．この点に注意して両辺を積分すると

(10-11)　$X(t)=X(0)+\int_0^t Y(s)dW^*(s)$

ただし $Y(s)=\exp\left[-\int_0^s r(u,x)du\right]\frac{\partial F}{\partial x}(T-s,r(s,x))\sigma\sqrt{r(s,x)}$ である．

この $(Y(s))_{0\leq s\leq T}$ は $\mathrm{E}\left[\int_0^T Y^2(s)ds\right]<\infty$ を満たす．理由は次のとおりである．

・ $r(u,x)>0$ より $\exp\left[-\int_0^s r(u,x)du\right]\le 1$

・仮定(3)より，$0\le s\le T$ ならば $\frac{\partial F}{\partial x}(T-s, r(s,x))$ は有界である．

・ $\sup_{0\le s\le T} \mathrm{E}_{P^*}[r(s,x)]<\infty$ である(K and S (91), ch. 5, Problem 3. 15 参照)．

$\mathrm{E}_{P^*}\left[\int_0^T Y^2(s)ds\right]<\infty$ だから (10-11) の両辺はマルチンゲールである．

これより $F(T,x)=X(0)=\mathrm{E}_{P^*}[X(T)]=\mathrm{E}_{P^*}\left[\exp\left[-\int_0^T r(u,x)du\right]\right]$ を得る．

■

(10-10) (1)〜(3)を満たす $F(T,x)$ を求めてみよう．

まず $\{(T,x): T\ge 0, x>0\}$ 上で次の 2 つの条件を満たす $F(T,x)$ を求めよう．

(1)　$\frac{1}{2}\sigma^2 x\frac{\partial^2 F}{\partial x^2}+(a-bx)\frac{\partial F}{\partial x}-xF-\frac{\partial F}{\partial T}=0$

(2)　$F(0,x)=1$

$F(T,x)=e^{-a\alpha(T)-x\beta(T)}$ と置いて(1)(2)を書直すと，

$$\beta'(T)=-\frac{1}{2}\sigma^2\beta^2(T)-b\beta(T)+1 \qquad \beta(0)=0$$
$$\alpha'(T)=\beta(T),\ \ \alpha(0)=0^{\text{注2)}}$$

$\beta(T)$ に関する方程式はいわゆる Riccatti の方程式である．Riccatti の方程式は一般的には積分できないが，ここで扱っている $\beta(T)$ の方程式は定数係数であるために解が求まる（補論 1 参照)．

$$\beta(T)=\frac{2(e^{uT}-1)}{(u-b)+(u+b)e^{uT}}$$

ただし $u=\sqrt{b^2+2\sigma^2}$ である．

$\beta(T)$ から $\alpha(T)$ を求めると

$$\alpha(T)=\frac{-2}{\sigma^2}\log\left(\frac{2ue^{\frac{u+b}{2}T}}{(u-b)+(u+b)e^{uT}}\right)$$

以上より次の式を得る．

(10-12)

$$F(T,x)=\exp\left[\frac{2a}{\sigma^2}\log\left(\frac{2ue^{\frac{u+b}{2}T}}{(u-b)+(u+b)e^{uT}}\right)-x\frac{2(e^{uT}-1)}{(u-b)+(u+b)e^{uT}}\right]$$

ただし $u=\sqrt{b^2+2\sigma^2}$ である．

次に，この $F(T,x)$ が (10-10) (3)を満たすことを示そう．

まず $\frac{\partial F}{\partial x}=-\beta(T)e^{-a\alpha(T)-x\beta(T)}$ である．

しかも $T\ge 0$ ならば $\beta(T)\ge 0$ である．

従って，$T^*>0$ を固定すれば $\{(T,x): 0\le T\le T^*, x>0\}$ 上で $\frac{\partial F}{\partial x}$ は有界となる．

以上によって (10-12) で与えられる $F(T, x)$ が (10-10) (1)〜(3)を満たし $F(T, x)=\mathrm{E}_{P^*}\left[\exp\left[-\int_0^T r(u, x)du\right]\right]$ となることが分かった.

この結果と (10-9) (2)から

(10-13)
$$B(t, s)=F(s-t, r(t, r_0))$$
$$=e^{-a\alpha(s-t)-r(t,r_0)\beta(s-t)}$$

具体的に書けば

$$B(t, s)=\exp\left[\frac{2a}{\sigma^2}\log\left(\frac{2ue^{\frac{u+b}{2}(s-t)}}{(u-b)+(u+b)e^{u(s-t)}}\right)\right.$$
$$\left.-r(t, r_0)\frac{2(e^{u(s-t)}-1)}{(u-b)+(u+b)e^{u(s-t)}}\right]$$ である.

7　割引債市場 [C] での条件付請求権の価格

(10-13) に伊藤の公式を適用し，$\alpha(T)$ と $\beta(T)$ が満たす微分方程式を用いると次の式を得る.

(10-14)
$$\frac{dB(t, s)}{B(t, s)}=r(t, r_0)dt-\beta(s-t)\sigma\sqrt{r(t, r_0)}\,dW^*(t)$$

他方で割引債価格のモデル C から (9-9) に従って $\sigma^s=(\sigma^s(t))_{0\leq t\leq s}$ を定めると $\dfrac{dB(t, s)}{B(t, s)}=r(t, r_0)dt+\sigma^s(t)dW^*(t)$ となる.

両式を比較して $\sigma^s(t)=-\beta(s-t)\sigma\sqrt{r(t, r_0)}$ を得る.

特に $s=T$ として $\sigma^T(t)=-\beta(T-t)\sigma\sqrt{r(t, r_0)}$ である.

この式の右辺を見ると，$\beta(T-t)$ はその具体的な形から，$0\leq t<T$ ならば $\beta(T-t)\neq 0$ である．また (10-7) と仮定 $a\geq\dfrac{\sigma^2}{2}$，および $r_0>0$ から $r(t, r_0)>0$ である.

従って $[0, T]\times\Omega$ 上で $\lambda\otimes P$ に関してほとんど至る所で $\sigma^T(t)\neq 0$ となる.

このことを用いると Hull-White モデルの場合と全く同様にして割引債市場 [C] では条件付請求権 Y の価格は時刻 t に $B(t)\mathrm{E}_{P^*}\left[\dfrac{Y}{B(U)}\middle|\mathfrak{F}_t\right]$ となることが分かる（ここで U は $0\leq U\leq T$ となる任意の時刻であり，Y は $\mathfrak{F}_U$ 可測な確率変数である).

8　オプションの価格

S を満期とする割引債 B_S のコール・オプションを考える．このコール・オプションの権利の行使時期は U，権利の行使価格は K であるとする．市場 $[C]$ ではこのコール・オプションの価格は時刻 t に $V(t)=B(t)\mathrm{E}_{P^*}\left[\frac{(B(U,S)-K)^+}{B(U)}\middle|\mathfrak{F}_t\right]$ である．

Hull-White モデルの場合にはこの $V(t)$ を第 9 章第 8 節の方法によって計算することができたが Cox-Ingersoll-Ross モデルにこの方法を適用することはできない．これは $B(t,s)$ に関する方程式

$$\frac{dB(t,s)}{B(t,s)}=r(t,r_0)dt-\beta(s-t)\sigma\sqrt{r(t,r_0)}\,dW^*(t)$$

の $dW^*(t)$ の係数 $-\beta(s-t)\sigma\sqrt{r(t,r_0)}$ が t のみではなく $\omega\in\Omega$ にも依存する確率変数だからである．

そこで別の方法を考える．

まず $G(x,y)=e^{-y}(e^{-a\alpha(s-u)-x\beta(s-u)}-K)^+$ とすると

(10-15)　$V(t)=\mathrm{E}_{P^*}\left[G\left(r(U,r_0),\int_t^U r(v,r_0)dv\right)\middle|\mathfrak{F}_t\right]$ である．

これは，$G(x,y)$ の定め方と，$B(U,S)=e^{-a\alpha(S-U)-r(U,r_0)\beta(S-U)}$，$B(U)=\exp\int_0^U r(v,r_0)dv$，$B(t)=\exp\int_0^t r(v,r_0)dv$ による．

(10-15) の右辺を求めてみよう．

(10-16)　集合 $\{(T,x): T\geq 0, x>0\}$ 上で函数 $H(T,x)$ を $H(T,x)=\mathrm{E}_{P^*}[G(r(T,x),\int_0^T r(v,x)dv)]$ によって定める．

(1)　$z>0$，$U>0$，$0\leq t\leq U$ を満たす t,z,U に対して，$\mathrm{E}_{P^*}\left[G\left(r(U,z),\int_t^U r(v,z)dv\right)\middle|\mathfrak{F}_t\right]=H(U-t,r(t,z))$ である．

(2)　$V(t)=H(U-t,r(t,r_0))$ である．

【証明】

(10-9) の証明と同様である．■

次に $H(T,x)=\mathrm{E}_{P^*}\left[G\left(r(T,x),\int_0^T r(v,x)dv\right)\right]$ を計算する方法を考える．

$G(x,y)$ の具体的な形が分かっているから，もし $r(T,x)$ と $\int_0^T r(v,x)dv$ から成る 2 次元の確率変数 $\left(r(T,x),\int_0^T r(v,x)dv\right)$ の分布が分かれば $H(T,x)$ が計算できる．

この $\left(r(T,x), \int_0^T r(v,x)dv\right)$ の分布は次のようにして求めることができる.

・$\left(r(T,x), \int_0^T r(v,x)dv\right)$ については，λ，μ を任意の正の実数とする時，$\mathrm{E}_{P^*}\left[\exp\left[-\lambda r(T,x)-\mu\int_0^T r(v,x)dv\right]\right]$ を計算することができる（このことはすぐ後に示す).

・λ，$\mu \geq 0$ の函数 $\mathrm{E}_{P^*}\left[\exp\left[-\lambda r(T,x)-\mu\int_0^T r(v,x)dv\right]\right]$ から，$\left(r(T,x), \int_0^T r(v,x)dv\right)$ の分布が一意的に定まる.
これは $r(T,x)>0$，$\int_0^T r(v,x)dv>0$ であることとラプラス変換の性質とによる.

こうして原理的には

$$\mathrm{E}_{P^*}\left[\exp\left[-\lambda r(T,x)-\mu\int_0^T r(v,x)dv\right]\right]$$

$$\longrightarrow\left(r(T,x), \int_0^T r(v,x)dv\right)\text{の分布}\longrightarrow H(T,x)\longrightarrow V(t)$$

という順序をたどることにより $V(t)$ を求めることができるのである.

(10-10) で (T,x) の函数 $\mathrm{E}_{P^*}\left[\exp\left[-\int_0^T r(u,x)du\right]\right]$ を求めたのと同じようにして (T,x,λ,μ) の函数 $\mathrm{E}_{P^*}\left[\exp\left[-\lambda r(T,x)-\mu\int_0^T r(v,x)dv\right]\right]$ を求めてみよう.

(10-17)　$\{(T,x,\lambda,\mu): T\geq 0, x>0, \lambda\geq 0, \mu\geq 0\}$ 上で定義された函数 $L(T,x,\lambda,\mu)$ が次の条件を満たせば，$L(T,x,\lambda,\mu)=\mathrm{E}_{P^*}\left[\exp\left[-\lambda r(T,x)-\mu\int_0^T r(v,x)\,dv\right]\right]$ である.

(1)　λ，μ を固定すると $\{(T,x): T\geq 0, x>0\}$ 上で

$$\frac{1}{2}\sigma^2 x\frac{\partial^2 L}{\partial x^2}+(a-bx)\frac{\partial L}{\partial x}-\mu x L-\frac{\partial L}{\partial T}=0$$

(2)　$L(0,x,\lambda,\mu)=e^{-\lambda x}$

(3)　λ，μ を固定すると，すべての $T^*>0$ に対し $\{(T,x): 0\leq T\leq T^*, x>0\}$ 上で $\dfrac{\partial L}{\partial x}$ は有界である.

【証明】

$\lambda\geq 0$　$\mu\geq 0$ を固定し，$T\geq 0$　$x>0$ となる (T,x) を任意に選ぶ.

確率過程 $(X(t))_{0\leq t\leq T}$ を $X(t)=L(T-t, r(t,x), \lambda,\mu)\exp\left[-\mu\int_0^t r(v,x)dv\right]$ によって定める. $X(0)=L(T,x,\lambda,\mu)$，$X(T)=\exp\left[-\lambda r(T,x)-\mu\int_0^T r(v,x)dv\right]$ である. 従って $(X(t))_{0\leq t\leq T}$ がマルチンゲールであることが示されれば

$$L(T,x,\lambda,\mu)=\mathrm{E}_{P^*}\left[\exp\left[-\lambda r(T,x)-\mu\int_0^T r(v,x)dv\right]\right]$$ となる．

伊藤の公式と $dr(t,x)=(a-br(t,x))dt+\sigma\sqrt{r(t,x)}\,dW^*(t)$ から

$$dX(t)=\exp\left[-\int_0^t r(v,x)dv\right]\left\{\frac{1}{2}\sigma^2 r(t,x)\frac{\partial^2 L}{\partial x^2}+(a-br(t,x))\frac{\partial L}{\partial x}-\mu r(t,x)L-\frac{\partial L}{\partial T}\right\}dt+\exp\left[-\int_0^t r(v,x)dv\right]\frac{\partial L}{\partial x}\sigma\sqrt{r(t,x)}\,dW^*(t)$$

この等式と仮定(1)(3)から $(X(t))_{0\leq t\leq T}$ が $0\leq t\leq T$ でマルチンゲールであることが分かる．これは (10-10) の証明と全く同様である．従って

$$L(T,x,\lambda,\mu)=X(0)=\mathrm{E}_{P^*}[X(T)]=\mathrm{E}_{P^*}\left[\exp\left[-\lambda r(T,x)-\mu\int_0^T r(v,x)dv\right]\right]$$

である．■

(10-17) (1)〜(3)を満たす $L(T,x,\lambda,\mu)$ を求めてみよう．

まず $\lambda,\mu\geq 0$ を固定し $\{(T,x): T\geq 0, x>0\}$ 上で次の条件を満たす $L(T,x,\lambda,\mu)$ を求めよう．

(1)　$\frac{1}{2}\sigma^2 x\frac{\partial^2 L}{\partial x^2}+(a-bx)\frac{\partial L}{\partial x}-\mu xL-\frac{\partial L}{\partial T}=0$

(2)　$L(0,x,\lambda,\mu)=e^{-\lambda x}$

$L(T,x,\lambda,\mu)=e^{-a\alpha(T)-x\beta(T)}$ と置いて(1)(2)を書直すと

$$\beta'(T)=-\frac{1}{2}\sigma^2\beta^2(T)-b\beta(T)+\mu \qquad \beta(0)=\lambda$$

$$\alpha'(T)=\beta(T) \qquad \alpha(0)=0$$

この方程式を解くと

$$\beta(T)=\frac{2\mu(e^{uT}-1)+\lambda[(u+b)+(u-b)e^{uT}]}{[(u-b)+(u+b)e^{uT}]+\lambda\sigma^2(e^{uT}-1)}$$

ただし $u=\sqrt{b^2+2\sigma^2\mu}$ である（補論1参照）．

$\beta(T)$ から $\alpha(T)$ を求めると

$$\alpha(T)=-\frac{2}{\sigma^2}\log\frac{2ue^{\frac{u+b}{2}T}}{[(u-b)+(u+b)e^{uT}]+\lambda\sigma^2(e^{uT}-1)}$$

以上より次の式を得る．

(10-18)　$$L(T,x,\lambda,\mu)=\exp\left[\frac{2a}{\sigma^2}\log\left(\frac{2ue^{\frac{u+b}{2}T}}{[(u-b)+(u+b)e^{uT}]+\lambda\sigma^2(e^{uT}-1)}\right)-x\frac{2\mu(e^{uT}-1)+\lambda[(u+b)+(u-b)e^{uT}]}{[(u-b)+(u+b)e^{uT}]+\lambda\sigma^2(e^{uT}-1)}\right]$$

ただし $u=\sqrt{b^2+2\sigma^2\mu}$ である．

次にこの $L(T,x,\lambda,\mu)$ が (10-17) (3)を満たすことを示す．

まず $\frac{\partial L}{\partial x}=-\beta(T)e^{-a\alpha(T)-x\beta(T)}$ である．しかも $T\geq 0$ ならば $\beta(T)\geq 0$ である．

従って $T^*>0$ を固定すれば $\{(T,x): 0\leq T\leq T^*, x>0\}$ 上で $\frac{\partial L}{\partial x}$ は有界となる．

以上によって(10-18)で与えられる $L(T, x, \lambda, \mu)$ が(10-17)(1)〜(3)を満たし

$$L(T, x, \lambda, \mu) = \mathrm{E}_{P^*}\left[\exp\left[-\lambda r(T, x) - \mu\int_0^T r(v, x)dv\right]\right]$$

であることが分かる．

このように $\mathrm{E}_{P^*}\left[\exp\left[-\lambda r(T, x) - \mu\int_0^T r(v, x)dv\right]\right]$ が求まったから，この結果を利用して $\left(r(T, x), \int_0^T r(v, x)dv\right)$ の分布を決定し $V(t)$ を計算することができる．

しかしながらこの計算は形式的であり，かつ長い．そこで計算の要点だけを補論2に示すこととする．

9　Heath-Jarrow-Morton モデル

前2節では確率測度 P^* と，P^* の下で短期利子率 $r(t)$ が満たす確率微分方程式を与えることによって割引債価格のモデルを構成した．

しかしながら割引債価格のモデルを構成する方法はこのように P^* と $r(t)$ を与えることに尽きるものではない．

第9章第4節でフォワードレート $f(t, s)$ $(0 \leq t \leq s \leq T)$ を $f(t, s) = -\dfrac{\partial \log B(t, s)}{\partial s}$ によって定めたことを思い出そう．この式から $B(t, s) = \exp\left[-\int_t^s f(t, u)du\right]$ となる．従って割引債価格の集合 $[B(t, s)]_{0 \leq t \leq s \leq T}$ は，フォワードレートの集合 $[f(t, s)]_{0 \leq t \leq s \leq T}$ を与えることによって完全に定まる．

この節ではフォワードレートの集合 $[f(t, s)]_{0 \leq t \leq s \leq T}$ を与件とし，これに基づいて割引債価格のモデルを構成することを考えよう．いわゆるHeath-Jarrow-Mortonの方法である．

$$HJ = ((\Omega, \mathfrak{F}, P), T, (W(t))_{0 \leq t < \infty}, (\mathfrak{F}_t)_{0 \leq t < \infty}, [f(t, s)]_{0 \leq t \leq s \leq T}, [\alpha(t, s)]_{0 \leq t \leq s \leq T},$$
$$[\sigma(t, s)]_{0 \leq t \leq s \leq T}, (r(t))_{0 \leq t \leq T}, (B(t))_{0 \leq t \leq T}, [B(t, s)]_{0 \leq t \leq s \leq T})$$

を以下の条件を満たす要素の組合せとする．

(1)　$(\Omega, \mathfrak{F}, P)$ は基礎となる完備な確率空間である．

(2)　T は正の実数である．

(3)　$W = (W(t))_{0 \leq t < \infty} = ((W_1(t), W_2(t), \cdots, W_N(t))')_{0 \leq t < \infty}$ は $(\Omega, \mathfrak{F}, P)$ の上の N 次元のブラウン運動である．

(4)　$(\mathfrak{F}_t)_{0\le t<\infty}$ は W に関する自然なフィルトレーションである．

また $\mathfrak{F}_t$ $(0\le t\le T)$ は時刻 t における情報を表わすとする．

(5)　$f(t, s), \alpha(t, s)$ $(0\le t\le s\le T)$ は確率変数であり $\sigma(t, s)=(\sigma_1(t, s), \cdots, \sigma_N(t, s))'$ $(0\le t\le s\le T)$ は N 次元の確率変数である．

s $(0\le s\le T)$ を固定すると $(f(t, s))_{0\le t\le s}$ は次の方程式を満たす．

$$f(t, s)=f(0, s)+\int_0^t \alpha(u, s)du+\int_0^t \langle\sigma(u, s), dW(u)\rangle$$

ここで $(\alpha(t, s))_{0\le t\le s}$, $(\sigma(t, s))_{0\le t\le s}$ は $(\mathfrak{F}_t)_{0\le t\le s}$ に関して発展的可測であり，$\int_0^s |\alpha(u, s)|du<\infty$ $(a. e.)$，$\int_0^s \|\sigma(u, s)\|^2 du<\infty$ $(a. e.)$ である．

(6)　$r(t)=f(t, t)$ $(0\le t\le T)$

$(r(t))_{0\le t\le T}$ は $(\mathfrak{F}_t)_{0\le t\le T}$ に関して発展的可測とする．

また $\int_0^T |r(u)|du<\infty$ $(a. e.)$ とする．

(7)　$B(t)=\exp\int_0^t r(u)du$ $(0\le t\le T)$

(8)　$B(t, s)=\exp\left[-\int_t^s f(t, u)du\right]$ $(0\le t\le s\le T)$

$f(t, s), \alpha(t, s), \sigma(t, s)=(\sigma_1(t, s), \cdots, \sigma_N(t, s))'$ は正確には (t, s, ω) $(0\le t\le s\le T, \omega\in\Omega)$ に対して定義された函数 $f(t, s, \omega), \alpha(t, s, \omega), \sigma(t, s, \omega)=((\sigma_1(t, s, \omega)\cdots\sigma_N(t, s, \omega))'$ である．これらを用いて次の仮定を置く．

(9)　$f(0, s, \omega)=g(s)$ となる実数函数 $g(s)$ が存在する．即ち $f(0, s, \omega)$ は $\omega\in\Omega$ に依存しない s の函数である．

$\omega\in\Omega$ を固定すると $\alpha(t, s, \omega), \sigma(t, s, \omega)$ は $\{(t, s):0\le t\le s\le T\}$ 上の連続函数である．

$\|\sigma(t, s, \omega)\|$ は $\{(t, s, \omega):0\le t\le s\le T, \omega\in\Omega\}$ 上で有界である．

以上の仮定の中で最も重要なのは(5)である．(5)は $0\le s\le T$ となるすべての s に対応する無限個の方程式

$$f(t, s)=f(0, s)+\int_0^t \alpha(u, s)du+\int_0^t \langle\sigma(u, s), dW(s)\rangle \quad (0\le t\le s)$$

が一斉に成立することを意味する．

これらの方程式で t を固定し，s を $t\le s\le T$ の範囲で動かすと時刻 t におけるフォワードレートの集合 $(f(t, s))_{t\le s\le T}$ が得られる．これらの方程式は各時刻におけるフォワードレートの集合 $(f(t, s))_{t\le s\le T}$ が時刻 t に添ってどのように変化するかを記述しているのである．

次に重要な仮定は(9)の最初の仮定である．この仮定があれば $f(0, s)=g(s)$ は

モデルの与件として自由に選ぶことができるから，その結果として時刻 $t=0$ における フォワードレートの集合 $(f(0,s))_{0\le s\le T}$ と割引債価格 $B(0,s)=\exp\left[-\int_0^s f(0,u)du\right]$ の集合 $(B(0,s))_{0\le s\le T}$ を自由に設定することができる．従ってこのモデルでは $(f(0,s))_{0\le s\le T}$ と $(B(0,s))_{0\le s\le T}$ を時刻 $t=0$ に現実に市場で観察されるフォワードレートと割引債価格に一致させることは容易である．

このことは前 2 節のモデルにはない特色である．

前 2 節のモデルでは P^* と $(r(t))_{0\le t\le T}$ から出発し，$B(t,s)$ と $f(t,s)$ は $B(t,s)=B(t)\mathrm{E}_{P^*}\left[\exp\left[-\int_0^s r(u)du\right]\middle|\mathfrak{F}_t\right]$ と $B(t,s)=\exp\left[-\int_t^s f(t,u)du\right]$ から間接的に定まる．その結果，これらのモデルでは，$(f(0,s))_{0\le s\le T}$ と $(B(0,s))_{0\le s\le T}$ を時刻 $t=0$ に現実に市場で成立しているフォワードレートと割引債価格に一致させることが困難になるのである．

10　確率測度 P^* の存在

前節の集合 HJ は $(r(t))_{0\le t\le T}$，$(B(t))_{0\le t\le T}$，$[B(t,s)]_{0\le t\le s\le T}$ を含むが，確率測度 P^* を欠いているから HJ から直ちに割引債価格のモデルを構成することはできない．

そこで適当な確率測度 P^* が存在して，すべての s $(0\le s\le T)$ について $\left(\dfrac{B(t,s)}{B(t)}\right)_{0\le t\le s}$ が P^* に関するマルチンゲールになる条件を求めてみよう．このような P^* が存在すれば HJ と P^* から割引債価格のモデルが構成できることになる．

準備として $(B(t,s))_{0\le t\le s}$ が満たす方程式を求めておこう．

(10-19)
$$dB(t,s)=B(t,s)\left[r(t)-\boldsymbol{\alpha}^*(t,s)+\frac{1}{2}\|\boldsymbol{\sigma}^*(t,s)\|^2\right]dt -B(t,s)\langle\boldsymbol{\sigma}^*(t,s),dW(t)\rangle$$

ただし $\boldsymbol{\alpha}^*(t,s)=\int_t^s\boldsymbol{\alpha}(t,u)du$　$\boldsymbol{\sigma}^*(t,s)=\int_t^s\boldsymbol{\sigma}(t,u)du$ である．

【証明】

$B(t,s)=\exp\left[-\int_t^s f(t,u)du\right]$ である．そこで $X(t)=\int_t^s f(t,u)du$ としてまず $dX(t)$ を求める．

$dX(t)=d\left(\int_t^s f(t,u)du\right)=-f(t,t)dt+\int_t^s (df(t,u))du=-f(t,t)dt+\boldsymbol{\alpha}^*(t,s)dt+\langle\boldsymbol{\sigma}^*(t,s),dW(t)\rangle$ となることは容易に予想がつく．積分形で書けば

$X(t)=X(0)-\int_0^t f(u,u)du+\int_0^t \boldsymbol{\alpha}^*(v,s)dv+\int_0^t \langle \boldsymbol{\sigma}^*(v,s), dW(v)\rangle$ である．

そこでこれと同値な次の式を証明する．

(10-20) $$\int_0^t f(u,u)du+\int_t^s f(t,u)du=\int_0^s f(0,u)du+\int_0^t \boldsymbol{\alpha}^*(v,s)dv+\int_0^t \langle \boldsymbol{\sigma}^*(v,s), dW(v)\rangle$$

まず (10-20) の左辺第 1 項を計算する．$f(t,s)$ に関する仮定から

$$f(u,u)=f(0,u)+\int_0^u \boldsymbol{\alpha}(v,u)dv+\int_0^u \langle \boldsymbol{\sigma}(v,u), dW(v)\rangle$$

従って

$$\int_0^t f(u,u)du=\int_0^t f(0,u)du+\int_0^t\int_0^u \boldsymbol{\alpha}(v,u)dvdu+\int_0^t\int_0^u \langle \boldsymbol{\sigma}(v,u), dW(v)\rangle du$$

ここで右辺第 2 項に Fubini の定理を，また右辺第 3 項に確率積分に関する Fubini の定理を適用して積分の順序を交換すると

(10-21) $$\int_0^t f(u,u)du=\int_0^t f(0,u)du+\int_0^t\int_v^t \boldsymbol{\alpha}(v,u)dudv+\int_0^t \left\langle \int_v^t \boldsymbol{\sigma}(v,u)du, dW(v)\right\rangle$$ 注3)

次に (10-20) の左辺第 2 項を計算する．

$f(t,u)=f(0,u)+\int_0^t \boldsymbol{\alpha}(v,u)dv+\int_0^t \langle \boldsymbol{\sigma}(v,u), dW(v)\rangle$ より

$$\int_t^s f(t,u)du=\int_t^s f(0,u)du+\int_t^s\int_0^t \boldsymbol{\alpha}(v,u)dvdu+\int_t^s\int_0^t \langle \boldsymbol{\sigma}(v,u), dW(v)\rangle du$$

右辺第 2 項，第 3 項の積分の順序を交換すると

(10-22) $$\int_t^s f(t,u)du=\int_t^s f(0,u)du+\int_0^t\int_t^s \boldsymbol{\alpha}(v,u)dudv+\int_0^t \left\langle \int_t^s \sigma(v,u)du, dW(v)\right\rangle$$

(10-21) と (10-22) を加えると証明すべき (10-20) を得る．

以上で $dX(t)=-f(t,t)dt+\boldsymbol{\alpha}^*(t,s)dt+\langle \boldsymbol{\sigma}^*(t,s), dW(t)\rangle$ を示した．

$B(t,s)=e^{-X(t)}$ と $r(t)=f(t,t)$ に注意すると

$$dB(t,s)=B(t,s)\left[r(t)-\boldsymbol{\alpha}^*(t,s)+\frac{1}{2}\|\boldsymbol{\sigma}^*(t,s)\|^2\right]dt-B(t,s)\langle \boldsymbol{\sigma}^*(t,s), dW(t)\rangle$$ である．■

(10-23) $$d\left(\frac{B(t,s)}{B(t)}\right)=\frac{B(t,s)}{B(t)}\left[-\boldsymbol{\alpha}^*(t,s)+\frac{1}{2}\|\boldsymbol{\sigma}^*(t,s)\|^2\right]dt-\frac{B(t,s)}{B(t)}\langle \boldsymbol{\sigma}^*(t,s), dW(t)\rangle$$

【証明】

(10-19)　と $B(t)=\exp\int_0^t r(u)du$ より明らかである．■

準備ができたから P と同値な適当な確率測度 P^* が存在して，すべての s $(0\le s\le T)$ について $\left(\frac{B(t,s)}{B(t)}\right)_{0\le t\le s}$ が P^* に関するマルチンゲールになる条件を求めてみよう．この P^* は P と同値な確率測度だから (5-48) より $\frac{dP^*}{dP}=\Lambda^q(T)$

となる確率過程 $q=(q(t))_{0\leq t\leq T}=((q_1(t), q_2(t), \cdots, q_N(t))')_{0\leq t\leq T}$ が存在することに注意しておく．

(10-24)　P^* は P と同値な確率測度で $\dfrac{dP^*}{dP}=\Lambda^q(T)$ とする．次の(1)〜(3)は同値である．

(1)　すべての s $(0\leq s\leq T)$ について $\left(\dfrac{B(t, s)}{B(t)}\right)_{0\leq t\leq s}$ は P^* に関するマルチンゲールである．

(2)　すべての s $(0\leq s\leq T)$ について $[0, s]$ に含まれるルベーグ測度ゼロの集合 A_s が存在して，$0\leq t\leq s$　$t\notin A_s$ ならば

$$\boldsymbol{\alpha}^*(t, s)=\frac{1}{2}\|\boldsymbol{\sigma}^*(t, s)\|^2+\langle\boldsymbol{\sigma}^*(t, s), q(t)\rangle \ (a.\ e.)$$ である．

(3)　すべての s $(0\leq s\leq T)$ について $[0, s]$ に含まれるルベーグ測度ゼロの集合 A_s が存在して，$0\leq t\leq s$　$t\notin A_s$ ならば

$$\boldsymbol{\alpha}(t, s)=\left\langle\boldsymbol{\sigma}(t, s), \int_t^s\boldsymbol{\sigma}(t, u)du+q(t)\right\rangle \ (a.\ e.)$$ である．

【証明】

仮定により $\dfrac{dP^*}{dP}=\Lambda^q(T)$ だから $W^*=(W^*(t))_{0\leq t\leq T}=((W_1^*(t), W_2^*(t), \cdots, W_N^*(t))')_{0\leq t\leq T}$ を $W^*(t)=W(t)+\int_0^t q(u)du$ によって定めると W^* は $(\Omega, \mathfrak{F}_T, P^*)$ 上のブラウン運動である．

$W^*(t)$ を用いて (10-23) を書直すと

(10-25)
$$d\left(\frac{B(t, s)}{B(t)}\right)=\frac{B(t, s)}{B(t)}\left[-\boldsymbol{\alpha}^*(t, s)+\frac{1}{2}\|\boldsymbol{\sigma}^*(t, s)\|^2+\langle\boldsymbol{\sigma}^*(t, s), q(t)\rangle\right]dt-\frac{B(t, s)}{B(t)}\langle\boldsymbol{\sigma}^*(t, s), dW^*(t)\rangle$$

ここで $\langle\boldsymbol{\sigma}^*(t, s), dW^*(t)\rangle$ の係数 $\boldsymbol{\sigma}^*(t, s)$ に着目しよう．HJ に関する仮定(9)より $\|\boldsymbol{\sigma}(t, s)\|$ は有界だから $\|\boldsymbol{\sigma}^*(t, s)\|$ も有界である．

$\|\boldsymbol{\sigma}^*(t, s)\|$ が有界であることと (10-25) から次の 2 つが同値であることが分かる．

- $\left(\dfrac{B(t, s)}{B(t)}\right)_{0\leq t\leq s}$ が P^* に関するマルチンゲールである．
- (10-25) の dt の係数がゼロになる．

これより(1)と(2)が同値であることが分かる．

(2)と(3)が同値であることは，$\boldsymbol{\alpha}^*(t, s)=\int_t^s\boldsymbol{\alpha}(t, u)du$，$\sigma^*(t, s)=\int_t^s\sigma(t, u)du$，および，$HJ$ に関する仮定(9)より容易に証明される．■

以下では HJ に関して，P と同値な適当な確率測度 P^* が存在して，$0\leq s\leq T$ となる任意の s をとると $\left(\dfrac{B(t, s)}{B(t)}\right)_{0\leq t\leq s}$ が P^* に関するマルチンゲールとなることを仮定しよう．これは $\dfrac{dP^*}{dP}=\Lambda^q(T)$ とすると確率過程 $q=(q(t))_{0\leq t\leq T}=$

$((q_1(t), q_2(t), \cdots, q_N(t))')_{0\le t\le T}$ が (10-24) (2)および(3)を満たすことを意味する．

この場合には HJ の構成要素と P^* から組合せ $((\Omega, \mathfrak{F}, P), T, (W(t))_{0\le t<\infty}, (\mathfrak{F}_t)_{0\le t<\infty}, (r(t))_{0\le t\le T}, (B(t))_{0\le t\le T}, [B(t,s)]_{0\le t\le s\le T}, P^*)$ を作るとこの組合せは割引債価格のモデルとなる．この割引債価格のモデルを HJM と名づけよう．

HJM に基づいて，証券 B と割引債 B_s $(0\le s\le T)$ が時刻 0 から T までの間連続的に取引される割引債市場 $[HJM]$ を考えることができる．

11　$[HJM]$ における条件付請求権の価格

割引債価格のモデル HJM を前提に議論を進める．

$\dfrac{dP^*}{dP}=\Lambda^q(T)$ とすると $\alpha^*(t,s)=\dfrac{1}{2}\|\sigma^*(t,s)\|^2+\langle\sigma^*(t,s), q(t)\rangle$ である．

また $(B(t,s))_{0\le t\le s}$ は方程式 (10-19) を満たす．

従って

$\dfrac{dB(t,s)}{B(t,s)}=\{r(t)-\langle\sigma^*(t,s), q(t)\rangle\}dt-\langle\sigma^*(t,s), dW(t)\rangle$ が成り立つ．

他方で割引債価格のモデル HJM から (9-9) に従って $\sigma^s=(\sigma^s(t))_{0\le t\le s}=((\sigma_1^s(t), \sigma_2^s(t), \cdots, \sigma_N^s(t))')_{0\le t\le s}$ を定めると

$\dfrac{dB(t,s)}{B(t,s)}=\{r(t)+\langle\sigma^s(t), q(t)\rangle\}dt+\langle\sigma^s(t), dW(t)\rangle$ である．

2 つの方程式を比較して $\sigma^s(t)=-\sigma^*(t,s)$．ベクトルで書けば

$$\begin{aligned}(\sigma_1^s(t), \sigma_2^s(t), \cdots, \sigma_N^s(t))' &= -(\sigma_1^*(t,s), \sigma_2^*(t,s), \cdots, \sigma_N^*(t,s))' \\ &= -\left(\int_t^s \sigma_1(t,u)du, \int_t^s \sigma_2(t,u)du, \cdots, \int_t^s \sigma_N(t,u)du\right)'\end{aligned}$$

即ち $\sigma_i^s(t)=-\sigma_i^*(t,s)=-\int_t^s \sigma_i(t,u)du$ である．

ここで行列 $(\sigma_{ij}(t))_{1\le i,j\le N}$ を $\sigma_{ij}(t)=\sigma_j^{T_i}(t)=-\int_t^{T_i}\sigma_j(t,u)du$ によって定め $(\sigma_{ij}(t))_{1\le i,j\le N}$ の逆行列がどの範囲で存在するかを考えてみよう．

そのために次の命題を用いる．

(10-26)　$[\alpha, \beta]$ は任意の閉区間で $f_1(t), f_2(t), \cdots, f_m(t)$ は $[\alpha, \beta]$ 上で定義された実解析函数とする．

また $f_1(t), \cdots, f_m(t)$ は函数として一次独立とする．

この時 $\alpha<\beta-\varepsilon<\beta$ となる任意の区間 $[\beta-\varepsilon, \beta]$ 内に，$\beta-\varepsilon\le T_1<T_2\cdots<T_m\le\beta$ となる $T_1, T_2, \cdots, T_m$ が存在して行列 $[f_j(T_i)]_{1\le i,j\le m}$ は逆行列

を持つ（この命題は補論3で証明しておく）.

(10-27)　HJ の構成要素である $[\sigma(t, s)]_{0\leq t\leq s\leq T}=[(\sigma_1(t, s), \sigma_2(t, s), \cdots, \sigma_N(t, s))']_{0\leq t\leq s\leq T}$ について次の仮定を置く.

(1)　$\sigma_j(t, s)$ $(1\leq j\leq N)$ は $\omega\in\Omega$ に依存しない (t, s) だけの函数である.

(2)　$\sigma_j(t, s)$ $(1\leq j\leq N)$ は変数 t と s のいずれについても解析的である.

(3)　t を固定して得られる N 個の s の函数 $\sigma_j(t, s)$ $(1\leq j\leq N)$ は函数として一次独立である.

この時，$0<T-\varepsilon<T$ となる任意の区間 $[T-\varepsilon, T]$ 内に $T-\varepsilon\leq T_1<T_2<\cdots<T_N\leq T$ となる $T_1, T_2, \cdots, T_N$ が存在して，t を変数とする行列 $(\sigma_{ij}(t))_{1\leq i,j\leq N}=(\sigma_j^{T_i}(t))_{1\leq i,j\leq N}=\left(-\int_t^{T_i}\sigma_j(t, u)du\right)_{1\leq i,j\leq N}$ は区間 $[0, T_1]$ 上で高々有限個の t の値を除いて逆行列を持つ.

【証明】

$0\leq s\leq T$ で定義された N 個の s の函数 $\int_0^s\sigma_1(0, u)du, \int_0^s\sigma_2(0, u)du, \cdots, \int_0^s\sigma_N(0, u)du$ を考える.

これらの N 個の s の函数は(2)により s について解析的であり，(3)により $[0, T]$ 上で函数として一次独立であるから (10-26) の前提を満たす.

従って (10-26) より $0<T-\varepsilon<T$ となる任意の区間 $[T-\varepsilon, T]$ に対して，$T-\varepsilon\leq T_1<T_2\cdots<T_N\leq T$ となる $T_1, T_2, \cdots, T_N$ が存在して行列 $\left[\int_0^{T_i}\sigma_j(0, u)du\right]_{1\leq i,j\leq N}$ が逆行列をもつ.

これは t の函数 $g(t)=\det\left[\int_t^{T_i}\sigma_j(t, u)du\right]_{1\leq i,j\leq N}$ について $g(0)\neq 0$ となることを意味する.

(2)より $g(t)$ は t の解析函数である．また $g(0)\neq 0$ だから $g(t)$ は t の函数として恒等的にゼロとはならない.

従って $g(t)$ は区間 $[0, T_1]$ 上では高々有限個の t の値でしかゼロとならない[注4]. ■

HJ について (10-27) (1)〜(3) が成立すれば Hull-White モデル，Cox-Ingersoll-Ross モデルの場合とまったく同様にして割引債市場 $[HJM]$ では条件付請求権 Y の価格は時刻 t に $\mathrm{B}(t)\mathrm{E}_{P^*}\left[\frac{Y}{B(U)}\middle|\mathfrak{F}_t\right]$ となることが分かる（ここで U は $0\leq U\leq T_1$ となる任意の時刻であり，Y は $\mathfrak{F}_U$ 可測な確率変数である）.

なお，この場合には HJM について (10-27) (1)から $\sigma^s(t)=-\sigma^*(t, s)$ は ω に依存しない (t, s) だけの函数となる．従ってオプション価格 $V(t)=B(t)\mathrm{E}_{P^*}$

$\left[\dfrac{(B(U,S)-K)^+}{B(U)}\middle|\mathfrak{F}_t\right]$ は (9-19) に従って計算できることになる．

補論 1　微分方程式 $\dfrac{dX}{dt}=AX^2+BX+C$

A，B，C が定数である場合の $\dfrac{dX}{dt}=AX^2+BX+C$ の解についてまとめておく．$A\neq 0$，$B^2-4AC>0$ としておく．

(10-28)　まず適当に係数を工夫することにより特別な解

$\Psi(t)=\dfrac{2C(e^{ut}-1)}{(u+B)+(u-B)e^{ut}}$ を見出す．ただし $u=\sqrt{B^2-4AC}$ である．

(10-29)　$\Psi(t)$ を利用して $X(t)=Y(t)+\Psi(t)$ と置いて $X'=AX^2+BX+C$ を Y の方程式に直す．$Y'=AY^2+(2A\Psi+B)Y$ である．

さらに $Z=\dfrac{1}{Y}$ として $Z'=-(2A\Psi+B)Z-A$ を導く．

$2A\Psi+B=u\dfrac{(u+B)-(u-B)e^{ut}}{(u+B)+(u-B)e^{ut}}$ だから $Z'=-u\dfrac{(u+B)-(u-B)e^{ut}}{(u+B)+(u-B)e^{ut}}Z-A$

この方程式の一般解はパラメーター k を用いて

$$Z=\left\{k+\frac{A}{u(u-B)}\left(\frac{1}{(u+B)+(u-B)e^{ut}}-\frac{1}{2u}\right)\right\}\times\{(u+B)+(u-B)e^{ut}\}^2e^{-ut}$$

である．

(10-30)　(10-29) より $X'=AX^2+BX+C$　$X(0)=\lambda$ の解は

$$X=\frac{2C(e^{ut}-1)}{(u+B)+(u-B)e^{ut}}$$
$$+\frac{1}{\dfrac{1}{4u^2\lambda}+\dfrac{A}{u(u-B)}\left(\dfrac{1}{(u+B)+(u-B)e^{ut}}-\dfrac{1}{2u}\right)}\times\frac{e^{ut}}{\{(u+b)+(u-b)e^{ut}\}^2}$$

右辺を計算すると

$X=\dfrac{2C(e^{ut}-1)+\lambda[(u-B)+(u+B)e^{ut}]}{[(u+B)+(u-B)e^{ut}]+2\lambda A(1-e^{ut})}$ を得る．

補論 2　Cox-Ingersoll-Ross モデルにおけるオプションの価格

S を満期とする割引債 B_S のコール・オプションを考える．このコール・オプションの権利の行使時期は θ，権利の行使価格は K であるとする．市場 $[C]$ ではこのコール・オプションの価格は時刻 t に $V(t)=B(t)\mathrm{E}_{P^*}\left[\dfrac{(B(\theta,S)-K)^+}{B(\theta)}\middle|\mathfrak{F}_t\right]$ である．

以下では $V(0)$ を計算する．$V(t)$ の計算も同様にしてできる．

$$V(0)=\mathrm{E}_{P^*}\left[\frac{(B(\theta,S)-K)^+}{B(\theta)}\right]$$
$$=\mathrm{E}_{P^*}\left[\frac{B(\theta,S)}{B(\theta)}1_{\{B(\theta,S)>K\}}\right]-K\mathrm{E}_{P^*}\left[\frac{1}{B(\theta)}1_{\{B(\theta,S)>K\}}\right]$$

ここで $\mathrm{E}_{P^*}\left[\frac{B(\theta,S)}{B(\theta)}\right]=B(0,S)$　$\mathrm{E}_{P^*}\left[\frac{1}{B(\theta)}\right]=B(0,\theta)$ に注意して，確率測度 P_1，P_2 を

$$\frac{dP_1}{dP^*}=\frac{B(\theta,S)}{B(0,S)B(\theta)}\quad \frac{dP_2}{dP^*}=\frac{1}{B(0,\theta)B(\theta)}$$

によって定める．

この P_1，P_2 を用いると

$$V(0)=B(0,S)P_1(\{B(\theta,S)>K\})-KB(0,\theta)P_2(\{B(\theta,S)>K\})$$

となる．

$B(\theta,S)$ については，(10-13) より $B(\theta,S)=e^{-a\alpha(S-\theta)-r(\theta)\beta(S-\theta)}$ だから，$r^*=-\frac{\log K+a\alpha(S-\theta)}{\beta(S-\theta)}$ とすると，$B(\theta,S)>K$ と $r^*>r(\theta)$ は同値である（簡単のため $r(\theta,r_0)$ を $r(\theta)$ と書いている）．

これより $V(0)=B(0,S)P_1(r^*>r(\theta))-KB(0,\theta)P_2(r^*>r(\theta))$ を得る．

従って $r(\theta)$ の P_1 に関する分布と，$r(\theta)$ の P_2 に関する分布が分かれば $V(0)$ が計算できることになる．

これらの分布を求めるために，まず一般的な命題を証明する．

(10-31)　$X(\omega)$ は $(\Omega,\mathfrak{F},P)$ 上の確率変数で $X(\omega)\geq 0$ とする．

また，すべての $\lambda\geq 0$ について $\mathrm{E}[e^{-\lambda X}]=\frac{1}{(2\lambda+1)^{\frac{\delta}{2}}}e^{-\frac{k\lambda}{2\lambda+1}}$ とする．

ここで δ，k は $\delta>0$，$k>0$ を満たす実数である．

δ，k を用いて函数 $f_{\delta,k}(x)$ を次のように定める．

$$f_{\delta,k}(x)=e^{-\frac{k}{2}}e^{-\frac{x}{2}}\left[\sum_{n=0}^{\infty}\frac{\left(\frac{k}{2}\right)^n x^{\frac{\delta}{2}+n-1}}{n!\,2^{\frac{\delta}{2}+n}\Gamma\left(\frac{\delta}{2}+n\right)}\right]$$

ここで $\Gamma(x)$ はガンマ函数 $\Gamma(x)=\int_0^\infty t^{x-1}e^{-t}dt$ である．

すると $P(X(\omega)\leq y)=\int_0^y f_{\delta,k}(x)dx$ である．

【証明】

$$\mathrm{E}[e^{-\lambda X}]=\frac{1}{(2\lambda+1)^{\frac{\delta}{2}}}e^{-\frac{k\lambda}{2\lambda+1}}=\frac{1}{(2\lambda+1)^{\frac{\delta}{2}}}e^{\frac{k}{2}\frac{1}{2\lambda+1}-\frac{k}{2}}=e^{-\frac{k}{2}}\left[\sum_{n=0}^{\infty}\frac{\left(\frac{k}{2}\right)^n}{n!\,(2\lambda+1)^{\frac{\delta}{2}+n}}\right]$$

他方で $\int_0^\infty e^{-\lambda x}f_{\delta,k}(x)dx=\int_0^\infty e^{-\frac{k}{2}}e^{-(\lambda+\frac{1}{2})x}\left[\sum_{n=0}^{\infty}\frac{\left(\frac{k}{2}\right)^n x^{\frac{\delta}{2}+n-1}}{n!\,2^{\frac{\delta}{2}+n}\Gamma\left(\frac{\delta}{2}+n\right)}\right]dx$

ここで $\left(\lambda+\frac{1}{2}\right)x=z$ とすると

$$=\int_0^\infty e^{-\frac{k}{2}}e^{-z}\left[\sum_{n=0}^{\infty}\frac{\left(\frac{k}{2}\right)^n}{n!\,2^{\frac{\delta}{2}+n}\Gamma\left(\frac{\delta}{2}+n\right)}\left(\frac{z}{\lambda+\frac{1}{2}}\right)^{\frac{\delta}{2}+n-1}\right]\frac{dz}{\lambda+\frac{1}{2}}$$

$$=e^{-\frac{k}{2}}\left[\sum_{n=0}^{\infty}\frac{\left(\frac{k}{2}\right)^n}{n!\,(2\lambda+1)^{\frac{\delta}{2}+n}}\right]$$

従ってすべての $\lambda\geq 0$ について $\mathrm{E}[e^{-\lambda X}]=\int_0^\infty e^{-\lambda x}f_{\delta,k}(x)dx$

これより $P(X(\omega)\leq y)=\int_0^y f_{\delta,k}(x)dx$ を得る．■

(10-32)

(1)　定数 $L_1, k_1>0$ が存在して，すべての $\lambda\geq 0$ に対して

$$\mathrm{E}_{P_1}[e^{-\lambda r(\theta)}]=\frac{1}{(2L_1\lambda+1)^{\frac{2a}{\sigma^2}}}e^{-\frac{k_1L_1\lambda}{2L_1\lambda+1}}$$

ここで

$$L_1=\frac{\sigma^2(e^{u\theta}-1)[(u-b)e^{u\theta}+(u+b)e^{uS}]}{4ue^{u\theta}[(u-b)+(u+b)e^{uS}]},\quad k_1=\frac{4ur_0[(u-b)e^{u\theta}+(u+b)e^{uS}]}{\sigma^2(e^{u\theta}-1)[(u-b)+(u+b)e^{uS}]}$$

なお $u=\sqrt{b^2+2\sigma^2}$ である．

(2)　$P_1(r(\theta)\leq y)=\int_0^{\frac{y}{L_1}}f_{\frac{4a}{\sigma^2},k_1}(x)dx$

【証明】

(2)は(1)と (10-31) から直ちに結論されるから(1)のみを証明する．

$$\frac{dP_1}{dP^*}=\frac{B(\theta,S)}{B(0,S)B(\theta)}$$

$$B(\theta,S)=e^{-a\alpha(S-\theta)-r(\theta)\beta(S-\theta)}$$

$$B(0,S)=e^{-a\alpha(S)-r_0\beta(S)}$$

$$B(\theta)=\exp\int_0^\theta r(u)du$$

より

$$\mathrm{E}_{P_1}[e^{-\lambda r(\theta)}]=e^{a\alpha(S)+r_0\beta(S)-a\alpha(S-\theta)}\times\mathrm{E}_{P^*}\left[\exp\left[-\{\lambda+\beta(S-\theta)\}r(\theta)-\int_0^\theta r(u)du\right]\right]$$

右辺の第 1 番目の因子を

$$\alpha(T)=\frac{-2}{\sigma^2}\log\left(\frac{2ue^{\frac{u+b}{2}T}}{(u-b)+(u+b)e^{uT}}\right)$$

$$\beta(T)=\frac{2(e^{uT}-1)}{(u-b)+(u+b)e^{uT}}\qquad(u=\sqrt{b^2+2\sigma^2})$$

を用いて計算し，第 2 番目の因子を (10-18) によって計算する．

結果を整理すると

$$\mathrm{E}_{P_1}[e^{-\lambda r(\theta)}]=\frac{1}{(2L_1\lambda+1)^{\frac{2a}{\sigma^2}}}e^{-\frac{k_1L_1\lambda}{2L_1\lambda+1}}$$

を得る．ここで L_1，k_1 は冒頭の定数である．■

(10-33)

(1)　定数 $L_2, k_2>0$ が存在して，すべての $\lambda\geq 0$ に対して

$$\mathrm{E}_{P_2}[e^{-\lambda r(\theta)}]=\frac{1}{(2L_2\lambda+1)^{\frac{2a}{\sigma^2}}}e^{-\frac{k_2L_2\lambda}{2L_2\lambda+1}}$$

ここで

$$L_2=\frac{\sigma^2(e^{u\theta}-1)}{2[(u-b)+(u+b)e^{u\theta}]},\quad k_2=\frac{8r_0u^2e^{u\theta}}{\sigma^2(e^{u\theta}-1)[(u-b)+(u+b)e^{u\theta}]}$$

(2)　$P_2(r(\theta)\leq y)=\int_0^{\frac{y}{L_2}}f_{\frac{4a}{\sigma^2},k_2}(x)dx$

【証明】

(10-32) と同じように計算すればよい．■

以上より $V(0)=B(0,S)\int_0^{\frac{r^*}{L_1}}f_{\frac{4a}{\sigma^2},k_1}(x)dx-KB(0,\theta)\int_0^{\frac{r^*}{L_2}}f_{\frac{4a}{\sigma^2},k_2}(x)dx$ を得る．

$V(t)=B(t)\mathrm{E}_{P^*}\left[\frac{(B(\theta,S)-K)^+}{B(\theta)}\middle|\mathfrak{F}_t\right]$ の計算も同様である．

補論3　(10-26) の証明

次の命題を証明すれば十分である．

(10-34)　$[\alpha,\beta]$ を任意の閉区間とする．

$f_1(t), f_2(t),\cdots,f_m(t)$ は $[\alpha,\beta]$ 上で定義された実解析函数であり，$[\alpha,\beta]$ 上の函数として一次独立とする．

この時 $[\alpha,\beta]$ の m 個の直積 $\overbrace{[\alpha,\beta]\times[\alpha,\beta]\times\cdots\times[\alpha,\beta]}^{m}$ 内に適当なルベーグ測度ゼロの集合 A が存在して $(T_1, T_2,\cdots, T_m)\notin A$ ならば $\det[f_j(T_i)]_{1\leq i,j\leq m}\neq 0$ となる．

ここで $[f_j(T_i)]_{1\leq i,j\leq m}$ は $f_j(T_i)$ を (i,j) 要素とする $m\times m$ 行列である．

【証明】

m に関する帰納法による．

$m=1$ とする．仮定により $f_1(t)$ は $[\alpha,\beta]$ 上の実解析函数であり，しかも恒等的にゼロではない．従って解析函数 $f_1(t)$ の零点は $[\alpha,\beta]$ 内に有限個しかない．これより $m=1$ の場合には命題の主張が成立することが分かる．

$m\leq n-1$ に対して命題の主張が成立すると仮定する．

行列 $N(t, T_2, T_3,\cdots, T_n)$ を

$$N(t, T_2, T_3, \cdots, T_n) = \begin{pmatrix} f_1(t), & f_2(t), & \cdots, & f_n(t) \\ f_1(T_2), & f_2(T_2), & \cdots, & f_n(T_2) \\ & & & \\ f_1(T_n), & f_2(T_n), & \cdots, & f_n(T_n) \end{pmatrix}$$

によって定めよう．

$N(t, T_2, T_3, \cdots, T_n)$ の第2行〜第 n 行から選んだ $(n-1)$ 次の小行列を $A_1(T_2, T_3, \cdots, T_n)$, $A_2(T_2, T_3, \cdots, T_n)$, $\cdots A_n(T_2, T_3, \cdots, T_n)$ とする．

$m \leq n-1$ について命題の主張が成立するから，適当なルベーグ測度ゼロの集合 $B_1, B_2, \cdots, B_n$ が存在して $(T_2, T_3, \cdots, T_n) \notin B_i$ ならば $\det A_i(T_2, T_3, \cdots, T_n) \neq 0$ である．

従って適当なルベーグ測度ゼロの集合 B が存在して $(T_2, T_3, \cdots, T_n) \notin B$ ならば $\det A_i(T_2, T_3, \cdots, T_n) \neq 0$ $(1 \leq i \leq n)$ である．

そこで $(T_2, T_3, \cdots, T_n) \notin B$ を任意に一つ固定して t の函数 $\det N(t, T_2, \cdots, T_n)$ を考察する．

$\det N(t, T_2, T_3, \cdots, T_n)$ を第1行に関して展開すると　$\det N(t, T_2, T_3, \cdots, T_n) = \sum_{i=1}^{n} a_i f_i(t)$．ここで $|a_i|$ はいずれかの $|\det A_i(T_2, T_3, \cdots, T_n)|$ に等しい．

$(T_2, T_3, \cdots, T_n) \notin B$ だからすべての i について $a_i \neq 0$ である．

仮定より $f_1(t), \cdots, f_n(t)$ は函数として一次独立であるから $\sum_{i=1}^{n} a_i f_i(t)$ は $[\alpha, \beta]$ 上で恒等的にゼロではない．

従って $\sum_{i=1}^{n} a_i f_i(t)$ の零点は $[\alpha, \beta]$ 内に有限個しかない．

これより $m=n$ についても命題の主張が成り立つことが分かる．■

第III部

消費・投資の最適化問題

第III部では不確実性が存在する下での効用最大化問題を解く．即ち，消費者が予算制約式を満たすように消費と資産運用を行うと仮定し，どのような消費と資産運用の組合せを選べば消費者の効用が最大になるかを調べる．その際，消費者の効用は各時点での消費と最終時点での資産保有残高に依存するものとする．また，消費者には資産運用収益以外の所得はないものとする．

第11章では，消費者の取引には予算制約以外の制約はないものとする．第11章ではこのような効用最大化問題をラグランジュ乗数を用いて解く．その過程は次のとおりである．

- 不確実性が存在する状況の下で，消費者が予算制約式を満たすように行動すれば次の不等式が成立することを示す．

  当該期間中の消費額の割引現在価値＋期末の資産保有残高の割引現在価値 $\leq$ 期首の資産保有残高

  (割引現在価値はマルチンゲール測度を用いて計算する．命題（11-17）参照)．

  また効用を最大化するためにはこの不等式が等式になっていなければならないことを示す．
- この等式を用いると，不確実性が存在しない場合と全く同様にして，効用最大化問題をラグランジュ乗数を用いて解くことができることを示す．

第11章の効用最大化問題は不確実な状況を前提としているため見かけは複雑である．しかしながらその解法は本質的には不確実性が存在しない場合と同じなのである．ただし，そのような並行関係が存在していることが分かるのはマルチンゲール測度を用いて前記の不等式が証明されるからである．その意味で第III部においてもマルチンゲール測度は重要な役割を果たす．

第12章は第13章のための準備である．

第13章では，消費者は予算制約式に加え何らかの取引上の制限を受けるものとする．現実の資産運用では，特定の資産の空売りができない，あるいは借入れ限度額に上限があるといった種々の制約がある．このような制約を考慮するのが目的である．

数学的な言い換えを行ってみると，第13章の仮定の下では消費者は次の制約を満たしながらその効用を最大化することが分かる．

(1)予算制約式，(2)資産運用に関する無限に多くの不等式

第 13 章の効用最大化問題も不確実性が存在する状況を前提しているため見かけが複雑になっている．

そこで，まず，不確実性が存在しない状況の下で次の制約条件を満たすように行動する消費者の効用を最大化する問題を考える．

(1)′ 予算制約式，(2)′ 資産運用に関する無限に多くの不等式

この問題は，経済学で用いるいわゆる envelope theorem を用いて解くことができる．

このように不確実性が存在しない場合の問題を解いたら，次にその解法がほとんどそのまま第 13 章の効用最大化問題を解くために利用できることを示す．

ただし，こうした論証の過程はかなり長くならざるを得ない．具体的には次のとおりである．

- 不確実性が存在しない場合に，(1)′(2)′ の制約の下で消費者の効用を最大化する問題を解く．これは第 12 章で行っておく．
- 第 13 章で，本来の目的である効用最大化問題を定式化し，この問題の制約式が前記の(1)(2)の形に書けることを確認する．
- 第 12 章の結果に基づいて第 13 章の問題の解き方を考える（その際第 11 章の結果を用いる必要があることが分かる）．
- 適当な仮定があれば第 13 章の効用最大化問題も第 12 章の効用最大化問題と同じように解けることを示す．
- 最後に仮定を緩めて最小限の仮定の下で第 13 章の効用最大化問題を解くにはどうしたらよいかを考える．
- 以上の結果を用いて命題 (13-60) (13-61) によって第 13 章の効用最大化問題を解く．

第 11 章

取引に制限がない消費・投資の最適化問題
——不確実性が存在する場合——

1　証券価格のモデル M

本章では第 6 章で用いた証券価格のモデル $M=((\Omega, \mathfrak{F}, P), T, (W(t))_{0\leq t<\infty}, (\mathfrak{F}_t)_{0\leq t<\infty}, (r(t))_{0\leq t\leq T}, (b(t))_{0\leq t\leq T}, (\delta(t))_{0\leq t\leq T}, (\sigma(t))_{0\leq t\leq T}, (B(t))_{0\leq t\leq T}, (S_1(t))_{0\leq t\leq T}, (S_2(t))_{0\leq t\leq T}, \cdots, (S_N(t))_{0\leq t\leq T}, \tilde{S})$ と証券市場 $[M]$ をそのまま用いる．

定義により M の構成要素は条件 (6-3) (1)〜(8)を満たす．

とくに $B(t), S_1(t), S_2(t), \cdots, S_N(t)$ は次の方程式を満たす．

$$dB(t)=r(t)B(t)dt \qquad B(0)=1$$

$$dS_i(t)=S_i(t)[b_i(t)dt+\sum_{j=1}^{N}\sigma_{ij}(t)dW_j(t)] \qquad S_i(0)=\tilde{S}_i \ (1\leq i\leq N)$$

証券市場 $[M]$ ではそれぞれ $B, S_1, S_2, \cdots, S_N$ と名づけられた $(N+1)$ 個の証券が時刻 0 から T までの間連続的に取引され，$B, S_1, \cdots, S_N$ の価格は $B(t), S_1(t), \cdots, S_N(t)$ である．また時刻 t に S_i を一単位保有すると $S_i(t)\delta_i(t)dt$ だけの配当を受取ることができる．

第 6 章では，証券価格のモデル M が標準的である，即ち M について (6-15) (1)〜(3)が成立するものとした．本章では M が標準的であるとはしないが M について (6-15) (1) (2)が成立するものとする．即ち次のとおりである．

(11-1)　証券価格のモデル M は次の条件を満たすものとする．

(1)　$[0, T]\times\Omega$ 上で $\lambda\otimes P$ に関してほとんど至る所で $\sigma^{-1}(t)$ が存在する．

(2)　$\theta(t)=\sigma^{-1}(t)[b(t)+\delta(t)-r(t)e_N]$ とすると $\int_0^T\|\theta(t)\|^2dt<\infty$ (*a. e.*)

以上の仮定の下では

$$Z_0(t)=\exp\left[-\int_0^t\langle\theta(s),\,dW(s)\rangle-\frac{1}{2}\int_0^t\|\theta(s)\|^2\,ds\right]$$

は P に関するローカルマルチンゲールとなる．何故なら $dZ_0(t)=-Z_0(t)\langle\theta(t),\,dW(t)\rangle$，即ち，$Z_0(t)=1-\int_0^t Z_0(s)\langle\theta(s),\,dW(s)\rangle$ となるからである．しかしながら $Z_0(t)$ が P に関するマルチンゲールであるとは限らない．

この $Z_0(t)$ を用いて $H_0(t)=\dfrac{Z_0(t)}{B(t)}$ と定める．

さらに M について次の仮定を置く．

(11-2)　M の構成要素である $(r(t))_{0\leq t\leq T}$ は $[0,\,T]\times\Omega$ 上で $\lambda\otimes P$ に関してほとんど至る所で $r(t,\,\omega)\geq 0$ となる．

2　効用函数

(11-3)　$x\in[0,\infty)$ で定義された函数 $U(x)$ が次の条件を満たす時，$U(x)$ を効用函数という．

(1)　$x\in[0,\infty)$ で連続であり，$U(0)=0$ である．

(2)　$x\in(0,\infty)$ で 2 階微分可能であり $U''(x)<0$ である．

(3)　$\lim_{x\downarrow 0}U'(x)=\infty$，$\lim_{x\to\infty}U'(x)=0$

次の命題が成り立つ．

(11-4)　$U(x)$ が効用函数であれば次の事実が成り立つ．

(1)　$U'(x)$ は連続で狭義単調減少かつ $U'(x)>0$ である．

(2)　$U(x)$ は狭義単調増加．

(3)　$U(x)$ は狭義に凹である．即ち $x\neq y$　$0<\lambda<1$ ならば

$$\lambda U(x)+(1-\lambda)U(y)<U(\lambda x+(1-\lambda)y)$$

$U(x)$ が効用函数であれば (11-3) (2) (3) より $y\in(0,\infty)$ である y に対し，$U'(x)=y$　$x\in(0,\infty)$ となる x が唯一定まる．この x を y の函数として以後 $I(y)$ と書くこととする．

(11-5)　効用函数 $U(x)$ と函数 $I(y)$ について次のとおりである．

(1)　$y=U'(x)$ と $x=I(y)$ は同値である．

(2)　$\lim_{y\to\infty}I(y)=0$　　$\lim_{y\downarrow 0}I(y)=\infty$

効用函数 $U(x)$ に対して $y\in(0,\infty)$ で定義された函数 $\tilde{U}(y)$ が次のように定ま

る．

$$\tilde{U}(y)=\sup_{x>0}[U(x)-yx]$$

$\tilde{U}(y)$ を $U(x)$ の双対函数という．

次の命題が成り立つ．

(11-6)　$U(x)$ を効用函数とする．

(1)　$y>0$ であれば $U(x)-yx$ は $x=I(y)$ で最大値をとる．

(2)　$\tilde{U}(y)=U(I(y))-y\,I(y)$

(3)　$\tilde{U}'(y)=-I(y)$

(11-7)　$(t, x)\in[0, T]\times[0, \infty)$ に対して定義された函数 $U_1(t, x)$ が次の条件を満たす時，$U_1(t, x)$ は $t\in[0, T]$ に対して定義された x の効用函数であるという．

(1)　$U_1(t, x)$ は $[0, T]\times[0, \infty)$ 上で連続である．

(2)　$\dfrac{\partial U_1}{\partial x}$ が $[0, T]\times(0, \infty)$ 上で存在し連続である．

(3)　$t\in[0, T]$ を固定して得られる $x\in[0, \infty)$ の函数 $U_1(t, x)$ は効用函数である．

$\dfrac{\partial U_1}{\partial x}(t, x)$ を $U_1'(t, x)$ と書くこととする．

(11-8)　$U_1(t, x)$ は $t\in[0, T]$ に対して定義された x の効用函数であるとする．

(1)　t を固定すると，$y\in(0, \infty)$ に対して $U_1'(t, x)=y$ となる x が唯一つ定まる．この x を $I_1(t, y)$ と書くこととする．

(2)　$y=U_1'(t, x)$ と $x=I_1(t, y)$ は同値である．

(3)　$\lim_{y\to\infty} I_1(t, y)=0$　　$\lim_{y\downarrow 0} I_1(t, y)=\infty$

(4)　$y\in(0, \infty)$ を固定すると x の函数 $U_1(t, x)-yx$ は $x=I_1(t, y)$ で最大値をとる．

(5)　$y\in(0, \infty)$ の函数 $\tilde{U}_1(t, y)$ を $\tilde{U}_1(t, y)=\sup_{x>0}[U_1(t, x)-yx]$ によって定めると $\tilde{U}_1(t, y)=U_1(t, I_1(t, y))-yI_1(t, y)$ である．

$\dfrac{\partial \tilde{U}_1}{\partial y}(t, y)$ を $\tilde{U}_1'(t, y)$ と書くと $\tilde{U}_1'(t, y)=-I_1(t, y)$ である．

3　効用最大化問題

以下では第 1 節の証券価格のモデル M と証券市場 $[M]$ を前提に議論を進める．M については (11-1)(1)(2)および (11-2) が成り立つと仮定する．

第 6 章 (6-8) の資産変動過程の定義と (6-9) の投資戦略の定義を思い出しておこう．

ここではさらに次の定義を置く．

(11-9)　確率過程 $c=(c(t))_{0\leq t\leq T}$ が消費過程であるとは次の条件が成立つことを言う．

- $(c(t))_{0\leq t\leq T}$ は $(\mathfrak{F}_t)_{0\leq t\leq T}$ に関して発展的可測である．
- $c(t,\omega)\geq 0$ $(\lambda\otimes P \quad a.\ e.)$
- $\int_0^T c(s)ds<\infty$ $(P \quad a.\ e.)$

以下では，とくに断らない限り，$X=(X(t))_{0\leq t\leq T}$ は資産変動過程を，$\boldsymbol{\pi}=(\boldsymbol{\pi}(t))_{0\leq t\leq T}=((\pi_1(t),\cdots,\pi_N(t))')_{0\leq t\leq T}$ は投資戦略を，$c=(c(t))_{0\leq t\leq T}$ は消費過程を表わすものとする．

(11-10)　$X=(X(t))_{0\leq t\leq T}$，$\boldsymbol{\pi}=(\boldsymbol{\pi}(t))_{0\leq t\leq T}=((\pi_1(t),\cdots,\pi_N(t))')_{0\leq t\leq T}$，$c=(c(t))_{0\leq t\leq T}$ の組合せ $(X,\boldsymbol{\pi},c)$ が予算制約式を満たすとは X，$\boldsymbol{\pi}$，c について次の式が成立することを言う[注1)]．

(11-11)
$$dX(t)=r(t)X(t)dt+\langle\boldsymbol{\pi}(t),(\boldsymbol{b}(t)+\boldsymbol{\delta}(t)-r(t)\boldsymbol{e}_N)dt+\boldsymbol{\sigma}(t)d\boldsymbol{W}(t)\rangle-c(t)dt$$

ここで $\boldsymbol{e}_N=(1,1,\cdots,1)'$，$d\boldsymbol{W}(t)=(dW_1(t),dW_2(t),\cdots,dW_N(t))'$ であり，$\langle\boldsymbol{x},\boldsymbol{y}\rangle$ は 2 つのベクトル $\boldsymbol{x},\boldsymbol{y}$ の内積である．

$(X,\boldsymbol{\pi},c)$ が予算制約式を満たすことを $(X,\boldsymbol{\pi},c)\in BT$ で表わす．

第 6 章第 2 節と同様に考えれば，$(X,\boldsymbol{\pi},c)\in BT$ であれば，証券市場 $[M]$ を利用して次のような資産運用・消費行動を行うことができる．

(1)　時刻 0 に資産額 $X(0)$ から出発する．

(2)　時刻 t（$0\leq t\leq T$）に資産額 $X(t)$ を保有する．

(3)　時刻 t に証券 $S_1,S_2,\cdots,S_N$ をそれぞれ金額 $\pi_1(t),\pi_2(t),\cdots,\pi_N(t)$ だけ保有する（従って証券 B を $X(t)-\sum_{i=1}^N\pi_i(t)$ だけ保有する）．

(4)　各時刻に $c(t)$ を消費する．時刻 0 から t までの累積消費額は $\int_0^t c(s)ds$ である．

(5)　時刻 T に資産額 $X(T)$ に到達する．時刻 0 から T までの間に追加的な資金の投入・引出しは一切行われない．

(11-12)　$X=(X(t))_{0\le t\le T}$，$\boldsymbol{\pi}=(\boldsymbol{\pi}(t))_{0\le t\le T}=((\pi_1(t), \pi_2(t), \cdots, \pi_N(t))')_{0\le t\le T}$，$c=(c(t))_{0\le t\le T}$ の組合せ $(X, \boldsymbol{\pi}, c)$ について $(X, \boldsymbol{\pi}, c)\in BT$ となることは次の 2 つの式のいずれもと同値である．

(1)　$$X(t)=X(0)+\int_0^t r(s)X(s)ds+\int_0^t\langle\boldsymbol{\pi}(s), (\boldsymbol{b}(s)+\boldsymbol{\delta}(s)-r(s)\boldsymbol{e}_N)ds+\boldsymbol{\sigma}(s)d\boldsymbol{W}(s)\rangle-\int_0^t c(s)ds$$

(2)　$$\frac{X(t)}{B(t)}=X(0)+\int_0^t\frac{\langle\boldsymbol{\pi}(s), (\boldsymbol{b}(s)+\boldsymbol{\delta}(s)-r(s)\boldsymbol{e}_N)ds+\boldsymbol{\sigma}(s)d\boldsymbol{W}(s)\rangle}{B(s)}-\int_0^t\frac{c(s)}{B(s)}ds$$

【証明】

(1)は (11-11) を積分形に書直したものであるから(1)と (11-11) は同値である．

(1)→(2)を示そう．

(1)から得られる

$$dX(t)=r(t)X(t)dt+\langle\boldsymbol{\pi}(t), (\boldsymbol{b}(t)+\boldsymbol{\delta}(t)-r(t)\boldsymbol{e}_N)dt+\boldsymbol{\sigma}(t)d\boldsymbol{W}(t)\rangle-c(t)dt$$

と，$dB(t)=r(t)B(t)dt$ より

$$d\left[\frac{X(t)}{B(t)}\right]=\frac{\langle\boldsymbol{\pi}(t), (\boldsymbol{b}(t)+\boldsymbol{\delta}(t)-r(t)\boldsymbol{e}_N)dt+\boldsymbol{\sigma}(t)d\boldsymbol{W}(t)\rangle}{B(t)}-\frac{c(t)dt}{B(t)}$$

これと $\dfrac{X(0)}{B(0)}=X(0)$ より(2)を得る．

(2)→(1)を示そう．

このためには，(2)から得られる $d\left[\dfrac{X(t)}{B(t)}\right]$ と $dB(t)=r(t)B(t)dt$ から $dX(t)$ を求めればよい．■

(11-13)　x は $x>0$ である実数とする．この時次の条件を満たす資産変動過程 $X=(X(t))_{0\le t\le T}$，投資戦略 $\boldsymbol{\pi}=(\boldsymbol{\pi}(t))_{0\le t\le T}=((\pi_1(t), \pi_2(t), \cdots, \pi_N(t))')_{0\le t\le T}$，消費過程 $c=(c(t))_{0\le t\le T}$，確率変数 $\boldsymbol{\alpha}$ の組合せ $(X, \boldsymbol{\pi}, c, \boldsymbol{\alpha})$ の集合を $W(x)$ で表わす．

(1)　$(X, \boldsymbol{\pi}, c)\in BT$　　(2)　$X(t, \omega)\ge 0$ $(\boldsymbol{\lambda}\otimes P\ \ a.e.)$

(3)　$X(0)=x$　　(4)　$X(T)=\boldsymbol{\alpha}$

(11-14)　$U_1(t, x)$ は $t\in[0, T]$ で定義された x の効用函数であり，$U_2(x)$ は効用函数であるとする．

　$x>0$ となる x の函数 $V(x)$ を $V(x)=\sup_{(X,\pi,c,\alpha)\in W(x)} \mathrm{E}\left[\int_0^T U_1(t, c(t))dt+U_2(\alpha)\right]$ によって定める．

$W(x)$ の要素の中から $V(x)$ を達成する (X, π, c, α) を求める問題を考え，これを問題 $A(x)$ と呼ぶ．

問題 $A(x)$ を解くことが以下での目標である．

4　制約条件の書換え

この節では $(X, \pi, c, \alpha)\in W(x)$ が満たす条件 (11-13) (1)〜(4)の中の(1) $(X, \pi, c)\in BT$ を扱い易い形に書換え，問題 $A(x)$ を解き易くすることを試みる．

(11-15)　消費過程 $c=(c(t))_{0\le t\le T}$ と，$\mathfrak{F}_T$ 可測でありかつ $\alpha\ge 0$ となる確率変数 α の組合せ (c, α) の集合を L で表す．

(11-16)　$(c, \alpha)\in L$ に対して $H[c, \alpha]$ を $H[c, \alpha]=\mathrm{E}\left[\int_0^T H_0(s)c(s)ds+H_0(T)\alpha\right]$ によって定める．$H_0(t)$ は237ページで定めたように

$$H_0(t)=\frac{Z_0(t)}{B(t)}=\exp\left[-\int_0^t\langle\theta(s), dW(s)\rangle-\frac{1}{2}\int_0^t\|\theta(s)\|^2 ds\right]\times\exp\left[-\int_0^t r(s)ds\right]$$

である．

(11-17)　$(X, \pi, c, \alpha)\in W(x)$ ならば

(1)　$(c, \alpha)\in L$，(2)　$H[c, \alpha]\le x$ である．

【証明】

(1)の $(c, \alpha)\in L$ は明らかである．

(2)を示す．

$(X, \pi, c, \alpha)\in W(x)$ ならば $(X, \pi, c)\in BT$ だから X, π, c について (11-12) (2)が成り立つ．従って

$$d\left[\frac{X(t)}{B(t)}\right]=\frac{\langle\pi(t), (b(t)+\delta(t)-r(t)\boldsymbol{e}_N)dt+\sigma(t)dW(t)\rangle}{B(t)}-\frac{c(t)}{B(t)}dt$$

他方 $Z_0(t)=\exp\left[-\int_0^t\langle\theta(s), dW(s)\rangle-\frac{1}{2}\int_0^t\|\theta(s)\|^2 ds\right]$ より $dZ_0(t)=-Z_0(t)\langle\theta(t), dW(t)\rangle$

この2つの式と部分積分の公式を用いて $d[H_0(t)X(t)]=d\left[\frac{Z_0(t)}{B(t)}X(t)\right]=$

$d\left[Z_0(t)\dfrac{X(t)}{B(t)}\right]$ を求めると

$$d[H_0(t)X(t)]=-H_0(t)c(t)dt+H_0(t)\langle\sigma'(t)\pi(t)-X(t)\theta(t),\,dW(t)\rangle$$

この式と $X(0)=x$ より

$$H_0(t)X(t)+\int_0^t H_0(s)c(s)ds=x+\int_0^t H_0(s)\langle\sigma'(s)\pi(s)-X(s)\theta(s),\,dW(s)\rangle$$

仮定 $(X,\pi,c,\alpha)\in W(x)$ より $X(t)\geq 0$, $c(t)\geq 0$ だからこの式の左辺は正である．またこの式の右辺は P に関するローカルマルチンゲールである．従ってこの式の左右両辺は P に関するスーパーマルチンゲールとなるから

$\mathrm{E}\left[H_0(T)X(T)+\int_0^T H_0(s)c(s)ds\right]\leq x$，即ち $\mathrm{E}\left[\int_0^T H_0(s)c(s)ds+H_0(T)\alpha\right]\leq x$

これは $H[c,\alpha]\leq x$ を意味する．■

(11-18)　$(c,\alpha)\in L$，$H[c,\alpha]=x$ ならば，適当な資産変動過程 $X=(X(t))_{0\leq t\leq T}$ と投資戦略 $\pi=(\pi(t))_{0\leq t\leq T}=((\pi_1(t),\pi_2(t),\cdots,\pi_N(t))')_{0\leq t\leq T}$ が存在して $(X,\pi,c,\alpha)\in W(x)$ となる．

【証明】

仮定より $H[c,\alpha]=x$ だから $\int_0^T H_0(s)c(s)ds+H_0(T)\alpha$ は可積分であり，$\mathrm{E}\left[\int_0^T H_0(s)c(s)ds+H_0(T)\alpha\,\middle|\,\mathfrak{F}_t\right]$ は P に関するマルチンゲールである．

従ってマルチンゲールの表現定理 (5-44) により次の条件を満たす確率過程 $\varphi=(\varphi(t))_{0\leq t\leq T}=((\varphi_1(t),\varphi_2(t),\cdots,\varphi_N(t))')_{0\leq t\leq T}$ が存在する．

(11-19)　$$\mathrm{E}\left[\int_0^T H_0(s)c(s)ds+H_0(T)\alpha\,\middle|\,\mathfrak{F}_t\right]=x+\int_0^t\langle\varphi(s),\,dW(s)\rangle$$

$$\int_0^T\|\varphi(s)\|^2ds<\infty\quad(a.\ e.)$$

そこで確率過程 $X=(X(t))_{0\leq t\leq T}$，$\pi=(\pi(t))_{0\leq t\leq T}=((\pi_1(t),\pi_2(t),\cdots,\pi_N(t))')_{0\leq t\leq T}$ を次の 2 つの式が成り立つように定める．

$$H_0(t)X(t)=\mathrm{E}\left[\int_t^T H_0(s)c(s)ds+H_0(T)\alpha\,\middle|\,\mathfrak{F}_t\right]$$
$$\varphi(t)=H_0(t)(\sigma'(t)\pi(t)-X(t)\theta(t))$$

$H_0(t)>0$ であり $\sigma(t)^{-1}$ が存在するから，$X(t)$ と $\pi(t)$ は確かにこの 2 つの式を満たすように定めることができる．

この 2 つの式を用いて (11-19) を書き直すと

$H_0(t)X(t)+\int_0^t H_0(s)c(s)ds=x+\int_0^t H_0(s)\langle\sigma'(s)\pi(s)-X(s)\theta(s),\,dW(s)\rangle$ を得る．

これより $d[H_0(t)X(t)]=-H_0(t)c(t)dt+H_0(t)\langle\sigma'(t)\pi(t)-X(t)\theta(t),\,dW(t)\rangle$

他方 $Z_0(t)$ について $d\left[\dfrac{1}{Z_0(t)}\right]=\dfrac{1}{Z_0(t)}[\langle\theta(t),\,dW(t)\rangle+\|\theta(t)\|^2dt]$

以上の 2 つの式と部分積分の公式から $d\left[\dfrac{X(t)}{B(t)}\right]=d\left[\dfrac{1}{Z_0(t)}H_0(t)X(t)\right]$ を求

めると $d\left[\dfrac{X(t)}{B(t)}\right]=-\dfrac{c(t)}{B(t)}dt+\dfrac{\langle \boldsymbol{\pi}(t), (b(t)+\delta(t)-r(t)\boldsymbol{e}_N)dt+\boldsymbol{\sigma}(t)dW(t)\rangle}{B(t)}$

これは

$$\frac{X(t)}{B(t)}=X(0)+\int_0^t\frac{\langle \boldsymbol{\pi}(s), (b(s)+\delta(s)-r(s)\boldsymbol{e}_N)ds+\boldsymbol{\sigma}(s)dW(s)\rangle}{B(s)}-\int_0^t\frac{c(s)}{B(s)}ds$$

を意味する．即ち X, $\boldsymbol{\pi}$, c は (11-12) (2)を満たす．

また $X(t)$ の定め方から $X(t)\geq 0$, $X(0)=x$, $X(T)=\alpha$ は明らかである．

従って X が資産変動過程であり，$\boldsymbol{\pi}$ が投資戦略であることを示せば $(X, \boldsymbol{\pi}, c, \alpha)$ が (11-13) の(1)〜(4)を満たし，$(X, \boldsymbol{\pi}, c, \alpha)\in W(x)$ であることが結論される．

X が資産変動過程であることは明らかだから $\boldsymbol{\pi}$ が投資戦略であることを示せばよい．即ち $\int_0^T|\langle \boldsymbol{\pi}(t), b(t)+\delta(t)-r(t)\boldsymbol{e}_N\rangle|\,dt<\infty$ $(a.\,e.)$, $\int_0^T\|\boldsymbol{\sigma}'(t)\boldsymbol{\pi}(t)\|^2dt<\infty$ $(a.\,e.)$ を示す．

まず $\boldsymbol{\pi}(t)$ の定め方から $\boldsymbol{\sigma}'(t)\boldsymbol{\pi}(t)=\dfrac{\varphi(t)}{H_0(t)}+X(t)\theta(t)$ が成立するが，この式の右辺については次のとおりである．

・$\int_0^T\|\varphi(t)\|^2dt<\infty$ $(a.\,e.)$ かつ $\dfrac{1}{H_0(t)}$ は $[0, T]$ で連続．

・$\int_0^T\|\theta(t)\|^2dt<\infty$ $(a.\,e.)$ かつ $X(t)$ は $[0, T]$ で連続．

これより $\int_0^T\|\boldsymbol{\sigma}'(t)\boldsymbol{\pi}(t)\|^2dt<\infty$ $(a.\,e.)$ である．

次に

$$\begin{aligned}&\int_0^T|\langle \boldsymbol{\pi}(t), b(t)+\delta(t)-r(t)\boldsymbol{e}_N\rangle|\,dt\\&=\int_0^T|\langle \boldsymbol{\sigma}'(t)\boldsymbol{\pi}(t), \boldsymbol{\sigma}^{-1}(t)(b(t)+\delta(t)-r(t)\boldsymbol{e}_N)\rangle|\,dt\\&=\int_0^T|\langle \boldsymbol{\sigma}'(t)\boldsymbol{\pi}(t), \theta(t)\rangle|\,dt\leq\sqrt{\int_0^T\|\boldsymbol{\sigma}'(t)\boldsymbol{\pi}(t)\|^2dt}\sqrt{\int_0^T\|\theta(t)\|^2dt}<\infty\ (a.\,e.)\end{aligned}$$

となる．

従って $\boldsymbol{\pi}$ は投資戦略である．■

(11-20)　$(c, \alpha)\in L$, $H[c, \alpha]<x$ であれば，適当な確率変数 β が存在して次の条件を満たす．

(1)　$(c, \beta)\in L$, $H[c, \beta]=x$

(2)　$\mathrm{E}\left[\int_0^T U_1(t, c(t))dt+U_2(\beta)\right]>\mathrm{E}\left[\int_0^T U_1(t, c(t))dt+U_2(\alpha)\right]$

【証明】

まず $H_0(t)=\dfrac{Z_0(t)}{B(t)}$ が可積分であることを示そう．

$Z_0(t)=\exp\left[-\int_0^t\langle\theta(s), dW(s)\rangle-\dfrac{1}{2}\int_0^t\|\theta(s)\|^2ds\right]$ だから $dZ_0(t)=-Z_0(t)\langle\theta(t), dW(t)\rangle$ である．

従って $Z_0(t)=1-\int_0^t Z_0(s)\langle\theta(s), dW(s)\rangle$ が成り立つから $Z_0(t)$ は P に関する

ローカルマルチンゲールである．同時に $Z_0(t)\geq 0$ は明らかだから，$Z_0(t)$ は P に関するスーパーマルチンゲールである．

また $B(t)=\exp\int_0^t r(s)ds$ であり，仮定 (11-2) から $r(s)\geq 0$ だから $B(t)\geq 1$ である．

以上から $H_0(t)=\dfrac{Z_0(t)}{B(t)}$ は可積分である．

これより実数 z の函数 $\mathrm{E}\left[\int_0^T H_0(s)c(s)ds+H_0(T)(\alpha+z)\right]$ はすべての $z\in\boldsymbol{R}$ について有限の値を持つことが分かる．

この z の函数を $\varphi(z)$ と書くと，仮定 $H[c,\alpha]<x$ より $\varphi(0)<x$ である．従って $\varphi(z_0)=x$，$z_0>0$ となる実数 z_0 が存在する．

ここで確率変数 β を $\beta=\alpha+z_0$ によって定めれば (c,β) が(1)(2)を満たすことは明らかである．■

(11-21)　$V(x)=\sup_{(X,\pi,c,\alpha)\in W(x)}\mathrm{E}\left[\int_0^T U_1(t,c(t))dt+U_2(\alpha)\right]$ は $\sup_{(c,\alpha)\in L,H[c,\alpha]=x}\mathrm{E}\left[\int_0^T U_1(t,c(t))dt+U_2(\alpha)\right]$ に等しい．

【証明】

(11-17) (11-18) および (11-20) より明らかである．■

$(c,\alpha)\in L$，$H[c,\alpha]=x$ を満たす (c,α) の中から $V(x)=\sup_{(c,\alpha)\in L,H[c,\alpha]=x}\mathrm{E}\left[\int_0^T U_1(t,c(t))dt+U_2(\alpha)\right]$ を達成する (c,α) を求める問題を考え，これを問題 $\tilde{A}(x)$ と呼ぶ．

問題 $\tilde{A}(x)$ の解 (c,α) が求まれば，(11-18) に従って問題 $A(x)$ の解 (X,π,c,α) を定めることができる．

問題 $\tilde{A}(x)$ は次の有限次元の最適化問題と同じ構造を持つ．

- 制約式 $\sum_{i=1}^n p_i x_i=c$，$x_i\geq 0$ $(1\leq i\leq n)$ の下で函数 $\sum_{i=1}^n \alpha_i U_i(x_i)$ を最大にする $(x_1,\cdots,x_n)'$ を求める（p_i $(1\leq i\leq n)$，c，α_i $(1\leq i\leq n)$ はいずれも正の実数で，函数 $U_i(x)$ $(1\leq i\leq n)$ は $U_i(0)=0$，$U_i'(x)>0$，$U_i''(x)<0$ を満たすとする）．

この有限次元の最適化問題はラグランジュ乗数を用いると簡単に解けるから，$\tilde{A}(x)$ も同様にして解けると予想される．次の節ではこのことを示そう．

5　問題 $\tilde{A}(x)$ の解

問題 $\tilde{A}(x)$ を解いて $V(x)=\sup_{(c,\alpha)\in L, H[c,\alpha]=x} \mathrm{E}\left[\int_0^T U_1(t, c(t))dt+U_2(\alpha)\right]$ を実現する (c, α) を求めてみよう．

次の仮定を置く．

(11-22)　すべての $x>0$ に対し $V(x)<\infty$ である．

(11-23)　すべての $y>0$ に対し

$\mathrm{E}\left[\int_0^T H_0(t)I_1(t, yH_0(t))dt+H_0(T)I_2(yH_0(T))\right]<\infty$ である．

ここで $I_1(t, y)$ は t を固定した x の函数 $U_1'(t, x)$ から (11-8) (1)によって定まる y の函数である．また $I_2(y)$ は x の函数 $U_2'(x)$ から (11-5) (1)によって定まる y の函数である．

(11-24)　$x>0$，$y>0$，$(c, \alpha)\in L$，$H[c, \alpha]<\infty$ である (x, y, c, α) に対し

$$\mathrm{E}[x, y, c, \alpha]=\mathrm{E}\left[\int_0^T U_1(t, c(t))dt+U_2(\alpha)\right] +y\left\{x-\mathrm{E}\left[\int_0^T H_0(t)c(t)dt+H_0(T)\alpha\right]\right\}$$

と定める．

(11-25)　$y>0$ に対して $c_y(t)=I_1(t, yH_0(t))$，$\alpha_y=I_2(yH_0(T))$，$c_y=(c_y(t))_{0\le t\le T}$ と定めると，$(c_y, \alpha_y)\in L$，$H[c_y, \alpha_y]<\infty$ である．

【証明】

$I_1(t, yH_0(t))$ 正確に書けば $I_1(t, yH_0(t, \omega))$ は ω を固定すると t の連続函数となる．従って $c_y=(c_y(t))_{0\le t\le T}$ は (11-9) の条件を満たし消費過程である．

また α_y が $\mathfrak{F}_T$ 可測であることは明らか．

従って $(c_y, \alpha_y)\in L$ である．

$H[c_y, \alpha_y]<\infty$ は書直せば仮定 (11-23) そのものである．■

(11-26)　$x>0$，$y>0$ とする．

$\mathrm{E}[x, y, c_y, \alpha_y]=\sup_{(c,\alpha)\in L, H[c,\alpha]<\infty} \mathrm{E}[x, y, c, \alpha]$ である．

【証明】

$U_1(t, x)$ と $U_2(x)$ から $\tilde{U}_1(t, y)=\sup_{x>0}[U_1(t, x)-yx]$

$\tilde{U}_2(y)=\sup_{x>0}[U_2(x)-yx]$ が定まることに注意しよう．以下ではこの $\tilde{U}_1(t, y)$，$\tilde{U}_2(y)$ を用いる．

$(c, \alpha)\in L$，$H[c, \alpha]<\infty$ であれば

$$\begin{aligned}
\mathrm{E}[x, y, c, \alpha] &= \mathrm{E}\left[\int_0^T \{U_1(t, c(t)) - yH_0(t)c(t)\}dt\right] \\
&\quad + \mathrm{E}[U_2(\alpha) - yH_0(T)\alpha] + yx \\
&\leq \mathrm{E}\left[\int_0^T \tilde{U}_1(t, yH_0(t))dt\right] + \mathrm{E}[\tilde{U}_2(yH_0(T))] + yx \\
&= \mathrm{E}\left[\int_0^T \{U_1(t, I_1(t, yH_0(t))) - yH_0(t)I_1(t, yH_0(t))\}dt\right] \\
&\quad + \mathrm{E}[U_2(I_2(yH_0(T))) - yH_0(T)I_2(yH_0(T))] + yx
\end{aligned}$$

ここで最初の等式は $\mathrm{E}[x, y, c, \alpha]$ の定義 (11-24) による．

2 番目の不等式は $\tilde{U}_1(t, y)$，$\tilde{U}_2(y)$ の定義による．

3 番目の等式は (11-8) (5)，(11-6) (2)による．

さらに $c_y(t) = I_1(t, yH_0(t))$，$\alpha_y = I_2(yH_0(T))$，$(c_y, \alpha_y) \in L$，$H[c_y, \alpha_y] < \infty$ に注意すると最後の項は

$$\mathrm{E}\left[\int_0^T U_1(t, c_y(t))dt + U_2(\alpha_y)\right] + y\left\{x - \mathrm{E}\left[\int_0^T H_0(t)c_y(t)dt + H_0(T)\alpha_y\right]\right\}$$

$= \mathrm{E}[x, y, c_y, \alpha_y]$ に等しい．

従って $\mathrm{E}[x, y, c_y, \alpha_y] = \sup_{(c,\alpha)\in L, H[c,\alpha]<\infty} \mathrm{E}[x, y, c, \alpha]$ である．■

(11-27)　$x > 0$ を一つ固定する．ある $y > 0$ が存在して $H[c_y, \alpha_y] = x$ であれば (c_y, α_y) は問題 $\tilde{A}(x)$ の解である．即ち次の(1) (2)が成り立つ．

(1)　$(c_y, \alpha_y) \in L$，$H[c_y, \alpha_y] = x$

(2)　$\mathrm{E}\left[\int_0^T U_1(t, c_y(t))dt + U_2(\alpha_y)\right] = V(x)$

$$= \sup_{(c,\alpha)\in L, H[c,\alpha]=x} \mathrm{E}\left[\int_0^T U_1(t, c(t))dt + U_2(\alpha)\right]$$

【証明】

(1)は明らかである．

(2)を示す．

$(\tilde{c}, \tilde{\alpha}) \in L$，$H[\tilde{c}, \tilde{\alpha}] = x$ となる任意の $(\tilde{c}, \tilde{\alpha})$ をとる．(11-26) より $\mathrm{E}[x, y, c_y, \alpha_y] = \sup_{(c,\alpha)\in L, H[c,\alpha]<\infty} \mathrm{E}[x, y, c, \alpha] \geq \mathrm{E}[x, y, \tilde{c}, \tilde{\alpha}]$ である．

ここで仮定 $\mathrm{H}[c_y, \alpha_y] = x$ を用いると $\mathrm{E}[x, y, c_y, \alpha_y] = \mathrm{E}\left[\int_0^T U_1(t, c_y(t))dt + U_2(\alpha_y)\right]$ である．

また $H[\tilde{c}, \tilde{\alpha}] = x$ より $\mathrm{E}[x, y, \tilde{c}, \tilde{\alpha}] = \mathrm{E}\left[\int_0^T U_1(t, \tilde{c}(t))dt + U_2(\tilde{\alpha})\right]$

従って $\mathrm{E}\left[\int_0^T U_1(t, c_y(t))dt + U_2(\alpha_y)\right] \geq \mathrm{E}\left[\int_0^T U_1(t, \tilde{c}(t))dt + U_2(\tilde{\alpha})\right]$

これより $\mathrm{E}\left[\int_0^T U_1(t, c_y(t))dt + U_2(\alpha_y)\right] = V(x)$

$= \sup_{(c,\alpha)\in L, H[c,\alpha]=x} \mathrm{E}\left[\int_0^T U_1(t, c(t))dt + U_2(\alpha)\right]$ である．■

(11-28)　$x > 0$ とする．$H[c_y, \alpha_y] = x$ となる $y > 0$ が唯一つ存在する．

【証明】

(11-23) よりすべての $y>0$ に対して $H[c_y, \alpha_y]=\mathrm{E}\left[\int_0^T H_0(t)I_1(t, yH_0(t))dt+H_0(T)I_2(yH_0(T))\right]<\infty$ である．

同時に $I_1(t, y)$，$I_2(y)$ について次の事実が成り立つ．

・t を固定した y の函数 $I_1(t, y)$，および $I_2(y)$ は y の単調減少函数である．

・$\lim_{y\to\infty} I_1(t, y)=0$，$\lim_{y\downarrow 0} I_1(t, y)=\infty$，$\lim_{y\to\infty} I_2(y)=0$，$\lim_{y\downarrow 0} I_2(y)=\infty$

以上より $H[c_y, \alpha_y]$ は y の単調減少函数で $\lim_{y\to\infty} H[c_y, \alpha_y]=0$，$\lim_{y\downarrow 0} H[c_y, \alpha_y]=\infty$ である．従って $H[c_y, \alpha_y]=x$ となる y が唯一つ存在する．■

(11-29)　$x>0$ に対して $H[c_y, \alpha_y]=x$ を満たす $y>0$ を $y(x)$ と書く．

(11-30)　$c_{y(x)}$，$\alpha_{y(x)}$ をそれぞれ c^x, α^x と書く．

(11-27) によれば (c^x, α^x) は問題 $\tilde{A}(x)$ の解を与える．従って (11-18) に基づいて適当な資産変動過程 $X^x=(X^x(t))_{0\le t\le T}$ と投資戦略 $\pi^x=(\pi^x(t))_{0\le t\le T}=((\pi_1^x(t), \pi_2^x(t), \cdots, \pi_N^x(t))')_{0\le t\le T}$ を構成して $(X^x, \pi^x, c^x, \alpha^x)$ が問題 $A(x)$ の解となるようにできる．

(11-31)　c^x, α^x から次のように $X^x=(X^x(t))_{0\le t\le T}$，$\pi^x=(\pi^x(t))_{0\le t\le T}=((\pi_1^x(t), \pi_2^x(t), \cdots, \pi_N^x(t))')_{0\le t\le T}$ を定めると $(X^x, \pi^x, c^x, \alpha^x)$ は問題 $A(x)$ の解である．

(1)　次の条件を満たす $\varphi^x(s)$ を選ぶ．

$$\mathrm{E}\left[\int_0^T H_0(s)c^x(s)ds+H_0(T)\alpha^x\middle|\mathfrak{F}_t\right]=x+\int_0^t\langle\varphi^x(s), dW(s)\rangle$$

$$\int_0^T\|\varphi^x(s)\|^2 ds<\infty\quad (a.\ e.)$$

(2)　この $\varphi^x(t)$ から，$X^x(t)$ と $\pi^x(t)$ を次の2つの式が成立するように定める．

$$H_0(t)X^x(t)=\mathrm{E}\left[\int_t^T H_0(s)c^x(s)ds+H_0(T)\alpha^x\middle|\mathfrak{F}_t\right]$$

$$\varphi^x(t)=H_0(t)(\sigma'(t)\pi^x(t)-X^x(t)\theta(t))$$

(11-31) により条件 (11-22) (11-23) の下で問題 $A(x)$ に解 $(X^x, \pi^x, c^x, \alpha^x)$ が存在することになる．

(11-32)　条件 (11-22) (11-23) が成り立てば問題 $A(x)$ の解は $(X^x, \pi^x, c^x, \alpha^x)$ 唯一つである．

【証明】

(11-22) (11-23) が成り立ち，かつ (X, π, c, α) が問題 $A(x)$ の解であるとする．

(1)　$c=c^x$，$\alpha=\alpha^x$ を示す．

仮定により $\mathrm{E}\left[\int_0^T U_1(t, c^x(t))dt+U_2(\alpha^x)\right]=\mathrm{E}\left[\int_0^T U_1(t, c(t))dt+U_2(\alpha)\right]$ である．

従って

$$\begin{aligned}\mathrm{E}[x, y(x), c^x, \alpha^x]&=\mathrm{E}\left[\int_0^T U_1(t, c^x(t))dt+U_2(\alpha^x)\right]\\&\quad+y(x)\left\{x-\mathrm{E}\left[\int_0^T H_0(t)c^x(t)dt+H_0(T)\alpha^x\right]\right\}\\&=\mathrm{E}\left[\int_0^T U_1(t, c(t))dt+U_2(\alpha)\right]\\&\quad+y(x)\left\{x-\mathrm{E}\left[\int_0^T H_0(t)c(t)dt+H_0(T)\alpha\right]\right\}=\mathrm{E}[x, y(x), c, \alpha]\end{aligned}$$

仮定 (11-22) より $\mathrm{E}[x, y(x), c^x, \alpha^x]<\infty$ である．

また $c^x=c_{y(x)}$，$\alpha^x=\alpha_{y(x)}$ だから

$$U_1(t, c^x(t))-y(x)H_0(t)c^x(t)\geq U_1(t, c(t))-y(x)H_0(t)c(t)$$
$$U_2(\alpha^x)-y(x)H_0(T)\alpha^x\geq U_2(\alpha)-y(x)H_0(T)\alpha$$

従って $\mathrm{E}[x, y(x), c^x, \alpha^x]=\mathrm{E}[x, y(x), c, \alpha]$ ならば $c^x(t, \omega)=c(t, \omega)$ $(\lambda\otimes P\ \ a.e.)$，$\alpha^x(\omega)=\alpha(\omega)$ $(P\ \ a.e.)$ でなくてはならない．

(2)　$X=X^x$ を示す．

仮定により $(X, \pi, c)\in BT$，$X(t, \omega)\geq 0$ $(\lambda\otimes P\ \ a.e.)$，$X(0)=x$ だから (11-17) の証明と全く同じように次の(i)〜(iii)が成り立つ．

(i)　$H_0(t)X(t)+\int_0^t H_0(s)c(s)ds=x+\int_0^t H_0(s)\langle\sigma'(s)\pi(s)-X(s)\theta(s), dW(s)\rangle$

(ii)　(i)の両辺は P に関するスーパーマルチンゲールである．

(iii)　$\mathrm{E}[H_0(T)X(T)+\int_0^T H_0(s)c(s)ds]\leq x$

また (X, π, c, α) は問題 $A(x)$ の解だから $\mathrm{E}\left[\int_0^T H_0(s)c(s)ds+H_0(T)\alpha\right]=x$ である．この事実と $X(T)=\alpha$ より $\mathrm{E}\left[H_0(T)X(T)+\int_0^T H_0(s)c(s)ds\right]=x$

この式と(ii)(iii)より，(i)の両辺は P に関するマルチンゲールである．

従って

$$H_0(t)X(t)+\int_0^t H_0(s)c(s)ds=\mathrm{E}\left[H_0(T)X(T)+\int_0^T H_0(s)c(s)ds\,\middle|\,\mathfrak{F}_t\right]$$

$c=c^x$，$X(T)=\alpha=\alpha^x$ を用いてこの等式を書き直すと

$$H_0(t)X(t)+\int_0^t H_0(s)c^x(s)ds=\mathrm{E}\left[\int_0^T H_0(s)c^x(s)ds+H_0(T)\alpha^x\,\middle|\,\mathfrak{F}_t\right]$$

即ち $H_0(t)X(t)=\mathrm{E}\left[\int_t^T H_0(s)c^x(s)ds+H_0(T)\alpha^x\,\middle|\,\mathfrak{F}_t\right]$ である．

この等式と $X^x(t)$ に関する (11-31)(2)より $X=X^x$ を得る．

(3)　$\pi=\pi^x$ を示す．

X^x, π^x, c^x についても(2)(i)に対応して次の式が成立する．

(11-33)

$$H_0(t)X^x(t)+\int_0^t H_0(s)c^x(s)ds=x+\int_0^t H_0(s)\langle\sigma'(s)\pi^x(s)-X^x(s)\theta(s),\ dW(s)\rangle$$

$X=X^x$，$c=c^x$ だから (11-33) の左辺と 2(i)の左辺は等しい．従って (11-33) の左辺は P に関するマルチンゲールであり，(11-33) の右辺と 2(i)の右辺はそれぞれこのマルチンゲールの確率積分による表現である．

従ってマルチンゲールの表現の一意性より

$$H_0(s)(\sigma'(s)\pi^x(s)-X^x(s)\theta(s))=H_0(s)(\sigma'(s)\pi(s)-X(s)\theta(s))$$

この式と $X=X^x$ より，$\pi=\pi^x$ である．■

6　$V(x)$ の双対函数

$V(x)=\sup_{(X,\pi,c,\alpha)\in W(x)}\mathrm{E}\left[\int_0^T U_1(t,\ c(t))dt+U_2(\alpha)\right]$ は x の函数として狭義に凹である．

(11-34)　$y>0$ の函数 $\tilde{V}(y)$ を $\tilde{V}(y)=\sup_{x>0}[V(x)-yx]$ によって定める．$\tilde{V}(y)$ を $V(x)$ の双対函数と言う．

念のために注意しておくと，函数 $V(x)=\sup_{(X,\pi,c,\alpha)\in W(x)}\mathrm{E}\left[\int_0^T U_1(t,\ c(t))dt+U_2(\alpha)\right]$ を定義するのに条件 (11-22) (11-23) は不要である．同様に函数 $\tilde{V}(y)$ を定義するのにも条件 (11-22) (11-23) は必要ない．

(11-35)　すべての $y>0$ について

$\tilde{V}(y)\leq\mathrm{E}\left[\int_0^T\tilde{U}_1(t,\ yH_0(t))dt+\tilde{U}_2(yH_0(T))\right]$ である．

【証明】

任意の $x>0$ に対して $V(x)=\sup_{(X,\pi,c,\alpha)\in W(x)}\mathrm{E}\left[\int_0^T U_1(t,\ c(t))dt+U_2(\alpha)\right]=\sup_{(c,\alpha)\in L,H[c,\alpha]=x}\mathrm{E}\left[\int_0^T U_1(t,\ c(t))dt+U_2(\alpha)\right]$ である．

従って任意の $x>0$ に対して

$$V(x)-yx=\sup_{(c,\alpha)\in L,H[c,\alpha]=x}\left\{\mathrm{E}\left[\int_0^T U_1(t,\ c(t))dt+U_2(\alpha)\right]-yH[c,\ \alpha]\right\}$$

$$=\sup_{(c,\alpha)\in L,H[c,\alpha]=x}\left\{\mathrm{E}\left[\int_0^T[U_1(t,\ c(t))-yH_0(t)c(t)]dt\right]+E[U_2(\alpha)-yH_0(T)\alpha]\right\}$$

$$\leq\mathrm{E}\left[\int_0^T\tilde{U}_1(t,\ yH_0(t))dt+\tilde{U}_2(yH_0(T))\right]$$

ここで $x>0$ は任意だから

$$\sup_{x>0}[V(x)-yx]\leq E\left[\int_0^T\tilde{U}_1(t,\ yH_0(t))dt+\tilde{U}_2(yH_0(T))\right]$$

$\tilde{V}(y)=\sup_{x>0}[V(x)-yx]$ と併せれば証明すべき結果を得る．■

以上の証明から分かるように前記の不等式は $\tilde{V}(y)=\infty$ であっても成立する．

条件 (11-22) (11-23) が成り立てば (11-35) は次のように強めることができる．

(11-36)　条件 (11-22) (11-23) が成り立てば，すべての $y>0$ について

$\tilde{V}(y)=\mathrm{E}\left[\int_0^T \tilde{U}_1(t, yH_0(t))dt+\tilde{U}_2(yH_0(T))\right]$ である．

なお，この等式の両辺は有限の値をとる．

【証明】

任意の $y>0$ をとる．

この y について (11-35) より $\tilde{V}(y)\leq \mathrm{E}\left[\int_0^T \tilde{U}_1(t, yH_0(t))dt+\tilde{U}_2(yH_0(T))\right]$ である．

ここで $\hat{x}=H[c_y, \alpha_y]$ とすると $\mathrm{E}\left[\int_0^T \tilde{U}_1(t, yH_0(t))dt+\tilde{U}_2(yH_0(T))\right]=V(\hat{x})-y\hat{x}$ である．

これは次のようにして分かる．

・まず

$$\begin{aligned}&\mathrm{E}\left[\int_0^T \tilde{U}_1(t, yH_0(t))dt+\tilde{U}_2(yH_0(T))\right]\\&=\mathrm{E}\left[\int_0^T U_1(t, I_1(t, yH_0(t)))dt+U_2(I_2(yH_0(T)))\right]\\&\quad -y\mathrm{E}\left[\int_0^T H_0(t)I_1(t, yH_0(t))dt+H_0(T)I_2(yH_0(T))\right]\\&=\mathrm{E}\left[\int_0^T U_1(t, c_y(t))dt+U_2(\alpha_y)\right]-yH[c_y, \alpha_y]\end{aligned}$$

・ここで $\hat{x}=H[c_y, \alpha_y]$ とすると (11-27) より $\mathrm{E}\left[\int_0^T U_1(t, c_y(t))dt+U_2(\alpha_y)\right]=V(\hat{x})$ である．従って前記の等式の最後の項は $V(\hat{x})-y\hat{x}$ に等しい．

以上より $\tilde{V}(y)\leq \mathrm{E}\left[\int_0^T \tilde{U}_1(t, yH_0(t))dt+\tilde{U}_2(yH_0(T))\right]=V(\hat{x})-y\hat{x}$

ここで $\tilde{V}(y)=\sup_{x>0}[V(x)-yx]$ に注意すると

$\tilde{V}(y)=\mathrm{E}\left[\int_0^T \tilde{U}_1(t, yH_0(t))dt+\tilde{U}_2(yH_0(T))\right]=V(\hat{x})-y\hat{x}$ である．■

(11-36) の証明より次の命題を得る．

(11-37)　条件 (11-22) (11-23) が成り立つとする．

$x>0$ ならば $\tilde{V}(y(x))=V(x)-y(x)x$ である．

第 12 章

取引に制限がある消費・投資の最適化問題

——有限次元の場合——

1　問題の設定

この章では次の最適化問題を考察する．

・制約条件 $\boldsymbol{X}>\boldsymbol{0}$，$\langle \boldsymbol{a}, \boldsymbol{X}\rangle - G(\boldsymbol{Y})=0$，$G_t(\boldsymbol{Y})\geq 0$（$t\in T$）の下で $(\boldsymbol{X}, \boldsymbol{Y})$ の函数 $U(\boldsymbol{X})$ を最大化する．

$\boldsymbol{a}$ はすべての成分が正の実数であるベクトル $(a_1, \cdots, a_n)'$ である．$\boldsymbol{X}, \boldsymbol{Y}$ はそれぞれベクトル $(x_1, \cdots, x_n)'$，$(y_1, \cdots, y_m)'$ であり，$G(\boldsymbol{Y})$，$G_t(\boldsymbol{Y})$ は $\boldsymbol{Y}$ の函数である．また T は無限集合である[注1),2)]．

この問題は次のように解釈することができる．

・ベクトル $\boldsymbol{Y}\in\boldsymbol{R}^m$ は特定の経済活動の水準を表わす．

・$G(\boldsymbol{Y})$ は活動 $\boldsymbol{Y}$ に伴う収入を表わす．

・$G_t(\boldsymbol{Y})\geq 0$ は $\boldsymbol{Y}$ が満たさなくてはならない制約を表わす（原材料を一定以上用いてはならない，特定の取引は行えないなど）．

・$\boldsymbol{X}>\boldsymbol{0}$ は消費の水準を表わし，$\langle \boldsymbol{a}, \boldsymbol{X}\rangle$ は消費の費用を表わす．

・$(\boldsymbol{X}, \boldsymbol{Y})$ の函数 $U(\boldsymbol{X})$ は $(\boldsymbol{X}, \boldsymbol{Y})$ から得られる効用を表わす．

この問題は次の章で考察する最適化問題の雛型である．

以下では，第 2 節で準備をした後，第 3 節でこの最適化問題を考察する．

2　パラメーター付の最大化問題

後に必要となる次の命題を証明しよう．

(12-1) 集合 Q，L，$\boldsymbol{X}$ の関数 $u(\boldsymbol{X})$，$(\boldsymbol{X}, \boldsymbol{Z})$ の関数 $g(\boldsymbol{X}, \boldsymbol{Z})$ について(1)〜(6)が成り立つとする．

(1) Q は $\boldsymbol{R}^n$ に含まれる開集合であり，L は $\boldsymbol{R}^k$ に含まれる閉凸錘である[注3)]．

(2) $u(\boldsymbol{X})$ は $\boldsymbol{X} \in Q$ の関数，$g(\boldsymbol{X}, \boldsymbol{Z})$ は $(\boldsymbol{X}, \boldsymbol{Z}) \in Q \times \boldsymbol{R}^k$ の関数で，$u(\boldsymbol{X})$ も $g(\boldsymbol{X}, \boldsymbol{Z})$ もすべての変数について連続微分可能である．

(3) $\boldsymbol{Z} \in L$ ならば集合 $\{\boldsymbol{X} : \boldsymbol{X} \in Q, g(\boldsymbol{X}, \boldsymbol{Z})=0\}$ は空でない．また集合 $\{\boldsymbol{X} : \boldsymbol{X} \in Q, g(\boldsymbol{X}, \boldsymbol{Z})=0\}$ 上での $u(\boldsymbol{X})$ の上限 $\sup_{\boldsymbol{X} \in Q, g(\boldsymbol{X}, \boldsymbol{Z})=0} u(\boldsymbol{X})$ は有限である．

(4) $\boldsymbol{Z} \in L$ ならば $\boldsymbol{X}, \lambda$ に関する次の方程式は唯一つの解を持つ．

- $\dfrac{\partial u}{\partial x_i}(\boldsymbol{X}) + \lambda \dfrac{\partial g}{\partial x_i}(\boldsymbol{X}, \boldsymbol{Z}) = 0 \quad (1 \leq i \leq n)$
- $g(\boldsymbol{X}, \boldsymbol{Z})=0$，$\boldsymbol{X} \in Q$，$\lambda \neq 0$

この唯一の解を $\boldsymbol{X}(\boldsymbol{Z})$，$\lambda(\boldsymbol{Z})$ と書く．

(5) すべての $\boldsymbol{Z} \in L$ について $u(\boldsymbol{X}(\boldsymbol{Z})) = \sup_{\boldsymbol{X} \in Q, g(\boldsymbol{X}, \boldsymbol{Z})=0} u(\boldsymbol{X})$ である．

(6) $\boldsymbol{Z}_1, \boldsymbol{Z}_2 \in L$ ならば $\lim_{\varepsilon \downarrow 0} \dfrac{\boldsymbol{X}(\boldsymbol{Z}_1 + \varepsilon(\boldsymbol{Z}_2 - \boldsymbol{Z}_1)) - \boldsymbol{X}(\boldsymbol{Z}_1)}{\varepsilon}$ が存在する．このベクトルを $D_{\boldsymbol{Z}_2 - \boldsymbol{Z}_1} \boldsymbol{X}(\boldsymbol{Z}_1)$ と書く．

以上の前提の下で，$\boldsymbol{Z} \in L$ の関数 $v(\boldsymbol{Z})$ を $v(\boldsymbol{Z}) = \sup_{\boldsymbol{X} \in Q, g(\boldsymbol{X}, \boldsymbol{Z})=0} u(\boldsymbol{X})$ によって定めると，$\boldsymbol{Z}_1, \boldsymbol{Z}_2 \in L$ に対して次の式が成り立つ．

(12-2)
$$\begin{aligned}&\lim_{\varepsilon \downarrow 0} \frac{v(\boldsymbol{Z}_1 + \varepsilon(\boldsymbol{Z}_2 - \boldsymbol{Z}_1)) - v(\boldsymbol{Z}_1)}{\varepsilon}\\ &= \lambda(\boldsymbol{Z}_1) \lim_{\varepsilon \downarrow 0} \frac{g(\boldsymbol{X}(\boldsymbol{Z}_1), \boldsymbol{Z}_1 + \varepsilon(\boldsymbol{Z}_2 - \boldsymbol{Z}_1)) - g(\boldsymbol{X}(\boldsymbol{Z}_1), \boldsymbol{Z}_1)}{\varepsilon}\\ &= \lambda(\boldsymbol{Z}_1) \langle g_{\boldsymbol{Z}}(\boldsymbol{X}(\boldsymbol{Z}_1), \boldsymbol{Z}_1), \boldsymbol{Z}_2 - \boldsymbol{Z}_1 \rangle\end{aligned}$$

ここで $g_{\boldsymbol{Z}}(\boldsymbol{X}, \boldsymbol{Z}) = \left(\dfrac{\partial g}{\partial z_1}(\boldsymbol{X}, \boldsymbol{Z}), \dfrac{\partial g}{\partial z_2}(\boldsymbol{X}, \boldsymbol{Z}), \cdots, \dfrac{\partial g}{\partial z_k}(\boldsymbol{X}, \boldsymbol{Z}) \right)'$ である．

【証明】

$u_{\boldsymbol{X}}(\boldsymbol{X})$ と $g_{\boldsymbol{X}}(\boldsymbol{X}, \boldsymbol{Z})$ を次のように定める．

$$u_{\boldsymbol{X}}(\boldsymbol{X}) = \left(\frac{\partial u}{\partial x_1}(\boldsymbol{X}), \frac{\partial u}{\partial x_2}(\boldsymbol{X}), \cdots, \frac{\partial u}{\partial x_n}(\boldsymbol{X}) \right)'$$

$$g_{\boldsymbol{X}}(\boldsymbol{X}, \boldsymbol{Z}) = \left(\frac{\partial g}{\partial x_1}(\boldsymbol{X}, \boldsymbol{Z}), \frac{\partial g}{\partial x_2}(\boldsymbol{X}, \boldsymbol{Z}), \cdots, \frac{\partial g}{\partial x_n}(\boldsymbol{X}, \boldsymbol{Z}) \right)'$$

仮定(5)より $v(\boldsymbol{Z}) = u(\boldsymbol{X}(\boldsymbol{Z}))$ だから

$$\begin{aligned}&\lim_{\varepsilon \downarrow 0} \frac{v(\boldsymbol{Z}_1 + \varepsilon(\boldsymbol{Z}_2 - \boldsymbol{Z}_1)) - v(\boldsymbol{Z}_1)}{\varepsilon}\\ &= \lim_{\varepsilon \downarrow 0} \frac{u(\boldsymbol{X}(\boldsymbol{Z}_1 + \varepsilon(\boldsymbol{Z}_2 - \boldsymbol{Z}_1))) - u(\boldsymbol{X}(\boldsymbol{Z}_1))}{\varepsilon}\end{aligned}$$

$=\langle u_X(\boldsymbol{X}(\boldsymbol{Z}_1)),\ D_{\boldsymbol{Z}_2-\boldsymbol{Z}_1}\boldsymbol{X}(\boldsymbol{Z}_1)\rangle$

他方で(4)より $u_X(\boldsymbol{X}(\boldsymbol{Z}_1))+\lambda(\boldsymbol{Z}_1)g_X(\boldsymbol{X}(\boldsymbol{Z}_1),\ \boldsymbol{Z}_1)=0$

また(4)よりすべての $\boldsymbol{Z}\in L$ に対して $g(\boldsymbol{X}(\boldsymbol{Z}),\ \boldsymbol{Z})=0$ となるから，$\boldsymbol{Z}_1,\ \boldsymbol{Z}_2\in L$, $0\le\varepsilon\le 1$ ならば $g(\boldsymbol{X}(\boldsymbol{Z}_1+\varepsilon(\boldsymbol{Z}_2-\boldsymbol{Z}_1)),\ \boldsymbol{Z}_1+\varepsilon(\boldsymbol{Z}_2-\boldsymbol{Z}_1))=0$

従ってこの式を $\varepsilon=0$ で微分して

$$\langle g_X(\boldsymbol{X}(\boldsymbol{Z}_1),\ \boldsymbol{Z}_1),\ D_{\boldsymbol{Z}_2-\boldsymbol{Z}_1}\boldsymbol{X}(\boldsymbol{Z}_1)\rangle+\langle g_Z(\boldsymbol{X}(\boldsymbol{Z}_1),\ \boldsymbol{Z}_1),\ \boldsymbol{Z}_2-\boldsymbol{Z}_1\rangle=0$$

2 番目と 3 番目の等式を用いて最初の等式の最後の項を変形すると

$$\langle u_X,\ D_{\boldsymbol{Z}_2-\boldsymbol{Z}_1}\boldsymbol{X}(\boldsymbol{Z}_1)\rangle+\lambda(\boldsymbol{Z}_1)\langle g_X,\ D_{\boldsymbol{Z}_2-\boldsymbol{Z}_1}\boldsymbol{X}(\boldsymbol{Z}_1)\rangle+\lambda(\boldsymbol{Z}_1)\langle g_Z,\ \boldsymbol{Z}_2-\boldsymbol{Z}_1\rangle$$

$=\lambda(\boldsymbol{Z}_1)\langle g_Z,\ \boldsymbol{Z}_2-\boldsymbol{Z}_1\rangle$ である．■

(12-2) は経済学で envelope theorem として知られているものを簡単にしたものである．例えば Dixit and Norman (1980), Mathematical Appendix, envelope theorem 参照．

(12-2) はかなり一般的な形で成り立つ．例えば Luenberger (1969), ch. 9, Proposition 9. 1 参照．

3　最適化問題の検討

準備が終わったので第 1 節の最適化問題を正確に定式化してその解法について検討しよう．

集合 $\mathring{\boldsymbol{R}}^n_+$，$T$，ベクトル $\boldsymbol{a}$，関数 $U(\boldsymbol{X})$，$G(\boldsymbol{Y})$，$G_t(\boldsymbol{Y})\,(t\in T)$ について次の仮定を置く．

(H_1)

(1)　$\mathring{\boldsymbol{R}}^n_+$ はベクトルの集合 $\{(x_1,\ \cdots,\ x_n)' : x_i>0\ \ (1\le i\le n)\ \}$ である．T は無限集合である．

(2)　$\boldsymbol{a}\in\mathring{\boldsymbol{R}}^n_+$

(3)　$U(\boldsymbol{X})$ は $\boldsymbol{X}\in\mathring{\boldsymbol{R}}^n_+$ の函数でありすべての変数について連続微分可能である．すべての i $(1\le i\le n)$ について $\dfrac{\partial U}{\partial x_i}\ge 0$ であり，ある i_0 が存在して $\dfrac{\partial U}{\partial x_{i_0}}>0$ である．

(4)　$G(\boldsymbol{Y})$，$G_t(\boldsymbol{Y})\,(t\in T)$ は $\boldsymbol{Y}\in\boldsymbol{R}^m$ の函数であり，すべての変数について連続微分可能である．$G(\boldsymbol{0})>0$，$G_t(\boldsymbol{0})=0\,(t\in T)$ である．

(H_1) を仮定し，$(\boldsymbol{X}, \boldsymbol{Y}) \in \mathring{\boldsymbol{R}}^n_+ \times \boldsymbol{R}^m$, $\langle \boldsymbol{a}, \boldsymbol{X} \rangle - G(\boldsymbol{Y}) = 0$，$G_t(\boldsymbol{Y}) \geq 0$ $(t \in T)$ を満たす $(\boldsymbol{X}, \boldsymbol{Y})$ の集合を W で表わす．(H_1) (2) (4)よりある $\tilde{\boldsymbol{X}} > \boldsymbol{0}$ が存在して $(\tilde{\boldsymbol{X}}, \boldsymbol{0}) \in W$ となるから W は空ではない．

$\mu = \sup_{(\boldsymbol{X}, \boldsymbol{Y}) \in W} U(\boldsymbol{X})$ とし，$(\boldsymbol{X}^*, \boldsymbol{Y}^*) \in W$，$\mu = U(\boldsymbol{X}^*)$ となる $(\boldsymbol{X}^*, \boldsymbol{Y}^*)$ を求める問題を問題Aと呼ぶ．これは第1節の最適化問題を正確に定式化したものである．

問題Aを解くのに必要な函数 $H_{\boldsymbol{t}_k}((\boldsymbol{X}, \boldsymbol{Y}), \boldsymbol{Z}_k)$ を定めよう．

k を正の整数とする．(H_1) (1)の無限集合 T の k 個の要素 t_i $(1 \leq i \leq k)$ の組合せ $(t_1, \cdots, t_k)$ の集合を T^k と書く．

$\bigcup_{1 \leq k < \infty} T^k$ を T^* で表わす．

また k 次元ベクトルの集合 $\{(x_1, \cdots, x_k)' : x \geq 0,\ (1 \leq i \leq k)\}$ を，$\boldsymbol{R}^k_+$ で表わす．

(12-3)　$\boldsymbol{t}_k = (t_1, \cdots, t_k) \in T^*$ に対して $(\boldsymbol{X}, \boldsymbol{Y}) \in \mathring{\boldsymbol{R}}^n_+ \times \boldsymbol{R}^m$, $\boldsymbol{Z}_k = (Z_1, \cdots, Z_k)' \in \boldsymbol{R}^k$ の函数 $H_{\boldsymbol{t}_k}((\boldsymbol{X}, \boldsymbol{Y}), \boldsymbol{Z}_k)$ を次のように定める．

$$H_{\boldsymbol{t}_k}((\boldsymbol{X}, \boldsymbol{Y}), \boldsymbol{Z}_k) = \langle \boldsymbol{a}, \boldsymbol{X} \rangle - G(\boldsymbol{Y}) - \sum_{i=1}^{k} Z_i G_{t_i}(\boldsymbol{Y})$$

以下では前記の (H_1) に加えて $H_{\boldsymbol{t}_k}((\boldsymbol{X}, \boldsymbol{Y}), \boldsymbol{Z}_k)$ についての次の仮定 (H_2) を置く．

(H_2)

$\boldsymbol{t}_k \in T^*$ とすると，集合 $\mathring{\boldsymbol{R}}^n_+ \times \boldsymbol{R}^m$, $\boldsymbol{R}^k_+$, $(\boldsymbol{X}, \boldsymbol{Y})$ の函数 $U(\boldsymbol{X})$, $((\boldsymbol{X}, \boldsymbol{Y}), \boldsymbol{Z}_k)$ の函数 $H_{\boldsymbol{t}_k}((\boldsymbol{X}, \boldsymbol{Y}), \boldsymbol{Z}_k)$ は，条件 (12-1) (1)〜(6)を満たす．

仮定 (H_2) の内容を具体的に書けば次のとおりである．

(H_2)

(1)　$\mathring{\boldsymbol{R}}^n_+ \times \boldsymbol{R}^m$ は $\boldsymbol{R}^n \times \boldsymbol{R}^m$ に含まれる開集合であり，$\boldsymbol{R}^k_+$ は $\boldsymbol{R}^k$ に含まれる閉凸錘である．

(2)　$U(\boldsymbol{X})$ は $(\boldsymbol{X}, \boldsymbol{Y}) \in \mathring{\boldsymbol{R}}^n_+ \times \boldsymbol{R}^m$ の函数，$\boldsymbol{H}_{\boldsymbol{t}_k}((\boldsymbol{X}, \boldsymbol{Y}), \boldsymbol{Z}_k)$ は $((\boldsymbol{X}, \boldsymbol{Y}), \boldsymbol{Z}_k) \in (\mathring{\boldsymbol{R}}^n_+ \times \boldsymbol{R}^m) \times \boldsymbol{R}^k$ の函数で，$U(\boldsymbol{X})$ も $\boldsymbol{H}_{\boldsymbol{t}_k}((\boldsymbol{X}, \boldsymbol{Y}), \boldsymbol{Z}_k)$ もすべての変数について連続微分可能である．

(3)　$\boldsymbol{Z}_k \in \boldsymbol{R}^k_+$ ならば集合 $\{(\boldsymbol{X}, \boldsymbol{Y}) : (\boldsymbol{X}, \boldsymbol{Y}) \in \mathring{\boldsymbol{R}}^n_+ \times \boldsymbol{R}^m, H_{\boldsymbol{t}_k}((\boldsymbol{X}, \boldsymbol{Y}), \boldsymbol{Z}_k) = 0\}$ は空ではない．またこの集合上での $U(\boldsymbol{X})$ の上限 $\sup_{\substack{(\boldsymbol{X}, \boldsymbol{Y}) \in \mathring{\boldsymbol{R}}^n_+ \times \boldsymbol{R}^m, \\ H_{t_k}((\boldsymbol{X}, \boldsymbol{Y}), \boldsymbol{Z}_k) = 0}} U(\boldsymbol{X})$ は有限である．

(4)　$\boldsymbol{Z}_k \in \boldsymbol{R}^k_+$ ならば $(\boldsymbol{X}, \boldsymbol{Y}), \lambda$ に関する次の方程式は唯一つの解を持つ．

・$\dfrac{\partial}{\partial x_i}\{U(\boldsymbol{X})+\lambda H_{\boldsymbol{t}_k}((\boldsymbol{X},\ \boldsymbol{Y}),\ \boldsymbol{Z}_k)\}=0\quad(1\leq i\leq n)$

・$\dfrac{\partial}{\partial y_j}\{U(\boldsymbol{X})+\lambda H_{\boldsymbol{t}_k}((\boldsymbol{X},\ \boldsymbol{Y}),\ \boldsymbol{Z}_k)\}=0\quad(1\leq j\leq m)$

・$H_{\boldsymbol{t}_k}((\boldsymbol{X},\ \boldsymbol{Y}),\ \boldsymbol{Z}_k)=0,\ (\boldsymbol{X},\ \boldsymbol{Y})\in \mathring{\boldsymbol{R}}_+^n\times \boldsymbol{R}^m,\ \lambda\neq 0$

この唯一の解を $(\boldsymbol{X}_{\boldsymbol{t}_k}(\boldsymbol{Z}_k),\ \boldsymbol{Y}_{\boldsymbol{t}_k}(\boldsymbol{Z}_k)),\ \lambda_{\boldsymbol{t}_k}(\boldsymbol{Z}_k)$ と書く．

(5)　すべての $\boldsymbol{Z}_k\in\boldsymbol{R}_+^k$ について

$$U(\boldsymbol{X}_{\boldsymbol{t}_k}(\boldsymbol{Z}_k))=\sup_{\substack{(\boldsymbol{X},\ \boldsymbol{Y})\in\mathring{\boldsymbol{R}}_+^n\times\boldsymbol{R}^m,\\ H_{\boldsymbol{t}_k}((\boldsymbol{X},\ \boldsymbol{Y}),\ \boldsymbol{Z}_k)=0}}U(\boldsymbol{X})$$

である．

(6)　$\boldsymbol{Z}_1,\ \boldsymbol{Z}_2\in\boldsymbol{R}_+^k$ ならば

$$\lim_{\varepsilon\downarrow 0}\frac{\boldsymbol{X}_{\boldsymbol{t}_k}(\boldsymbol{Z}_1+\varepsilon(\boldsymbol{Z}_2-\boldsymbol{Z}_1))-\boldsymbol{X}_{\boldsymbol{t}_k}(\boldsymbol{Z}_1)}{\varepsilon}$$

および

$$\lim_{\varepsilon\downarrow 0}\frac{\boldsymbol{Y}_{\boldsymbol{t}_k}(\boldsymbol{Z}_1+\varepsilon(\boldsymbol{Z}_2-\boldsymbol{Z}_1))-\boldsymbol{Y}_{\boldsymbol{t}_k}(\boldsymbol{Z}_1)}{\varepsilon}$$

が存在する．

以下では (H_1) および (H_2) を仮定して問題 A の解について考察する[注4)]．

(12-4)　$\boldsymbol{t}_k\in T^*$ とし，$\boldsymbol{Z}_k\in\boldsymbol{R}_+^k$ の函数 $V_{\boldsymbol{t}_k}(\boldsymbol{Z}_k)$ を次により定める．

$$V_{\boldsymbol{t}_k}(\boldsymbol{Z}_k)=\sup_{\substack{(\boldsymbol{X},\ \boldsymbol{Y})\in\mathring{\boldsymbol{R}}_+^n\times\boldsymbol{R}^m,\\ H_{\boldsymbol{t}_k}((\boldsymbol{X},\ \boldsymbol{Y}),\ \boldsymbol{Z}_k)=0}}U(\boldsymbol{X})$$

$\boldsymbol{Z}_1,\ \boldsymbol{Z}_2\in\boldsymbol{R}_+^k$ に対して次の式が成り立つ．

(12-5)
$$\lim_{\varepsilon\downarrow 0}\frac{V_{\boldsymbol{t}_k}(\boldsymbol{Z}_1+\varepsilon(\boldsymbol{Z}_2-\boldsymbol{Z}_1))-V_{\boldsymbol{t}_k}(\boldsymbol{Z}_1)}{\varepsilon}=-\lambda_{\boldsymbol{t}_k}(\boldsymbol{Z}_1)\{\sum_{i=1}^k(Z_i^{(2)}-Z_i^{(1)})G_{t_i}(\boldsymbol{Y}_{\boldsymbol{t}_k}(\boldsymbol{Z}_1))\}$$

ただし $\boldsymbol{t}_k=(t_1,\ \cdots,\ t_k)$，$\boldsymbol{Z}_1=(Z_1^{(1)},\ Z_2^{(1)},\ \cdots,\ Z_{(k)}^{(1)})'$，$\boldsymbol{Z}_2=(Z_1^{(2)},\ Z_2^{(2)},\ \cdots,\ Z_k^{(2)})'$ とする．

【証明】

(H_2) を仮定したから集合 $\mathring{\boldsymbol{R}}_+^n\times\boldsymbol{R}^m,\ \boldsymbol{R}_+^k$，$(\boldsymbol{X},\ \boldsymbol{Y})$ の函数 $U(\boldsymbol{X})$，$((\boldsymbol{X},\ \boldsymbol{Y}),\ \boldsymbol{Z}_k)$ の函数 $H_{\boldsymbol{t}_k}((\boldsymbol{X},\ \boldsymbol{Y}),\ \boldsymbol{Z}_k)$ は条件 (12-1) (1)〜(6)を満たす．

従って $\boldsymbol{Z}_1,\ \boldsymbol{Z}_2\in\boldsymbol{R}_+^k$ ならば $V_{\boldsymbol{t}_k}(\boldsymbol{Z}_k)$ について (12-2) が成り立つ．

ここで $H_{\boldsymbol{t}_k}((\boldsymbol{X},\ \boldsymbol{Y}),\ \boldsymbol{Z}_k)=\langle\boldsymbol{a},\ \boldsymbol{X}\rangle-G(\boldsymbol{Y})-\sum_{i=1}^k Z_iG_{t_i}(\boldsymbol{Y})$，従って $\dfrac{\partial H_{\boldsymbol{t}_k}}{\partial z_i}=-G_{t_i}(\boldsymbol{Y})$ に注意して (12-2) を適用すれば等式 (12-5) を得る．■

(12-6)　$\boldsymbol{t}_k\in T^*$，$\boldsymbol{Z}_k\in\boldsymbol{R}_+^k$ に対して $\lambda_{\boldsymbol{t}_k}(\boldsymbol{Z}_k)<0$ である．

【証明】

(H_2) (4) より $(\boldsymbol{X}_{\boldsymbol{t}_k}(\boldsymbol{Z}_k),\ \boldsymbol{Y}_{\boldsymbol{t}_k}(\boldsymbol{Z}_k)),\ \lambda_{\boldsymbol{t}_k}(\boldsymbol{Z}_k)$ は $(\boldsymbol{X},\ \boldsymbol{Y}),\ \lambda$ に関する次の式を満た

す．

$$\frac{\partial}{\partial x_i}\{U(\boldsymbol{X})+\lambda H_{\boldsymbol{t}_k}((\boldsymbol{X},\ \boldsymbol{Y}),\ \boldsymbol{Z}_k)\}=0\ \ (1\leq i\leq n)$$

この式を具体的に計算すると $\dfrac{\partial U}{\partial x_i}+\lambda a_i=0$ $(1\leq i\leq n)$ である．ただし $\boldsymbol{a}=(a_1, \cdots, a_n)'$ とする．

従って仮定 (H_1) (3) $\dfrac{\partial U}{\partial x_{i_0}}>0$ を満たす i_0 について $\dfrac{\partial U}{\partial x_{i_0}}+\lambda a_{i_0}=0$

同時に (H_1) (2)より $a_{i_0}>0$

従って $\lambda<0$ である．■

次に重要な命題を 2 つ証明しよう．

(12-7)　任意の $\boldsymbol{t}_k\in T^*$，$\boldsymbol{Z}_k\in \boldsymbol{R}_+^k$ に対して $\mu\leq V_{\boldsymbol{t}_k}(\boldsymbol{Z}_k)$ である．

【証明】

$\boldsymbol{t}_k=(t_1, \cdots, t_k)$，$\boldsymbol{Z}_k=(Z_1, \cdots, Z_k)'$ とする．

$\mu=\sup_{(\boldsymbol{X},\ \boldsymbol{Y})\in W} U(\boldsymbol{X})$ に注意する．

任意に $(\boldsymbol{X},\ \boldsymbol{Y})\in W$ を選ぶ．$G_t(\boldsymbol{Y})\geq 0$ $(t\in T)$ だから $G_{t_i}(\boldsymbol{Y})\geq 0$ $(1\leq i\leq k)$．これと $\boldsymbol{Z}_k=(Z_1, \cdots, Z_k)'\in \boldsymbol{R}_+^k$ より $\sum_{i=1}^{k} Z_i G_{t_i}(\boldsymbol{Y})\geq 0$．従って $G(\boldsymbol{Y})+\sum_{i=1}^{k} Z_i G_{t_i}(\boldsymbol{Y})\geq G(\boldsymbol{Y})=\langle \boldsymbol{a},\ \boldsymbol{X}\rangle$

この不等式と $\boldsymbol{a}>\boldsymbol{0}$ より，ある $\boldsymbol{X}^*\geq \boldsymbol{X}$ が存在して $\langle \boldsymbol{a},\ \boldsymbol{X}^*\rangle=G(\boldsymbol{Y})+\sum_{i=1}^{k} Z_i G_{t_i}(\boldsymbol{Y})$ となる．即ちある $\boldsymbol{X}^*\geq \boldsymbol{X}$ が存在して $H_{\boldsymbol{t}_k}((\boldsymbol{X}^*,\ \boldsymbol{Y}),\ \boldsymbol{Z}_k)=0$ である．

また $\boldsymbol{X}^*\geq \boldsymbol{X}$，$(\boldsymbol{X},\ \boldsymbol{Y})\in \mathring{\boldsymbol{R}}_+^n\times \boldsymbol{R}^m$ より $(\boldsymbol{X}^*,\ \boldsymbol{Y})\in \mathring{\boldsymbol{R}}_+^n\times \boldsymbol{R}^m$ である．

しかも $\boldsymbol{X}^*\geq \boldsymbol{X}$ と (H_1) (3)の $\dfrac{\partial U}{\partial x_i}\geq 0$ $(1\leq i\leq n)$ より $U(\boldsymbol{X}^*)\geq U(\boldsymbol{X})$ である．

以上をまとめると，任意の $(\boldsymbol{X},\ \boldsymbol{Y})\in W$ に対しある $(\boldsymbol{X}^*,\ \boldsymbol{Y})$ が存在して $(\boldsymbol{X}^*,\ \boldsymbol{Y})\in \mathring{\boldsymbol{R}}_+^n\times \boldsymbol{R}^m$，$H_{\boldsymbol{t}_k}((\boldsymbol{X}^*,\ \boldsymbol{Y}),\ \boldsymbol{Z}_k)=0$，$U(\boldsymbol{X}^*)\geq U(\boldsymbol{X})$ である．

従って $\mu=\sup_{(\boldsymbol{X},\ \boldsymbol{Y})\in W} U(\boldsymbol{X})\leq \sup_{\substack{(\boldsymbol{X},\ \boldsymbol{Y})\in \mathring{\boldsymbol{R}}_+^n\times \boldsymbol{R}^m,\\ H_{\boldsymbol{t}_k}((\boldsymbol{X},\ \boldsymbol{Y}),\ \boldsymbol{Z}_k)=0}} U(\boldsymbol{X})=V_{\boldsymbol{t}_k}(\boldsymbol{Z}_k)$ ■

$\boldsymbol{t}_k\in T^k$，$\boldsymbol{Z}_k\in \boldsymbol{R}_+^k$ の組 $(\boldsymbol{t}_k,\ \boldsymbol{Z}_k)$ の集合を $T^k\times \boldsymbol{R}_+^k$ で表わし，$\bigcup_{1\leq k<\infty}(T^k\times \boldsymbol{R}_+^k)$ を $T\boldsymbol{R}_+$ で表わすこととしよう．

$T\boldsymbol{R}_+$ を用いると (12-7) は次のように書直すことができる．

(12-8)　すべての $(\boldsymbol{t}_k,\ \boldsymbol{Z}_k)\in T\boldsymbol{R}_+$ に対して $\mu\leq V_{\boldsymbol{t}_k}(\boldsymbol{Z}_k)$

(12-9)　$V_{\boldsymbol{t}_s}(\boldsymbol{Z}_s)=\min_{(\boldsymbol{t}_k,\ \boldsymbol{Z}_k)\in T\boldsymbol{R}_+} V_{\boldsymbol{t}_k}(\boldsymbol{Z}_k)$ ならば $(\boldsymbol{X}_{\boldsymbol{t}_s}(\boldsymbol{Z}_s),\ \boldsymbol{Y}_{\boldsymbol{t}_s}(\boldsymbol{Z}_s))\in W$ である．

【証明】

$\boldsymbol{t}_s=(t_1, \cdots, t_s)$，$\boldsymbol{Z}_s=(Z_1, \cdots, Z_s)'$ とする．

$\boldsymbol{t}_s$ を用いて $\boldsymbol{t}_{s+1}\in T^{s+1}$ を次のように定める．$\boldsymbol{t}_{s+1}=(t_1, \cdots, t_s, t_{s+1})$．ここで t_{s+1} は T の任意の要素である．

また $\boldsymbol{Z}_s$ を用いて $\boldsymbol{Z}_{s+1} \in \boldsymbol{R}_+^{s+1}$ を次のように定める．$\boldsymbol{Z}_{s+1} = (Z_1, \cdots, Z_s, 0)'$.

$\boldsymbol{t}_{s+1}$，$\boldsymbol{Z}_{s+1}$ の定め方から

$$H_{\boldsymbol{t}_{s+1}}((\boldsymbol{X}, \boldsymbol{Y}), \boldsymbol{Z}_{s+1}) = \langle \boldsymbol{a}, \boldsymbol{X} \rangle - G(\boldsymbol{Y}) - \sum_{i=1}^{s} Z_i G_{t_i}(\boldsymbol{Y}) = H_{\boldsymbol{t}_s}((\boldsymbol{X}, \boldsymbol{Y}), \boldsymbol{Z}_s)$$

従って $V_{\boldsymbol{t}_s}(\boldsymbol{Z}_s) = \sup_{\substack{(\boldsymbol{X}, \boldsymbol{Y}) \in \mathring{\boldsymbol{R}}_+^n \times \boldsymbol{R}^m, \\ H_{t_s}((\boldsymbol{X}, \boldsymbol{Y}), \boldsymbol{Z}_s) = 0}} U(\boldsymbol{X}) = \sup_{\substack{(\boldsymbol{X}, \boldsymbol{Y}) \in \mathring{\boldsymbol{R}}_+^n \times \boldsymbol{R}^m, \\ H_{t_{s+1}}((\boldsymbol{X}, \boldsymbol{Y}), \boldsymbol{Z}_{s+1}) = 0}} U(\boldsymbol{X}) = V_{\boldsymbol{t}_{s+1}}(\boldsymbol{Z}_{s+1})$

同様にして $\boldsymbol{X}_{\boldsymbol{t}_s}(\boldsymbol{Z}_s) = \boldsymbol{X}_{\boldsymbol{t}_{s+1}}(\boldsymbol{Z}_{s+1})$, $\boldsymbol{Y}_{\boldsymbol{t}_s}(\boldsymbol{Z}_s) = \boldsymbol{Y}_{\boldsymbol{t}_{s+1}}(\boldsymbol{Z}_{s+1})$, $\lambda_{\boldsymbol{t}_s}(\boldsymbol{Z}_s) = \lambda_{\boldsymbol{t}_{s+1}}(\boldsymbol{Z}_{s+1})$

さて仮定より $V_{\boldsymbol{t}_s}(\boldsymbol{Z}_s) = \min_{(\boldsymbol{t}_k, \boldsymbol{Z}_k) \in T\boldsymbol{R}_+} V_{\boldsymbol{t}_k}(\boldsymbol{Z}_k)$ である．これと $V_{\boldsymbol{t}_s}(\boldsymbol{Z}_s) = V_{\boldsymbol{t}_{s+1}}(\boldsymbol{Z}_{s+1})$ より $V_{\boldsymbol{t}_{s+1}}(\boldsymbol{Z}_{s+1}) = \min_{\tilde{\boldsymbol{Z}}_{s+1} \in \boldsymbol{R}_+^{s+1}} V_{\boldsymbol{t}_{s+1}}(\tilde{\boldsymbol{Z}}_{s+1})$ である．従って任意の $\hat{\boldsymbol{Z}}_{s+1} \in \boldsymbol{R}_+^{s+1}$ に対して

$$\lim_{\varepsilon \downarrow 0} \frac{V_{\boldsymbol{t}_{s+1}}(\boldsymbol{Z}_{s+1} + \varepsilon(\hat{\boldsymbol{Z}}_{s+1} - \boldsymbol{Z}_{s+1})) - V_{\boldsymbol{t}_{s+1}}(\boldsymbol{Z}_{s+1})}{\varepsilon} \geq 0$$

$\hat{\boldsymbol{Z}}_{s+1} = (\hat{Z}_1, \cdots, \hat{Z}_s, \hat{Z}_{s+1})'$ としてこの不等式の左辺を (12-5) を用いて計算し，$\boldsymbol{Y}_{\boldsymbol{t}_s}(\boldsymbol{Z}_s) = \boldsymbol{Y}_{\boldsymbol{t}_{s+1}}(\boldsymbol{Z}_{s+1})$，$\lambda_{\boldsymbol{t}_{s+1}}(\boldsymbol{Z}_{s+1}) < 0$ を用いると

$$\sum_{i=1}^{s} (\hat{Z}_i - Z_i) G_{t_i}(\boldsymbol{Y}_{\boldsymbol{t}_s}(\boldsymbol{Z}_s)) + \hat{Z}_{s+1} G_{t_{s+1}}(\boldsymbol{Y}_{\boldsymbol{t}_s}(\boldsymbol{Z}_s)) \geq 0$$

この不等式で $\hat{\boldsymbol{Z}}_{s+1} = (\hat{Z}_1, \cdots, \hat{Z}_s, \hat{Z}_{s+1}) \in \boldsymbol{R}_+^{s+1}$ は任意でよいことから次の(1)(2)が成り立つ．

(1)　$G_{t_i}(\boldsymbol{Y}_{\boldsymbol{t}_s}(\boldsymbol{Z}_s)) \geq 0$ $(1 \leq i \leq s)$ および $G_{t_{s+1}}(\boldsymbol{Y}_{\boldsymbol{t}_s}(\boldsymbol{Z}_s)) \geq 0$

(2)　$\sum_{i=1}^{s} Z_i G_{t_i}(\boldsymbol{Y}_{\boldsymbol{t}_s}(\boldsymbol{Z}_s)) = 0$

もし(1)を否定して，ある i $(1 \leq i \leq s+1)$ について $G_{t_i}(\boldsymbol{Y}_{\boldsymbol{t}_s}(\boldsymbol{Z}_s)) < 0$ と仮定すれば，$\hat{\boldsymbol{Z}}_{s+1} = (0, \cdots, 0, \hat{Z}_i, \cdots, 0)'$ として $\hat{Z}_i$ を十分大きくとることにより前記の不等式が成立しなくなり矛盾を生じる．

従って(1)が成り立つ．

(1)より $\sum_{i=1}^{s} Z_i G_{t_i}(\boldsymbol{Y}_{\boldsymbol{t}_s}(\boldsymbol{Z}_s)) \geq 0$ である．

従ってもし(2)を否定すると $\sum_{i=1}^{s} Z_i G_{t_i}(\boldsymbol{Y}_{\boldsymbol{t}_s}(\boldsymbol{Z}_s)) > 0$．この場合，$\hat{\boldsymbol{Z}}_{s+1} = (0, \cdots, 0)'$ とすると前記の不等式が成立しなくなり矛盾を生じる．

従って(2)が成り立つ．

ところで $(\boldsymbol{X}_{\boldsymbol{t}_s}(\boldsymbol{Z}_s), \boldsymbol{Y}_{\boldsymbol{t}_s}(\boldsymbol{Z}_s))$ は，定義により $H_{\boldsymbol{t}_s}((\boldsymbol{X}, \boldsymbol{Y}), \boldsymbol{Z}_s) = \langle \boldsymbol{a}, \boldsymbol{X} \rangle - G(\boldsymbol{Y}) - \sum_{i=1}^{s} Z_i G_{t_i}(\boldsymbol{Y}) = 0$ を満たす．

この事実と(2)より $\langle \boldsymbol{a}, \boldsymbol{X}_{\boldsymbol{t}_s}(\boldsymbol{Z}_s) \rangle - G(\boldsymbol{Y}_{\boldsymbol{t}_s}(\boldsymbol{Z}_s)) = 0$ である．

また(1)で t_{s+1} は T の任意の要素でよいから，すべての $t \in T$ に対して $G_t((\boldsymbol{Y}_{\boldsymbol{t}_s}(\boldsymbol{Z}_s)) \geq 0$ である．

以上の 2 つの式より $(\boldsymbol{X}_{\boldsymbol{t}_s}(\boldsymbol{Z}_s), \boldsymbol{Y}_{\boldsymbol{t}_s}(\boldsymbol{Z}_s)) \in W$ を得る．■

(12-8) と (12-9) を用いて問題 A の解に関する結果を導こう．

(12-10)　$(\boldsymbol{t}_s, \boldsymbol{Z}_s) \in T\boldsymbol{R}_+$ に対する次の 2 つの条件は同値である．

(1)　$(\boldsymbol{X}_{t_s}(\boldsymbol{Z}_s),\ \boldsymbol{Y}_{t_s}(\boldsymbol{Z}_s))$ は問題Aの解である．

(2)　$V_{t_s}(\boldsymbol{Z}_s)=\min_{(t_k,\ \boldsymbol{Z}_k)\in T\boldsymbol{R}_+} V_{t_k}(\boldsymbol{Z}_k)$

また(1)(2)が成り立てば $\mu=\min_{(t_k,\ \boldsymbol{Z}_k)\in T\boldsymbol{R}_+} V_{t_k}(\boldsymbol{Z}_k)$ である．

【証明】

(1)→(2)を示す．

$(\boldsymbol{X}_{t_s}(\boldsymbol{Z}_s),\ \boldsymbol{Y}_{t_s}(\boldsymbol{Z}_s))$ が問題Aの解だから $(\boldsymbol{X}_{t_s}(\boldsymbol{Z}_s),\ \boldsymbol{Y}_{t_s}(\boldsymbol{Z}_s))\in W$ かつ $\mu=U(\boldsymbol{X}_{t_s}(\boldsymbol{Z}_s))$

他方 (H_2) (5)より $U(\boldsymbol{X}_{t_s}(\boldsymbol{Z}_s))=V_{t_s}(\boldsymbol{Z}_s)$．従って $\mu=V_{t_s}(\boldsymbol{Z}_s)$

ところで (12-8) よりすべての $(\boldsymbol{t}_k,\ \boldsymbol{Z}_k)\in T\boldsymbol{R}_+$ に対して $\mu\leq V_{t_k}(\boldsymbol{Z}_k)$

従って $\mu=V_{t_s}(\boldsymbol{Z}_s)=\min_{(t_k,\ \boldsymbol{Z}_k)\in T\boldsymbol{R}_+} V_{t_k}(\boldsymbol{Z}_k)$

(2)→(1)を示す．

$V_{t_s}(\boldsymbol{Z}_s)=\min_{(t_k,\ \boldsymbol{Z}_k)\in T\boldsymbol{R}_+} V_{t_k}(\boldsymbol{Z}_k)$ だから (12-9) より $(\boldsymbol{X}_{t_s}(\boldsymbol{Z}_s),\ \boldsymbol{Y}_{t_s}(\boldsymbol{Z}_s))\in W$

従って $U(\boldsymbol{X}_{t_s}(\boldsymbol{Z}_s))\leq\sup_{(\boldsymbol{X},\ \boldsymbol{Y})\in W} U(\boldsymbol{X})=\mu$

同時に $U(\boldsymbol{X}_{t_s}(\boldsymbol{Z}_s))=V_{t_s}(\boldsymbol{Z}_s)$

また (12-8) より $\mu\leq V_{t_s}(\boldsymbol{Z}_s)$

以上 3 つの式より $U(\boldsymbol{X}_{t_s}(\boldsymbol{Z}_s))=\mu$

これと $(\boldsymbol{X}_{t_s}(\boldsymbol{Z}_s),\ \boldsymbol{Y}_{t_s}(\boldsymbol{Z}_s))\in W$ より $(\boldsymbol{X}_{t_s}(\boldsymbol{Z}_s),\ \boldsymbol{Y}_{t_s}(\boldsymbol{Z}_s))$ は問題Aの解である．

ここまでの証明を見れば(1)(2)が成り立てば $\mu=\min_{(t_k,\ \boldsymbol{Z}_k)\in T\boldsymbol{R}_+} V_{t_k}(\boldsymbol{Z}_k)$ であることが分かる．■

4　(12-9) の証明の構造

次の章では，不確実性が存在する下で市場での資産運用に制限がある場合の効用最適化問題を設定しその解について調べる．

その際，次の章で扱う効用最適化問題が，実はこの章の問題Aと同じ構造を持っており，その結果，次の章で扱う効用最適化問題についても (12-10) に相当する結果が成立することが示される．その証明の過程は，基本的には，この章で (12-8) と (12-9) から (12-10) を証明した過程と同じである．

ただしこの章の (12-9) に相当する命題の証明はかなり複雑になるので，ここでこの章での (12-9) の証明の構造を次のようにまとめておく．そうすれば次の章の議論の途中でこの節を参照できて便利である．

(12-11) 命題 (12-9) の証明は次の(1) (2)に基づいている．

(1) $V_{\boldsymbol{t}_k}(\boldsymbol{Z}_k)$ と $\hat{\boldsymbol{Z}}_k \in \boldsymbol{R}_+^k$ に対して次の等式が成り立つ．

$$\lim_{\varepsilon \downarrow 0} \frac{V_{\boldsymbol{t}_k}(\boldsymbol{Z}_k + \varepsilon(\hat{\boldsymbol{Z}}_k - \boldsymbol{Z}_k)) - V_{\boldsymbol{t}_k}(\boldsymbol{Z}_k)}{\varepsilon} = -\lambda_{\boldsymbol{t}_k}(\boldsymbol{Z}_k)\{\sum_{i=1}^{k}(\hat{Z}_i - Z_i)G_{ti}(\boldsymbol{Y}^*)\}$$

ただし $\boldsymbol{Y}^* = \boldsymbol{Y}_{\boldsymbol{t}_k}(\boldsymbol{Z}_k)$ である．

(2) ある $(\boldsymbol{t}_k, \boldsymbol{Z}_k) \in T\boldsymbol{R}_+$ があって，すべての $\hat{\boldsymbol{Z}}_k \in \boldsymbol{R}_+^k$ に対し $-\lambda_{\boldsymbol{t}_k}(\boldsymbol{Z}_k)\{\sum_{i=1}^{k}(\hat{Z}_i - Z_i)G_{ti}(\boldsymbol{Y}^*)\} \geq 0$ ならば

(i) $G_{ti}(\boldsymbol{Y}^*) \geq 0 \quad (1 \leq i \leq k)$

(ii) $\sum_{i=1}^{k} Z_i G_{ti}(\boldsymbol{Y}^*) = 0$

第 13 章

取引に制限がある消費・投資の最適化問題

——不確実性が存在する場合——

1　証券価格のモデル M と取引に関する制約

本章では第 6 章と第 11 章で用いた証券価格のモデル $M=((\Omega, \mathfrak{F}, P), T, (W(t))_{0\leq t<\infty}, (\mathfrak{F}_t)_{0\leq t<\infty}, (r(t))_{0\leq t\leq T}, (b(t))_{0\leq t\leq T}, (\delta(t))_{0\leq t\leq T}, (\sigma(t))_{0\leq t\leq T}, (B(t))_{0\leq t\leq T}, (S_1(t))_{0\leq t\leq T}, (S_2(t))_{0\leq t\leq T}, \cdots, (S_N(t))_{0\leq t\leq T}, \tilde{S})$ と証券市場 $[M]$ をそのまま用いる．

また第 11 章 (11-1), (11-2) と同様に証券価格のモデル M について次の仮定を置く．

(13-1)　証券価格のモデル M は次の条件を満たす．

(1)　$[0, T]\times\Omega$ 上で $\boldsymbol{\lambda}\otimes P$ に関してほとんど至る所で $\boldsymbol{\sigma}^{-1}(t)$ が存在する．

(2)　$\theta(t)=\boldsymbol{\sigma}^{-1}(t)[b(t)+\delta(t)-r(t)\boldsymbol{e}_N]$ とすると $\int_0^T\|\theta(t)\|^2\,dt<\infty$ $(a.\,e.)$

(13-2)　M の構成要素である $(r(t))_{0\leq t\leq T}$ は $[0, T]\times\Omega$ 上で $\boldsymbol{\lambda}\otimes P$ に関してほとんど至る所で $r(t, \omega)\geq 0$ となる．

さらに本章では M に関して次の仮定を加える．

(13-3)　$\boldsymbol{\sigma}(t, \omega), \boldsymbol{\sigma}^{-1}(t, \omega)$ のいずれも $[0, T]\times\Omega$ 上で有界である．

即ち実数 $c>0$ が存在して $\|\boldsymbol{\sigma}(t, \omega)\|\leq c, \|\boldsymbol{\sigma}^{-1}(t, \omega)\|\leq c$ $(\boldsymbol{\lambda}\otimes P\ \ a.\,e.)$ である．

第 11 章では証券市場 $[M]$ で予算制約式に従いながら消費・投資を行う取引主体の効用を最大にする問題の解を求めた．その際証券市場 $[M]$ における資産運用には格別の制限は設けなかった．以下では $[M]$ における資産運用に制限が存在する場合を考え，そのような取引上の制限が存在する証券市場で消費・投資を行う取引主体の効用を最大化する問題を考察する．

証券市場 $[M]$ における取引の制限としては次のものを考える．

・ K は $\boldsymbol{R}^N$ に含まれる空でない閉凸錘とする．

証券市場 $[M]$ では投資戦略 $\boldsymbol{\pi}=(\boldsymbol{\pi}(t))_{0\leq t\leq T}=((\boldsymbol{\pi}_1(t), \cdots, \boldsymbol{\pi}_N(t))')_{0\leq t\leq T}$ のうち，$\boldsymbol{\pi}(t)\in K$ $(\boldsymbol{\lambda}\otimes P\ \ a.e.)$ となるもののみを実行できるものとする．

閉凸錘 K の例をあげておこう．

例 1　$K=\{(x_1, \cdots, x_N)' : x_i\geq 0\ \ (1\leq i\leq N)\}$ であれば $\boldsymbol{\pi}(t)\in K$ は $\boldsymbol{\pi}_i(t)\geq 0$ $(1\leq i\leq N)$ を意味する．

従って B を除くすべての証券 $S_1, \cdots, S_N$ の保有残高は正でなくてはならない．これは $S_1, \cdots, S_N$ について負のポジションがとれないこと，即ち $S_1, \cdots, S_N$ の空売りができないことを意味する．

例 2　適当な p $(1<p<N)$ が存在して $K=\{(x_1, x_2, \cdots, x_N)' : x_p=x_{p+1}\cdots=x_N=0)\}$ であれば，これは証券 $S_p, S_{p+1}, \cdots, S_N$ の取引ができないことを意味する．

(13-4)　x は $x>0$ である実数とする．この時次の条件を満たす資産変動過程 $X=(X(t))_{0\leq t\leq T}$，投資戦略 $\boldsymbol{\pi}=(\boldsymbol{\pi}(t))_{0\leq t\leq T}=((\boldsymbol{\pi}_1(t), \boldsymbol{\pi}_2(t), \cdots, \boldsymbol{\pi}_N(t))')_{0\leq t\leq T}$，消費過程 $c=(c(t))_{0\leq t\leq T}$，確率変数 $\boldsymbol{\alpha}$ の組合せ $(X, \boldsymbol{\pi}, c, \boldsymbol{\alpha})$ の集合を $W_K(x)$ で表わす．

(1)　$(X, \boldsymbol{\pi}, c)\in BT$，(2)　$X(t, \omega)\geq 0$ $(\boldsymbol{\lambda}\otimes P\ \ a.e.)$

(3)　$X(0)=x$，(4)　$X(T)=\boldsymbol{\alpha}$，(5)　$\boldsymbol{\pi}(t, \omega)\in K$ $(\boldsymbol{\lambda}\otimes P\ \ a.e.)$

(13-5)　$U_1(t, x)$ は $t\in[0, T]$ で定義された x の効用函数であり，$U_2(x)$ は効用函数であるとする．

(13-6)　$x>0$ である x の函数 $V_K(x)$ を $V_K(x)=\sup_{(X, \pi, c, \alpha)\in W_K(x)} \mathrm{E}\left[\int_0^T U_1(t, c(t))\,dt+U_2(\boldsymbol{\alpha})\right]$ によって定める．

$W_K(x)$ の中から $V_K(x)$ を達成する $(X, \boldsymbol{\pi}, c, \boldsymbol{\alpha})$ を求める問題を考え，これを問題 $A_K(x)$ と名づける．

第 12 章の結果を参考にしながら問題 $A_K(x)$ の解について考察するのがこの章の目的である．

第 2 節～第 4 節は議論のための準備に充てる．その後第 5 節～第 7 節では，第 12 章の方法に倣って問題 $A_K(x)$ を解くにはどうしたらよいかを議論する．最後に第 8 節で実際に第 12 章と同様にして問題 $A_K(x)$ を解く．

2　制約条件 $\boldsymbol{\pi}(t, \omega) \in K$ の書換え

この節では，投資戦略 $\boldsymbol{\pi} = (\boldsymbol{\pi}(t))_{0 \le t \le T} = ((\pi_1(t), \cdots, \pi_N(t))')_{0 \le t \le T}$ に関する制約条件 $\boldsymbol{\pi}(t, \omega) \in K$ $(\lambda \otimes P \ \ a.e.)$ を無限個の不等式に書直す.

(13-7) K は $\boldsymbol{R}^N$ に含まれる空でない閉凸錘とする.

すべての $\boldsymbol{x} \in K$ に対して $\langle \boldsymbol{x}^*, \boldsymbol{x} \rangle \ge 0$ となるベクトル $\boldsymbol{x}^*$ の集合を K^* で表わす.

次の命題は容易に証明される.

(13-8) K は $\boldsymbol{R}^N$ に含まれる空でない閉凸錘とすると，K^* も $\boldsymbol{R}^N$ に含まれる空でない閉凸錘である.

この場合 K^* が閉凸錘だから $(K^*)^*$ を定義することができる. $(K^*)^*$ に関して次の事実が成り立つ.

(13-9) K は $\boldsymbol{R}^N$ に含まれる空でない閉凸錘とする. $(K^*)^* = K$ である[注1].

(13-10) 集合 D は次の条件を満たす $\mu = (\mu(t))_{0 \le t \le T} = ((\mu_1(t), \mu_2(t), \cdots, \mu_N(t))')_{0 \le t \le T}$ の集合を表わすものとする.

- μ は $[0, T] \times \Omega$ から $\boldsymbol{R}^N$ への発展的可測な確率過程である.
- $\mathrm{E}\left[\int_0^T \|\mu(t)\|^2 dt\right] < \infty$

(13-11) 集合 D_{K^*} は D の元 $\mu = (\mu(t))_{0 \le t \le T} = ((\mu_1(t), \mu_2(t), \cdots, \mu_N(t))')_{0 \le t \le T}$ のうち次の条件を満たすものから成る D の部分集合を表わすものとする.

- $\mu(t, \omega) \in K^*$ $(\lambda \otimes P \ \ a.e.)$

D はヒルベルト空間であり，D_{K^*} はこのヒルベルト空間に含まれる閉凸錘である.

D_{K^*} と (13-9) を用いると $\boldsymbol{\pi}(t, \omega) \in K$ $(\lambda \otimes P \ \ a.e.)$ となる条件を求めることができる.

(13-12) $\pi = (\pi(t))_{0 \le t \le T} = ((\pi_1(t), \pi_2(t), \cdots, \pi_N(t))')_{0 \le t \le T}$ は投資戦略とする.

$\pi(t, \omega) \in K$ $(\lambda \otimes P \ \ a.e.)$ となる条件は，すべての $\mu = (\mu(t))_{0 \le t \le T} = ((\mu_1(t), \cdots, \mu_N(t))')_{0 \le t \le T} \in D_{K^*}$ に対し $\langle \pi(t, \omega), \mu(t, \omega) \rangle \ge 0$ $(\lambda \otimes P \ \ a.e.)$ となることである.

【証明】

$\pi(t, \omega) \in K$ $(\lambda \otimes P \ \ a.e.)$ と $\mu \in \mathrm{D}_{K^*}$ から $\langle \pi(t, \omega), \mu(t, \omega) \rangle \ge 0$ $(\lambda \otimes P \ \ a.e.)$

が導かれることは明らかである．

逆を示す．

集合 K^* の中で稠密な集合 $\{k_n^*\}_{1\leq n<\infty}$ をとる．$[0, T]\times\Omega$ 上で定義され常に k_n^* に等しい N 次元の確率過程を $\tilde{k}_n^*$ で表わせば $\tilde{k}_n^*\in D_{K^*}$ である．

従って仮定よりすべての k_n^* に対し $\langle\pi(t, \omega), \tilde{k}_n^*\rangle\geq 0$ $(\lambda\otimes P$ $a.e.)$ である．

従って集合 F_n を $F_n=\{(t, \omega):\langle\pi(t, \omega), \tilde{k}_n^*\rangle<0\}$ によって定めると $\lambda\otimes P(F_n)=0$ である．これより集合 $F=\bigcup_{1\leq n<\infty}F_n$ について $\lambda\otimes P(F)=0$ となる．

この F については，$(t, \omega)\notin F$ であれば，すべての n に対して $\langle\pi(t, \omega), k_n^*\rangle\geq 0$ が成り立つ．

$\{k_n^*\}_{1\leq n<\infty}$ は K^* の中で稠密だから，これはすべての $k^*\in K^*$ に対して $\langle\pi(t, \omega), k^*\rangle\geq 0$ を意味する．従って $\pi(t, \omega)\in(K^*)^*=K$ である．

このように $(t, \omega)\notin F$ ならば $\pi(t, \omega)\in K$ であり，$\lambda\otimes P(F)=0$ だから $\pi(t, \omega)\in K$ $(\lambda\otimes P$ $a.e.)$ である．■

(13-13)　$\pi=(\pi(t))_{0\leq t\leq T}=((\pi_1(t), \cdots, \pi_N(t))')_{0\leq t\leq T}$ は投資戦略とする．次の(1)(2)は同値である．

(1)　すべての $\mu=(\mu(t))_{0\leq t\leq T}=((\mu_1(t), \cdots, \mu_N(t))')_{0\leq t\leq T}\in D_{K^*}$ に対し $\langle\pi(t, \omega), \mu(t, \omega)\rangle\geq 0$ $(\lambda\otimes P$ $a.e.)$ である．

(2)　すべての $\mu=(\mu(t))_{0\leq t\leq T}=((\mu_1(t), \cdots, \mu_N(t))')_{0\leq t\leq T}\in D_{K^*}$ に対して確率1で $\int_0^t\frac{\langle\pi(s), \mu(s)\rangle}{B(s)}ds\geq 0$ $(0\leq t\leq T)$ である[注2)]．

即ち $P\left(\left\{\omega:\int_0^t\frac{\langle\pi(s), \mu(s)\rangle}{B(s)}ds\geq 0\ (0\leq t\leq T)\right\}\right)=1$ である．

【証明】

(1)から(2)が導かれることは明らかである．

次に(1)が成り立たないと仮定して，(2)が成り立たないことを示す．

(1)が成り立たないから，ある $\mu\in D_{K^*}$ が存在して，$F_\mu=\{(t, \omega):\langle\pi(t, \omega), \mu(t, \omega)\rangle<0\}$，$\lambda\otimes P(F_\mu)>0$ である．

$\tilde{\mu}$ を次のように定める．

$(t, \omega)\in F_\mu$ ならば　$\tilde{\mu}=\mu$

$(t, \omega)\in F_\mu^c$ ならば　$\tilde{\mu}=\mathbf{0}$

$\tilde{\mu}$ について次の(i)〜(iii)が成り立つ．

(i)　$\tilde{\mu}\in D_{K^*}$

(ii)　$\langle\pi(t, \omega), \tilde{\mu}(t, \omega)\rangle\leq 0$

(iii)　$F_{\tilde{\mu}}=\{(t, \omega):\langle\pi(t, \omega), \tilde{\mu}(t, \omega)\rangle<0\}$ とすると $\lambda\otimes P(F_{\tilde{\mu}})>0$

(ii)(iii)より $\mathrm{E}\left[\int_0^T \frac{\langle \pi(s), \tilde{\mu}(s)\rangle}{B(s)} ds\right] < 0$ である．

従って $\tilde{\mu}$ について確率1で $\int_0^t \frac{\langle \pi(s), \tilde{\mu}(s)\rangle}{B(s)} ds \geq 0$ $(0 \leq t < T)$ であることはあり得ない．■

(13-14)　$\pi = (\pi(t))_{0\leq t\leq T} = ((\pi_1(t), \cdots, \pi_N(t))')_{0\leq t\leq T}$ は投資戦略とする．次の(1)(2)は同値である．

(1)　$\pi(t, \omega) \in K$ $(\lambda \otimes P$ $a.e.)$

(2)　すべての $\mu = (\mu(t))_{0\leq t\leq T} = ((\mu_1(t), \cdots, \mu_N(t))')_{0\leq t\leq T} \in D_{K^*}$ に対し確率1で $\int_0^t \frac{\langle \pi(s), \mu(s)\rangle}{B(s)} ds \geq 0$ $(0 \leq t \leq T)$ である．

(13-12) または (13-14) によって制約条件 $\pi(t, \omega) \in K$ が，$\mu \in D_{K^*}$ をパラメーターとする無限個の不等式に転換されることになる．

3　証券価格のモデル M_μ

この節では $\mu \in D_{K^*}$ をパラメーターとする証券価格のモデル M_μ を構成しその性質を調べる．

本章では第1節で述べたとおり証券価格のモデル $M = ((\Omega, \mathfrak{F}, P), T, (W(t))_{0\leq t<\infty}, (\mathfrak{F}_t)_{0\leq t<\infty}, (r(t))_{0\leq t\leq T}, (b(t))_{0\leq t\leq T}, (\delta(t))_{0\leq t\leq T}, (\sigma(t))_{0\leq t\leq T}, (B(t))_{0\leq t\leq T}, (S_1(t))_{0\leq t\leq T}, \cdots, (S_N(t))_{0\leq t\leq T}, \tilde{S})$ と証券市場 $[M]$ を前提としている．

また第1節で述べたとおり M について (13-1)(1)(2)，(13-2) が成り立ち，さらに (13-3) が成り立つと仮定している．

任意の $\mu \in D_{K^*}$ を選び $\mu = (\mu(t))_{0\leq t\leq T} = ((\mu_1(t), \cdots, \mu_N(t))')_{0\leq t\leq T}$ としよう．この μ と M から，組合せ M_μ を次のようにして構成しよう．

- $(b(t))_{0\leq t\leq T}$ を $(b(t)+\mu(t))_{0\leq t\leq T}$ に置換える．
- $(S_1(t))_{0\leq t\leq T}, \cdots, (S_N(t))_{0\leq t\leq T}$ を次の方程式を満たす $(S_1^{(\mu)}(t))_{0\leq t\leq T}, (S_2^{(\mu)}(t))_{0\leq t\leq T}, \cdots, (S_N^{(\mu)}(t))_{0\leq t\leq T}$ によって置換える．

$$dS_i^{(\mu)}(t) = S_i^{(\mu)}(t)\left[(b_i(t)+\mu_i(t))dt + \sum_{j=1}^N \sigma_{ij}(t)dW_j(t)\right]$$
$$S_i^{(\mu)}(0) = \tilde{S}_i \quad (1 \leq i \leq n)$$

念のために書けば $M_\mu = ((\Omega, \mathfrak{F}, P), T, (W(t))_{0\leq t<\infty}, (\mathfrak{F}_t)_{0\leq t<\infty}, (r(t))_{0\leq t\leq T}, (b$

$(t)+\mu(t))_{0\le t\le T}$, $(\delta(t))_{0\le t\le T}$, $(\sigma(t))_{0\le t\le T}$, $(B(t))_{0\le t\le T}$, $(S_1^{(\mu)}(t))_{0\le t\le T}$, $\cdots$, $(S_N^{(\mu)}(t))_{0\le t\le T}$, $\tilde{S})$ である．

(13-15)　M_μ は証券価格のモデルである．

【証明】

次の 3 つの事実を用いて M_μ が (6-3) (1)〜(8)を満たすことを確かめればよい．

(1)　M は (6-3) (1)〜(8)を満たす．

(2)　$\int_0^T |b_i(t)+\mu_i(t)|\,dt<\infty$ (a. e.) $(1\le i\le n)$ である．

(3)　$(S_i^{(\mu)}(t))_{0\le t\le T}$ は前記の方程式を満たす．

なお(2)が成立するのは，M の要素である $(b(t))_{0\le t\le T}$ について $\int_0^T |b_i(t)|\,dt<\infty$ (a. e.) となること，および $\mu\in D_{K^*}$ から $\int_0^T |\mu_i(t)|\,dt<\infty$ (a. e.) となることによる．■

M_μ が証券価格のモデルだから，証券市場 $[M_\mu]$ を考えることができる．$[M_\mu]$ ではそれぞれ $B, S_1^{(\mu)}, \cdots, S_N^{(\mu)}$ と名づけられた $(N+1)$ 個の証券が時刻 0 から T までの間連続的に取引され，$B, S_1^{(\mu)}, \cdots, S_N^{(\mu)}$ の価格は $B(t), S_1^{(\mu)}(t), \cdots, S_N^{(\mu)}(t)$ である．また時刻 t に $S_i^{(\mu)}$ を一単位保有すると $S_i^{(\mu)}(t)\delta_i(t)dt$ だけの配当を受取ることができる．

証券価格のモデル M については (13-1) (1) (2)および (13-2) が成り立つが，これに対応して M_μ について次の (13-16) (1) (2)および (13-17) が成り立つ．

(13-16)　証券価格のモデル M_μ は次の条件を満たす．

(1)　$[0, T]\times\Omega$ 上で $\lambda\otimes P$ に関してほとんど至る所で $\sigma^{-1}(t)$ が存在する．

(2)　$\theta_\mu(t)=\sigma^{-1}(t)[b(t)+\mu(t)+\delta(t)-r(t)\boldsymbol{e}_N]$ とすると $\int_0^T \|\theta_\mu(t)\|^2\,dt<\infty$ (a. e.) である．

(13-17)　M_μ の構成要素である $(r(t))_{0\le t\le T}$ は $[0, T]\times\Omega$ 上で $\lambda\otimes P$ に関してほとんど至る所で $r(t, \omega)\ge 0$ となる．

(13-16) (1) (2)は次の事実より分かる．

・M について (13-1) (1) (2)が成り立つこと．

・$\mu\in D_{K^*}$ より $\int_0^T \|\mu(t)\|^2\,dt<\infty$ (a. e.) であること．

・(13-3) より $\|\sigma^{-1}(t)\|$ が有界なこと．

(13-17) は M に関する仮定 (13-2) そのものである．

以上をまとめると次のとおりである．

- 証券価格のモデル M の $(b(t))_{0\leq t\leq T}$ を$(b(t)+\mu(t))_{0\leq t\leq T}$ に置換えると証券価格のモデル M_μ が得られる．
- M に対しては (13-1) (1) (2)および (13-2) が成り立つ．
  これに対応して M_μ に対しては (13-16) (1) (2)および (13-17) が成り立つ．

ここで第 11 章の結果は，証券価格のモデル M を基礎に，M が (13-1) (1) (2)および (13-2) を満たすことから導かれていることに注意しよう．

ところが証券価格のモデル M_μ についても (13-16) (1) (2)および (13-17) が成立する．

従って第 11 章の結果は，基礎となる証券価格のモデルを M から M_μ に置換えてもすべて成立する．その際には $(b(t))_{0\leq t\leq T}$ を $(b(t)+\mu(t))_{0\leq t\leq T}$ に置換えて第 11 章の結果を読換えればよい．

次の節では，基礎となる証券価格のモデルを M_μ に置換えて第 11 章の結果を読換えてみることとする．

4　問題 $A_\mu(x)$ （$\mu\in D_{K^*}$） とその解

この節では基礎となる証券価格のモデルを M から M_μ （$\mu\in D_{K^*}$） に置換えて第 11 章の結果を確認していく．その過程で第 11 章の最適化問題 $A(x)$ に対応する最適化問題 $A_\mu(x)$ （$\mu\in D_{K^*}$） が現われ，問題 $A_\mu(x)$ （$\mu\in D_{K^*}$） が問題 $A(x)$ と同様の条件の下で解けることが分かる．

このように $\mu\in D_{K^*}$ をパラメーターとする最適化問題 $A_\mu(x)$ が問題 $A(x)$ と同様の条件の下で解けることを示すのがこの節のねらいである．

以下では $\mu\in D_{K^*}$ とし，証券価格のモデル M_μ を前提とする．

$\theta_\mu(t)=\sigma^{-1}(t)[b(t)+\mu(t)+\delta(t)-r(t)\boldsymbol{e}_N]=\theta(t)+\sigma^{-1}(t)\mu(t)$ を用いて

$Z_\mu(t)=\exp\left[-\int_0^t\langle\theta_\mu(s),\,dW(s)\rangle-\dfrac{1}{2}\int_0^t\|\theta_\mu(s)\|^2\,ds\right]$ と定める．

$(Z_\mu(t))_{0\leq t\leq T}$ は P に関するローカルマルチンゲールである．

また $X,\boldsymbol{\pi},c$ はそれぞれ資産変動過程 $X=(X(t))_{0\leq t\leq T}$，投資戦略 $\boldsymbol{\pi}=(\boldsymbol{\pi}(t))_{0\leq t\leq T}=((\pi_1(t)),\cdots,\pi_N(t))')_{0\leq t\leq T}$，消費過程 $c=(c(t))_{0\leq t\leq T}$ を表わし，α は確率変数を表わすとする．

(13-18)　$\mu\in D_{K^*}$ とする．X, π, c についての次の 2 つの式は同値である．

(1)　$X(t)=X(0)+\int_0^t r(s)X(s)ds+\int_0^t\langle\pi(s), (b(s)+\mu(s)+\delta(s)-r(s)\boldsymbol{e}_N)ds+\sigma(s)dW(s)\rangle-\int_0^t c(s)ds$

(2)　$$\frac{X(t)}{B(t)}=X(0)+\int_0^t\frac{\langle\pi(s), (b(s)+\mu(s)+\delta(s)-r(s)\boldsymbol{e}_N)ds+\sigma(s)dW(s)\rangle}{B(s)}-\int_0^t\frac{c(s)}{B(s)}ds$$

なお $\theta_\mu(t)=\sigma^{-1}(t)(b(s)+\mu(s)+\delta(s)-r(s)\boldsymbol{e}_N)$ を用いると(1)(2)はそれぞれ次の(1)′(2)′と書くことができる．

(1)′　$X(t)=X(0)+\int_0^t r(s)X(s)ds+\int_0^t\langle\sigma'(s)\pi(s), \theta_\mu(s)ds+dW(s)\rangle-\int_0^t c(s)ds$

(2)′　$$\frac{X(t)}{B(t)}=X(0)+\int_0^t\frac{\langle\sigma'(s)\pi(s), \theta_\mu(s)ds+dW(s)\rangle}{B(s)}-\int_0^t\frac{c(s)}{B(s)}ds$$

(13-19)　$\mu\in D_{K^*}$ とする．X, π, c が (13-18) (1) (2)を満たすことを $(X, \pi, c)\in BT_\mu$ で表わす．

(13-20)　$\mu\in D_{K^*}$ とする．x は $x>0$ である実数とする．この時，次の条件を満たす X, π, c, α の組合せ (X, π, c, α) の集合を $W_\mu(x)$ で表わす．

(1)　$(X, \pi, c)\in BT_\mu$，(2)　$X(t, \omega)\geq 0$ （$\lambda\otimes P$　$a.\,e.$）

(3)　$X(0)=x$，(4)　$X(T)=\alpha$

(13-21)　$U_1(t, x)$ は $t\in[0, T]$ で定義された x の効用函数であり，$U_2(x)$ は効用函数であるとする．

(13-22)　$x>0$，$\mu\in D_{K^*}$ の函数 $V_\mu(x)$ を $V_\mu(x)=\sup_{(X, \pi, c, \alpha)\in W_\mu(x)}\mathrm{E}\left[\int_0^T U_1(t, c(t))dt+U_2(\alpha)\right]$ によって定める．

$W_\mu(x)$ の中から $V_\mu(x)$ を達成する (X, π, c, α) を求める問題を考え，これを問題 $A_\mu(x)$ と呼ぶ．

問題 $A_\mu(x)$ を解くために第 11 章の結果をさらに追ってみよう．

(13-23)　消費過程 c と，$\mathfrak{F}_T$ 可測でありかつ $\alpha\geq 0$ となる確率変数 α の組合せ (c, α) の集合を L で表わす．

(13-24)　$\mu\in D_{K^*}$ とする．$(c, \alpha)\in L$ に対して $H_\mu[c, \alpha]$ を $H_\mu[c, \alpha]=\mathrm{E}\left[\int_0^T H_\mu(s)c(s)ds+H_\mu(T)\alpha\right]$ によって定める．

ここで $H_\mu(t)=\dfrac{Z_\mu(t)}{B(t)}$，$Z_\mu(t)=\exp\left[-\int_0^t\langle\theta_\mu(s), dW(s)\rangle-\frac{1}{2}\int_0^t\|\theta_\mu(s)\|^2ds\right]$ である．

(13-25)　$V_\mu(x)=\sup_{(X,\pi,c,\alpha)\in W_\mu(x)}\mathrm{E}\left[\int_0^T U_1(t,c(t))dt+U_2(\alpha)\right]$

$=\sup_{(c,\alpha)\in L,H_\mu[c,\alpha]=x}\mathrm{E}\left[\int_0^T U_1(t,c(t))dt+U_2(\alpha)\right]$ である．

(13-26)　次の 2 つの条件を満たす $\mu\in D_{K^*}$ の集合を $\hat{D}_{K^*}$ で表わす．

(1)　すべての $x>0$ に対し，$V_\mu(x)>0$ である．

(2)　すべての $y>0$ に対し

$\mathrm{E}\left[\int_0^T H_\mu(t)I_1(t,yH_\mu(t))dt+H_\mu(T)I_2(yH_\mu(T))\right]<\infty$ である．

ここで $I_1(t,y)$ は t を固定した x の函数 $U_1'(t,x)$ から（11-8）(1)によって定まる y の函数である．また $I_2(y)$ は x の函数 $U_2'(x)$ から（11-5）(1)によって定まる y の函数である．

(13-27)　$\mu\in\hat{D}_{K^*}$ を仮定すると次の (13-28)～(13-32) が成り立つ．

(13-28)　$x>0$ であれば

$$\mathrm{E}\left[\int_0^T H_\mu(t)I_1(t,yH_\mu(t))dt+H_\mu(T)I_2(yH_\mu(T))\right]=x$$

となる $y>0$ が唯一つ存在する．

この y を $y_\mu(x)$ で表わす．

(13-29)　$x>0$ に対して $c_\mu^x(t)$, α_μ^x を次のように定める．

$$c_\mu^x(t)=I_1(t,y_\mu(x)H_\mu(t))\qquad \alpha_\mu^x=I_2(y_\mu(x)H_\mu(T))$$

また $c_\mu^x=(c_\mu^x(t))_{0\le t\le T}$ とする．

(13-30)　c_μ^x, α_μ^x について次の(1)(2)が成り立つ．

(1)　$(c_\mu^x,\alpha_\mu^x)\in L$　　$H_\mu[c_\mu^x,\alpha_\mu^x]=x$

(2)　$\mathrm{E}\left[\int_0^T U_1(t,c_\mu^x(t))dt+U_2(\alpha_\mu^x)\right]$

$=\sup_{(c,\alpha)\in L,H_\mu[c,\alpha]=x}\mathrm{E}\left[\int_0^T U_1(t,c(t))dt+U_2(\alpha)\right]$

(13-31)　c_μ^x, α_μ^x から次のように $X_\mu^x=(X_\mu^x(t))_{0\le t\le T}$

$\pi_\mu^x=(\pi_\mu^x(t))_{0\le t\le T}=((\pi_{\mu,1}^x(t),\pi_{\mu,2}^x(t),\cdots,\pi_{\mu,N}^x(t))')_{0\le t\le T}$ を定めると，$(X_\mu^x,\pi_\mu^x,c_\mu^x,\alpha_\mu^x)$ は問題 $A_\mu(x)$ の解である．

(1)　次の条件を満たす $\varphi_\mu^x(s)$ を選ぶ．

$$\mathrm{E}\left[\int_0^T H_\mu(s)c_\mu^x(s)ds+H_\mu(T)\alpha_\mu^x\middle|\mathfrak{F}_t\right]=x+\int_0^t\langle\varphi_\mu^x(s),dW(s)\rangle$$

$$\int_0^T\|\varphi_\mu^x(s)\|^2ds<\infty\quad(a.e.)$$

(2)　この $\varphi_\mu^x(t)$ から $X_\mu^x(t)$ と $\pi_\mu^x(t)$ を次の式が成立するように定める．

$$H_\mu(t)X_\mu^x(t)=\mathrm{E}\left[\int_t^T H_\mu(s)c_\mu^x(s)ds+H_\mu(T)\alpha_\mu^x\middle|\mathfrak{F}_t\right]$$

$$\varphi_\mu^x(t) = H_\mu(t)(\sigma'(t)\pi_\mu^x(t) - X_\mu^x(t)\theta_\mu(t))$$

(13-32)　$(X_\mu^x, \pi_\mu^x, c_\mu^x, \alpha_\mu^x)$ は問題 $A_\mu(x)$ の唯一の解である．

以上によって $\mu \in D_{K^*}$ をパメーターとする最適化問題 $A_\mu(x)$ が条件 $\mu \in \hat{D}_{K^*}$ の下で解けることが示された．

ここで後に使うために $V_\mu(x)$ の双対函数に関する結果を確認しておこう．

$\mu \in D_{K^*}$ とする．$V_\mu(x) = \sup_{(X, \pi, c, \alpha) \in W_\mu(x)} \mathrm{E}\left[\int_0^T U_1(t, c(t))dt + U_2(\alpha)\right]$ は x の函数として狭義に凹である．

(13-33)　$\mu \in D_{K^*}$ とする．$y > 0$ の函数 $\tilde{V}_\mu(y)$ を $\tilde{V}_\mu(y) = \sup_{x>0}[V_\mu(x) - yx]$ により定める．$\tilde{V}_\mu(y)$ を $V_\mu(x)$ の双対函数と言う．

函数 $V_\mu(x)$ も $\tilde{V}_\mu(y)$ もすべての $\mu \in D_{K^*}$ に対して定義されていることに注意しよう．$V_\mu(x)$, $\tilde{V}_\mu(y)$ の定義には $\mu \in \hat{D}_{K^*}$ であることは必要ではない．

(13-34)　$\mu \in D_{K^*}$ とする．すべての $y > 0$ について
$\tilde{V}_\mu(y) \leq \mathrm{E}\left[\int_0^T \tilde{U}_1(t, yH_\mu(t))dt + \tilde{U}_2(yH_\mu(T))\right]$ である．

(13-34) の不等式は $\tilde{V}_\mu(y) = \infty$ であっても成立する．

$\mu \in \hat{D}_{K^*}$ であれば，(13-34) は次のように強めることができる．

(13-35)　$\mu \in \hat{D}_{K^*}$ とする．すべての $y > 0$ について
$\tilde{V}_\mu(y) = \mathrm{E}\left[\int_0^T \tilde{U}_1(t, yH_\mu(t))dt + \tilde{U}_2(yH_\mu(T))\right]$ である．
なお，この等式の両辺は有限の値をとる．

(13-36)　$\mu \in \hat{D}_{K^*}$ とする．
$x > 0$ ならば $\tilde{V}_\mu(y_\mu(x)) = V_\mu(x) - y_\mu(x)x$ である．

5　問題 $A_K(x)$ についての検討 (1)

(13-12) (13-14) および (13-31) (13-32) を得て準備が整ったので問題 $A_K(x)$ の解の求め方について検討しよう．

この第 5 節から第 7 節までは，第 12 章の結果を参考にしながら，問題 $A_K(x)$ の解を見出す方法について発見的方法で議論する．従って議論の細部に至る厳密な証明は行わない．

(13-14) に注意すると問題 $A_K(x)$ は次の問題と同じである．

(13-37)　次の制約条件の下で $\mathrm{E}\left[\int_0^T U_1(t, c(t))dt + U_2(X(T))\right]$ を最大にする $(c, X, \boldsymbol{\pi})$ を求める．

(1)　$c(t, \omega) \geq 0$，$X(t, \omega) \geq 0$

(2)　$\dfrac{X(t)}{B(t)} + \displaystyle\int_0^t \dfrac{c(s)}{B(s)} ds$

$$= x + \int_0^t \frac{\langle \boldsymbol{\pi}(s), (\boldsymbol{b}(s) + \boldsymbol{\delta}(s) - r(s)\boldsymbol{e}_N)ds + \boldsymbol{\sigma}(s)dW(s)\rangle}{B(s)}$$

(3)　すべての $\mu \in D_{K^*}$ について，確率 1 で $\displaystyle\int_0^t \frac{\langle \boldsymbol{\pi}(s), \boldsymbol{\mu}(s)\rangle}{B(s)} ds \geq 0$　$(0 \leq t \leq T)$

他方で第 12 章で考察した問題 A は次のような最適化問題である．

(13-38)　次の制約条件の下で $U(\boldsymbol{X})$ を最大にする $(\boldsymbol{X}, \boldsymbol{Y})$ を求める．

(1)　$\boldsymbol{X} > \boldsymbol{0}$

(2)　$\langle \boldsymbol{a}, \boldsymbol{X}\rangle = G(\boldsymbol{Y})$

(3)　すべての $t \in T$ について $G_t(\boldsymbol{Y}) \geq 0$

両者が同じ構造を持つことは明らかであろう．対応関係は次のとおりである[注3)]．

(c, X)	$\boldsymbol{X}$
$\boldsymbol{\pi}$	$\boldsymbol{Y}$
$\dfrac{X(t)}{B(t)} + \displaystyle\int_0^t \dfrac{c(s)}{B(s)} ds$	$\langle \boldsymbol{a}, \boldsymbol{X}\rangle$
$x + \displaystyle\int_0^t \dfrac{\langle \boldsymbol{\pi}(s), (\boldsymbol{b}(s) + \boldsymbol{\delta}(s) - r(s)\boldsymbol{e}_N)ds + \boldsymbol{\sigma}(s)dW(s)\rangle}{B(s)}$	$G(\boldsymbol{Y})$
D_{K^*}	T
$\mu \in D_{K^*}$	$t \in T$
$\displaystyle\int_0^t \dfrac{\langle \boldsymbol{\pi}(s), \boldsymbol{\mu}(s)\rangle}{B(s)} ds$	$G_t(\boldsymbol{Y})$
$(c, X, \boldsymbol{\pi})$ の函数 $\mathrm{E}\left[\displaystyle\int_0^T U_1(t, c(t))dt + U_2(X(T))\right]$	$(\boldsymbol{X}, \boldsymbol{Y})$ の函数 $U(\boldsymbol{X})$[注3)]

さて第 12 章では問題 A の解を見出すめに $(\boldsymbol{t}_k, \boldsymbol{Z}_k) \in T\boldsymbol{R}_+$ をパラメーターとする次のような最適化問題を考えその解を $(\boldsymbol{X}_{\boldsymbol{t}_k}(\boldsymbol{Z}_k), \boldsymbol{Y}_{\boldsymbol{t}_k}(\boldsymbol{Z}_k))$ とした．

(13-39)　$V_{\boldsymbol{t}_k}(\boldsymbol{Z}_k) = \displaystyle\sup_{\substack{(\boldsymbol{X}, \boldsymbol{Y}) \in \mathring{\boldsymbol{R}}^n_+ \times \boldsymbol{R}^m, \\ H_{\boldsymbol{t}_k}((\boldsymbol{X}, \boldsymbol{Y}), \boldsymbol{Z}_k) = 0}} U(\boldsymbol{X})$ を実現する $(\boldsymbol{X}, \boldsymbol{Y})$ を求める．

また特定の $(\boldsymbol{t}_S, \boldsymbol{Z}_S)$ に対して $(\boldsymbol{X}_{\boldsymbol{t}_S}(\boldsymbol{Z}_S), \boldsymbol{Y}_{\boldsymbol{t}_S}(\boldsymbol{Z}_S))$ が問題Aの解となる次の条件 (13-40) を得た．

(13-40)　$(\boldsymbol{t}_S, \boldsymbol{Z}_S) \in T\boldsymbol{R}_+$ に対する次の 2 つの条件は同値である．

(1)　$(\boldsymbol{X}_{\boldsymbol{t}_S}(\boldsymbol{Z}_S), \boldsymbol{Y}_{\boldsymbol{t}_S}(\boldsymbol{Z}_S))$ は問題 A の解である．

(2)　$V_{t_S}(\boldsymbol{Z}_S)=\min_{(t_K,\, Z_K)\in T\boldsymbol{R}_+} V_{t_k}(\boldsymbol{Z}_k)$

また(1)(2)が成り立てば $\mu=\min_{(t_K,\, Z_K)\in T\boldsymbol{R}_+} V_{t_k}(\boldsymbol{Z}_k)$ である．

ここで問題Aと問題 $A_K(x)$ の間の前記の対応関係を考慮すると問題 $A_K(x)$ についても同様の結果が得られるのではないかとの予想が成り立つ．

そこでまず，(13-39) に相当する最適化問題がどのようなものになるかを考えてみよう．

k を正の整数とする．

D_{K^*} の k 個の要素 μ_i $(1\le i\le k)$ の組合せ $(\mu_1,\cdots,\mu_k)$ の集合を $D^k_{K^*}$ で表わす．

$\boldsymbol{\mu}_k\in D^k_{K^*}$ と $\boldsymbol{Z}_k\in \boldsymbol{R}^k_+$ の組合せ $(\boldsymbol{\mu}_k, \boldsymbol{Z}_k)$ の集合を $D^k_{K^*}\times \boldsymbol{R}^k_+$ で表わす．

集合 $\bigcup_{1\le k<\infty}(D^k_{K^*}\times \boldsymbol{R}^k_+)$ を $D_{K^*}\boldsymbol{R}_+$ で表わす．

$H_{t_k}((\boldsymbol{X}, \boldsymbol{Y}), \boldsymbol{Z}_k)=\langle \boldsymbol{a}, \boldsymbol{X}\rangle - G(\boldsymbol{Y})-\sum_{i=1}^{k} Z_i G_{t_i}(\boldsymbol{Y})$ であることに注意すると $(\boldsymbol{t}_k, \boldsymbol{Z}_k)\in T\boldsymbol{R}_+$ をパラメーターとする (13-39) に対応するのは $(\boldsymbol{\mu}_k, \boldsymbol{Z}_k)\in D_{K^*}\boldsymbol{R}_+$ をパラメーターとする次の最適化問題である．

(13-41)　次の制約条件の下で $\mathrm{E}\left[\int_0^T U_1(t, c(t))dt+U_2(X(T))\right]$ を最大にする $(c, X, \boldsymbol{\pi})$ を求める．

(1)　$c(t,\omega)\ge 0$,　$X(t,\omega)\ge 0$

(2)　$$\frac{X(t)}{B(t)}+\int_0^t \frac{c(s)}{B(s)}ds$$
$$=x+\int_0^t \frac{\langle \boldsymbol{\pi}(s), (b(s)+\boldsymbol{\delta}(s)-r(s)\boldsymbol{e}_N)ds+\boldsymbol{\sigma}(s)dW(s)\rangle}{B(s)}$$
$$+\sum_{i=1}^{k} Z_i \int_0^t \frac{\langle \boldsymbol{\pi}(s), \mu_i(s)\rangle}{B(s)}ds$$

(2)を次のように書換えてみよう．

$$\frac{X(t)}{B(t)}+\int_0^t \frac{c(s)}{B(s)}ds=x+\int_0^t \frac{\langle \boldsymbol{\pi}(s), (b(s)+\boldsymbol{\delta}(s)-r(s)\boldsymbol{e}_N)ds+\boldsymbol{\sigma}(s)dW(s)\rangle}{B(s)}$$
$$+\int_0^t \frac{\langle \boldsymbol{\pi}(s), \sum_{i=1}^{k} Z_i\mu_i(s)\rangle}{B(s)}ds$$

ここで $Z_i\ge 0$，$\mu_i(s)\in D_{K^*}$ $(1\le i\le k)$ であり，K^* は閉凸錘であるから $\sum_{i=1}^{k} Z_i \mu_i(s)\in D_{K^*}$ である．

また $(\boldsymbol{\mu}_k, \boldsymbol{Z}_k)$ が $D_{K^*}\boldsymbol{R}_+$ のすべての要素の上を動くとこれに対応して $\sum_{i=1}^{k} Z_i\mu_i(s)$ は D_{K^*} のすべての要素の上を動く．

従って $(\boldsymbol{\mu}_k, \boldsymbol{Z}_k)\in D_{K^*}\boldsymbol{R}_+$ をパラメーターとする一連の問題群 (13-41) は，$\mu\in D_{K^*}$ をパラメーターとする次の問題群に等しい．

(13-42)　次の制約条件の下で $\mathrm{E}\left[\int_0^T U_1(t, c(t))dt + U_2(X(T))\right]$ を最大にする $(c, X, \boldsymbol{\pi})$ を求める．

(1)　$c(t, \omega) \geq 0$，$X(t, \omega) \geq 0$

(2)　$\dfrac{X(t)}{B(t)} + \displaystyle\int_0^t \frac{c(s)}{B(s)} ds$

$$= x + \int_0^t \frac{\langle \boldsymbol{\pi}(s), (b(s) + \boldsymbol{\delta}(s) - r(s)\boldsymbol{e}_N)ds + \boldsymbol{\sigma}(s)dW(s)\rangle}{B(s)}$$

$$+ \int_0^t \frac{\langle \boldsymbol{\pi}(s), \boldsymbol{\mu}(s)\rangle}{B(s)} ds$$

さて前節では $\mu \in D_{K^*}$ に対して最適化問題 $A_\mu(x)$ を構成し，一定の条件の下でこれを解いた．

ここで $\mu \in D_{K^*}$ に対する (13-42)(1)(2)と，同じく $\mu \in D_{K^*}$ に対する (13-20)(1)〜(4)を比べると，問題 (13-42) が問題 $A_\mu(x)$ に他ならないことが分かる．

以上より次のとおりである．

- パラメーター $(\boldsymbol{t}_k, \boldsymbol{Z}_k) \in T\boldsymbol{R}_+$ にはパラメーター $\mu \in D_{K^*}$ が対応する．
- $(\boldsymbol{t}_k, \boldsymbol{Z}_k)$ をパラメーターとする一連の問題 (13-39) には，$\mu \in D_{K^*}$ をパラメーターとする一連の問題 $A_\mu(x)$ が対応する．
- $(\boldsymbol{t}_k, \boldsymbol{Z}_k) \in T\boldsymbol{R}_+$ の函数 $V_{\boldsymbol{t}_k}(\boldsymbol{Z}_k)$ には，$\mu \in D_{K^*}$ の函数 $V_\mu(x)$ が対応する．
- 問題 (13-39) の解 $(\boldsymbol{X}_{\boldsymbol{t}_k}(\boldsymbol{Z}_k), \boldsymbol{Y}_{\boldsymbol{t}_k}(\boldsymbol{Z}_k))$ には，問題 $A_\mu(x)$ の解が対応する．

  また前節の結果により $\mu \in \hat{D}_{K^*}$ であれば，問題 $A_\mu(x)$ は唯一つの解 $(X_\mu^x, \boldsymbol{\pi}_\mu^x, c_\mu^x, \boldsymbol{\alpha}_\mu^x)$ を持つことが分かっている．

従って (13-40) 即ち (12-10) に対応して次の命題が成り立つことが予想される．

(13-43)　$\mu_0 \in \hat{D}_{K^*}$ に対する次の 2 つの条件は同値である．

(1)　$(X_{\mu_0}^x, \boldsymbol{\pi}_{\mu_0}^x, c_{\mu_0}^x, \boldsymbol{\alpha}_{\mu_0}^x)$ は問題 $A_K(x)$ の解である．

(2)　$V_{\mu_0}(x) = \min\limits_{\mu \in D_{K^*}} V_\mu(x)$

また(1)(2)が成り立てば $V_K(x) = \min\limits_{\mu \in D_{K^*}} V_\mu(x)$ である．

以下では (13-43) を証明することを目標にする．

6　問題 $A_K(x)$ についての検討 (2)

(13-43) を証明するためにまず (12-10) の証明の過程を辿ってみよう．

第 12 章では (12-8) および (12-9) を用いて (12-10) を証明した．

$$\left.\begin{matrix}(12\text{-}8)\\(12\text{-}9)\end{matrix}\right\rangle\longrightarrow (12\text{-}10)$$

この論証の過程を見ると (12-8) と (12-9) に対応して次の 2 つの命題が成立すれば，(13-43) が証明できることが分かる（このことは後に示す）．

(13-44)　すべての $x>0$，$\mu\in D_{K^*}$ に対して，$V_K(x)\leq V_\mu(x)$

(13-45)　$x>0$，$\mu_0\in \hat{D}_{K^*}$ とする．$V_{\mu_0}(x)=\min_{\mu\in D_{K^*}} V_\mu(x)$ ならば $(X^x_{\mu_0}, \boldsymbol{\pi}^x_{\mu_0}, c^x_{\mu_0}, \boldsymbol{\alpha}^x_{\mu_0})\in W_K(x)$

$$\left.\begin{matrix}(13\text{-}44)\\(13\text{-}45)\end{matrix}\right\rangle\longrightarrow (13\text{-}43)$$

(13-44) を (12-8) と同様に示すのは容易である（後に示す）．

また (13-45) は，(12-9) とほぼ同様にして示すことができる．ただしその過程はやや長くなる．以下ではこの点を説明しよう．

さて第 12 章第 4 節では (12-9) の証明が次の 2 つの事実に基づいていることを示した．

- $V_{\boldsymbol{t}_k}(\boldsymbol{Z}_k)$ と $\hat{\boldsymbol{Z}}_k\in\boldsymbol{R}^k_+$ に対して次の等式が成り立つ．
$$\lim_{\varepsilon\downarrow 0}\frac{V_{\boldsymbol{t}_k}(\boldsymbol{Z}_k+\boldsymbol{\varepsilon}(\hat{\boldsymbol{Z}}_k-\boldsymbol{Z}_k))-V_{\boldsymbol{t}_k}(\boldsymbol{Z}_k)}{\boldsymbol{\varepsilon}}=-\boldsymbol{\lambda}_{\boldsymbol{t}_k}(\boldsymbol{Z}_k)\{\sum_{i=1}^{k}(\hat{Z}_i-Z_i)G_{ti}(\boldsymbol{Y}^*)\}$$
ただし $\boldsymbol{Y}^*=\boldsymbol{Y}_{\boldsymbol{t}_k}(\boldsymbol{Z}_k)$ である．
- ある $(\boldsymbol{t}_k, \boldsymbol{Z}_k)\in T\boldsymbol{R}_+$ があって，すべての $\hat{\boldsymbol{Z}}_k\in\boldsymbol{R}^k_+$ に対し $-\boldsymbol{\lambda}_{\boldsymbol{t}_k}(\boldsymbol{Z}_k)\{\sum_{i=1}^{k}(\hat{Z}_i-Z_i)G_{ti}(\boldsymbol{Y}^*)\}\geq 0$ ならば
  (i)　$G_{ti}(\boldsymbol{Y}^*)\geq 0\ \ (1\leq i\leq k)$
  (ii)　$\sum_{i=1}^{k}Z_iG_{ti}(\boldsymbol{Y}^*)=0$

そこで以下ではこの 2 つの事実に対応して適当な条件の下で次の 2 つの命題 (13-47) (13-48) が成り立つことを示す．またその後にこれらの 2 つの命題から (13-45) を導く．

簡単のため次の仮定を置く（この仮定は次の節で取り除く）．

(13-46)　$D_{K^*}=\hat{D}_{K^*}$ である．

この仮定により，すべての $\mu\in D_{K^*}$ に対して問題 $A_\mu(x)$ に唯一つの解 $(X^x_\mu, \pi^x_\mu, c^x_\mu, \alpha^x_\mu)$ が存在することが保証される．

(13-47)　$V_\mu(x)$ と $\hat{\mu}\in D_{K^*}$ に対して次の等式が成り立つ．

$$\lim_{\varepsilon\downarrow 0}\frac{V_{\mu+\varepsilon(\hat{\mu}-\mu)}(x)-V_\mu(x)}{\varepsilon}=y_\mu(x)\mathrm{E}\left[\int_0^T Z_\mu(s)\frac{\langle\pi^*(s),\hat{\mu}(s)-\mu(s)\rangle}{B(s)}ds\right]$$

ただし $\pi^*(t)=\pi^x_\mu(t)$ である．

また (13-24) で定めたとおり

$Z_\mu(t)=\exp\left[-\int_0^t\langle\theta_\mu(s), dW(s)\rangle-\frac{1}{2}\int_0^t\|\theta_\mu(s)\|^2 ds\right]$ である．

(13-48)　ある $\mu\in D_{K^*}$ があって，すべての $\hat{\mu}\in D_{K^*}$ に対し

$$y_\mu(x)\mathrm{E}\left[\int_0^T Z_\mu(s)\frac{\langle\pi^*(s),\hat{\mu}(s)-\mu(s)\rangle}{B(s)}ds\right]\geq 0$$

ならば

(1)　すべての $\hat{\mu}\in D_{K^*}$ に対し $\langle\pi^*(s),\hat{\mu}(s)\rangle\geq 0$ $(\lambda\otimes P\ \ a.\,e.)$

(2)　$\langle\pi^*(s),\mu(s)\rangle=0$ $(\lambda\otimes P\ \ a.\,e.)$

ただし $\pi^*(t)=\pi^x_\mu(t)$ である．

以下では適当な条件の下で (13-47) が成り立つことだけを示す．(13-48) が成り立つことを示すのは容易である．

適当な条件の下で (13-47) が成り立つことを示すためには

$\lim_{\varepsilon\downarrow 0}\frac{V_{\mu+\varepsilon(\hat{\mu}-\mu)}(x)-V_\mu(x)}{\varepsilon}$ を計算すればよい．

この $\lim_{\varepsilon\downarrow 0}\frac{V_{\mu+\varepsilon(\hat{\mu}-\mu)}(x)-V_\mu(x)}{\varepsilon}$ の計算は (12-1) と同様にして行うことができる．

まず (13-25) より

$V_\mu(x)=\sup_{(c,\alpha)\in L,\, x-H_\mu[c,\alpha]=0}\mathrm{E}\left[\int_0^T U_1(t, c(t))dt+U_2(\alpha)\right]$ となることに注意しておく．

さて (12-1) では，適当な条件の下で，$\boldsymbol{Z}\in L$ の函数 $v(\boldsymbol{Z})=\sup_{\boldsymbol{X}\in Q,\, g(\boldsymbol{X},\boldsymbol{Z})=0}u(\boldsymbol{X})$ について，$\hat{\boldsymbol{Z}}\in L$ ならば

$$\lim_{\varepsilon\downarrow 0}\frac{v(\boldsymbol{Z}+\varepsilon(\hat{\boldsymbol{Z}}-\boldsymbol{Z}))-v(\boldsymbol{Z})}{\varepsilon}$$

$$=\lambda(\boldsymbol{Z})\lim_{\varepsilon\downarrow 0}\frac{g(\boldsymbol{X}(\boldsymbol{Z}),\boldsymbol{Z}+\varepsilon(\hat{\boldsymbol{Z}}-\boldsymbol{Z}))-g(\boldsymbol{X}(\boldsymbol{Z}),\boldsymbol{Z})}{\varepsilon}$$

であることを示した．

$\boldsymbol{Z}\in L$ の函数 $v(\boldsymbol{Z})=\sup_{\boldsymbol{X}\in Q,\, g(\boldsymbol{X},\boldsymbol{Z})=0}u(\boldsymbol{X})$ は $\mu\in D_{K^*}$ の函数

$$V_\mu(x)=\sup_{(c,\alpha)\in L,\, x-H_\mu[c,\alpha]=0}\mathrm{E}\left[\int_0^T U_1(t, c(t))dt+U_2(\alpha)\right]$$

と同じ構造を持っている．対応関係は次のとおりである．

$\boldsymbol{X}$	(c, α)
$\boldsymbol{Z}$	μ
$\boldsymbol{X}$ と $\boldsymbol{Z}$ の函数 $g(\boldsymbol{X}, \boldsymbol{Z})$	(c, α) と μ の函数 $x-H_\mu[c, \alpha]$
$\boldsymbol{X}\in Q$	$(c, \alpha)\in L$

従って，(12-1) と同様の適当な条件があれば (12-2) に対応して次の等式が成り立つと予想される．

(13-49)　$\hat{\mu}, \mu\in D_{K^*}$ に対し

$$\lim_{\varepsilon\downarrow 0}\frac{V_{\mu+\varepsilon(\hat{\mu}-\mu)}(x)-V_\mu(x)}{\varepsilon}$$
$$=y_\mu(x)\lim_{\varepsilon\downarrow 0}\frac{(x-H_{\mu+\varepsilon(\hat{\mu}-\mu)}[c^x_\mu, \alpha^x_\mu])-(x-H_\mu[c^x_\mu, \alpha^x_\mu])}{\varepsilon}$$
$$=-y_\mu(x)\lim_{\varepsilon\downarrow 0}\frac{H_{\mu+\varepsilon(\hat{\mu}-\mu)}[c^x_\mu, \alpha^x_\mu]-H_\mu[c^x_\mu, \alpha^x_\mu]}{\varepsilon}$$ [注4)]

この等式の最後の項は $H_\mu[c, \alpha]=\mathrm{E}\left[\int_0^T H_\mu(t)c(t)dt+H_\mu(T)\alpha\right]$, $H_\mu(t)=\dfrac{Z_\mu(t)}{B(t)}$ から計算することができる．ただし計算途中に現われる lim と E を交換してよいと仮定する．

結果は次のとおりである．

(13-50)　$$\lim_{\varepsilon\downarrow 0}\frac{V_{\mu+\varepsilon(\hat{\mu}-\mu)}(x)-V_\mu(x)}{\varepsilon}$$
$$=y_\mu(x)\mathrm{E}\left[\int_0^T H_\mu(t)N_{\hat{\mu},\mu}(t)c^x_\mu(t)dt+H_\mu(T)N_{\hat{\mu},\mu}(T)\alpha^x_\mu\right]$$

ただし $N_{\hat{\mu},\mu}(t)=\int_0^t\langle\boldsymbol{\sigma}^{-1}(s)(\hat{\boldsymbol{\mu}}(s)-\boldsymbol{\mu}(s)), (\boldsymbol{\theta}(s)+\boldsymbol{\sigma}^{-1}(s)\boldsymbol{\mu}(s))ds+d\boldsymbol{W}(s)\rangle$

$$=\int_0^t\langle\boldsymbol{\sigma}^{-1}(s)(\hat{\boldsymbol{\mu}}(s)-\boldsymbol{\mu}(s)), \boldsymbol{\theta}_\mu(s)ds+d\boldsymbol{W}(s)\rangle$$

である（実際に (12-1) と同様の計算によって (13-50) が導かれることについては補論 1 参照）．

この等式の右辺には $\hat{\boldsymbol{\mu}}(t)-\boldsymbol{\mu}(t)$，$c^x_\mu(t)$，$\alpha^x_\mu$ が現われるから，この等式と (13-47) は異なるもののように見える．

しかしながらこれは見かけに過ぎない．$c^x_\mu(t)$, α^x_μ, $\boldsymbol{\pi}^x_\mu(t)$ の間には関係式

$$\frac{X^x_\mu(t)}{B(t)}+\int_0^t\frac{c^x_\mu(s)}{B(s)}ds$$
$$=x+\int_0^t\frac{\langle\boldsymbol{\pi}^x_\mu(s), (\boldsymbol{b}(s)+\boldsymbol{\delta}(s)-r(s)\boldsymbol{e}_N)ds+\boldsymbol{\sigma}(s)d\boldsymbol{W}(s)\rangle}{B(s)}$$

$$+\int_0^t \frac{\langle \pi_\mu^x(s), \mu(s)\rangle}{B(s)} ds$$

および $X_\mu^x(T)=\alpha_\mu^x$ が成り立つから，これらを用いて (13-50) の右辺を $\hat{\mu}(t)-\mu(t)$ と $\pi_\mu^x(t)$ を用いた式に書直すと

$$\mathrm{E}\left[\int_0^T H_\mu(t)N_{\hat{\mu},\mu}(t)c_\mu^x(t)dt+H_\mu(T)N_{\hat{\mu},\mu}(T)\alpha_\mu^x\right]$$

$$=\mathrm{E}\left[\int_0^T Z_\mu(t)\frac{\langle \pi_\mu^x(t), \hat{\mu}(t)-\mu(t)\rangle}{B(t)}dt\right]$$

となる（この等式については補論 2 参照）.

従って $\lim_{\varepsilon\downarrow 0}\frac{V_{\mu+\varepsilon(\hat{\mu}-\mu)}(x)-V_\mu(x)}{\varepsilon}=y_\mu(x)\mathrm{E}\left[\int_0^T Z_\mu(t)\frac{\langle \pi_\mu^x(t), \hat{\mu}(t)-\mu(t)\rangle}{B(t)}dt\right]$ となり，(12-1) と同様の条件があれば (13-47) が成立することになる.

以上で適当な条件があれば (13-47) と (13-48) が成り立つことを示した.

そこでこれら 2 つの命題から (13-45) を導こう．そのためには次の過程をたどればよい.

- $\mu_0\in D_{K^*}$　$V_{\mu_0}(x)=\min_{\mu\in D_{K^*}} V_\mu(x)$ を仮定する.
- これよりすべての $\hat{\mu}\in D_{K^*}$ に対して
$$\lim_{\varepsilon\downarrow 0}\frac{V_{\mu_0+\varepsilon(\hat{\mu}-\mu_0)}(x)-V_{\mu_0}(x)}{\varepsilon}\geq 0$$
- これと (13-47) より，すべての $\hat{\mu}\in D_{K^*}$ に対して
$$y_{\mu_0}(x)\mathrm{E}\left[\int_0^T Z_{\mu_0}(s)\frac{\langle \pi_{\mu_0}^x(s), \hat{\mu}(s)-\mu_0(s)\rangle}{B(s)}ds\right]\geq 0$$
- これと (13-48) より
  (i)　すべての $\hat{\mu}\in D_{K^*}$ に対し $\langle \pi_{\mu_0}^x(s), \hat{\mu}(s)\rangle\geq 0$（$\lambda\otimes P$ *a. e.*）
  (ii)　$\langle \pi_{\mu_0}^x(s), \mu_0(s)\rangle=0$（$\lambda\otimes P$ *a. e.*）
- (i)と (13-12) より $\pi_{\mu_0}^x(s)\in K$（$\lambda\otimes P$ *a. e.*）
  これと(ii)および $(X_{\mu_0}^x, \pi_{\mu_0}^x, c_{\mu_0}^x, \alpha_{\mu_0}^x)\in W_{\mu_0}(x)$ より $(X_{\mu_0}^x, \pi_{\mu_0}^x, c_{\mu_0}^x, \alpha_{\mu_0}^x)\in W_K(x)$
- 以上より $\mu_0\in D_{K^*}$，$V_{\mu_0}(x)=\min_{\mu\in D_{K^*}} V_\mu(x)$ ならば $(X_{\mu_0}^x, \pi_{\mu_0}^x, c_{\mu_0}^x, \alpha_{\mu_0}^x)\in W_K(x)$

7　問題 $A_K(x)$ についての検討 (3)

前節では (13-44) が成り立つこと，また適当な条件の下で (13-45) が成り立つことを説明した.

これら 2 つの命題から (13-43) を導くことができる.

しかし(13-45)の基礎となる(13-47)を示すために次の2つの条件を必要とした．

(C_1)　(13-46)即ち $D_{K*}=\hat{D}_{K*}$ であること．

(C_2)　(12-1)(1)〜(6)に相当する適当な条件

(C_1) はかなり厳しい条件である．また (C_2) の中の(12-1)(6)に対応する条件もかなり厳しい条件である．

従って条件 $(C_1)(C_2)$ を緩和することを考えなくてはならない．

この節では(13-47)に相当するやや弱い命題が $(C_1)(C_2)$ なしで証明できることを示す．また(13-48)に相当するやや弱い命題も $(C_1)(C_2)$ なしで成立する．これらを用いることにより $(C_1)(C_2)$ を用いずに(13-45)の成立を示すことができるのである．

この節では $V_\mu(x)$ の双対函数 $\tilde{V}_\mu(y)$ に関する第4節の結果を利用して (C_1) (C_2) を用いずに(13-45)を導く．

なお，この節で得られる(13-45)の証明の構造は，基本的には前節での(13-45)の証明の構造と同じである．

以下では $(C_1)(C_2)$ を用いずに議論を進める．

(13-51)　$y>0$，$\mu\in D_{K*}$ の函数 $G_\mu(y)$ を

$G_\mu(y)=\mathrm{E}\left[\int_0^T \tilde{U}_1(t, yH_\mu(t))dt+\tilde{U}_2(yH_\mu(T))\right]$ によって定める．

(13-52)　$x>0$，$\mu_0\in\hat{D}_{K*}$ とする．

$V_{\mu_0}(x)=\min_{\mu\in D_{K*}} V_\mu(x)$ ならば $G_{\mu_0}(y_{\mu_0}(x))=\min_{\mu\in D_{K*}} G_\mu(y_{\mu_0}(x))$ である．

【証明】

次の4点に注意する．

・$\mu_0\in\hat{D}_{K*}$ だから(13-35)より $G_{\mu_0}(y_{\mu_0}(x))=\tilde{V}_{\mu_0}(y_{\mu_0}(x))$

・$\mu_0\in\hat{D}_{K*}$ だから(13-36)より $\tilde{V}_{\mu_0}(y_{\mu_0}(x))=V_{\mu_0}(x)-y_{\mu_0}(x)x$

・仮定よりすべての $\mu\in D_{K*}$ について $V_{\mu_0}(x)\leq V_\mu(x)$

・(13-34)よりすべての $\mu\in D_{K*}$ について $\tilde{V}_\mu(y_{\mu_0}(x))\leq G_\mu(y_{\mu_0}(x))$

以上から $\mu\in D_{K*}$ であれば

$$\begin{aligned}G_{\mu_0}(y_{\mu_0}(x))&=V_{\mu_0}(x)-y_{\mu_0}(x)x\leq V_\mu(x)-y_{\mu_0}(x)x\\&\leq\sup_{\alpha>0}[V_\mu(\alpha)-y_{\mu_0}(x)\alpha]=\tilde{V}_\mu(y_{\mu_0}(x))\leq G_\mu(y_{\mu_0}(x))\end{aligned}$$

である．■

$G_\mu(y)$ については(13-47)に対応して次の等式が成り立つ．

(13-53)　$\mu \in \hat{D}_{K^*}$，$\hat{\mu} \in D_{K^*}$ とする．

(1)
$$\lim_{\varepsilon \downarrow 0} \frac{G_{\mu+\varepsilon(\hat{\mu}-\mu)}(y_\mu(x)) - G_\mu(y_\mu(x))}{\varepsilon}$$
$$= y_\mu(x) \mathrm{E}\left[\int_0^T H_\mu(t) N_{\hat{\mu},\mu}(t) c_\mu^x(t)\, dt + H_\mu(T) N_{\hat{\mu},\mu}(T) \alpha_\mu^x\right]$$

(2)
$$\mathrm{E}\left[\int_0^T H_\mu(t) N_{\hat{\mu},\mu}(t) c_\mu^x(t)\, dt + H_\mu(T) N_{\hat{\mu},\mu}(T) \alpha_\mu^x\right]$$
$$= \mathrm{E}\left[\int_0^T Z_\mu(t) \frac{\langle \pi_\mu^x(t), \hat{\mu}(t) - \mu(t) \rangle}{B(t)} dt\right]$$

(13-53) (1)が成り立つことは次のようにして分かる．

- 簡単のために $y_\mu(x)$ を $\hat{y}$ と書き
$$G_\mu(y) = \mathrm{E}\left[\int_0^T \tilde{U}_1(t, yH_\mu(t))\, dt + \tilde{U}_2(yH_\mu(T))\right]$$
を用いて計算すると次のとおりである．
$$\lim_{\varepsilon \downarrow 0} \frac{G_{\mu+\varepsilon(\hat{\mu}-\mu)}(\hat{y}) - G_\mu(\hat{y})}{\varepsilon}$$
$$= \lim_{\varepsilon \downarrow 0} \frac{\mathrm{E}\left[\int_0^T \tilde{U}_1(t, \hat{y} H_{\mu+\varepsilon(\hat{\mu}-\mu)}(t))\, dt - \int_0^T \tilde{U}_1(t, \hat{y} \mathrm{H}_\mu(t))\, dt\right]}{\varepsilon}$$
$$+ \lim_{\varepsilon \downarrow 0} \frac{\mathrm{E}[\tilde{U}_2(\hat{y} H_{\mu+\varepsilon(\hat{\mu}-\mu)}(T)) - \tilde{U}_2(\hat{y} H_\mu(T))]}{\varepsilon}$$
$$= \mathrm{E}\left[\int_0^T \tilde{U}_1'(t, \hat{y} H_\mu(t)) A(t)\, dt + \tilde{U}_2'(\hat{y} H_\mu(T)) B\right]$$
- ただし
$$A(t) = \lim_{\varepsilon \downarrow 0} \hat{y} \frac{H_{\mu+\varepsilon(\hat{\mu}-\mu)}(t) - H_\mu(t)}{\varepsilon} = -\hat{y} H_\mu(t) N_{\hat{\mu},\mu}(t),$$
$$B = \lim_{\varepsilon \downarrow 0} \hat{y} \frac{H_{\mu+\varepsilon(\hat{\mu}-\mu)}(T) - H_\mu(T)}{\varepsilon} = -\hat{y} H_\mu(T) N_{\hat{\mu},\mu}(T)$$
であり $N_{\hat{\mu},\mu}(t)$ は (13-50) で定めたとおりである（なお lim と E を交換してよいと仮定している）．
- また (11-8) (5)より $\tilde{U}_1'(t, y) = -I_1(t, y)$，(11-6) (3)より $\tilde{U}_2'(y) = -I_2(y)$ だから
$$\tilde{U}_1'(t, \hat{y} H_\mu(t)) = -I_1(t, \hat{y} H_\mu(t)) = -I_1(t, y_\mu(x) H_\mu(t)) = -c_\mu^x(t),$$
$$\tilde{U}_2'(\hat{y} H_\mu(T)) = -I_2(\hat{y} H_\mu(T)) = -I_2(y_\mu(x) H_\mu(T)) = -\alpha_\mu^x$$
- これらを用いて前記の等式の最後の項を書直せば次のとおりである．
$$y_\mu(x) \mathrm{E}\left[\int_0^T H_\mu(t) N_{\hat{\mu},\mu}(t) c_\mu^x(t)\, dt + H_\mu(T) N_{\hat{\mu},\mu}(T) \alpha_\mu^x\right]$$

以上で (13-53) (1)が成り立つことが分かる．

- (13-53) (2)については前節と全く同様である．

また (13-48) に対応して次の命題が成り立つ.

(13-54)　ある $\mu\in\hat{D}_{K^*}$ があってすべての $\hat{\mu}\in D_{K^*}$ に対し

$$y_\mu(x)\mathrm{E}\left[\int_0^T Z_\mu(t)\frac{\langle\pi_\mu^x(t),\hat{\mu}(t)-\mu(t)\rangle}{B(t)}dt\right]\geq 0$$

ならば

(1)　すべての $\hat{\mu}\in D_{K^*}$ に対し $\langle\pi_\mu^x(t),\hat{\mu}(t)\rangle\geq 0$ $(\lambda\otimes P\ \ a.e.)$

(2)　$\langle\pi_\mu^x(t),\mu(t)\rangle=0$ $(\lambda\otimes P\ \ a.e.)$

(13-52)～(13-54) を用いると次のようにして (13-45) を証明することができる.

- $\mu_0\in\hat{D}_{K^*}$, $V_{\mu_0}(x)=\min\limits_{\mu\in D_{K^*}}V_\mu(x)$ とする.
- (13-52) よりすべての $\hat{\mu}\in D_{K^*}$ に対して
$$\lim_{\varepsilon\downarrow 0}\frac{G_{\mu_0+\varepsilon(\hat{\mu}-\mu_0)}(y_{\mu_0}(x))-G_{\mu_0}(y_{\mu_0}(x))}{\varepsilon}\geq 0$$
- これと (13-53) (1) (2)より, すべての $\hat{\mu}\in D_{K^*}$ に対して
$$y_{\mu_0}(x)\mathrm{E}\left[\int_0^T Z_{\mu_0}(t)\frac{\langle\pi_{\mu_0}^x(t),\hat{\mu}(t)-\mu_0(t)\rangle}{B(t)}dt\right]\geq 0$$
- これと (13-54) より

  (i)　すべての $\hat{\mu}\in D_{K^*}$ に対して $\langle\pi_{\mu_0}^x(t),\hat{\mu}(t)\rangle\geq 0$ $(\lambda\otimes P\ \ a.e.)$

  (ii)　$\langle\pi_{\mu_0}^x(t),\mu_0(t)\rangle=0$ $(\lambda\otimes P\ \ a.e.)$
- (i)と (13-12) より $\pi_{\mu_0}^x(t)\in K$ $(\lambda\otimes P\ \ a.e.)$

  これと(ii)および $(X_{\mu_0}^x,\pi_{\mu_0}^x,c_{\mu_0}^x,\alpha_{\mu_0}^x)\in W_{\mu_0}(x)$ より $(X_{\mu_0}^x,\pi_{\mu_0}^x,c_{\mu_0}^x,\alpha_{\mu_0}^x)\in W_K(x)$
- 以上より $\mu_0\in\hat{D}_{K^*}$, $V_{\mu_0}(x)=\min\limits_{\mu\in D_{K^*}}V_\mu(x)$ ならば $(X_{\mu_0}^x,\pi_{\mu_0}^x,c_{\mu_0}^x,\alpha_{\mu_0}^x)\in W_K(x)$

以上によって, (C_1) (C_2) を用いないで (13-45) を証明する見通しが得られた.

第 5 節のはじめからここまでの議論はすべて発見的な方法によるものであるから第 5 節から第 7 節に登場する命題は厳密に証明されたものではない（唯一の例外は命題 (13-52) である).

従って, それらの成立のためには適当な条件または内容に関する留保が必要であることはいうまでもない.

次の節では, ここまでの議論で得られた見通しに基づいて (13-44) (13-45) および (13-43) を正確に証明する. これは以下の諸点を含む.

- 補論 1, 2 を含めここまでに行った形式的な計算の中の lim と E の順序の交換を厳密に扱うこと.

・停止時刻を用いる局所化の方法によって $\mathrm{E}\left[\int_0^T Z_{\mu_0}(t)\frac{\langle \pi_{\mu_0}^x(t), \hat{\mu}(t)-\mu_0(t)\rangle}{B(t)}dt\right]$ などの期待値がすべて有限であるようにすること．

・停止時刻を用いる局所化の方法によって $V_\mu(x)$，$\mathrm{G}_\mu(y)$ などの値がすべて有限であるようにすること．

8　問題 $A_K(x)$ の解

この節では (13-44) と (13-45) を厳密に証明し，この 2 つの命題から (13-43) を導く．

(13-55)　すべての $x>0$，$\mu\in D_{K^*}$ に対して，$V_K(x)\leq V_\mu(x)$ である．

【証明】

$x>0$，$\mu\in D_{K^*}$ とする．

任意に $(X, \pi, c, \alpha)\in W_K(x)$ を選ぶ．$\pi(t)\in K$ $(\lambda\otimes P\ a.e.)$ である．他方で $\mu\in D_{K^*}$ より $\mu(t)\in K^*$ $(\lambda\otimes P\ a.e.)$．従って $\langle\pi(t), \mu(t)\rangle\geq 0$ $(\lambda\otimes P\ a.e.)$

そこで確率過程 $Y=(Y(t))_{0\leq t\leq T}$ と確率変数 β を次の等式が成り立つように定める．

$$\frac{Y(t)}{B(t)}=\frac{X(t)}{B(t)}+\int_0^t\frac{\langle\pi(s), \mu(s)\rangle}{B(s)}ds \qquad Y(T)=\beta$$ （注 2）参照)

すると，この等式と $(X, \pi, c, \alpha)\in W_K(x)$ から $(Y, \pi, c, \beta)\in W_\mu(x)$ である．

また $\langle\pi(t), \mu(t)\rangle\geq 0$ より $Y(t)\geq X(t)$．これより $\beta=Y(T)\geq X(T)=\alpha$ である．

従って

(13-56)　$\mathrm{E}\left[\int_0^T U_1(t, c(t))dt+U_2(\alpha)\right]\leq\mathrm{E}\left[\int_0^T U_1(t, c(t))dt+U_2(\beta)\right]$

以上より任意の $(X, \pi, c, \alpha)\in W_K(x)$ に対してある $(Y, \pi, c, \beta)\in W_\mu(x)$ が存在して (13-56) が成り立つことが分かる．

従って

$$V_K(x)=\sup_{(X, \pi, c, \alpha)\in W_K(x)}\mathrm{E}\left[\int_0^T U_1(t, c(t))dt+U_2(\alpha)\right]$$
$$\leq\sup_{(X, \pi, c, \alpha)\in W_\mu(x)}\mathrm{E}\left[\int_0^T U_1(t, c(t))dt+U_2(\alpha)\right]=V_\mu(x)$$

である．■

(13-57)　$x>0$，$\mu_0\in\hat{D}_{K^*}$ とする．

$V_{\mu_0}(x)=\min_{\mu\in D_{K^*}} V_\mu(x)$ ならば $(X_{\mu_0}^x, \pi_{\mu_0}^x, c_{\mu_0}^x, \alpha_{\mu_0}^x)\in W_K(x)$

【証明】

この命題の証明は長いので以下のＡ～Ｇの７段階に分ける．

Ａ．任意に $\hat{\mu}\in D_{K^*}$ を選ぶ．

$$N_{\hat{\mu},\mu_0}(t)=\int_0^t\langle\sigma^{-1}(s)(\hat{\mu}(s)-\mu_0(s)),(\theta(s)+\sigma^{-1}(s)\mu_0(s))ds+dW(s)\rangle$$

$$=\int_0^t\langle\sigma^{-1}(s)(\hat{\mu}(s)-\mu_0(s)),\theta_{\mu_0}(s)ds+dW(s)\rangle \text{ である．}$$

（このことは (13-50) で定めた）．

$M_{\hat{\mu},\mu_0}(t)$ を次のように定める．

$$M_{\hat{\mu},\mu_0}(t)=\int_0^t\|\sigma^{-1}(s)(\hat{\mu}(s)-\mu_0(s))\|^2ds$$

n を正の整数として停止時刻 $\alpha(n,\hat{\mu})$ を次のように定める．

$$\alpha(n,\hat{\mu})=\inf\{t:0\leq t\leq T,|N_{\hat{\mu},\mu_0}(t)|+M_{\hat{\mu},\mu_0}(t)\geq n\}\wedge T$$

Ｂ．$\hat{\mu}\in D_{K^*}$ とする．$\tau\leq\alpha(n,\hat{\mu})$ となるすべての停止時刻 τ に対して

(1)　$$\mathrm{E}\left[\int_0^T H_{\mu_0}(t)N_{\hat{\mu},\mu_0}(t\wedge\tau)c^x_{\mu_0}(t)dt+H_{\mu_0}(T)N_{\hat{\mu},\mu_0}(\tau)\alpha^x_{\mu_0}\right]\geq 0$$

【証明】

τ は $\tau\leq\alpha(n,\hat{\mu})$ を満たす停止時刻とする．

τ と ε $(0<\varepsilon<1)$ から $[0,T]\times\Omega$ 上の函数 $\hat{\mu}(\tau,\varepsilon)$ を次のように定める．

・$0\leq t\leq\tau$ ならば $\hat{\mu}(\tau,\varepsilon)=\mu_0+\varepsilon(\hat{\mu}-\mu_0)$

・$\tau<t\leq T$ ならば $\hat{\mu}(\tau,\varepsilon)=\mu_0$

$\{(t,\omega):(t,\omega)\in[0,T]\times\Omega,\ 0\leq t\leq\tau(\omega)\}$ の定義函数を $1_{\{t\leq\tau\}}$ と書けば $\hat{\mu}(\tau,\varepsilon)=\mu_0+\varepsilon(\hat{\mu}-\mu_0)1_{\{t\leq\tau\}}$ である．

$\hat{\mu}(\tau,\varepsilon)\in D_{K^*}$ であることは容易に分かる．この $\hat{\mu}(\tau,\varepsilon)$ を用いて

(2)　$$\lim_{\varepsilon\downarrow 0}\frac{G_{\hat{\mu}(\tau,\varepsilon)}(y_{\mu_0}(x))-G_{\mu_0}(y_{\mu_0}(x))}{\varepsilon}$$

を計算する．

簡単のため $y_{\mu_0}(x)$ を $\hat{y}$ と書き

$$G^{(1)}_\varepsilon(t)=\tilde{U}_1(t,\hat{y}H_{\hat{\mu}(\tau,\varepsilon)}(t))-\tilde{U}_1(t,\hat{y}H_{\mu_0}(t))$$

$$G^{(2)}_\varepsilon=\tilde{U}_2(\hat{y}H_{\hat{\mu}(\tau,\varepsilon)}(T))-\tilde{U}_2(\hat{y}H_{\mu_0}(T))$$

とすると

$$\frac{G_{\hat{\mu}(\tau,\varepsilon)}(\hat{y})-G_{\mu_0}(\hat{y})}{\varepsilon}=\mathrm{E}\left[\int_0^T\frac{G^{(1)}_\varepsilon(t)}{\varepsilon}dt\right]+\mathrm{E}\left[\frac{G^{(2)}_\varepsilon}{\varepsilon}\right]$$

である．

そこでまず $\lim_{\varepsilon\downarrow 0}\mathrm{E}\left[\int_0^T\frac{G^{(1)}_\varepsilon(t)}{\varepsilon}dt\right]$ を求める．

$G^{(1)}_\varepsilon(t)$ の定め方と平均値の定理より $G^{(1)}_\varepsilon(t)=\tilde{U}'_1(t,\hat{y}\phi(t))\hat{y}(H_{\hat{\mu}(\tau,\varepsilon)}(t)-H_{\mu_0}(t))$ かつ $\max(H_{\hat{\mu}(\tau,\varepsilon)}(t),H_{\mu_0}(t))\geq\phi(t)\geq\min(H_{\hat{\mu}(\tau,\varepsilon)}(t),H_{\mu_0}(t))$ となるような $\phi(t)$ が存在する．

この事実と $\tilde{U}'_1(t,y)=-I_1(t,y)$ から

(3)　$\left|\dfrac{G_\varepsilon^{(1)}(t)}{\varepsilon}\right|=\hat{y}\,I_1(t,\hat{y}\phi(t))\left|\dfrac{H_{\hat{\mu}(\tau,\varepsilon)}(t)-H_{\mu_0}(t)}{\varepsilon}\right|$

$0<\varepsilon<1$ ならばこの式の右辺について次の(i)(ii)が成り立つ．

(i)　$I_1(t,\hat{y}\phi(t))\le I_1(t,\hat{y}e^{-\frac{3}{2}n}H_{\mu_0}(t))$

(ii)　ある定数 C_n が存在して $\left|\dfrac{H_{\hat{\mu}(\tau,\varepsilon)}(t)-H_{\mu_0}(t)}{\varepsilon}\right|\le C_n H_{\mu_0}(t)$

(i)の理由は次のとおりである．

・ $\hat{\mu}(\tau,\varepsilon)$, $H_{\hat{\mu}(\tau,\varepsilon)}(t)$ の定義に従って計算すると

$$H_{\hat{\mu}(\tau,\varepsilon)}(t)=H_{\mu_0}(t)\times\exp\left[-\varepsilon N_{\hat{\mu},\mu_0}(t\wedge\tau)-\frac{\varepsilon^2}{2}M_{\hat{\mu},\mu_0}(t\wedge\tau)\right]$$

・ $\tau\le\alpha(n,\hat{\mu})$ と $\alpha(n,\hat{\mu})$ の定義から

$$-n\le N_{\hat{\mu},\mu_0}(t\wedge\tau)\le n,\quad 0\le M_{\hat{\mu},\mu_0}(t\wedge\tau)\le n$$

・以上から $e^{-\varepsilon n-\frac{\varepsilon^2}{2}n}H_{\mu_0}(t)\le H_{\hat{\mu}(\tau,\varepsilon)}(t)\le e^{\varepsilon n}H_{\mu_0}(t)$

・この不等式から $e^{-\frac{3}{2}n}H_{\mu_0}(t)\le H_{\hat{\mu}(\tau,\varepsilon)}(t)$

これと前記の $\phi(t)\ge\min(H_{\hat{\mu}(\tau,\varepsilon)}(t),H_{\mu_0}(t))$ から $\phi(t)\ge e^{-\frac{3}{2}n}H_{\mu_0}(t)$

・ところで $I_1(t,y)$ は y の減少函数である．

従って $I_1(t,\hat{y}\phi(t))\le I_1(t,\hat{y}e^{-\frac{3}{2}n}H_{\mu_0}(t))$

(ii)の理由は次のとおりである．

・前記の不等式 $e^{-\varepsilon n-\frac{\varepsilon^2}{2}n}H_{\mu_0}(t)\le H_{\hat{\mu}(\tau,\varepsilon)}(t)\le e^{\varepsilon n}H_{\mu_0}(t)$ より

$$\left|\frac{H_{\hat{\mu}(\tau,\varepsilon)}(t)-H_{\mu_0}(t)}{\varepsilon}\right|\le\max\left\{\left|\frac{e^{-\varepsilon n-\frac{\varepsilon^2}{2}n}-1}{\varepsilon}\right|,\frac{e^{\varepsilon n}-1}{\varepsilon}\right\}\times H_{\mu_0}(t)$$

$$\le\frac{e^{\varepsilon n+\frac{\varepsilon^2}{2}n}-1}{\varepsilon}H_{\mu_0}(t)\le\sup_{0<\varepsilon<1}\left(\frac{e^{\varepsilon n+\frac{\varepsilon^2}{2}n}-1}{\varepsilon}\right)\times H_{\mu_0}(t)$$

(3)と(i)(ii)より $\left|\dfrac{G_\varepsilon^{(1)}(t)}{\varepsilon}\right|\le C_n\,\hat{y}\,H_{\mu_0}(t)I_1(t,\hat{y}e^{-\frac{3}{2}n}H_{\mu_0}(t))$

ところで仮定により $\mu_0\in\hat{D}_{K^*}$ であるから (13-26)(2)より

$$\mathrm{E}\left[\int_0^T H_{\mu_0}(t)I_1(t,\hat{y}e^{-\frac{3}{2}n}H_{\mu_0}(t))dt\right]<\infty$$

従って，ルベーグの有界収束定理より

$\lim_{\varepsilon\downarrow 0}\mathrm{E}\left[\int_0^T\dfrac{G_\varepsilon^{(1)}(t)}{\varepsilon}dt\right]=\mathrm{E}\left[\int_0^T\lim_{\varepsilon\downarrow 0}\dfrac{G_\varepsilon^{(1)}(t)}{\varepsilon}dt\right]$ である．

全く同様にして

$\lim_{\varepsilon\downarrow 0}\mathrm{E}\left[\dfrac{G_\varepsilon^{(2)}}{\varepsilon}\right]=\mathrm{E}\left[\lim_{\varepsilon\downarrow 0}\dfrac{G_\varepsilon^{(2)}}{\varepsilon}\right]$ である．

$H_{\hat{\mu}(\tau,\varepsilon)}(t)=H_{\mu_0}(t)\times\exp\left[-\varepsilon N_{\hat{\mu},\mu_0}(t\wedge\tau)-\dfrac{\varepsilon^2}{2}M_{\hat{\mu},\mu_0}(\tau\wedge t)\right]$ に注意して計算すると

$$\lim_{\varepsilon\downarrow 0}\frac{G_\varepsilon^{(1)}(t)}{\varepsilon}=\hat{y}H_{\mu_0}(t)N_{\hat{\mu},\mu_0}(t\wedge\tau)I_1(t,\hat{y}H_{\mu_0}(t))$$
$$=\hat{y}H_{\mu_0}(t)N_{\hat{\mu},\mu_0}(t\wedge\tau)c_{\mu_0}^x(t)$$
$$\lim_{\varepsilon\downarrow 0}\frac{G_\varepsilon^{(2)}}{\varepsilon}=\hat{y}H_{\mu_0}(T)N_{\hat{\mu},\mu_0}(T\wedge\tau)I_2(\hat{y}H_{\mu_0}(T))$$

$$=\hat{y}H_{\mu_0}(T)N_{\hat{\mu},\mu_0}(\tau)\alpha^x_{\mu_0}$$

以上より

$$\lim_{\varepsilon\downarrow 0}\frac{G_{\hat{\mu}(\tau,\varepsilon)}(y_{\mu_0}(x))-G_{\mu_0}(y_{\mu_0}(x))}{\varepsilon}$$
$$=y_{\mu_0}(x)\mathrm{E}\left[\int_0^T H_{\mu_0}(t)N_{\hat{\mu},\mu_0}(t\wedge\tau)c^x_{\mu_0}(t)dt+H_{\mu_0}(T)N_{\hat{\mu},\mu_0}(\tau)\alpha^x_{\mu_0}\right]$$

ところで仮定 $\mu_0\in\hat{D}_{K^*}$ と $V_{\mu_0}(x)=\min_{\mu\in D_{K^*}}V_\mu(x)$ から命題(13-52)が成り立つからこの等式の左辺は正またはゼロである．この事実と $y_{\mu_0}(x)>0$ より証明すべき不等式(1)を得る．

C．不等式(1)の左辺は次の(4)に等しい．

(4)　$$\mathrm{E}\left[\int_0^\tau H_{\mu_0}(t)N_{\hat{\mu},\mu_0}(t)c^x_{\mu_0}(t)dt+H_{\mu_0}(\tau)N_{\hat{\mu},\mu_0}(\tau)X^x_{\mu_0}(\tau)\right]$$

【証明】

まず

$$\mathrm{E}\left[\int_0^T H_{\mu_0}(t)N_{\hat{\mu},\mu_0}(t\wedge\tau)c^x_{\mu_0}(t)dt+H_{\mu_0}(T)N_{\hat{\mu},\mu_0}(\tau)\alpha^x_{\mu_0}\right]$$
$$=\mathrm{E}\left[\int_0^\tau H_{\mu_0}(t)N_{\hat{\mu},\mu_0}(t)c^x_{\mu_0}(t)dt+\left(\int_\tau^T H_{\mu_0}(t)c^x_{\mu_0}(t)dt+H_{\mu_0}(T)\alpha^x_{\mu_0}\right)N_{\hat{\mu},\mu_0}(\tau)\right]$$
$$=\mathrm{E}\left[\int_0^\tau H_{\mu_0}(t)N_{\hat{\mu},\mu_0}(t)c^x_{\mu_0}(t)dt\right]$$
$$+\mathrm{E}\left[\mathrm{E}\left[\int_\tau^T H_{\mu_0}(t)c^x_{\mu_0}(t)dt+H_{\mu_0}(T)\alpha^x_{\mu_0}\middle|\mathfrak{F}_\tau\right]N_{\hat{\mu},\mu_0}(\tau)\right]$$

この等式の最後の部分の第2項については

$$\mathrm{E}\left[\int_\tau^T H_{\mu_0}(t)c^x_{\mu_0}(t)dt+H_{\mu_0}(T)\alpha^x_{\mu_0}\middle|\mathfrak{F}_\tau\right]=H_{\mu_0}(\tau)X^x_{\mu_0}(\tau)$$

が成り立つ．その理由は次のとおりである．

・(13-31)(2)より

$$\mathrm{E}\left[\int_t^T H_{\mu_0}(s)c^x_{\mu_0}(s)ds+H_{\mu_0}(T)\alpha^x_{\mu_0}\middle|\mathfrak{F}_t\right]=H_{\mu_0}(t)X^x_{\mu_0}(t)$$

・この事実と後述する(13-58)より

$$\mathrm{E}\left[\int_\tau^T H_{\mu_0}(s)c^x_{\mu_0}(s)ds+H_{\mu_0}(T)\alpha^x_{\mu_0}\middle|\mathfrak{F}_\tau\right]=H_{\mu_0}(\tau)X^x_{\mu_0}(\tau)$$

従って前記の等式はさらに次のように変形できる．

$$=\mathrm{E}\left[\int_0^\tau H_{\mu_0}(t)N_{\hat{\mu},\mu_0}(t)c^x_{\mu_0}(t)dt+H_{\mu_0}(\tau)N_{\hat{\mu},\mu_0}(\tau)X^x_{\mu_0}(\tau)\right]$$

D．(4)の被積分項について次の等式が成り立つ．

(5)　$$\int_0^t H_{\mu_0}(s)N_{\hat{\mu},\mu_0}(s)c^x_{\mu_0}(s)ds+H_{\mu_0}(t)N_{\hat{\mu},\mu_0}(t)X^x_{\mu_0}(t)$$
$$=\int_0^t H_{\mu_0}(s)\langle\pi^x_{\mu_0}(s),\hat{\mu}(s)-\mu_0(s)\rangle ds+\int_0^t H_{\mu_0}(s)\langle K_{\hat{\mu},\mu_0}(s),dW(s)\rangle$$

ただし $K_{\hat{\mu},\mu_0}(s)=N_{\hat{\mu},\mu_0}(s)\sigma'(s)\pi^x_{\mu_0}(s)$
$+X^x_{\mu_0}(s)\sigma^{-1}(s)(\hat{\mu}(s)-\mu_0(s))-X^x_{\mu_0}(s)N_{\hat{\mu},\mu_0}(s)\theta_{\mu_0}(s)$ である．

【証明】

$X^x_{\mu_0}$, $\pi^x_{\mu_0}$, $c^x_{\mu_0}$ は(13-20)(1)を満たすからこれより

$$d\left[\frac{X^x_{\mu_0}(t)}{B(t)}\right]=-\frac{c^x_{\mu_0}(t)}{B(t)}dt+\frac{1}{B(t)}\langle\sigma'(t)\pi^x_{\mu_0}(t),\ \theta_{\mu_0}(t)dt+dW(t)\rangle$$

$N_{\hat{\mu},\mu_0}(t)$ については (13-50) より

$$dN_{\hat{\mu},\mu_0}(t)=\langle\sigma^{-1}(t)(\hat{\mu}(t)-\mu_0(t)),\ \theta_{\mu_0}(t)dt+dW(t)\rangle$$

$Z_{\mu_0}(t)=\exp\left[-\int_0^t\langle\theta_{\mu_0}(s),\ dW(s)\rangle-\frac{1}{2}\int_0^t\|\theta_{\mu_0}(s)\|^2ds\right]$ については

$$dZ_{\mu_0}(t)=-Z_{\mu_0}(t)\langle\theta_{\mu_0}(t),\ dW(t)\rangle$$

以上の3つの式から

$d\left[\frac{X^x_{\mu_0}(t)}{B(t)}N_{\hat{\mu},\mu_0}(t)Z_{\mu_0}(t)\right]=d[H_{\mu_0}(t)N_{\hat{\mu},\mu_0}(t)X^x_{\mu_0}(t)]$ を求めると次のとおりである．

$$d[H_{\mu_0}(t)N_{\hat{\mu},\mu_0}(t)X^x_{\mu_0}(t)]=-H_{\mu_0}(t)N_{\hat{\mu},\mu_0}(t)c^x_{\mu_0}(t)dt+H_{\mu_0}(t)\langle\pi^x_{\mu_0}(t),\ \hat{\mu}(t)-\mu_0(t)\rangle dt+H_{\mu_0}(t)\langle K_{\hat{\mu},\mu_0}(t),\ dW(t)\rangle$$

ただし $K_{\hat{\mu},\mu_0}(s)$ は前記のとおりである．

この等式を積分形に書けば(5)を得る．

E．$\hat{\mu}\in D_{K^*}$ とする．$\tau\leq\alpha(n,\hat{\mu})$ となるすべての停止時刻 τ について

(6)　$\mathrm{E}\left[\int_0^\tau H_{\mu_0}(t)\langle\pi^x_{\mu_0}(t),\ \hat{\mu}(t)-\mu_0(t)\rangle dt+\int_0^\tau H_{\mu_0}(t)\langle K_{\hat{\mu},\mu_0}(t),\ dW(t)\rangle\right]\geq 0$

【証明】

B，C，D より明らかである．

F．停止時 $\beta(n,\hat{\mu})$ を次のように定める．

$$\beta(n,\hat{\mu})=\inf\left\{t:0\leq t\leq T,\ \int_0^t\|H_{\mu_0}(s)K_{\hat{\mu},\mu_0}(s)\|^2ds\geq n\right\}\wedge T$$ 注5)

また $\tau(n,\hat{\mu})=\min(\alpha(n,\hat{\mu}),\beta(n,\hat{\mu}))$ とする．

$\tau(n,\hat{\mu})$ は停止時刻である．$\tau(n,\hat{\mu})$ の作り方から次の(i)(ii)が成り立つ．

(i)　$0\leq\tau(n,\hat{\mu})\leq\tau(n+1,\hat{\mu})\leq T$

(ii)　$\lim_{n\to\infty}\tau(n,\hat{\mu})=T$　$(a.\ e.)$

また $\tau(n,\hat{\mu})$ の定め方から $\int_0^{\tau(n,\hat{\mu})\wedge t}H_{\mu_0}(s)\langle K_{\hat{\mu},\mu_0}(s),\ dW(s)\rangle$ はマルチンゲールになるから $\mathrm{E}\left[\int_0^{\tau(n,\hat{\mu})}H_{\mu_0}(t)<K_{\hat{\mu},\mu_0}(t),\ dW(t)\rangle\right]=0$ である．

従って(6)で $\tau=\tau(n,\hat{\mu})$ と置くことにより次の(iii)を得る．

(iii)　$\mathrm{E}\left[\int_0^{\tau(n,\hat{\mu})}H_{\mu_0}(t)\langle\pi^x_{\mu_0}(t),\ \hat{\mu}(t)-\mu_0(t)\rangle dt\right]\geq 0$

(i)(ii)(iii)と後述する (13-59) より次の結論が得られる．

(a)　すべての $\hat{\mu}\in D_{K^*}$ に対して $\langle\pi^x_{\mu_0}(t),\ \hat{\mu}(t)\rangle\geq 0$　$(\lambda\otimes P\ \ a.\ e.)$

(b)　$\langle\pi^x_{\mu_0}(t),\ \mu_0(t)\rangle=0$　$(\lambda\otimes P\ \ a.\ e.)$

G．$(X^x_{\mu_0},\ \pi^x_{\mu_0},\ c^x_{\mu_0},\ \alpha^x_{\mu_0})\in W_K(x)$ である．

【証明】

前記の(a)と (13-12) より $\pi^x_{\mu_0}(t)\in K$　$(\lambda\otimes P\ \ a.\ e.)$．この $\pi^x_{\mu_0}(t)\in K$ と前記の(b)および $(X^x_{\mu_0},\ \pi^x_{\mu_0},\ c^x_{\mu_0},\ \alpha^x_{\mu_0})\in W_{\mu_0}(x)$ より $(X^x_{\mu_0},\ \pi^x_{\mu_0},\ c^x_{\mu_0},\ \alpha^x_{\mu_0})\in W_K(x)$ であ

る．■

以上で (13-57) 即ち (13-45) の証明が終わった．この証明の過程で用いた 2 つの命題を証明しておこう．

(13-58)　確率過程 $X=(X(t))_{0\leq t\leq T}$ は $(\mathfrak{F}_t)_{0\leq t\leq T}$ に関して発展的可測で，確率変数 Y は $\mathfrak{F}_T$ 可測とする．またすべての $t\in[0, T]$ について $X(t)\geq 0$ (*a. e.*) かつ $Y\geq 0$ (*a. e.*) であり $\mathrm{E}\left[\int_0^T X(s)ds+Y\right]<\infty$ とする．

確率過程 $M=(M(t))_{0\leq t\leq T}$ は確率 1 で連続で，すべての $t\in[0, T]$ に対して $\mathrm{E}\left[\int_t^T X(s)ds+Y\,\middle|\,\mathfrak{F}_t\right]=M(t)$ (*a. e.*) とする．

この時には $0\leq\tau\leq T$ となるすべての停止時刻 τ について $\mathrm{E}\left[\int_\tau^T X(s)ds+Y\,\middle|\,\mathfrak{F}_\tau\right]=M(\tau)$ である．

【証明】

$t\in[0, T]$ をパラメーターとする確率過程 $\mathrm{E}\left[\int_0^T X(s)ds+Y\,\middle|\,\mathfrak{F}_t\right]$ はマルチンゲールだから，確率 1 で連続な確率過程 $J=(J(t))_{0\leq t\leq T}$ ですべての $t\in[0, T]$ について $J(t)=\mathrm{E}\left[\int_0^T X(s)ds+Y\,\middle|\,\mathfrak{F}_t\right]$ (*a. e.*) となるものが存在する．

すべての $t\in[0, T]$ について $J(t)=\int_0^t X(s)ds+M(t)$ (*a. e.*) で $J(t)$ と $M(t)$ が確率 1 で連続だから，確率 1 で $J(t)=\int_0^t X(s)ds+M(t)$ が成り立つ．

また (5-22) より $\mathrm{E}[J(T)|\mathfrak{F}_\tau]=J(\tau)$ である．$J(T)=\int_0^T X(s)ds+Y$ であることに注意してこの等式を書直すと $\mathrm{E}\left[\int_0^T X(s)ds+Y\,\middle|\,\mathfrak{F}_\tau\right]=\int_0^\tau X(s)ds+M(\tau)$

$\int_0^\tau X(s)ds$ が $\mathfrak{F}_\tau$ 可測であることに注意するとこの等式の左辺について $\mathrm{E}\left[\int_0^T X(s)ds+Y\,\middle|\,\mathfrak{F}_\tau\right]=\int_0^\tau X(s)ds+\mathrm{E}\left[\int_\tau^T X(s)ds+Y\,\middle|\,\mathfrak{F}_\tau\right]$ が成り立つ．

従って $\mathrm{E}\left[\int_\tau^T X(s)ds+Y\,\middle|\,\mathfrak{F}_\tau\right]=M(\tau)$ である．■

(13-59)　$x>0$，$\mu_0\in\hat{D}_{K^*}$ とする．

すべての $\hat{\mu}\in D_{K^*}$ に対して停止時刻の列 $\{\tau(n, \hat{\mu})\}_{1\leq n<\infty}$ が存在して次の (1)〜(3)を満たすとする．

(1)　$0\leq\tau(n, \hat{\mu})\leq\tau(n+1, \hat{\mu})\leq T$

(2)　$\lim_{n\to\infty}\tau(n, \hat{\mu})=T$　(*a. e.*)

(3)　すべての n について

$$0\leq\mathrm{E}\left[\int_0^{\tau(n,\hat{\mu})} H_{\mu_0}(t)\langle\pi^x_{\mu_0}(t), \hat{\mu}(t)-\mu_0(t)\rangle dt\right]<\infty$$

この時次の(i)が成り立つ．

(i)　すべての $\hat{\mu}\in D_{K^*}$ に対して

$$\langle \pi^x_{\mu_0}(t), \hat{\mu}(t)-\mu_0(t)\rangle \geq 0 \quad (\lambda\otimes P \quad a.e.)$$

この(i)から次の(ii)(iii)が導かれる．

(ii)　すべての $\hat{\mu}\in D_{K^*}$ に対し $\langle \pi^x_{\mu_0}(t), \hat{\mu}(t)\rangle \geq 0$ $(\lambda\otimes P \quad a.e.)$

(iii)　$\langle \pi^x_{\mu_0}(t), \mu_0(t)\rangle = 0$ $(\lambda\otimes P \quad a.e.)$

【証明】

(i)を否定して矛盾を導く．

ある $\hat{\mu}\in D_{K^*}$ に対し $F_{\hat{\mu}}=\{(t,\omega):\langle \pi^x_{\mu_0}(t,\omega), \hat{\mu}(t,\omega)-\mu_0(t,\omega)\rangle<0\}$,

$\lambda\otimes P(F_{\hat{\mu}})>0$ とする．

$\tilde{\mu}$ を次のように定める．

$(t,\omega)\in F_{\hat{\mu}}$ ならば $\tilde{\mu}=\hat{\mu}$

$(t,\omega)\notin F_{\hat{\mu}}$ ならば $\tilde{\mu}=\mu_0$

$\tilde{\mu}$ について次の(a)〜(c)が成り立つ．

(a)　$\tilde{\mu}\in D_{K^*}$

(b)　$\langle \pi^x_{\mu_0}(t), \tilde{\mu}(t)-\mu_0(t)\rangle \leq 0$

(c)　$F_{\tilde{\mu}}=\{(t,\omega):\langle \pi^x_{\mu_0}(t,\omega), \tilde{\mu}(t,\omega)-\mu_0(t,\omega)\rangle<0\}$ とすると $\lambda\otimes P(F_{\tilde{\mu}})>0$

(b)(c)より $\mathrm{E}\left[\int_0^T H_{\mu_0}(t)\langle \pi^x_{\mu_0}(t), \tilde{\mu}(t)-\mu_0(t)\rangle dt\right]<0$ である（この期待値は $-\infty$ でもよい）．

ところで仮定により $\tilde{\mu}$ に対して停止時刻の列 $\{\tau(n,\tilde{\mu})\}_{1\leq n<\infty}$ が存在して(1)〜(3)を満たす．

従って，(b)と(2)より

$$\lim_{n\to\infty}\mathrm{E}\left[\int_0^{\tau(n,\tilde{\mu})} H_{\mu_0}(t)<\pi^x_{\mu_0}(t), \tilde{\mu}(t)-\mu_0(t)>dt\right]$$
$$=\mathrm{E}\left[\int_0^T H_{\mu_0}(t)<\pi^x_{\mu_0}(t), \tilde{\mu}(t)-\mu_0(t)>dt\right]<0$$

しかしながらこれは(3)と矛盾する．

以上で(i)が成立することが証明された．

次に(i)から(ii)(iii)を導く．

(ii)　任意の $\phi\in D_{K^*}$ に対して $\hat{\mu}(t)=\phi(t)+\mu_0(t)$ とすると $\hat{\mu}\in D_{K^*}$ である．この $\hat{\mu}$ に対して(i)を適用すると $\langle \pi^x_{\mu_0}(t), \phi(t)\rangle \geq 0$ $(\lambda\otimes P \quad a.e.)$．$\phi\in D_{K^*}$ は任意だから(ii)が成り立つ．

(iii)　(i)で $\hat{\mu}(t)=2\mu_0(t)\in D_{K^*}$，$\hat{\mu}(t)=\frac{1}{2}\mu_0(t)\in D_{K^*}$ とすると $\langle \pi^x_{\mu_0}(t), \mu_0(t)\rangle=0$ $(\lambda\otimes P \quad a.e.)$ が得られる．■

(13-55) と (13-57) を用いて最終的な結果を得よう．

(13-60)　$x>0$，$\mu_0 \in \hat{D}_{K^*}$ とする．次の 2 つの条件は同値である．

(1)　$(X^x_{\mu_0}, \boldsymbol{\pi}^x_{\mu_0}, c^x_{\mu_0}, \boldsymbol{\alpha}^x_{\mu_0})$ は問題 $A_K(x)$ の解である．

(2)　$V_{\mu_0}(x) = \min_{\mu \in D_{K^*}} V_\mu(x)$

また(1)(2)が成り立てば $V_K(x) = \min_{\mu \in D_{K^*}} V_\mu(x)$ である．

【証明】

(1)→(2)を示す．

$(X^x_{\mu_0}, \boldsymbol{\pi}^x_{\mu_0}, c^x_{\mu_0}, \boldsymbol{\alpha}^x_{\mu_0})$ が問題 $A_K(x)$ の解だから $(X^x_{\mu_0}, \boldsymbol{\pi}^x_{\mu_0}, c^x_{\mu_0}, \boldsymbol{\alpha}^x_{\mu_0}) \in W_K(x)$ かつ
$V_K(x) = \mathrm{E}\left[\int_0^T U_1(t, c^x_{\mu_0}(t))dt + U_2(\boldsymbol{\alpha}^x_{\mu_0})\right]$

他方で $V_{\mu_0}(x) = \mathrm{E}\left[\int_0^T U_1(t, c^x_{\mu_0}(t))dt + U_2(\boldsymbol{\alpha}^x_{\mu_0})\right]$

従って $V_K(x) = V_{\mu_0}(x)$

ところで (13-55) よりすべての $\mu \in D_{K^*}$ に対して $V_K(x) \le V_\mu(x)$

従って $V_K(x) = V_{\mu_0}(x) = \min_{\mu \in D_{K^*}} V_\mu(x)$

(2)→(1)を示す．

$V_{\mu_0}(x) = \min_{\mu \in D_{K^*}} V_\mu(x)$ だから (13-57) より $(X^x_{\mu_0}, \boldsymbol{\pi}^x_{\mu_0}, c^x_{\mu_0}, \boldsymbol{\alpha}^x_{\mu_0}) \in W_K(x)$

従って

$$\begin{aligned}
&\mathrm{E}\left[\int_0^T U_1(t, c^x_{\mu_0}(t))dt + U_2(\boldsymbol{\alpha}^x_{\mu_0})\right] \\
&\le \sup_{(X, \pi, c, \alpha) \in W_K(x)} \mathrm{E}\left[\int_0^T U_1(t, c(t))dt + U_2(\boldsymbol{\alpha})\right] = V_K(x)
\end{aligned}$$

同時に $V_{\mu_0}(x) = \mathrm{E}\left[\int_0^T U_1(t, c^x_{\mu_0}(t))dt + U_2(\boldsymbol{\alpha}^x_{\mu_0})\right]$

また (13-55) より $V_K(x) \le V_{\mu_0}(x)$

以上より $V_K(x) = \mathrm{E}\left[\int_0^T U_1(t, c^x_{\mu_0}(t))dt + U_2(\boldsymbol{\alpha}^x_{\mu_0})\right]$

この式と $(X^x_{\mu_0}, \boldsymbol{\pi}^x_{\mu_0}, c^x_{\mu_0}, \boldsymbol{\alpha}^x_{\mu_0}) \in W_K(x)$ より $(X^x_{\mu_0}, \boldsymbol{\pi}^x_{\mu_0}, c^x_{\mu_0}, \boldsymbol{\alpha}^x_{\mu_0})$ は問題 $A_K(x)$ の解である．

ここまでの証明を見れば(1)(2)が成り立てば $V_K(x) = \min_{\mu \in D_{K^*}} V_\mu(x)$ であることが分かる．■

(13-61)　$x>0$，$\mu_0 \in \hat{D}_{K^*}$ とする．次の 3 つの条件は同値である．

(1)　$(X^x_{\mu_0}, \boldsymbol{\pi}^x_{\mu_0}, c^x_{\mu_0}, \boldsymbol{\alpha}^x_{\mu_0})$は問題 $A_K(x)$ の解である．

(2)　$V_{\mu_0}(x) = \min_{\mu \in D_{K^*}} V_\mu(x)$

(3)　$G_{\mu_0}(y_{\mu_0}(x)) = \min_{\mu \in D_{K^*}} G_\mu(y_{\mu_0}(x))$

【証明】

(13-52) が成り立つことと，(13-57) の証明の過程から明らかである．■

補論1　(13-50)の導出

$\mu, \hat{\mu} \in D_{K^*}$ に対し

$$\lim_{\varepsilon\downarrow 0}\frac{V_{\mu+\varepsilon(\hat{\mu}-\mu)}(x)-V_\mu(x)}{\varepsilon}$$
$$=y_\mu(x)\mathrm{E}\left[\int_0^T H_\mu(t)N_{\hat{\mu},\mu}(t)c_\mu^x(t)dt+H_\mu(T)N_{\hat{\mu},\mu}(T)\alpha_\mu^x\right]$$

が成り立つことを形式的な計算によって示してみよう．簡単のため以下の計算では lim と E の順序を交換してよいと仮定する．

(13-46)で $D_{K^*}=\hat{D}_{K^*}$ を仮定していることを思い出そう．この仮定によりすべての $\mu\in D_{K^*}$ に対して $(X_\mu^x, \pi_\mu^x, c_\mu^x, \alpha_\mu^x)$ が存在する．また $(X_\mu^x, \pi_\mu^x, c_\mu^x, \alpha_\mu^x)$ は次の(1)(2)を満たす．

(1)　$V_\mu(x)=\mathrm{E}\left[\int_0^T U_1(t, c_\mu^x(t))dt+U_2(\alpha_\mu^x)\right]$

(2)　$x=H_\mu[c_\mu^x, \alpha_\mu^x]=\mathrm{E}\left[\int_0^T H_\mu(t)c_\mu^x(t)dt+H_\mu(T)\alpha_\mu^x\right]$

なお $c_\mu^x(t)=I_1(t, y_\mu(x)H_\mu(t))$, $\alpha_\mu^x=I_2(y_\mu(x)H_\mu(T))$ に注意しておこう．

(1)より次の式を得る．

(3)　$\displaystyle\lim_{\varepsilon\downarrow 0}\frac{V_{\mu+\varepsilon(\hat{\mu}-\mu)}(x)-V_\mu(x)}{\varepsilon}=\mathrm{E}\left[\int_0^T U_1'(t, c_\mu^x(t))A(t)dt+U_2'(\alpha_\mu^x)B\right]$

ただし $\displaystyle A(t)=\lim_{\varepsilon\downarrow 0}\frac{c_{\mu+\varepsilon(\hat{\mu}-\mu)}^x(t)-c_\mu^x(t)}{\varepsilon}$, $\displaystyle B=\lim_{\varepsilon\downarrow 0}\frac{\alpha_{\mu+\varepsilon(\hat{\mu}-\mu)}^x-\alpha_\mu^x}{\varepsilon}$ である．

$U_1'(t, c_\mu^x(t))$ は $c_\mu^x(t)=I_1(t, y_\mu(x)H_\mu(t))$ と $U_1'(t, I_1(t, y))=y$ より $y_\mu(x)H_\mu(t)$ に等しい．また $U_2'(\alpha_\mu^x)$ は $\alpha_\mu^x=I_2(y_\mu(x)H_\mu(T))$ と $U_2'(I_2(y))=y$ より $y_\mu(x)H_\mu(T)$ に等しい．

これと(3)より次の式を得る．

(4)　$\displaystyle\lim_{\varepsilon\downarrow 0}\frac{V_{\mu+\varepsilon(\hat{\mu}-\mu)}(x)-V_\mu(x)}{\varepsilon}=y_\mu(x)\mathrm{E}\left[\int_0^T H_\mu(t)A(t)dt+H_\mu(T)B\right]$

次に(2)より次の式を得る．

(5)　$\displaystyle\lim_{\varepsilon\downarrow 0}\frac{H_{\mu+\varepsilon(\hat{\mu}-\mu)}[c_{\mu+\varepsilon(\hat{\mu}-\mu)}^x, \alpha_{\mu+\varepsilon(\hat{\mu}-\mu)}^x]-H_\mu[c_\mu^x, \alpha_\mu^x]}{\varepsilon}=0$

$H_\mu[c_\mu^x, \alpha_\mu^x]=\mathrm{E}\left[\int_0^T H_\mu(t)c_\mu^x(t)dt+H_\mu(T)\alpha_\mu^x\right]$ を用いて計算すると次のとおりである．

(6)　$\mathrm{E}\left[\int_0^T H_\mu(t)A(t)dt+\int_0^T X(t)c_\mu^x(t)dt+H_\mu(T)B+Y\alpha_\mu^x\right]=0$

ただし $\displaystyle X(t)=\lim_{\varepsilon\downarrow 0}\frac{H_{\mu+\varepsilon(\hat{\mu}-\mu)}(t)-H_\mu(t)}{\varepsilon}$, $\displaystyle Y=\lim_{\varepsilon\downarrow 0}\frac{H_{\mu+\varepsilon(\hat{\mu}-\mu)}(T)-H_\mu(T)}{\varepsilon}$ である．

$$H_\mu(t)=\frac{Z_\mu(t)}{B(t)},\quad Z_\mu(t)=\exp\left[-\int_0^t\langle\theta_\mu(s),\,dW(s)\rangle-\frac{1}{2}\int_0^t\|\theta_\mu(s)\|^2\,ds\right]$$

$B(t)=\exp\int_0^t r(s)ds$，$\theta_\mu(s)=\theta(s)+\sigma^{-1}(s)\mu(s)$ を用いて計算すると $X(t)=-N_{\hat\mu,\mu}(t)\,H_\mu(t)$，$Y=-N_{\hat\mu,\mu}(T)H_\mu(T)$

これと(6)より次の式を得る．

(7)　$\mathrm{E}\left[\int_0^T H_\mu(t)A(t)dt+H_\mu(T)B\right]$

$=\mathrm{E}\left[\int_0^T H_\mu(t)N_{\hat\mu,\mu}(t)c_\mu^x(t)dt+H_\mu(T)N_{\hat\mu,\mu}(T)\alpha_\mu^x\right]$

(4)と(7)から証明すべき結果を得る．

なお以上の計算を正当化するためには次の点が必要である．

- E と lim の交換を保証すること．
- $A(t)$ と B の存在を保証すること．即ち $\lim_{\varepsilon\downarrow 0}\dfrac{y_{\mu+\varepsilon(\hat\mu-\mu)}(x)-y_\mu(x)}{\varepsilon}$ の存在を保証すること．

補論 2　(13-50) の変形

$$\mathrm{E}\left[\int_0^T H_\mu(t)N_{\hat\mu,\mu}(t)c_\mu^x(t)dt+H_\mu(T)N_{\hat\mu,\mu}(T)\alpha_\mu^x\right]$$

$=\mathrm{E}\left[\int_0^T Z_\mu(t)\dfrac{\langle\pi_\mu^x(t),\,\hat\mu(t)-\mu(t)\rangle}{B(t)}dt\right]$ を示してみよう．

次の(1)〜(3)に注意する．

(1)　$\dfrac{X_\mu^x(t)}{B(t)}+\int_0^t\dfrac{c_\mu^x(s)}{B(s)}ds=x+\int_0^t\dfrac{\langle\sigma'(s)\pi_\mu^x(s),\,\theta_\mu(s)ds+dW(s)\rangle}{B(s)}$

（これは $\theta_\mu(s)=\theta(s)+\sigma^{-1}(s)\mu(s)$ より直ちに分かる）

(2)　$N_{\hat\mu,\mu}(t)=\int_0^t\langle\sigma^{-1}(s)(\hat\mu(s)-\mu(s)),\,\theta_\mu(s)ds+dW(s)\rangle$

(3)　$Z_\mu(t)=\exp\left[-\int_0^t\langle\theta_\mu(s),\,dW(s)\rangle-\dfrac{1}{2}\int_0^t\|\theta_\mu(s)\|^2\,ds\right]$

以上より次のとおりである．

$$d\left[\frac{X_\mu^x(t)}{B(t)}\right]=\frac{\langle\sigma'(t)\pi_\mu^x(t),\,\theta_\mu(t)dt+dW(t)\rangle}{B(t)}-\frac{c_\mu^x(t)}{B(t)}dt$$

$$dN_{\hat\mu,\mu}(t)=\langle\sigma^{-1}(t)(\hat\mu(t)-\mu(t)),\,\theta_\mu(t)dt+dW(t)\rangle$$

$$dZ_\mu(t)=-Z_\mu(t)\langle\theta_\mu(t),\,dW(t)\rangle$$

以上 3 つの式から $d\left[\dfrac{X_\mu^x(t)}{B(t)}N_{\hat\mu,\mu}(t)Z_\mu(t)\right]=d[H_\mu(t)N_{\hat\mu,\mu}(t)X_\mu^x(t)]$ を求めると次のとおりである．

$$\begin{aligned}d[H_\mu(t)N_{\hat\mu,\mu}(t)X_\mu^x(t)]=&-H_\mu(t)N_{\hat\mu,\mu}(t)c_\mu^x(t)dt\\&+H_\mu(t)\langle\pi_\mu^x(t),\,\hat\mu(t)-\mu(t)\rangle dt+H_\mu(t)\langle K_{\hat\mu,\mu}(t),\,dW(t)\rangle\end{aligned}$$

ただし $K_{\hat{\mu},\mu}(t)=N_{\hat{\mu},\mu}(t)\boldsymbol{\sigma}'(t)\boldsymbol{\pi}_{\mu}^{x}(t)$
$+X_{\mu}^{x}(t)\boldsymbol{\sigma}^{-1}(t)(\hat{\boldsymbol{\mu}}(t)-\boldsymbol{\mu}(t))-X_{\mu}^{x}(t)N_{\hat{\mu},\mu}(t)\theta_{\mu}(t)$ である．

$[0,T]$ の間で積分すれば

$$\int_0^T H_\mu(t)N_{\hat{\mu},\mu}(t)c_\mu^x(t)dt+H_\mu(T)N_{\hat{\mu},\mu}(T)\alpha_\mu^x$$
$$=\int_0^T H_\mu(t)\langle\boldsymbol{\pi}_\mu^x(t),\hat{\boldsymbol{\mu}}(t)-\boldsymbol{\mu}(t)\rangle dt+\int_0^T H_\mu(t)\langle K_{\hat{\mu},\mu}(t),dW(t)\rangle$$

$K_{\hat{\mu},\mu}(s)$ が適当な条件を満たし，$t\in[0,T]$ をパラメーターとする確率過程 $\int_0^t H_\mu(s)\langle K_{\hat{\mu},\mu}(s),dW(s)\rangle$ がマルチンゲールであると仮定して両辺の期待値をとると

$$\mathrm{E}\left[\int_0^T H_\mu(t)N_{\hat{\mu},\mu}(t)c_\mu^x(t)dt+H_\mu(T)N_{\hat{\mu},\mu}(T)\alpha_\mu^x\right]$$
$$=\mathrm{E}\left[\int_0^T H_\mu(t)\langle\boldsymbol{\pi}_\mu^x(t),\hat{\boldsymbol{\mu}}(t)-\boldsymbol{\mu}(t)\rangle dt\right]$$

となって証明すべき結果を得る．

なお，$\int_0^t H_\mu(s)\langle K_{\hat{\mu},\mu}(s),dW(s)\rangle$ がマルチンゲールになるための条件はかなり厳しいので，実際には適当な停止時刻の列 $\{\tau_n\}_{1\leq n<\infty}$ を構成して次の条件が満たされるようにする．

- $0\leq\tau_n\leq\tau_{n+1}\leq T$，$\lim_{n\to\infty}\tau_n=T$
- 各 τ_n について $t\in[0,T]$ をパラメーターとする確率過程 $\int_0^{\tau_n\wedge t}H_\mu(s)\langle K_{\hat{\mu},\mu}(s),dW(s)\rangle$ はマルチンゲールである．

注

序章

1）例外は保険である．

保険契約が条件付請求権の売買であることは明らかであろう．

次の条件があれば保険契約を行うことができる．

・保険の対象となる事故，例えば火災の発生，の存否が明らかであること．

・当該事故に伴う損失額が確定できること．

これら2つの点を解決することにより多数の保険が売買されている．

従って，正確には保険の売買も条件付請求権の取引に含めなければならない．

ただし保険料率は大数の法則に基づいて設定されるから，保険料率には，本書で述べる条件付請求権の価格決定の理論は適用されない．

このため本書では保険を考察の対象から除外するのである．

第1章

1）マルチンゲールは確率論で最も重要な概念の一つである．マルチンゲールについては多くの重要な結果が得られている．しかしながら当面はその定義のみが必要なので，ここでは定義を導入するに止めておく．後に第4章でアメリカ型オプションを取扱う際に，必要な最小限の結果を証明する．

第2章

1）ベクトル $\boldsymbol{x}=(x_1, \cdots, x_n)'$，$\boldsymbol{y}=(y_1, \cdots, y_n)'$ に対して $\langle \boldsymbol{x}, \boldsymbol{y} \rangle = \sum_{i=1}^{n} x_i y_i$ である．

第3章

1）N が完備でない場合にこの章の議論を適用するためには，関連する条件付請求権がすべて複製可能であると仮定すればよい．

2）N は完備であると仮定したから，N のマルチンゲール測度は唯一つである．

3）x を実数とする．$x^+=\max\{x, 0\}$ である．即ち $x \geq 0$ ならば $x^+=x$ であり，$x<0$ ならば $x^+=0$ である．

第4章

1）$A_0, A_1, \cdots, A_n$ の中には空集合があってもよい．

2）$a \wedge b = \min(a, b)$　$a \vee b = \max(a, b)$ である．

3）第5節から第7節までは本章第1節冒頭の次の仮定を維持している．

・$(\Omega, \mathfrak{F}, P)$ は基礎となる確率空間である．Ω は有限集合 $\{\omega_1, \omega_2, \cdots, \omega_k\}$ であり，$\mathfrak{F}$ は Ω のすべての部分集合から成る族である．すべての $\omega \in \Omega$ について $P(\{\omega\}) > 0$ である．

4）証券価格のモデル N の基礎となる確率空間は $(\Omega, \mathfrak{F}, P)$ である．

しかし，ここでは $\left(\dfrac{Y(t)}{B(t)}\right)_{0 \leq t \leq T}$ を確率空間 $(\Omega, \mathfrak{F}, P^*)$ 上の確率過程と見做して最適停止問題に関する前節までの議論を適用するのである．

第5章

1）$\mathfrak{B}(\boldsymbol{R}^n)$ は $\boldsymbol{R}^n$ に含まれるすべての開集合を含む最小の σ 加法族である．$\mathfrak{B}(\boldsymbol{R})$ についても同様である．

2）$\mathfrak{B}[0, \infty) \otimes \mathfrak{F}$ は次の条件を満たす集合 X をすべて含む最小の σ 加法族である．

・ある $A \in \mathfrak{B}[0, \infty)$ とある $B \in \mathfrak{F}$ が存在して $X = A \times B$ となる．

3）$\mathfrak{H}$ が Ω の部分集合から成る集合族である時，$\sigma(\mathfrak{H})$ で，$\mathfrak{H}$ を含む最小の σ 加法族を表わす．

従って $\sigma(\bigcup_{0 \leq t < \infty} \mathfrak{F}_t)$ は，集合族 $\bigcup_{0 \leq t < \infty} \mathfrak{F}_t$ を含む最小の σ 加法族である．

4）$\mathfrak{B}[0, t] \otimes \mathfrak{F}_t$ は次の条件を満たす集合 X をすべて含む最小の σ 加法族である．

・ある $A \in \mathfrak{B}[0, t]$ とある $B \in \mathfrak{F}_t$ が存在して $X = A \times B$ となる．

5）$\lambda \otimes P$ は，$[0, T]$ 上のルベーグ測度 λ と Ω 上の確率測度 P の直積測度である．$\lambda \otimes P$ は次の性質を持つ．

・$\lambda \otimes P$ はすべての $X \in \mathfrak{B}[0, T] \otimes \mathfrak{F}$ に正の実数 $\lambda \otimes P(X)$ を対応させる測度である．

・ある $A \in \mathfrak{B}[0, T]$ とある $B \in \mathfrak{F}$ が存在して $X = A \times B$ ならば $\lambda \otimes P(\mathrm{X}) = \lambda(A)\mathrm{P}(B)$ である．

6）Novikov の条件から $|X_i(s)| \leq c$ $(1 \leq i \leq n)$ となるような実数 c が存在すれば $(\alpha(t))_{0 \leq t \leq T}$ がマルチンゲールとなることが分かる．

7）この結果から $(M(t))_{0 \leq t \leq T}$ は確率 1 で連続であると見做してよいことが分かる．

8）$Y = (Y(t))_{0 \leq t \leq T} = ((Y_1(t), \cdots, Y_n(t))')_{0 \leq t \leq T}$ が $(\mathfrak{F}_t)_{0 \leq t \leq T}$ に関して発展的可測で $\int_0^T \| Y(s) \|^2 ds < \infty$ $(P\ a.e.)$ であれば $\int_0^T \| Y(s) \|^2 ds < \infty$ $(P_T\ a.e.)$ ともなる．

従って $(\Omega, \mathfrak{F}, P)$ 上の積分 $\int_0^T \langle Y(s), dW(s) \rangle + \int_0^t \langle Y(s), X(s) \rangle ds$ と，$(\Omega, \mathfrak{F}_T, P_T)$ 上の積分 $\int_0^t \langle Y(s), d\widetilde{W}(s) \rangle$ の 2 つが定義されるが，この両者の間には，すべての t $(0 \leq t \leq T)$ について $\int_0^t \langle Y(s), dW(s) \rangle + \int_0^t \langle Y(s), X(s) \rangle ds = \int_0^t \langle Y(s), d\widetilde{W}(s) \rangle$ $(P\ a.e.$, 即ち $P_T\ a.e.)$ という関係が成り立つ．この事実を $dW(t) + X(t)dt = d\widetilde{W}(t)$ と表わす．

第6章

1）$W(0) = (W_1(0), \cdots, W_n(0))'$ は確率 1 で $(0, \cdots, 0)'$ に等しい．従って $\mathfrak{F}_0$ の作り方から $\mathfrak{F}_0$ は次の条件を満たす $A \in \mathfrak{F}$ の集合である．

・$P(A)=0$ または $P(A)=1$

この事実から $E[|X|]<\infty$ ならば $E[X|\mathfrak{F}_0]$ は確率1で定数 $E[X]$ に等しいことが分かる.

2）確率過程 $(\sigma(t))_{0\le t\le T}=((\sigma_{ij}(t))_{1\le i,\, j\le N})_{0\le t\le T}$ が $(\mathfrak{F}_t)_{0\le t\le T}$ に関して発展的可測であるとはすべての $(\sigma_{ij}(t))_{0\le t\le T}$ $(1\le i\le N,\ 1\le j\le N)$ が $(\mathfrak{F}_t)_{0\le t\le T}$ に関して発展的可測であることを言う.

3）ベクトル $\boldsymbol{x}=(x_1, \cdots, x_n)'$ に対して $\|\boldsymbol{x}\|=\sqrt{\sum_{i=1}^{n}x_i^2}$ である.

4）資産変動過程 $X=(X(t))_{0\le t\le T}$ は $(\mathfrak{F}_t)_{0\le t\le T}$ に関して発展的可測となる.

5）$\lambda\otimes P$ は $[0, T]$ 上のルベーグ測度 λ と Ω 上の確率測度 P の直積測度である.

6）$\Lambda^{\theta}(t)=\exp\left[-\int_0^t\langle\theta(s), dW(s)\rangle-\frac{1}{2}\int_0^t\|\theta(s)\|^2\,ds\right]$ である.（5-50）参照.

7）一般に $\langle X\rangle(t)$ は $(X(t))_{0\le t\le T}$ の quadratic variation を表わす．これについては次のとおり.

・$(X(t))_{0\le t\le T}$ は確率1で右連続なマルチンゲールで $E[X^2(t)]<\infty$ $(0\le t\le T)$ とする．この時には確率過程 $(X^2(t))_{0\le t\le T}$ はサブマルチンゲールとなり，しかも Doob 分解可能である（K and S (91) ch. 1, Problem 4.9 参照).

即ち次の条件を満たす $(M(t))_{0\le t\le T}$，$(A(t))_{0\le t\le T}$ が存在する.

(i)　$X^2(t)=M(t)+A(t)$

(ii)　$(M(t))_{0\le t\le T}$ は右連続なマルチンゲールで $M(0)=X^2(0)$

(iii)　$A(t)$ は確率1で右連続かつ単調増加で $A(0)=0$

・この $(A(t))_{0\le t\le T}$ を $(X(t))_{0\le t\le T}$ の quadratic variation と呼び $\langle X\rangle(t)$ で表わす.

8）どのような条件があればマルチンゲール測度が存在するかについては，例えば Delbaen and Schachermayer（1994）参照.

第7章

1）Novikov の条件より，定数 σ に対して $e^{\sigma W^{(0)}(t)-\frac{\sigma^2}{2}t}$ $(0\le t\le T)$ は P_0 に関するマルチンゲールである.

これより $E_{P_0}[e^{-r(T-t)}S_1(T)|\mathfrak{F}_t]=S_1(t)$ である.

2）ローカルマルチンゲールに基づく確率積分とその性質については K and S (91), ch. 3, section 3. 2. D 参照.

第8章

1）確率空間 $(\Omega, \mathfrak{F}, P)$ 上に，$\lambda\in\Lambda$ をパラメーターとする正の確率変数 X_λ の集合 $\{X_\lambda\}_{\lambda\in\Lambda}$ が与えられたとする.

次の条件を満たす確率変数 Y が存在する時 Y を $\operatorname*{ess\,sup}_{\lambda\in\Lambda}X_\lambda$ と呼ぶ.

・すべての $\lambda\in\Lambda$ について $X_\lambda\le Y$（*a. e.*）

・確率変数 Z があり，すべての $\lambda\in\Lambda$ について $X_\lambda\le Z$（*a. e.*）ならば $Y\le Z$（*a.*

e.)

2）第4章では，$0, 1, \cdots, n$, を動く離散的時間変数 t に対して定義されたスーパーマルチンゲール $(X_t)_{0 \le t \le n}$ が Doob 分解されることを示した（(4-2) 参照).

これに対し，本章でのように，0 と T の間を動く連続的時間変数 t に対して定義されたスーパーマルチンゲール $(Z_t)_{0 \le t \le T}$ は，必ずしも常に Doob 分解されるとは限らない．このような分解ができるための条件については K and S (91), ch. 1, Theorem 4. 10 参照.

3）$(Z_t)_{0 \le t \le T}$ がここでのように Doob 分解できるとしても，一般には，$(A_t)_{0 \le t \le T}$ は連続ではない.

第 9 章

1）第6章〜第8章では議論の前提となる証券価格のモデル M は標準的であると仮定した．即ち M に関するマルチンゲール測度 P_0 が存在すると仮定した.

この (8) で導入される確率測度 P^* は第6章〜第8章で P_0 が果たしたのと同じ役割を果たす．このことは，すぐ後に示される.

第 10 章

1）確率積分に関する Fubini の定理については K and S (91), ch. 3, Problem 6. 12 参照.

2）Hull-White モデルでは，(10-3) より $B(t, s) = e^{-l(t,s)r(t) - m(t,s)}$ となった．このことを参考に $F(T, x) = e^{-a\alpha(T) - x\beta(T)}$ としてみるのである.

3）それぞれの項に Fubini の定理が適用できるのは，$\alpha(v, u, \omega)$，$\sigma(v, u, \omega)$ が HJ に関する仮定 (9) を満たすからである.

4）恒等的に 0 ではない解析函数が閉区間 $[\alpha, \beta]$ 上で高々有限個の零点しか持たないことについては，例えば Rudin (1986), ch. 10, Theorem 10. 18 参照.

第 11 章

1）等式 (6-7) を参照.

第 12 章

1）2つのベクトル $\boldsymbol{X} = (x_1, \cdots, x_n)'$，$\boldsymbol{Y} = (y_1, \cdots, y_n)'$ について $\boldsymbol{X} > \boldsymbol{Y}$ とは $x_i > y_i$ $(1 \le i \le n)$ となることである．また $\boldsymbol{X} \ge \boldsymbol{Y}$ とは $x_i \ge y_i$ $(1 \le i \le n)$ となることである.

2）$G(\boldsymbol{Y})$，$G_t(\boldsymbol{Y})$，$U(\boldsymbol{X})$ 等が満たす正確な条件は後述する.

3）閉凸錘の定義については 64 ページ参照.

4）(H_1) を仮定すると $\boldsymbol{R}^k_+$，$H_{t_k}((\boldsymbol{X}, \boldsymbol{Y}), \boldsymbol{Z}_k)$ の定義から (H_2) (1) (2) は当然に成立する.

また (H_1) (2) (4) よりある $\tilde{\boldsymbol{X}} > \boldsymbol{0}$ が存在して $(\tilde{\boldsymbol{X}}, \boldsymbol{0}) \in \mathring{\boldsymbol{R}}^n_+ \times \boldsymbol{R}^m$，$H_{t_k}((\tilde{\boldsymbol{X}}, \boldsymbol{0}), \boldsymbol{Z}_k) = 0$ となるから (H_2) (3) の前半も当然成立する.

従って仮定 (H_1) の下で (H_2) を仮定することは，実質的には (H_2) (3) の後半および (H_2) (4)〜(6) を仮定することに他ならない．

第 13 章

1）$(K^*)^* = K$ であることについては，例えば Karlin (1959), Appendix B, Theorem B. 3. 1 参照．

2）$\langle \boldsymbol{\pi}(s), \boldsymbol{\mu}(s) \rangle = \langle \boldsymbol{\sigma}'(s)\boldsymbol{\pi}(s), \boldsymbol{\sigma}^{-1}(s)\boldsymbol{\mu}(s) \rangle$．$\pi$ は投資戦略だから $\int_0^T \| \boldsymbol{\sigma}'(s)\boldsymbol{\pi}(s) \|^2 ds < \infty$ $(a.\,e.)$．$\mu \in D_{K^*}$ かつ $\boldsymbol{\sigma}^{-1}(s)$ は有界だから $\int_0^T \| \boldsymbol{\sigma}^{-1}(s)\boldsymbol{\mu}(s) \|^2 ds < \infty$ $(a.\,e.)$．さらに $r(t, \omega) \geq 0$ と仮定したから $B(s) \geq 1$

以上より $\int_0^t \frac{\langle \boldsymbol{\pi}(s), \boldsymbol{\mu}(s) \rangle}{B(s)} ds < \infty$ $(a.\,e.)$ である．

3）(13-37) (1) では $X(t, \omega) \geq 0$　$c(t, \omega) \geq 0$ であり，(13-38) (1) では $\boldsymbol{X} > \boldsymbol{0}$ だから両者の対応は完全ではない．

しかしながら $U_1(t, x)$，$U_2(x)$ について $\lim_{x \downarrow 0} U_1'(t, x) = \infty$　$\lim_{x \downarrow 0} U_2'(x) = \infty$ だから (c, X, π) が問題 (13-37) の解であればおそらく $X(t, \omega) > 0$，$c(t, \omega) > 0$ となる．

従って両者の対応が完全でないことは重視しなくてよい．

4）(13-49) の第 2 項と第 3 項に $y_\mu(x)$ が現れる理由は次のとおりである．

・(11-26) (11-27) および (11-28) によれば $V_\mu(x) = \sup_{\substack{(c,\,\alpha) \in L \\ x - H_\mu[c,\,\alpha] = 0}} E\left[\int_0^T U_1(t, c(t)) dt + U_2(\boldsymbol{\alpha}) \right]$ を実現する $(c, \boldsymbol{\alpha})$ を求める場合のラグランジュ乗数は $y_\mu(x)$ である．

・従って (12-2) の $\boldsymbol{\lambda}(\boldsymbol{Z}_1)$ には $y_\mu(x)$ が対応する．

5）$\beta(n, \hat{\mu})$ が定義できることは，$\int_0^T \| K_{\hat{\mu},\,\mu_0}(s) \|^2 ds < \infty$ $(a.\,e.)$ となること，および $H_{\mu_0}(s)$ が連続であること，から分かる．

参考文献

第1章については，例えば伊藤清（1976）第1章第1節〜第4節を参照されたい．

第2章を書くのには，Pliska (1997) Chapter 1, Musiela and Rutkowski (1997) Chapter 3, および Harrison and Kreps (1979), Harrison and Pliska (1981), Taqqu and Willinger (1987) などを参考にした．

第3章を書くのには，Hull (2000) Chapter 1, 2, 5, 6, Duffie (1989) Chapter 1, 2, 3, および Cox, Ingersoll and Ross (1981), Jarrow and Oldfield (1981), Duffie and Stanton (1992) などを参考にした．

第4章でマルチンゲールと停止時刻について述べた第1節〜第4節については，例えば Williams (1991) Chapter 10 section 1〜10 を参照されたい．

また最適停止問題について述べた第5節〜第7節については，例えば Elliott and Kopp (1999) Chapter 5 section 4, Neveu (1972) Chapter 6 を参照されたい．

アメリカ型オプションの価格の決まり方について述べた第8節を書くのには，Duffie (1996) Chapter 2 section I, および Bensoussan (1984), Karatzas (1988) などを参考にした．

第5章については，例えば Karatzas and Shreve (1991) Chapter 1, Chapter 3 section 1〜5 を参照されたい．

第6章は Karatzas (1997) Chapter 0, Chapter 1, およびØksendal (1998) Chapter 12 に基づいて書いた．証券価格のモデルおよび投資戦略等の記述の方法は Karatzas (1997) Chapter 0 の方法によっている．また命題(6-24)は，基本的にはØksendal (1998) Chapter 12 Theorem 12. 3. 2 と同じである．

第7章を書くのには，Baxter and Rennie (1996) Chapter 3 section 7〜8 および Black and Scholes (1973), Merton (1973, 1977)などを参考にした．

第8章では連続時間変数の下での最適停止問題に関する一般的な結果を用いているが，この点については，例えば El Karoui (1981)を参照されたい．

アメリカ型オプションの価格に関する命題（8-5）は，基本的にはØksendal (1998) Chapter 12 Theorem 12. 3. 8 と同じである．

アメリカ型プット・オプションの価格が満たす偏微分方程式について述べた第5節〜第8節を書くのには，Itô (1961) section 3, Mckean (1965), van Moerbeke (1976), Jacka (1991)などを参考にした．

第9章を書くのには Lamberton and Lapeyre (1996) Chapter 6, Björk (1996)および Jamshidian (1989), Geman, El Karoui and Rochet (1995)などを参考にした．

第10章を書くのには，Elliott and Kopp (1999) Chapter 9 section 6〜7, および Cox,

Ingersoll, and Ross (1985), Hull and White (1990), Heath, Jarrow, and Morton (1990, 1992), Björk, Kabanov, and Runggaldier (1997)などを参考にした.

第11章を書くのには, Duffie (1996) Chapter 9 section E～F, Karatzas and Shreve (1998) Chapter 3 section 6, およびKaratzas, Lehoczky, Sethi, and Shreve (1986), Karatzas, Lehoczky, and Shreve (1987)などを参考にした.

第12章の鍵となる命題（12-1）は経済学では envelope theorem と呼ばれている. envelope theorem については, 例えば Dixit and Norman (1980) Mathematical Appendix, envelope theorem, Luenberger (1969) Chapter 9 proposition 9. 1を参照されたい.

第13章で取扱う, 取引に制約がある消費・投資の最適化問題は, Cvitanić and Karatzas (1992) Theorem 10.1によって解かれた. この定理を多少簡単にしたのが Karatzas (1997) Chapter 5 Theorem 5. 3. 1である.

この定理は, その数学的な証明はこみ入っているが, その意味するところは, 経済学で価格メカニズムの働きについて多少でも学んだことのある者にはほとんど自明であり特に説明を要しない.

第13章の命題（13-60）（13-61）はこの Karatzas (1997) Chapter 5 Theorem 5. 3. 1である.

第13章ではこれらの命題の証明が, 一見すると複雑に見えるが, 実は簡単な原理に基づいていることを説明する.

従ってこの章での（13-60）（13-61）の証明そのものは, 前記の Theorem 5. 3. 1の証明と同じである.

文献リスト

Arrow, K. J. (1964) The role of securities in the optimal allocation of risk-bearing. Review of Economic Studies, 31: 91-96.

Artzner, P., Delbaen, F. (1989) Term structure of interest rates: The martingale approach. Advances in Applied Mathematics, 10: 95-129.

Bachelier, L. (1900) Théorie de la spéculation. Annales Scientifiques de L'École Normale Supérieure 17: 21-86. [English translation: The Random Character of Stock Market Prices (Paul H. Cootner ed.). MIT Press, 1964: 17-79.]

Baxter, M., Rennie, A. (1996) Financial Calculus. Cambridge University Press.

Bensoussan, A. (1984) On the theory of option pricing. Acta Applicandae Mathematicae, 2: 139-158.

Bismut, Jean-Michel. (1973) Conjugate Convex Functions in Optimal Stochastic Control. Journal of Mathematical Analysis and Applications, 44: 384-404.

Björk, T. (1996) Interest Rate Theory. Financial Mathematics (W. J. Runggaldier, ed.). Springer, 1996: 53-122.

Björk, T. (1998) Arbitrage Theory in Continuous Time. Oxford University Press.

Björk, T., Di Masi, G., Kabanov, Y., Runnggaldier, W. (1997) Towards a general theory of bond markets. Finance and stochastics, 1: 141-174.

Björk, T., Kabanov, Y., Runggaldier, W. (1997) Bond market structure in the presence of marked point processes. Mathematical Finance, 7: 211-239.

Black, F., Karasinski, P. (1991) Bond and option pricing when short rates are lognormal. Financial Analyst Journal, July-August: 52-59.

Black, F., Scholes, M. (1973) The pricing of options and corporate liabilities. Journal of Political Economy, 81: 637-654.

Brace, A., Gatarek, D., Musiela, M. (1997) The market model of interest rate dynamics. Mathematical Finance, 7: 127-154.

Cox, J. C., Ingersoll, J. E., Ross, S. A. (1981) The relation between forward prices and futures prices. Journal of Financial Economics, 9: 321-346.

Cox, J. C., Ingersoll, J. E., Ross, S. A. (1985) A theory of the term structure of interest rates. Econometrica, 53: 385-408.

Cox, J. C., Ross, S. A. (1976) The valuation of options for alternative stochastic processes. Journal of Financial Economics, 3: 145-166.

Cvitanić, J., Karatzas, I. (1992) Convex duality in constrained portfolio optimization. Annals of Applied Probability, 2: 767-818.

Cvitanić, J., Karatzas, I. (1993) Hedging contingent claims with constrained portfolios. Annals of Applied Probability, 3: 652-681.

Cvitanić, J., Karatzas, I. (1996) Hedging and portfolio optimization under transaction costs: a martingale approach. Mathematical Finance, 6: 133-165.

Dalang, R. C., Morton, A., Willinger, W. (1990) Equivalent martingale measures and no-arbitrage in stochastic securities market model. Stochastics and Stochastics Reports, 29: 185-201.

Debreu, G. (1959) Theory of Value. John Wiley & Sons.

Delbaen, F., Schachermayer, W. (1994) A general version of the fundamental theorem of asset pricing. Mathematishe Annalen, 300: 463-520.

Dixit, A. K., Norman, V. (1980) Theory of International trade. Cambridge University Press.

Dixit, A. K., Pindyck, R. S. (1994) Investment Under Uncertainty. Princeton University Press.

Duffie, D. (1989) Futures Markets. Prentice Hall.

Duffie, D. (1996) Dynamic Asset Pricing Theory (2nd ed.). Princeton University Press.

Duffie, D., Huang, C.-F. (1985) Implementing Arrow-Debreu equilibria by continuous trading of few long-lived securities. Econometrica, 53: 1337-1356.

Duffie, D., Stanton, R. (1992) Pricing continuously ressettled contingent claims.

Journal of Economic Dynamics and Control, 16: 561-573.
El Karoui, N. (1981) Les aspects probabilistes du contrôle stochastique. Lecture Notes in Mathematics, 876, Springer: 73-238.
Elliott, R. J., Kopp, P. E. (1999) Mathematics of Financial Markets. Springer.
Friedman, A. (1964) Partial Differential Equations of Parabolic Type. Prentice Hall.
Garman, M., Kohlhagen, S. (1983) Foreign currency option values. Journal of International Money and Finance, 2: 231-237.
Geman, H., El Karoui, N., Rochet, J. C. (1995) Changes of numéraire, changes of probability measure and option pricing. Journal of Applied Probability, 32: 443-458.
Grossman, S. (1977) A characterization of the optimality of equilibrium in incomplete markets. Jornal of Economic Theory, 15: 1-15.
Harrison, J. M., Kreps, D. M. (1979) Martingales and arbitrage in multiperiod securities markets. Journal of Economic Theory, 20: 381-408.
Harrison, J. M., Pliska, S. R. (1981) Martingales and stochastic integrals in the theory of continuous trading. Stochastic Processes and Their Applications, 11: 215-260.
Heath, D. C., Jarrow, R. A., Morton, A. (1990) Bond pricing and the term structure of interest rates: A discrete time approximation. Journal of Financial and Quantitative Analysis, 25: 419-440.
Heath, D. C., Jarrow, R. A., Morton, A. (1992) Bond pricing and the term structure of interest rates: A new methodology for contingent claim valuation. Econometrica, 60: 77-105.
Ho, T. S. Y., Lee, S.-B. (1986) Term structure movements and pricing interest rate contingent claims. Journal of Finance, 41: 1011-1029.
Hull, J. C. (2000) Options, Futures, and Other Derivatives (4th ed.). Prentice Hall.
Hull, J. C., White, A. (1990) Pricing interest rate derivative securities. Review of Financial Studies, 3: 573-592.
Itô, K. (1961) Lectures on Stochastic Processes. Tata Institute of Fundamental Research, Vol. 24.
伊藤清（1976）「確率論Ｉ」『岩波講座基礎数学』Ｉ－７，岩波書店.
Jacka, S. D. (1991) Optimal stopping and the American put. Mathematical Finance, 1: 1-14.
Jamshidian, F. (1989) An exact bond option pricing formula. Journal of Finance, 44: 205-209.
Jarrow, R. A. (1996) Modelling Fixed Income Securities and Interest Rate Options. McGraw-Hill.
Jarrow, R. A., Oldfield, G. S. (1981) Forward contracts and futures contracts. Journal of Financial Economics, 9: 373-382.

Karatzas, I. (1988) On the pricing of American options. Applied Mathematics and Optimization, 17: 37–60.

Karatzas, I. (1989) Optimization problems in the theory of continuous trading. SIAM Journal of Control and Optimization, 27: 1221–1259.

Karatzas, I. (1997) Lectures on the Mathematics of Finance. CRM Monograph Series, Vol. 8. American Mathematical Society.

Karatzas, I., Kou, S. G. (1996) On the pricing of contingent claims under constraints. The Annals of Applied Probability, 6: 321–369.

Karatzas, I., Lehoczky, J. P., Sethi, S. P., Shreve, S. E. (1986) Explicit solution of a general consumption/investment problem. Mathematics of Operations Research, 11: 261–294.

Karatzas, I., Lehoczky, J. P., Shreve, S. E. (1987) Optimal portfolio and consumption decisions for a "small investor" on a finite horizon. SIAM Journal of Control and Optimization, 25: 1557–1586.

Karatzas, I., Lehoczky, J. P., Shreve, S. E., Xu, G.-L. (1991) Martingale and duality methods for utility maximization in an incomplete market. SIAM Journal of Control and Optimization, 29 : 702–730.

Karatzas, I., Shreve, S. E. (1991) Brownian Motion and Stochastic Calculus (2nd ed.). Springer.

Karatzas, I., Shreve, S. E. (1998) Methods of Mathematical Finance. Springer.

Karlin, S. (1959) Mathematical Methods and Theory in Games, Programming and Economics, Vol. I. Addison-Wesley.

Kreps, D. M. (1982) Multiperiod securities and the efficient allocation of risk: A comment on the Black-Sholes model. The Economics of Information and Uncertainty (J. McCall ed.). University of Chicago Press, 1982: 203–232.

Krylov, N. V. (1980) Controlled diffusion processes. Springer.

Kwok, Y. K. (1998) Mathematical Models of Financial Derivatives. Springer.

Lamberton, D., Lapeyre, B. (1996) Introduction to Stochastic Calculus Applied to Finance. Chapman & Hall.

Laffont, Jean-Jacques. (1989) The Economics of Uncertainty and Information. MIT Press.

Lévy, P. (1948) Processus Stochastiques et Mouvement Brownien. Gauthier-Villars.

Luenberger, D. G. (1969) Optimization by Vector Space Methods. John Wiley & Sons.

Magill, M., Quinzii, M. (1996) Theory of Incomplete Markets, Vol. 1. MIT Press.

Mckean, H. P. (1965) Appendix: A free boundary problem for the heat equation arising from a problem in mathematical economics. Industrial Management Review, 6: 32–39.

Merton, R. C. (1969) Lifetime portfolio selection under uncertainty: the continuous time model. Review of Economics and Statistics, 51: 247-257.

Merton, R. C. (1973) The theory of rational option pricing. Bell Journal of Economics and Management Science, 4: 141-183.

Merton, R. C. (1977) On the pricing of contingent claims and the Modigliani-Miller Theorem. Journal of Financial Economics, 5: 241-250.

Musiela, M., Rutkowski, M. (1997) Martingale Methods in Financial Modelling. Springer.

Neveu, J. (1972) Martingales à temps discret. Masson.

Ocone, D. L., Karatzas, I. (1991) A generalized Clark representation formula with application to optimal portfolios. Stochastics and Stochastics Reports, 34: 187-220.

Øksendal, B. (1998) Stochastic Differential Equations (5th ed.). Springer.

Pliska, S. R. (1986) A stochastic calculus model of continuous trading: optimal portfolios. Mathematics of Operations Reseach, 11: 371-382.

Pliska, S. R. (1997) Introduction to Mathematical Finance. Blackwell.

Radner, R. (1968) Competitive equilibrium under uncertainty. Econometrica, 36: 31-58.

Radner, R. (1972) Existence of equilibrium of plans, prices and price expectations in a sequence of markets. Econometrica, 40: 289-303.

Rockafellar, R. T. (1970) Convex Analysis. Princeton University Press.

Rogers, L. C. G. (1995) Which model for term structure of interest rates shoud one use? Mathematical Finance (M. H. A. Davis et al. eds.), IMA Vol. 65. Springer: 93-116.

Rogers, L. C. G., Williams, D. (1994) Diffusions, Markov Processes and Martingales (2nd ed.), Vol. I, Vol. II. John Wiley & Sons.

Ross, S. A. (1976) Options and efficiency. Quarterly Journal of Economics, 90: 75-89.

Rudin, W. (1986) Real and Complex Analysis. McGraw-Hill.

Schachermayer, W. (1992) A Hilbert space proof of the fundamental theorem of asset pricing in finite discrete time. Insurance Mathematics and Economics, 11: 249-257.

Schachermayer, W. (1994) Martingale measures for discrete time processes with infinite horizon. Mathematical Finance, 4: 25-56.

Shirakawa, H. (1991) Interest rate option pricing with Poisson-Gaussian forward rate curve processes. Mathematical Finance, 1: 77-94.

Taqqu, M. S., Willinger, W. (1987) The analysis of finite security markets using martingales. Advances in Applied Probability, 19: 1-25.

van Moerbeke, P. (1976) On optimal stopping and free boundary problems. Archive

for Rational Mechanics and Analysis, 60: 101–148.
Vasicek, O. (1977) An equilibrium characterization of the term structure. Journal of Financial Economics, 5: 177–188.
渡辺信三（1975）『確率微分方程式』産業図書.
Williams, D. (1991) Probability with Martingales. Cambridge University Press.

索　引

以下の索引に現われる用語は次の原則に従って表示した.
・それぞれの用語の意義を理解するのに必要な最少限の箇所を示す.
・特に必要な場合にはそれぞれの用語が用いられる主要な箇所を示す.
従ってこの索引は網羅的なものではない.

ア 行

カ 行

サ 行

タ 行

ハ　行

マ　行

ヤ・ラ行

ワ　行

《著者略歴》

塚田弘志（つかだ ひろし）

1946年生まれ
東京大学理学部数学科卒業
東京大学経済学部経済学科卒業
1972年　大蔵省入省
1983-84年　主計局主計官補佐
1988-89年　大臣官房金融検査部企画官
1989-90年　コロンビア大学日本経済研究センター客員研究員
1990-92年　内閣審議官
1995-96年　四国財務局長
1996-99年　名古屋大学経済学部教授
現　在　内閣府国民生活局審議官

デリバティブの基礎理論

2001年5月30日　初版第1刷発行

定価はカバーに
表示しています

著　者　塚田弘志

発行者　岩坂泰信

発行所　財団法人　名古屋大学出版会

〒464-0814　名古屋市千種区不老町1 名古屋大学構内
電話(052)781-5027/FAX(052)781-0697

Printed in Japan

印刷・製本 ㈱クイックス

ISBN4-8158-0406-0

乱丁・落丁はお取替えいたします。